全国船舶工业职业教育教学指导委员会"十三五"重点规划教材

船体生产设计

主　编　王沈霞
副主编　赵　建
主　审　周春锋

哈尔滨工程大学出版社
Harbin Engineering University Press

内 容 简 介

本书共分为十二章,主要内容包括船舶生产设计概论、船体生产设计标准、船体生产设计编码、船体生产设计准备、船体型线放样、船体结构建模、船体生产设计图纸、船体辅助性作业设计、区域舾装和托盘管理、舾装生产设计、涂装生产设计、计算机辅助生产设计等知识。

本书是针对三年制高等职业教育船舶工程技术专业编写的,二年、五年学制也可参考使用。同时,本书还可作为船员的考证培训和船厂职工的自学,以及其他形式的职业教育用书。

图书在版编目(CIP)数据

船体生产设计/王沈霞主编. —哈尔滨:哈尔滨工程大学出版社,2019.9(2024.1 重印)
ISBN 978 - 7 - 5661 - 2247 - 6

Ⅰ.①船… Ⅱ.①王… Ⅲ.①船舶设计 - 高等职业教育 - 教材 Ⅳ.①U662

中国版本图书馆 CIP 数据核字(2019)第 215250 号

选题策划 史大伟 薛 力
责任编辑 丁月华
封面设计 李海波

出版发行	哈尔滨工程大学出版社
社　　址	哈尔滨市南岗区南通大街 145 号
邮政编码	150001
发行电话	0451 - 82519328
传　　真	0451 - 82519699
经　　销	新华书店
印　　刷	哈尔滨午阳印刷有限公司
开　　本	787 mm×1 092 mm　1/16
印　　张	21.5
字　　数	559 千字
版　　次	2019 年 9 月第 1 版
印　　次	2024 年 1 月第 5 次印刷
定　　价	56.00 元

http://www.hrbeupress.com
E-mail:heupress@ hrbeu.edu.cn

船舶行指委"十三五"规划教材编委会

编委会主任：李国安

编委会委员：（按姓氏笔画排名）

马希才	王　宇	石开林	吕金华	向　阳
刘屈钱	关业伟	孙自力	孙增华	苏志东
杜金印	李军利	李海波	杨文林	吴志亚
何昌伟	张　玲	张丽华	陈　彬	金湖庭
郑学贵	赵明安	柴敬平	徐立华	徐得志
殷　侠	翁石光	高　靖	唐永刚	戚晓霞
蒋祖星	曾志伟	谢　荣	蔡厚平	滕　强

前　言

为深入贯彻现代职业教育体系建设规划,深化职业教育教学改革,全面提高人才培养质量,推进课程改革与教材建设,更好地满足中国造船工业发展的需要,船舶行指委教学资源委员会组织全国开办有船舶技术类专业的职业院校及其骨干教师,编写全国船舶工业职业教育第一批"十三五"重点规划教材。

船体生产设计课程原教材内容偏重理论知识,缺少船舶生产设计实际应用能力的技能知识,教材内容与职业岗位对接不紧密,不能很好地满足造船企业发展对技术型、技能型人才培养的要求。此外,原教材中一些内容和标准已陈旧过时,必须重新调整和充实原有教材。

本书为全国船舶工业职业教育第一批"十三五"重点规划教材,力求以我国先进造船企业开展船舶生产设计的实际情况和船舶生产设计的新标准、新技术为依据,以职业岗位技能的需求为出发点,突出教材的针对性,在编写中充分考虑到高技能人才培养的需要,注意深度、广度的适中性,并强化实用性。

编者在本书编写过程中,围绕《船体生产设计》新课标的理念及要求,将内容和次序做了精心选择和安排;对船舶生产设计工作过程进行了分析,按照工作任务的逻辑关系,以真实的工作项目、工程实例、企业生产设计标准等序化和整合教学内容;在内容安排上力求详略得当,特别注意结合生产实际,以主流造船企业开展生产设计为例来讲述,尽量采用图表形式;每章开始都写有明确的知识和能力目标,每章结尾都编写了与本章内容紧密结合的思考与练习题,方便读者学习和掌握。

本书主要是针对高等职业教育编写的,其他形式的职业教育、职工培训及相关技术人员也可参考使用。

本书由武汉交通职业学院王沈霞担任主编,由威海海洋职业学院赵建担任副主编,由湖北海洋工程装备研究院有限公司周春锋担任主审,武汉交通职业学院叶姗、南通航运职业技术学院李艳参与编写。具体分工如下:王沈霞负责编写第一、二、四、八章;赵建负责编写第五、六章;叶姗负责编写第三、七、十二章;李艳负责编写第九至十一章。

在本书编写过程中,威海海洋职业学院李晓副教授也提出了许多宝贵意见,在此一并表示感谢!

限于编者水平,书中难免有疏漏与不足之处,恳请读者批评指正,以便修订时完善。

编　者
2019 年 6 月

目　　录

第一章　船舶生产设计概论

● 学习目标

知识目标

1. 了解船舶生产设计的产生；
2. 理解现代船舶设计的阶段及内容；
3. 掌握船舶生产设计的基本内容；
4. 理解船舶生产设计的特点和基本原则。

能力目标

1. 会正确划分现代船舶设计的三个阶段；
2. 能对船舶生产设计的内容进行分类。

第一节　船舶生产设计的产生

"生产设计"概念源于日本。生产设计从初始概念的形成到完整概念的建立，经历了一个发展和认识的过程。从铆接到焊接是船舶建造技术的飞跃，其标志是推行分段建造法。分段建造可建立内、外场组织生产，将零部件加工从装配作业中独立出来，使其专业化生产。分段建造同时又要求船舶设计不仅要解决"造怎样的船"，还要求提供分段制造的有关图样和资料，指示如何控制变形、发放装配余量、开焊接坡口等"怎样造船"的技术问题。

一、生产设计的由来

20 世纪 50 年代初，日本正处于第二次世界大战后造船的快速发展期。日本造船界人士根据第二次世界大战期间在美国看到汽车制造业按流水作业生产方式定工位，设绘作业图纸，图、物相一致的启示，提出了推行生产设计的初始概念。当时把船体建造分为五个作业阶段：放样、加工、部件装配、分段装配和船台总装，并采用流水定位作业方式组织生产。生产设计就是指把生产过程中各工位从事的作业顺序、细节清楚地表达在工作图表上，达到如同汽车制造在流水作业线上图、物相一致的要求。这样，船体建造就可按建造总进度表进行集中管理以提高生产效率。

进入 20 世纪 60 年代，日本造船迎来第二波发展高潮。日本造船技术又得到了进一步的发展，较为明显的表现有：一是推行单面一次成形焊使平面分段流水作业，不用翻身，从而加速装配作业的专业化和标准化；二是推行预舾装技术，使分段装配与船体总装之间增加了分段舾装作业环节；三是推行在机舱分段上安装辅机单元和管系；四是随着起重能力的增大，推行了上层建筑分层舾装，在舱室内部完成大量舾装作业；五是为适应船舶大型化推行坞内两岛、三岛建造法，使舾装作业最为集中的艉机舱、居住舱采用平台预舾装法和单元组装法。所有这些新技术的应用说明在完善船体生产作业的同时，在舾装领域已形成区域舾装的概念，船体生产设计的初始概念也延伸到了舾装领域，随即开始了按舾装区域进行生产设计。

进入20世纪70年代，随着船厂分段涂装工场的设立以及区域涂装概念的建立，生产设计也延伸到涂装领域。随后由于数学放样技术、数控技术以及CAD/CAM、CIMS等技术的发展和应用，如今生产设计已成为一门非常完整的成熟技术。这门技术已从日本推广到韩国和其他较为发达的造船国家。

二、我国引入生产设计的过程

我国于1978年从日本引入生产设计的概念。多年来，我国不断探索、研究、实施、推广和提高生产设计，大致经历了两个阶段。

第一阶段：认识、探索与初步试行阶段（1978—1983年）。

我国部分船厂在认识、探索的基础上，与日本一些船厂开展对口技术合作和交流，逐步开始试行生产设计。

天津新港船厂早在20世纪70年代末、80年代初就在中机型7 000 t船上进行机装、船装、电装的综合放样，开始试行管系和电缆的预装，船体放样出了简单的工作图。从1981年开始，其在学习日本大阪船厂和三井造船厂先进设计方法的基础上，对艉机型7 000 t货船在船体、管系及电气方面，全面推行生产设计。

沪东造船厂从1981年建造36 000 t出口散装货船，开始尝试生产设计，在这之前也做了管系、电缆、风管的综合放样。为了做好这条船的设计工作，其专门组织了生产设计团队，以大阪船厂提供的生产设计图为基础，结合本厂实际，在一条船的建造上全面开展了船、机、电、涂装的生产设计。

广州黄埔造船厂从20世纪80年代初开始接受生产设计概念。1981年起其在11 000 t集装箱船上推行船体生产设计，1983年成立专门负责生产设计工作的部门，在各专业范围内开展生产设计。

第二阶段：推广、提高阶段（1984年至今）。

1984年以来，开展生产设计的厂家由原来的几家发展到现在更多的主流船厂。这些船厂尽管开展生产设计的深度不一，但都收到了实际效果，促进了船厂组织机构的改革与完善。原来已开展生产设计的船厂，在深度和广度上都有了不同程度的提高，不仅完善了船体生产设计，而且逐步扩大到船装、机装、电装生产设计，并正探索具有中国特色的生产设计模式。

天津新港船厂在1983年的20 000 t散装货船、1984年的1 300客位客船、1985年的15 000 t多用途货船的设计中，在深度和广度上都进行了充实、改革和提高，在工作中，培养了一支从事生产设计的队伍，进一步调整了设计部门的组织机构，明确了各部门的职责范围，扩大了计算机在生产设计中的应用，编制各类标准，添置绘图设备等，走出了一条适合本厂实际的生产设计道路。如今，这个厂建造的所有船舶都实行了生产设计。

沪东造船厂从 1983 年起,与日本三井造船厂对口进行技术合作,经过 42 000 t 散装货船、8 400 马力三用工作船开展生产设计的实践,建立了生产设计体系,健全了生产设计的工作制度,逐步完善了生产设计的基础工作,开发和推行了电算化。为有利于开展生产设计,还成立了由厂长直接领导的造船计划室,承担工程管理、制订建造方针和施工要领,为生产设计提供工作依据。

广州黄埔造船厂 1985 年 7 月与日本的造船厂开展技术合作,学习其生产设计模式与生产管理模式,进入大胆探索的新阶段,实行了分区域组织造船生产和区域托盘管理。在造船总装分厂下设生产管理部、工程部和生产设计室,取消了原车间一级编制,逐步理顺生产设计、生产管理以及现场施工之间的协调关系,以全面实施生产设计。

除此以外,我国其他大中型船厂、船舶设计院(所)、大专院校等单位,都在不同程度上为研究和推行生产设计做了许多工作,取得了初步成效和经验。

生产设计在发达造船国家应用广泛,其不仅适用于民船,也适用于军船以及海洋工程装备。但是,生产设计仍然需要不断完善,改进设计手段才能促使这项设计技术进一步发展。

在我国,推行生产设计 20 多年的实践表明,生产设计的发展和应用,与其设计手段的不断完善、改进是紧密相连的。回顾我国船厂在引入生产设计技术之初,开展生产设计仅局限于船体,设计是在图板上手工绘制的。随后应用 CAD/CAM 技术进行了船体、管系、电缆等方面的生产设计,进而在一些骨干造船企业引进了国外先进的造船设计软件系统,才为开展壳舾涂一体化生产设计提供了条件。如今,又突破了三维建模技术,更为深化生产设计创造了条件。不断完善与改进生产设计手段是当前乃至今后一段时间促进生产设计技术发展与应用的课题,其发展方向就是进一步推进设计计算机化、数字化与信息化。

第二节　船舶设计方式

船舶设计是一种技术实践活动,由于造船模式的演变,船舶设计方式也发生了相应的变化,根据船舶设计方式转变的过程,可以将船舶设计方式划分为传统船舶设计方式和现代船舶设计方式。

一、传统船舶设计方式

传统船舶设计通常分为方案设计、技术设计和施工设计三个阶段。方案设计和技术设计基本上是对船舶产品的设计,它反映的是船舶完工后的最终状态。施工设计则为船厂提供制造、安装、调试用的施工图纸和工艺文件,是为现场生产服务的。但旧模式下的施工设计对解决"怎样造船"和"怎样组织造船生产"的问题是远远不够的,深度极其有限。例如,就船体而言,施工设计图主要是表示结构的最后完成状态、必需的工艺装备和工艺要领,并没有详细表示出结构及零件的制造、安装顺序、施工方法、工艺要领和施工中必需的各种数据和指令。就舾装而言,也只表示设备与系统的原理、布置、要求及安装的最后完成状态,并没有表示出设备与系统制造、安装阶段、顺序、方法与试验要求等。施工设计更没有表示出船舶建造中涉及安全的要求与解决的措施。这些图纸中没有解决的问题,需要由船厂施工部门另行编制工艺、技术与计划等有关工艺、管理方面的文件,以指导现场生产,弥补设计图纸的不足。

通俗地讲,传统船舶设计基本上属于产品设计,它只设计"船舶产品",而不设计"船舶生产"。

二、现代船舶设计方式

现代船舶设计方式与传统船舶设计方式有所不同,在解决"造怎样的船"的问题的同时,还要解决"怎样造船"的问题。应用成组技术的制造原理和相似性原理,以及系统工程的统筹优化理论,对"怎样造船"进行设计,从而进行合理规划,以适应现代造船模式的生产作业体系对组织生产的要求。为此,船舶设计纳入了生产设计,并把它作为船舶设计的一个重要的设计阶段。生产设计的产生带来了船舶设计方式的根本变革,标志着船舶设计由传统方式走向了现代方式。

为了转变传统的造船生产模式,从1983年起,我国确定把船舶设计划分为初步设计、详细设计、生产设计三个阶段,规定了各设计阶段的设计内容,明确了三个设计阶段的衔接关系及生产设计对初步设计和详细设计的要求。

1. 初步设计(又称合同设计)

初步设计是在深入分析船舶技术任务书和调查研究的基础上,对船舶总体性能和主要技术指标、动力装置、各种系统进行设计,即是对船舶总体方案的设计。并通过理论计算、资料对比和必要的模型试验来确定产品的基本技术形态、工作原理、主要参数、结构形式和主要设备选型等重大技术问题。

初步设计阶段的主要任务是根据客户提出的要求,以签订建造合同为目标,重点解决设计任务书提出的关键技术,如航速、载重量等,完成建造合同所需的总布置图、全船技术规格书、中横剖面图、型线图、主要设备清单及厂商表、机舱布置图等设计、计算工作,以及为配合签订建造合同而开展的技术问题答疑工作。

初步设计形成的技术文件既是签订合同的依据,又是后续设计阶段的设计依据,应提交船东审查,主要图纸和技术文件应取得船东认可。合同设计阶段从按照客户提出的要求设计开始,到与客户签订合同为止。

2. 详细设计(又称送审设计)

详细设计的依据是造船合同和经审查通过的初步设计技术文件。详细设计的任务是在初步设计的基础上,根据合同约定的技术文件,以完成技术文件送审和最终确定船舶全部技术性能为目的,对具体技术专业项目进行详细性能设计和相关图纸的绘制,解决设计中的基本和关键技术问题,最终确定新船全部的技术性能、结构强度、重要材料和设备选型与订货要求,以及各项技术要求和标准。并按照船级社规定的送审图纸目录和合同约定的船东送审图纸目录进行设计文件的送审,以及退审意见的修改处理,编制船厂订货所需材料、设备清单。形成的技术文件作为生产设计的依据。详细设计阶段从合同签订开始,到最终确定船舶全部技术性能,完成并通过设计文件的送审为止。

初步设计和详细设计,基本上属于"产品设计",它提供的是船舶制造的完工状态,解决"造什么样的船"的问题。

3. 生产设计

造船生产设计是在详细设计的基础上,根据船厂的条件和特点,对造船施工的各种工程技术问题进行分析研究,对制造方法、生产管理和有关技术措施做出决策,并用图、表和技术文件等方式表达出来,作为编制生产计划和指导现场施工的依据。

生产设计的主要任务就是按照区域/类型/阶段进行作业任务的分解与组合,将设计、生产、管理融为一体,结合船厂施工条件开展设计,为物资部门采购和生产管理部门制订生产计划提供信息,为生产现场提供施工图纸和工艺文件。生产设计是解决"怎样造船"的工程技术问题的,也就是对新造船舶建造工艺及其流程的设计。实际上生产设计中的纲领性工艺文件,如分段划分和施工要领的编制等,是与初步设计和详细设计平行进行的;而各工艺阶段、施工区域和单元的工作管理图表,则是在详细设计的基础上进行的。生产设计的详细、完整和深入的程度对提高造船质量、缩短建造周期和提高生产效率有很大的影响。

现代造船中,生产设计必须用专门的设计软件进行,在计算机上预演完成船舶建造的全过程,否则难以适应制造、加工中应用计算机控制和管理的要求。生产设计阶段从设计、绘制分段结构图和舾装区域综合布置图开始,到完成全部施工技术文件设计为止。

生产设计不同于初步设计和详细设计。它是设计工作向现场施工的延伸,是船舶设计工作的扩展和深化。其设计对象不是"产品"而是"生产"。它提供的不是船舶制造的最终结果,而是制造的中间过程,是被称为"以中间产品为导向"的设计;解决的是"怎样造船"和"怎样组织造船生产"的问题。因此,生产设计的实施,结束了过去船舶设计与制造长期脱离的状态,而使设计真正起到组织生产和指导生产的作用,实现了设计与施工、管理的一体化。

初步设计、详细设计和生产设计是船舶设计的三个组成部分,既独立存在,又互相关联。初步设计是详细设计和生产设计的依据,详细设计是生产设计的依据,而初步设计和详细设计又必须反映生产设计的意图和要求。

第三节 船舶生产设计概要

一、生产设计的基本原则

1. 区域设计原则

强调适应现代造船模式按区域组织生产,且必须按区域进行设计,以便设计与按区域组织生产的部门一一对应。

2. 以中间产品为导向的设计原则

强调在设计过程中,必须把所设计的船舶产品作为最终产品,按其所划分的各个制造级进行逐级分解,以组合成各类零部件、壳舾涂一体化分段、总段、托盘、单元、模块作为不同的中间产品,连同其所需的全部生产资源,以生产任务包形式进行设计。

3. 设计、生产、管理一体化的设计原则

强调在设计过程中,必须做好设计、生产(工艺)、管理的有机结合,而这种结合是用先进的造船工艺技术,通过扩大预舾装,在统筹优化"怎样造船"的前提下,经各部门的相互协商,从工程管理的角度提出合理要求,最终以设计形式把"怎样造船"体现在工作图表和管理图表上,作为指导现场施工的依据。

4. 壳舾涂一体化的设计原则

强调在设计过程中,必须做好壳、舾、涂三类作业的有机结合,而这种结合是在一体化建造计划的指导下,通过壳、舾、涂生产设计之间的协调,以最大限度满足各作业均衡、连续地总装造船。

5. 各设计阶段相互结合的设计原则

强调设计必须事先做好工程管理方面的准备,含技术准备、计划准备和工程控制准备,把事先准备作为开展设计工作的前提,并在设计过程中处理好各设计阶段相互渗透、互相交叉的密切联系,使设计的事先准备能与各个设计阶段的相互结合贯穿在船舶设计过程的始终。

6. 切合企业造船实际的设计原则

强调设计应根据造船企业的生产管理、生产组织、设施条件的实际,其前提是基本建立了现代造船模式,以便对企业造船业务流程、作业流程和物流进行设计。

二、生产设计的理论基础

现代船舶和现代造船工程的复杂性,促使了船舶生产设计的出现。应用统筹协调理论和成组技术的基本原理组织造船生产,则是生产设计的理论基础。

1. 统筹协调是生产设计的基本指导思想

统筹协调是在船舶设计过程中,对船体工程和舾装工程,对设计、工艺和管理,对船、机、电各个专业及上述各个方面的相互关系和应有配合,进行科学的统筹和协调。实质上,它是造船生产技术发展过程中"一体化"思想的概括。只有采取统筹协调的方法,才能达到优化设计、优化建造和管理的目的。

2. 成组技术是使生产设计优化的基本原理

通过对设计、工艺、管理三大领域中相关特性要素的分析,对零件和中间产品(如船体部件、分段、舾装单元、模块)进行分类。强调按工艺阶段、工件类别、舾装区域或单元进行设计,并以编码形式指示施工流程,扩大批量,提高效率,并避免在生产过程中出现大量重复进行的相似作业。

三、生产设计的主要特点和作用

1. 生产设计的主要特点

(1)生产设计融设计、生产、管理为一体

生产设计是以工作图表的形式完整表达施工作业任务的几何形态、技术要求以及施工工艺与作业顺序的,还以生产任务包形式提供作业任务的材料数量、规格、质量、切割长度、装配长度、焊接长度,以及涂装面积等信息,为工时管理、生产管理做出劳动力、工程计划,为场地安排与调配提供依据,为此,它具有融设计、生产、管理为一体的特点。

(2)生产设计贯穿于船舶设计的全过程之中

生产设计从事先准备的时间上看,早在初步设计(合同设计)阶段就已开始,如拟定建造法进行分段初步划分,提出建造方针、舾装方针等;在详细设计阶段提出船体建造与舾装施工方针进行单元划分,考虑预舾装方案等;最终,在生产设计阶段是将拟定的建造方法与工艺方案用工作图表形式表达出来作为指导施工和组织生产的依据。由此可见,生产设计又具有贯穿于船舶设计始终的特点。

(3)生产设计过程体现"模拟造船"的过程

传统的设计,包括施工设计在内,大都是先设绘图纸,再考虑怎样建造。由于较少考虑现场施工中的具体问题,图纸与施工之间就难免存在较多的矛盾。一旦发现图纸在设备布置或结构上存在工艺性问题,改正已比较困难。这样会导致在实际施工中出现较多的修改和返工,对质量和进度造成一定影响。

生产设计的过程是先确定分段划分、施工要领,然后再出工作图纸和管理表册。生产设计的工作图表是生产设计人员在作业开始前,对建造方法及各种工艺细节问题进行精心研究和细致分析后完成的。它把建造技术尽可能全面地融合到图纸中。由此可见,进行生产设计的过程,就等于先于现场在图上进行"模拟造船"的过程。这不但在各种方案的比较中优化了施工方案,而且还可以提前发现可能存在的问题和矛盾,采取对策,将其妥善地解决在设计阶段。因此,大大减少了在现场作业中产生的浪费、返工及误操作,从而提高了工作效率和经济效益。

(4)生产设计的工作图表成为现场生产的唯一施工依据

为适应分段建造法和区域舾装法的工艺特点,生产设计工作图表是按工艺阶段、施工区域和设备单元设绘的,这就便于按工序、按区域组织生产。这种生产设计工作图表与施工对象的一致性,是生产设计区别于其他设计的重要特点。它使生产设计提供的工作图表成为现场施工的唯一依据。

(5)船体放样纳入生产设计

船体放样是为光顺船体型线、确定各种船体构件的实际形状和尺寸提供后续工序必要的施工资料的作业。传统造船把它作为船舶建造的第一道工序,而生产设计则将其纳入设计内容。

2.生产设计的主要作用

(1)促进我国造船设计、生产管理体制的变革

在我国推行生产设计的实践表明,推行生产设计不仅促进船舶设计的改革,更促进企业生产管理体制的变革。1995—1996年我国有组织推行转换造船模式两年基本到位,改革了骨干船厂的设计体制,建立了适应区域造船的生产管理组织结构,正是我国引入生产设计并加以推行的必然。通过设计、管理体制的变革,释放了企业造船生产的潜在能力,从而扩大了造船总量,提高了造船效益。

(2)促进新工艺、新技术的推广和应用

鉴于生产设计融设计、生产、管理为一体,这就确保新工艺、新技术、新工法只要纳入生产设计的工作图表就可作为现场施工作业的依据。

推行生产设计促进了套料技术、造船精度管理技术、高效焊接技术、预舾装技术、单元/模块技术、托盘管理技术、快速搭载技术、上层建筑整体吊装技术,以及计算机辅助设计生产、管理等先进制造技术的广泛应用,从而极大地提高了造船生产效率,缩短了船舶建造

周期。

（3）促进企业加快建立现代造船模式

推行生产设计虽促进了我国造船模式的转变,促进了新工艺、新技术、新工法的应用,但至今我国造船企业尚未全面建立现代造船模式。其原因之一就在于生产设计的深度不够,如设计尚未完全按作业阶段出图,提供管理物量不够全面、不够精确等。为此,当前迫切需要通过深化生产设计加快推进企业建立现代造船模式的步伐,以进一步提高造船生产效率与效益,从而提高企业的造船竞争力。

四、船舶生产设计的内容

按工程类别划分,生产设计包括两部分内容,即船体生产设计和舾装生产设计。其中舾装生产设计又分为船装、机装和电装生产设计。

1. 船体生产设计

船体生产设计负责自船体放样开始,经零件加工、结构预装配到船体总装的一切生产技术准备工作。它包括船体型线放样、结构放样、绘制套料切割图,以及各类工作图表和管理图表。船体生产设计的内容如图1-1所示。

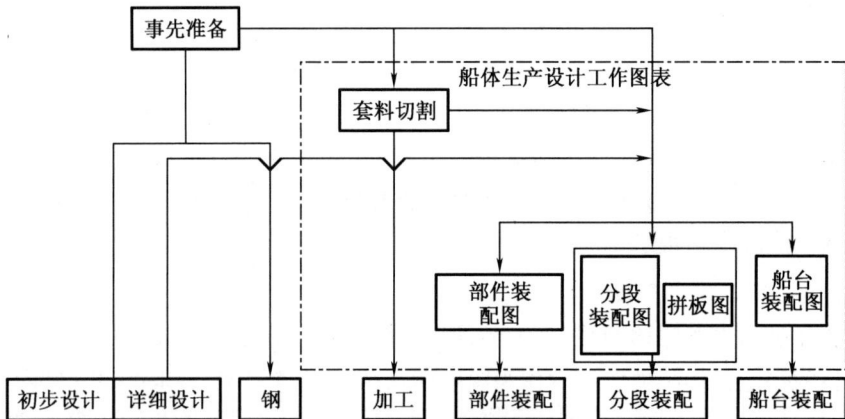

图1-1　船体生产设计的内容

船体生产设计设绘的主要图表有钢材套料切割图、部件图及零件表、分段工作图及零件表,以及船台装配图等。此外,还有分段重量重心计算表、脚手架作业图、吊环布置图等。

这些工作图表反映了船体制造的大量工艺和管理信息,如零件的编码代表了组合情况、组装顺序和零件加工的路线,零件的套料,施工对象制作时的放置状态,装配所需的胎具和样板,零件边缘的加工、焊接方法和焊接规格,通焊孔布置,余量、补偿量及精度要求,工时定额和材料定额等。

2. 舾装生产设计

舾装生产设计的内容是在设绘舾装综合布置图的基础上进行单元划分。将某一个区域的综合部件、管路分成若干单元以及需要现场安装的零件。设绘的图表包括安装图、零件图、舾装件制作图、托盘管理表等。舾装生产设计的内容如图1-2所示。

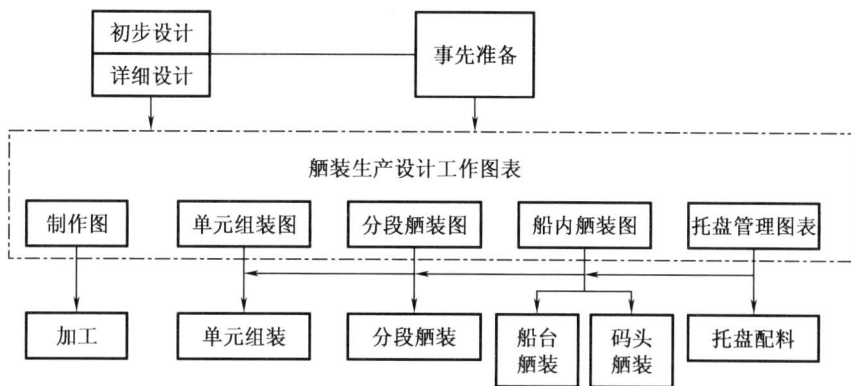

图 1-2 舾装生产设计的内容

舾装生产设计又分为机装、电装和船装,其具体内容如下:

①机装是机舱舾装的简称。机舱的作业范围通常指从机舱前端壁到机舱后端壁,包括轴隧在内的纵向范围,以及从机舱舱底到烟囱这一竖向范围。机舱生产设计的主要内容是该范围内的管舾装、铁舾装和主机轴系三大部分。其中主机轴系的生产设计有时是在详细设计阶段完成的。

②电装生产设计主要解决全船电气设备的制作、安装技术问题,并为现场提供记有工艺指令的图纸及传达管理信息的图表。

③船装生产设计内容比较广泛。按专业可将船装划分为内装、外装、管装和涂装四个方面。

内装是以居住、工作舱室为主的室内舾装设计,也称居装。

外装是指舱室外全船各层甲板的舾装设计,又称甲板舾装或简称甲装。

管装是指除机舱外的全船性管系舾装。

涂装是全船的除锈处理与涂料涂装设计,包括原材料的预处理。鉴于涂装对船舶营运质量的重要性及涂装技术的特殊性,有的船厂将涂装从舾装中分离出来,单独设立涂装生产设计部门。

如果打破专业界限按生产设计的顺序或阶段来划分,生产设计包括两个方面内容,即生产设计的事前准备工作和生产设计图纸和管理图表的绘制。

3. 船舶生产设计的事前准备

事前准备是生产设计极为重要的一个环节和工作内容,主要是进行全船性、综合性的统筹与协调,既涉及技术问题,又有进度和工程管理问题。事前准备牵涉各专业、各设计阶段,确定后既作为各专业生产设计的依据,又作为对前阶段设计的要求。它包括结构的工艺性、图纸的完整性、布置与结构的合理性,以及施工的方便性、经济性等,使事前阶段的设计工作能满足生产设计的要求。生产设计的事前准备包括生产技术准备、计划准备和工程控制准备三个方面内容。

(1)生产技术准备

生产技术准备是事前准备的基础,具体内容包括确定船舶的建造方针,编制各专业的施工要领,并统筹协调各专业间的生产技术问题,使之最大限度地利用船厂现有设施,发挥施工人员的技艺,提高造船质量与生产效率,确保安全与低成本。

船舶建造方针决定船舶的建造原则与方法,主要内容有:

①建造方法;

②分段划分;

③必须使用的生产设备及其使用周期;

④加工外协范围;

⑤工程节点(开工、下水)的工时消耗和工程范围;

⑥特殊舾装在质量、效率、工程、安全方面的注意事项。

建造方针是根据船厂的生产条件、船舶类型与特点、劳动力负荷等情况,从整个船舶产品角度,通过综合平衡协调,以最合理、最经济建造船舶为原则来制定的。建造方针一旦确定,将作为船厂生产活动的"宪法",对造船的各项生产活动,包括生产设计,将起主导作用。

施工要领一般是在确定建造方针的基础上分专业编制的。其内容包括规定作业的工程范围、作业量、施工方法与要求、日程和特殊的施工注意事项及技术要求。编制施工要领时,可以参考各有关作业标准。施工要领将作为指导生产设计和施工管理的主要技术文件。

(2)计划准备

计划准备包括确定船舶建造的顺序计划、负荷计划和日程计划,最终编制综合日程表,以控制船舶设计与建造的各主要环节。

计划准备必须与生产技术准备同步进行,在生产技术准备过程中,必然涉及计划准备的内容。例如,考虑某项施工要领时,当作业量与作业方法均已确定后,紧接着就会提出场地使用计划,这就需要根据作业对象,在规定作业的场所内,确定作业的开始时间与结束时间,并与日程计划、作业负荷的均衡性相一致。如不一致,则要考虑更改作业方法等,以达到最佳的施工效能。

(3)工程控制准备

工程控制准备包括工时控制、物耗控制与质量控制三方面内容。目标是以最小的物耗与工耗确保船体强度、航行性能及防锈性能,通过设计控制物耗与工耗。这项工作将通过控制图表贯彻在生产设计过程中,它是控制船舶建造成本的重要措施。

4.设绘生产设计图表

在生产设计事前准备工作的基础上,可以全面绘制生产设计工作图表与管理图表。

对船体生产设计来说,主要是绘制船体工作图表和管理图表;对舾装生产设计来说,应在绘制舾装综合布置图的基础上,分别绘制安装图、零件图、制作图和托盘管理表等。

(1)工作图表

工作图表是指开展生产设计所出的图纸。它是根据详细设计阶段绘制的船体结构图,以及各种舾装图纸,包括综合布置图,并按船厂生产管理体系、生产技术手段、工艺流程、施工要领与建造精度所设绘的指导具体施工的图纸。在设绘工作图表的同时,还必须对各类部件、分段、舾装区域与单元编制零件表。可以认为,工作图表就是施工方法的图表化。工作图表不是一成不变的,同一条船在不同的船厂建造,可能采用不同的施工方法,因此工作图表的形式也就不同。工作图表的形式可以不同,但其基本内容、作用是相同的。工作图

表是直接指导施工用的图纸,通过工作图向作业者发出作业执行命令,通常应该包括下列七个项目:

①作业对象;

②作业量;

③作业场所;

④作业方法;

⑤作业开始时间;

⑥作业结束时间;

⑦作业者。

工作图表的技术语言是各种工艺符号与编码、数字等。各企业都应建立有关标准,统一技术语言。只有这样,才能开展生产设计。

(2)管理图表

管理图表是指设绘生产设计工作图过程中所提供的关于工艺流程、材料、设备、半成品的配套、成本控制、工时、物量负荷的平衡和生产日程计划控制等方面工作所需的图表。编制生产设计管理图表的目的,在于提供给计划和生产管理部门作为组织、协调和计划开展各项管理工作的直接依据。

以船体为例,管理图表的主要内容包括:

①生产管理量的统计,如切割长度、分段质量、装配长度、焊接长度、涂装面积等;

②各工序作业负荷分布;

③工艺项目划分;

④工时定额;

⑤工艺项目之间的衔接关系;

⑥自制、外协、外购、铸锻件项目;

⑦设计、生产日程安排(日程表);

⑧检验项目安排表等。

(3)舾装综合布置图

舾装综合布置图是舾装生产设计的基础。它从全局出发,把全船舾装件(包括机电设备、装置等)分区域在图面上统筹协调、综合布置,做到互不干扰、布置合理、利于施工和维修。开展船装、机装、电装生产设计,都必须设绘相应的综合布置图。以机装综合布置图为例,包括主机、辅机、电气设备、基座、各种管路、电缆敷设、箱柜、花铁板与格栅、扶梯、扶手等。通过设绘综合布置图还可以提供管子、电缆开孔图,作为深化船体生产设计的内容之一。整个生产设计的工作流程如图1-3所示。

从图1-3中可以看出,要做好生产设计,绝非生产设计一个部门所能胜任的,需要从事初步设计、详细设计的部门以及施工部门的有效配合。其中,船舶的建造方针在生产设计工作中起着主导作用,它能使各设计阶段的工作内容相互联系,相互协调。施工部门应为生产设计提供现场生产的经验,并反映到施工要领和作业标准中,作为生产设计的依据,同时要将现场生产的信息不断反馈到设计部门,以便改进今后的设计工作。

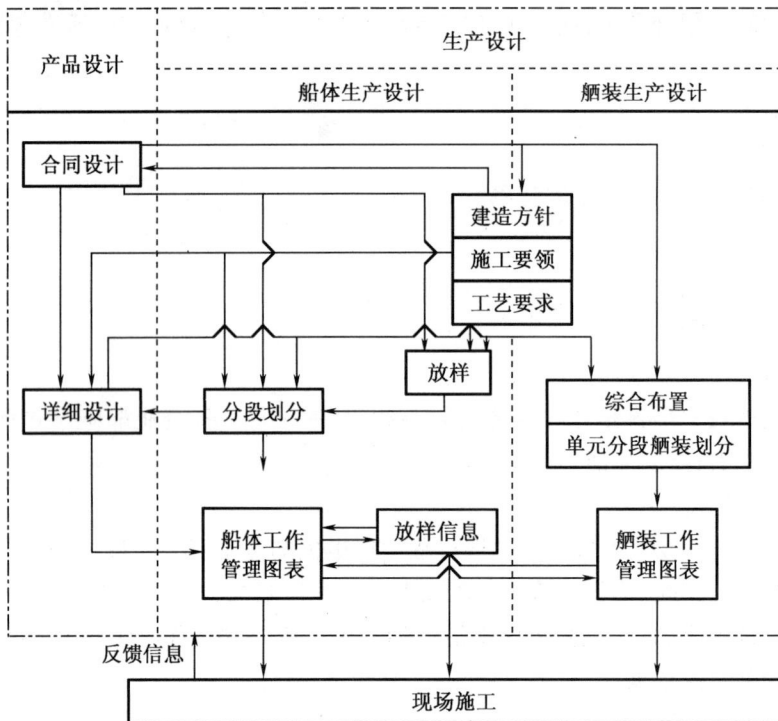

图1-3　生产设计的工作流程

五、船舶生产设计的设计体制

我国现行的船舶生产设计体制大体上可以分为三种形式。第一种是初步设计、详细设计和生产设计的全部工作都在船厂进行,设计能力较强的大型船厂常采用这种形式。第二种是初步设计和详细设计在专业设计院进行,生产设计在船厂进行,设计能力较弱的中小型船厂多用这种形式。第三种是初步设计和详细设计在专业设计院进行,生产设计委托专业设计公司进行,没有设计能力的中小型船厂采用这种形式。当然这三种设计体制不是一成不变的。大型船厂遇到技术复杂的新船型或船厂设计任务超过设计能力时,也会把初步设计和详细设计委托给专业设计院进行;没有设计能力的中小型船厂,一旦具备了生产设计能力也会自己做生产设计。

生产设计的内容涉及面很广,工作环节多,要由相应的组织机构来完成具体的设计任务。生产设计的内容与形式必须满足船厂生产和管理的要求。生产设计的管理体制也应与船厂的生产和管理的要求相适应。由于各船厂的条件和技术水平不一致,因此生产设计的管理体制也不完全相同。但是,虽然各船厂生产设计的组织形式不尽相同,其管理体制的基本指导思想还是一致的,组织机构也是相似的,归纳起来主要有两种基本形式。一种形式是把船体和舾装的生产设计集中在一个部门进行。例如,在船厂设计部门内,设立初步设计室、详细设计室和生产设计室,各室的任务与船舶设计三阶段的业务相对应。生产设计室下设管理、电算、船体、机装、船装、电装各专业组。另一种形式是把船体生产设计与舾装生产设计分开,分别在两个部门进行。例如,船厂内独立设置船体生产设计室与设计部门并列或设在工程部门内,而机装、船装、电装生产设计则由设计部门的舾装生产设计室进行,不再单独设置专门机构。

思考与练习

一、简答题

1. 简述船舶生产设计的产生过程。

2. 生产设计的基本原则是什么?

3. 论述现代船舶设计各阶段的设计内容和作用。

4. 船舶生产设计有什么特点和作用?

5. 船舶生产设计的理论基础是什么?

6. 按工程类别分,船舶生产设计包含哪些内容?

7. 按设计顺序或阶段分,船舶生产设计包含哪些内容?

8. 为什么说生产设计的过程是在图面上"模拟造船"的过程?

二、选择题

1. 船舶生产设计在 20 世纪 50 年代初开创于日本。我国引进的时间是　　　　　（　　）

A. 1949 年　　　　　　　　　　　B. 1978 年

C. 1999 年　　　　　　　　　　　D. 2006 年

2. 解决"造什么样船"问题的设计阶段是　　　　　　　　　　　（　　）

A. 初步设计和详细设计　　　　　　B. 初步设计和生产设计

C. 详细设计和生产设计　　　　　　D. 生产设计

3. 解决"怎样造船"和"怎样组织造船生产"问题的设计阶段是　　　　　（　　）

A. 初步设计　　　　　　　　　　　B. 详细设计

C. 生产设计　　　　　　　　　　　D. 技术设计

4. 船装生产设计范围不包含的是　　　　　　　　　　　　（　　）

A. 甲板舾装　　　　　　　　　　　B. 居装

C. 机舱管系舾装　　　　　　　　　D. 涂装

5. 负责船舶舱室外全船各层甲板的舾装设计的专业是　　　　　　（　　）

A. 内装　　　　　　　　　　　　　B. 外装

C. 机装　　　　　　　　　　　　　D. 电装

6. 最终编制综合日程表的生产设计准备工作是　　　　　　　　（　　）

A. 生产技术准备　　　　　　　　　B. 计划准备

C. 工程控制准备　　　　　　　　　D. 设绘生产设计图表

7. 直接指导工人施工的图纸是　　　　　　　　　　　　（　　）

A. 初步设计的图纸　　　　　　　　B. 详细设计的图纸

C. 生产设计的图纸　　　　　　　　D. 方案设计的图纸

8. 一般能全部完成初步设计、详细设计和生产设计的单位是　　　　（　　）

A. 大型船厂　　　　　　　　　　　B. 中小型船厂

C. 船舶设计院所　　　　　　　　　D. 一般的修船厂

三、判断题

1. 工艺符号、编码及数字是工作图的技术语言。 （　　）

2. 船舶生产设计不属于船舶设计的范畴。 （　　）

3. 初步设计又称为合同设计，详细设计又称为送审设计。 （　　）

4. 舾装生产设计和船体生产设计之间没有什么关系。 （　　）

5. 开展生产设计可以不需要事前准备工作。 （　　）

6. 生产设计将设计、工艺、管理三者融为一体。 （　　）

7. 生产设计的工作图表不可能是现场生产的唯一依据。 （　　）

8. 在不同的船厂，设绘同一条船的生产设计图纸也会有差异。 （　　）

第二章　船体生产设计标准

● 学习目标

知识目标

1.掌握常用船体建造工艺符号及其应用;
2.掌握焊接坡口符号的含义及其应用;
3.理解船体结构型材端部形状符号的含义;
4.理解船体结构典型工艺切口符号的含义;
5.掌握船体外板板缝布置原则及排列方法。

能力目标

1.能识读船体工作图上的工艺符号;
2.能运用工艺符号在船体工作图上表达施工要求;
3.能对船体外板进行板缝排列。

第一节　生产设计标准体系

标准就是为了在一定的范围内获得最佳秩序,经协商一致制定并由公认机构批准,共同使用和重复使用的一种规范性文件。标准宜以科学、技术的综合成果为基础,以促进最佳的共同效益为目的。我国标准按照法律的约束性分为强制性标准和推荐性标准,但以推荐性标准为多数,非强制执行自愿采用。

标准的类别主要有技术标准、管理标准和工作标准,具体来说有基础标准、产品标准、方法标准、安全标准、卫生标准、环境保护标准等。标准化则可以反映出一个企业、一个行业甚至一个国家的科技水平、管理水平和经济发达程度。

目前,我国使用的船舶专业技术标准是由许多标准体系所构成的,如海洋船舶制造专业技术标准包括船舶总体、船舶结构、船舶性能与试验、船用材料及检验方法、船舶建造技术及工艺、船舶制造工艺装备、管理要求及方法等国家标准及行业标准。

造船生产设计标准体系是随着生产设计深入开展的需要而形成的。生产设计标准包括技术标准和管理标准两大部分。它可以统一设计准则,减少设计工作量,提高设计质量,并且方便设计管理等。

一、生产设计的标准体系结构

鉴于生产设计是融设计、生产、管理为一体,作为生产设计标准就必然会涉及有关综合性与各个专业性的设计技术、工艺技术、设计管理、生产管理和安全生产等方面的有关标准、规则、指导文件、设计要领、施工要领及标准图册等。又由于生产设计是船舶设计的组成部分,其工作图表直接用于指导现场施工与管理,并且生产设计还涉及详细设计中有关的设计标准,以及现场施工过程中的作业标准和质量标准,为此,这些相关标准也应纳入生产设计的标准体系。

我国有关部门曾在收集国内外有关生产设计标准资料后,结合我国开展生产设计的实际,研究编制了船舶生产设计标准体系,如图 2-1 所示。

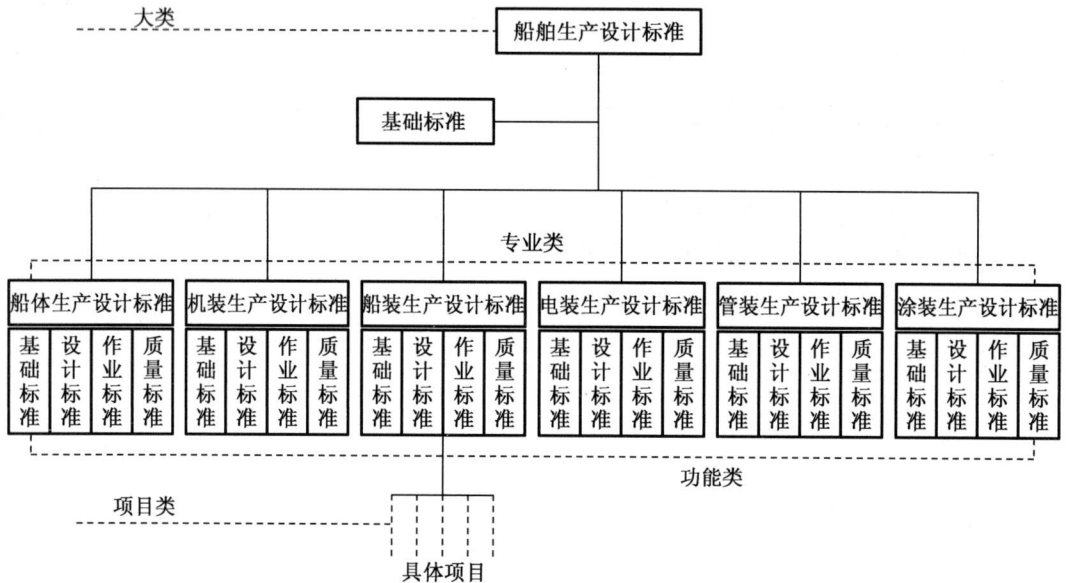

图 2-1 船舶生产设计标准体系

从图 2-1 中可以看出,船舶生产设计标准体系结构层次由上到下可分为大类、专业类、功能类和项目类四个结构层次。

大类:船舶生产设计标准。

专业类:分基础(综合性)标准、船体生产设计标准、机装生产设计标准、船装生产设计标准、电装生产设计标准、管装生产设计标准和涂装生产设计标准七类。

功能类:分基础标准、设计标准、作业(包括加工、制作、装配和安装)标准和质量标准四类。

项目类:具体项目标准。

二、生产设计标准的主要内容

根据船舶生产设计标准体系结构,现将生产设计标准的主要内容分别加以叙述。

1.基础(综合性)标准

①船舶生产设计图样和技术文件的基本要求;

②船舶生产设计工作流程;

③船舶生产设计与初步设计、详细设计的衔接要求;

④船舶建造编码系统等。

2.船体生产设计标准

（1）基础标准

①船体建造工艺符号；

②补偿量、余量符号；

③船体结构通用件符号；

④船体结构焊接坡口形式等。

（2）设计标准

①船体分段工作图设绘要领；

②板缝排列要领；

③工艺孔形式与布置要领；

④船体结构的管子、电缆开孔及其补强规则；

⑤船体分段吊点布置与补强要领；

⑥分段余量、补偿量加放及修正要领；

⑦船体零件表编制规则等。

（3）作业（加工、装配）标准

①船体放样技术要求；

②船体结构变形的加热矫正；

③船体零件加工技术要求；

④分段装配要领；

⑤船体总装要领；

⑥脚手架架设要领等。

（4）质量标准

①船体建造精度标准；

②造船施工中船板表面质量评定及表面缺陷整修标准；

③船舶钢焊缝射线照相和超声波检查规则；

④船舶钢焊缝手工超声波探伤工艺和质量分级；

⑤船舶钢焊缝射线照相工艺和质量分级；

⑥船体焊缝表面质量检验要求等。

3.机装生产设计标准

（1）基础标准

①机装区域划分原则及其代号；

②机装图形符号等。

（2）设计标准

①机舱综合布置图设绘要领；

②机装辅机基座单元组装设计要领；

③机装箱柜及其附件标准图册；

④机舱起重梁和起重吊环设计要领；

⑤机舱交通装置布置要领；

⑥机舱平台开孔挡水板设计要领；

⑦机装托盘管理表的编制要领等。

（3）作业（制作、安装）标准

①船舶轴系及主机的安装定位；

②船舶辅机的安装；

③低速重型柴油机整体吊装技术要求；

④无键螺旋桨油压安装技术要求；

⑤主机环氧树脂塑料垫块浇注技术要求；

⑥船用主锅炉安装技术要求等。

（4）质量标准

机装精度标准等。

4.船装生产设计标准

（1）基础标准

①船装区域划分原则及其代号；

②船装图形符号等。

（2）设计标准

①舱室区域综合布置设绘要领；

②甲板区域综合布置设绘要领；

③船装设备基座设计要领；

④船装单元组装设计要领；

⑤船装交通装置布置要领；

⑥船舶上层建筑整体吊装技术要求；

⑦船装托盘管理表的编制要领等。

（3）作业（制作、安装）标准

①甲板敷料施工技术要求；

②舵系安装技术要求；

③电液起货机、起锚机、舵机安装技术要求；

④电动起艇机安装技术要求；

⑤电动系泊绞车安装技术要求；

⑥电液舱口盖装置安装技术要求；

⑦粮食、食品冷库施工技术要求等。

（4）质量标准

船装精度标准等。

5.电装生产设计标准

（1）基础标准

船舶电气图形符号等。

（2）设计标准

①导电系统图设计要领；

②专业舱室综合布置要领；

③主干电缆布置技术要求；

④电缆管、电缆筒以及电气设备支架设计要领；

⑤电装托盘管理表的编制要领等。

（3）作业（制作、安装）标准

①船舶电气设备安装工艺；

②船舶电缆敷设工艺；

③上层建筑整体吊装电缆连接工艺的技术要求；

④船用电缆接线箱连接工艺的技术要求；

⑤导航设备安装技术要求等。

（4）质量标准

电装精度标准等。

6.管装生产设计标准

（1）基础标准

①船舶管系符号代号；

②船舶管路附件图形符号；

③船舶通风系统图形符号；

④船用钢管系列标准；

⑤管系安装工艺符号；

⑥船舶管路和识别符号的油漆颜色等。

（2）设计标准

①管子零件图设绘要领；

②管系支管设计要领；

③管支架及其附件设计要领；

④标准型支管图册；

⑤管路附件标准图册；

⑥通风系统布置要领等。

（3）作业（制作、安装）标准

①船用管子加工通用技术条件；

②管子先焊后弯通用工艺技术要求；

③管子无余量下料工艺技术要求；

④管子绝缘包扎通用工艺技术要求；

⑤舷外附件的安装与试验；

⑥支架板安装技术要求等。

（4）质量标准

①弯管精度标准；

②管舾装精度标准等。

7. 涂装生产设计标准

（1）基础标准

①涂装前钢材表面锈蚀和除锈等级；

②涂装前钢材表面粗糙度等级等。

（2）设计标准

船舶涂装设计技术要求等。

（3）作业标准

①船舶除锈涂装工艺技术要求；

②喷丸与抛丸除锈工艺技术要求；

③船用外加电流阴极保护装置安装技术条件；

④船用牺牲阳极安装技术条件等。

（4）质量标准

①船体二次除锈评定等级；

②船舶涂装膜厚管理技术条件等。

三、生产设计标准的级别

我国标准分为国家标准、行业标准、地方标准和企业标准四个级别。

国家标准是指对需要在全国范围内统一的技术要求所制定的标准。国家标准是四级标准体系中的主体，其他各级标准不得与之相抵触。国家标准由国务院授权的国家标准化管理委员会制定、批准、发布，在全国范围内统一实施。

行业标准是指对没有国家标准而又需要在全国某个行业范围内统一的技术要求所制定的标准。行业标准是对国家标准的补充，是专业性、技术性较强的标准。行业标准的制定不得与国家标准相抵触，国家标准公布实施后，相应的行业标准即行废止。行业标准由国务院有关行政主管部门制定。

地方标准是指对没有国家标准和行业标准而又需要在省、自治区、直辖市范围内统一工业产品的安全、卫生要求所制定的标准。地方标准在本行政区域内适用，不得与国家标准和行业标准相抵触。国家标准、行业标准公布实施后，相应的地方标准即行废止。地方标准由各省、自治区、直辖市标准化行政主管部门批准、发布，在该地方范围内统一实施。

企业标准是指企业所制定的产品标准和在企业内对需要协调、统一的技术要求和管理、工作要求所制定的标准。企业标准是企业组织生产、经营活动的依据。企业标准则由企（事）业单位自己制定。企业标准一般要比上一级的标准要求更高，有关规定也不得与上一级标准相抵触。各企业可根据自己企业的具体情况酌情考虑进行设计标准的编制，以满足生产设计的标准。企业在制定了自己企业的标准以后，一般都按照该标准来执行，对于生产设计中无企业级标准规定的项目，通常选用上一级标准。

船舶生产设计标准可分成国家标准（GB）、船舶行业标准（CB）和企业标准三种。由于生产设计与船厂的工艺技术、工艺装备、生产管理体制、管理水平等因素密切相关，因此作为生产设计标准，其大部分属于企业标准，企业标准是生产设计标准中数量最多，且是最基本的标准。随着生产设计的进一步深化，在企业标准制定的基础上再逐步统一，以便创造条件逐步编制出新的船舶专业标准级和国家标准级的生产设计标准。

四、新船设计前的设计标准准备

生产设计前,还需要整理新设计船所用的船厂惯例和标准,在国外称之为 SDP (Shipbuilding Design Practice),即根据某一船型的特点和船厂已有的企业标准加以归纳、整理和提炼设计标准文件。如需送船东和船检的,则需及时完成送退审。通过编制 SDP 可用船厂已有标准和惯例进行设计,这样可把复杂的设计简单化,众多简单的设计实现标准化,最大限度地规范设计人员的设计行为。如今我国已有一些船厂在新船设计前做了编制 SDP 的准备。SDP 的主要内容有:

①建造流程、生产设备与设施能力;

②各部门工作职责;

③国际标准、企业标准;

④船体设计的标准和方法,如套料和钢材管理,切割、成形、坡口、校正、焊接、装配等工艺方法和标准;

⑤舾装设计的标准和方法,如管系设计、机装设计、船装设计、电装设计、舱室和空冷通风设计等。

第二节　船体建造工艺符号

生产设计的符号和编码是生产设计的主要技术语言。生产设计的符号和编码在国内外船厂各不相同,但就其表达的方法,有很多相似之处,即生产设计的符号和编码应在满足产品施工要求的前提下,均力求清晰明了、简单易懂,便于绘制生产设计工作图表,提高图纸质量,减少设计工作量;同时有利于现场施工人员使用,并方便管理。

近几年,随着三维生产设计软件的广泛应用,生产设计的广度及深度有了很大的提高,随之产生了一些新的建造工艺符号。本节着重介绍几种常用的有关表达船体建造的工艺符号。

一、船体建造的一般符号

船体建造工艺符号是指钢质船体放样、号料、加工和装配用的符号。国家有关部门已颁布行业标准《船体建造工艺符号》(CB/T 3194—1997)。该标准规定了金属船体建造中一般符号及余量、补偿量、加工、装配、修补工艺符号,适用于船体分段工作图和金属船体的放样、号料、加工、装配及修补。

这里,以船体建造一般符号和余量、补偿量符号为例,说明符号所表达的含义及其应用。

1. 对合线或检验线符号

--✕✕--✕✕--　表示构件、分段的对合线或检验线,如图 2-2 所示。

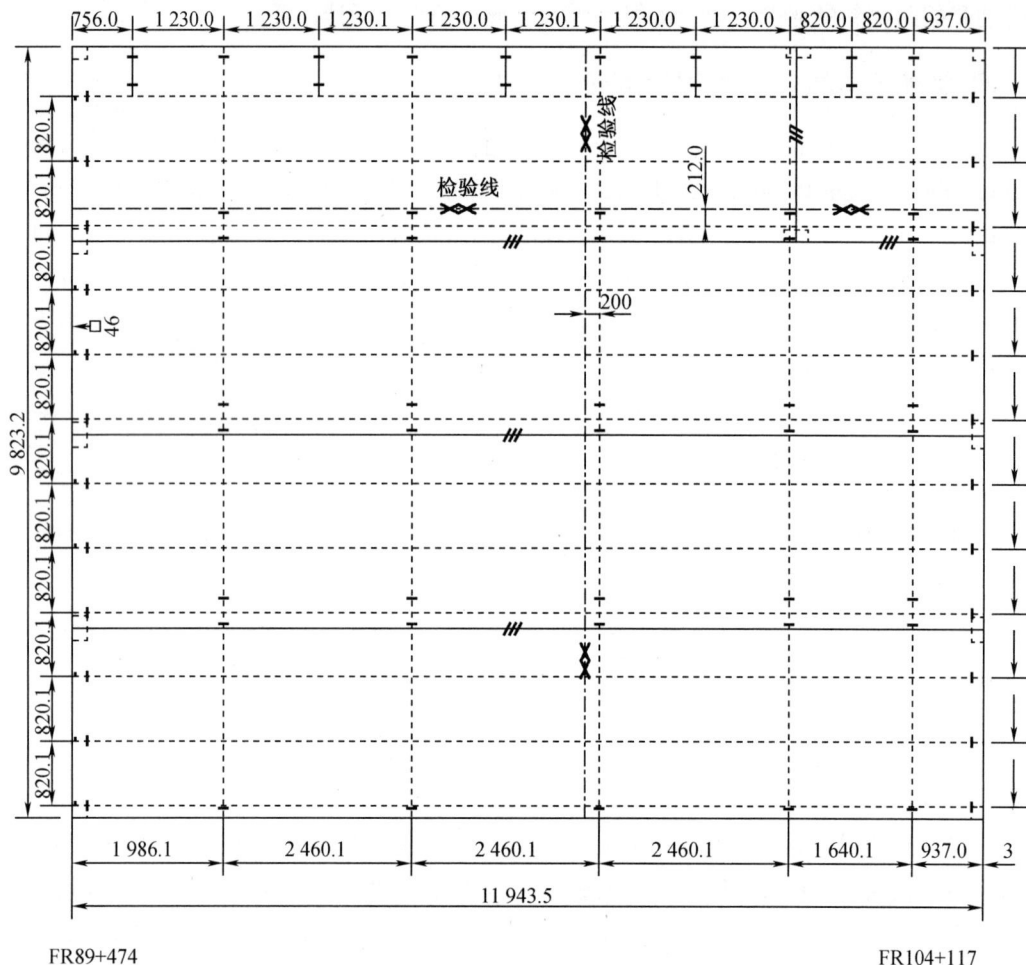

图 2 - 2　分段外板检验线划线图

2. 构件通断符号

　表示构件在此为连续构件,如图 2 - 3(a)、图 2 - 3(b)所示。

　表示构件在此为间断构件,如图 2 - 3(c)所示。

3. 接缝线符号

船体一般接缝和分段接缝符号,在《金属船体制图第 2 部分:图形符号》(GB/T 4476.

2—2008)中规定如下:

　表示一般接缝,如图 2 - 3(d)所示。

　表示分段接缝,如图 2 - 3(d)所示。

二、余量、补偿量符号

在造船中,余量分为补偿余量和切割余量两种。

余量是指对船体零件、工件和中间产品通过加工、装焊、火工矫正等多道工序,而对产生的变形及收缩进行定性和定量分析后,加放的比实际变形及收缩略大的工艺量值,一般要在装配后割除。

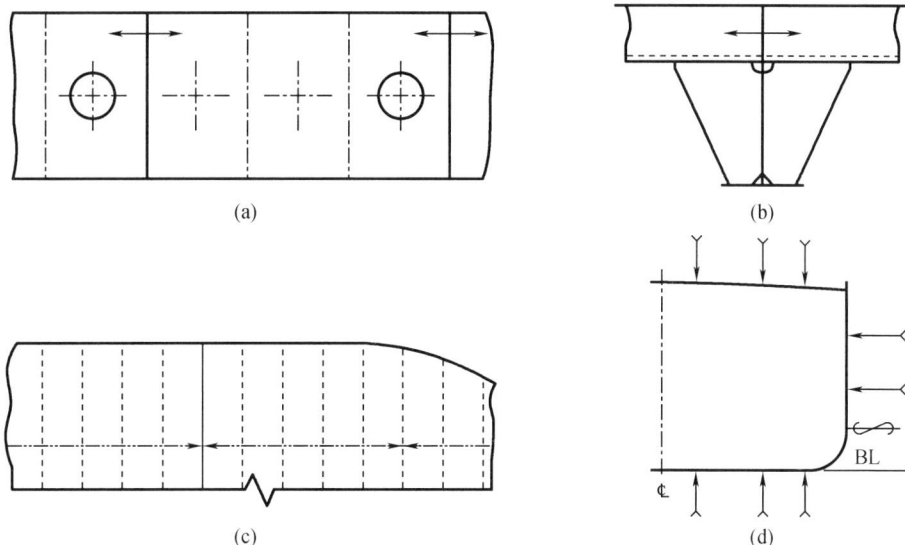

(a)

(b)

(c)

(d)

图 2 – 3 构件通断符号图例

补偿量是指对船体零件、工件和中间产品通过加工、装焊、火工矫正等多道工序,而产生的变形及收缩进行定量分析后,加放相当实际变形和收缩的工艺量值,一般不需再切割。补偿量是在分段建造过程中消耗。例如,许多船厂为了保证船舶的总长度,放样时在每一肋距加放 0.5 ~ 1 mm 的工艺余量,这种余量就是补偿余量。

在船舶行业标准《船体建造工艺符号》(CB/T 3194—1997)中,规定的余量及符号有五种,分别叙述如下(其中 a 表示装配余量,b 表示补偿量):

1. 补偿量

表示符号所指端加放 b 值(余量数值,如 5 mm),作为补偿量,在装配时不需要切割。

2. 部件装配余量与补偿量

表示符号所指端加放 a 值(余量数值,如 20 mm)装配余量,部件装配完工后保留 b(余量数值,如 5 mm)值留作补偿。

3. 分段(总段)装配余量

表示符号所指端加放 a 值(余量数值,如 20 mm)装配余量,分段装配完工后修整切除。

4. 分段合龙余量与补偿量

表示符号所指端加放 a 值(余量数值,如 40 mm),在分段装焊结束并画线后保留 b 值(余量数值,如 10 mm),作为补偿量,留作船台(船坞)合龙时补偿。

5. 船台(船坞)合龙余量

a:装配余量,表示符号所指端加放 a(余量数值,如30 mm)值,船台(船坞)合龙时切割。

在造船生产过程中,要尽量采用国家标准及船舶行业标准中所规定的符号。若不够用,可以结合企业的实际情况,制定一些工艺符号,在本企业内统一使用,在工作图上表达更多的工艺要求。

上海外高桥造船有限公司制定了《船体精度设计规定》(Q/SWS 52 - 002 - 2006)的生产设计企业标准,对船体精度常用符号表示方法做了规定,见表2 - 1。

表2 - 1　船体精度常用符号表

序号	精度符号	内容
1	$X>$	在构件上加放 X mm 补偿量。 主要用于补偿总组或搭载阶段焊接收缩,无须切割
2	$X \longrightarrow$	在构件上加放 X mm 的余量。 弯曲作业完成,检查后切割
3	$X \triangleright$	在构件上加放 20 mm 的余量。 小组立、中组立完成,检查后保留 X mm 补偿量,切割
4	$X \triangleright$	在构件上加放 20 mm 的余量。 分段完成,检查后保留 X mm 补偿量,切割
5	$X \triangleright$	在构件上加放 20 mm 的余量。 总组完成,检查后保留 X mm 补偿量,切割
6	$X \blacktriangleright$	在构件上加放 20 mm 的余量。 搭载检查后保留 X mm 补偿量,切割
7	SHR: X mm/n mm	在构件上每 n mm 加放 X mm 收缩量。 装配时焊接收缩,不切割
8	XT ▽	三角装配补偿量。 通常加放在大肘板趾端,补偿三角形收缩,不切割

表2 - 1中精度符号应用示例。

示例1:序号1,如果 $X = 5$,表示设计建模和放样时,在理论尺寸基础上已经加放了5 mm,用来补偿总组或搭载阶段焊接引起的收缩。切割作业时无须额外加放,而且切割作业完成后,不得切除该补偿量。

示例2:序号4,直线下方无数值时,表示建模和放样时,加放了20 m 的余量;直线下方添加数值时,如 $\underset{30}{\triangleright}$,则表示加放值为30 mm。如果 $X = 5$,表示设计建模和放样时,在理论尺寸基础上已经加放了20 mm 的余量,用来修正分段建造过程中的偏差,分段完工检查后,保留5 mm,主要补偿总组或搭载阶段焊接引起的收缩。

三、船体构件理论线标记符号

船体构件理论线,就是在船体建造时决定构件安装的位置线,即确定构件装配时的厚度朝向。因此,确定船体构件理论线,主要是考虑构件安装的工艺性,也就是装配的方便性和构件连接的合理性。在进行生产设计之前必须明确船体构件在设计图上的理论线的位置,做出全船的理论线图。

1.确定船体构件理论线的基本原则

(1)船壳板理论线向内,即取板的内缘。

(2)水平方向构件(例如甲板、平台、内底板、水平桁材等)以靠近基线一边为理论线。

(3)纵向构件(例如旁底桁、甲板旁纵桁等)以靠近中线面一边为理论线,而边水舱纵舱壁以扶强材布置(一般为远离中线面)一边为理论线,中纵构件取其厚度中线为理论线,中纵舱壁以最下列板的厚度的中线为理论线。

(4)横向构件(例如肋板、肋骨、横梁、平面横舱壁等)以靠近中剖面一边为理论线。

(5)不对称型材(包括型钢及折边构件)以其背面为理论线。

(6)舱口围板、舱口端梁均以靠近舱口中心线为理论线。

(7)主机基座纵桁以靠近主机中心线一边为理论线。位于主机基座纵桁对应位置的甲板纵桁的理论线应与主机基座纵桁的理论线一致;与主机基座桁材连接的旁桁材或旁内龙骨的理论线应与基座桁材的理论线一致。

(8)封闭型对称型材以其对称轴为理论线,锚链舱以其围壁外缘为理论线,烟囱、轴隧以板的内缘为理论线。

在实船设计时,船体构件理论线的选取,在优先考虑以上原则的基础上,可按具体情况另行选取。

2.船体构件理论线标记符号及典型示例

(1)构件理论线标记符号

理论线是指零件装配基线和在基准线上装配时的方向基准。船舶行业标准《船体建造工艺符号》(CB/T 3194—1997)中规定了船体构件安装位置符号,即船体构件理论线标记符号,如图2-4(a)所示。图2-4(b)中构件理论线标记符号,表示理论线为厚度中心时的符号。

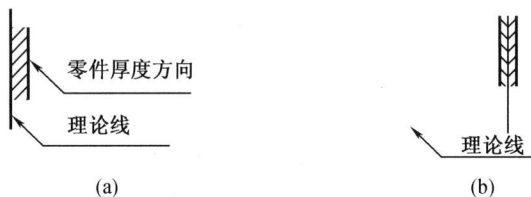

图 2 - 4 船体构件理论线标记符号

（2）船体构件理论线标记的典型示例

如图2－5所示。

(a)   (b)

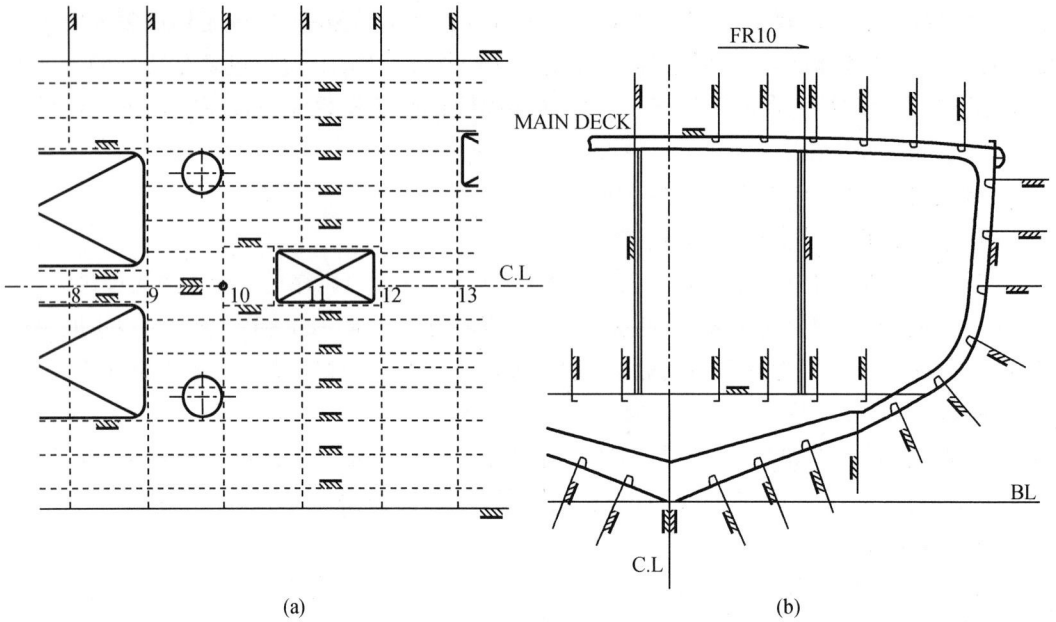

图 2－5　船体构件理论线标记典型示例

第三节　焊接坡口符号

焊接坡口符号表示采用不同的材料、厚度、焊接方法等情况下的坡口形式及其尺寸。在绘制生产设计工作图时，往往不是把每一条焊缝的坡口型式和尺寸，都详细地在图纸上绘制出来，而是用符号来代替，以简化图面，减少设计工作量，也便于识图和施工。焊接坡口符号详见船舶行业标准《船体结构焊接坡口型式及尺寸》（CB/T 3190—1997）。

焊接坡口符号的形式如下：

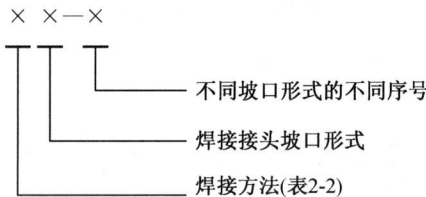

```
× × — ×
```

不同坡口形式的不同序号

焊接接头坡口形式

焊接方法(表2-2)

焊接坡口符号中，第一个字母符号表示焊接方法，见表2－2；第二个字母符号表示焊接接头坡口形式（如 I、V、Y、X、U、K）；第三个数字符号表示不同坡口形式的不同序号。如仅一个字母符号则表示手工电弧焊或 CO_2 气保护半自动双面焊坡口。

表 2－2 焊接方法符号

符号	焊接方法	符号	焊接方法
A	埋弧自动焊	R	RF 法（熔剂垫） （双丝单面埋弧自动焊）
C	CO_2 气保护半自动衬垫单面焊	G	气电垂直自动焊
F	FAB 法（纤维衬垫） FCB 法（铜剂垫） （单丝或双丝单面埋弧自动焊）	E	熔嘴电渣焊

例 2－1 船体底部分段外板拼板焊接坡口要求的表示,如图 2－6 所示。

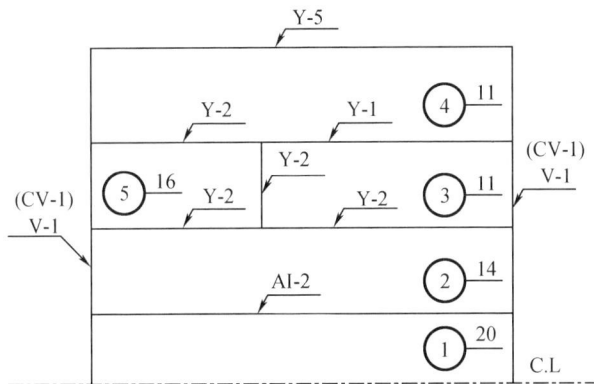

图 2－6 船体底部分段外板拼板焊接坡口要求

图 2－6 中,外板拼板的各条焊缝具体的焊接坡口形式与尺寸要求,分别用符号 V－1（或 CV－1）、Y－1、Y－2、Y－5、AI－2 标注,简化了工作图图面,减少了绘图工作量。V－1（或 CV－1）、Y－1、Y－2、Y－5、AI－2 表示的焊接坡口形式与尺寸,见表 2－3。

表 2－3 图 2－6 中焊接坡口与符号对照表 单位:mm

序号	坡口形式	坡口尺寸	符号	适用范围
1		$\delta \leqslant 24$ $\delta_1 - \delta < 4$ $b = 1^{+2}_{-1}$ $\alpha = 55° \pm 5°$	V－1	用于小合龙、中合龙、大合龙现场切割的接缝,如外板等
2		$\delta > 8$ $\delta_1 - \delta < 3$ $b = 6^{+2}_{-1}$ $\alpha = 40°^{+5°}_{0}$	CV－1	用于中合龙、总组合龙、大合龙、平立位置 CO_2 气保护半自动单面焊拼板对接缝。如内底板、外板、甲板板、斜傍板、舱壁板等

表2-3(续)

序号	坡口型式	坡口尺寸	符号	适用范围
3		$\delta = 6 \sim 13$ $\delta_1 - \delta < 4$ $b = 2^{+1}_{-2}$ $P = 2$ $\alpha = 55° \pm 5°$ $\delta = 14 \sim 24$ $\delta_1 - \delta < 4$ $b = 2^{+1}_{-2}$ $P = \frac{1}{4}\delta \pm 2$ $\alpha = 55° \pm 5°$	Y-1	用于小合龙、中合龙的接缝。如外板、内底板、甲板板、平台板、隔舱板、纵骨等接缝
4		$\delta = 6 \sim 13$ $\delta_1 - \delta > 4$ $L = 4(\delta_1 - \delta)$ $b = 2^{+1}_{-2}$ $P = 2$ $\alpha = 55° \pm 5°$ $\delta = 14 \sim 24$ $\delta_1 - \delta > 4$ $L = 4(\delta_1 - \delta)$ $b = 2^{+1}_{-2}$ $P = \frac{1}{4}\delta \pm 2$ $\alpha = 55° \pm 5°$	Y-2	
5		$\delta = 8 \sim 13$ $b = 2^{+1}_{-2}$ $P = 2$ $\alpha = 45° \pm 5°$ $\alpha_1 = 10°^{\ 0}_{-2°}$ $\delta = 14 \sim 24$ $b = 2^{+1}_{-2}$ $P = \frac{1}{4}\delta \pm 2$ $\alpha = 45° \pm 5°$ $\alpha_1 = 10°^{\ 0}_{-2°}$	Y-5	用于中合龙、大合龙的接缝。如舷部与底部无余量接缝等
6		$\delta \leqslant 20$ $\delta_1 - \delta \geqslant 4$ $L = 4(\delta_1 - \delta)$ $b = 0^{+1}_{0}$	AI-2	用于小合龙双面埋弧自动焊接缝。如甲板板、内底板、外板、隔舱板、平台板等接缝

例 2 – 2　船台大合龙焊接坡口要求的表示,如图 2 – 7 所示。

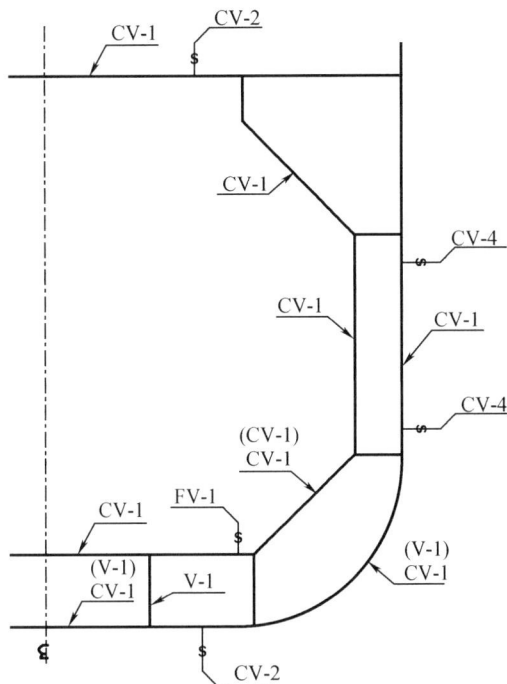

图 2 – 7　船台大合龙接缝处的焊接坡口要求

图 2 – 7 中,没有直接表示出船台大合龙的焊接坡口形式与尺寸,而是用符号 V – 1、CV – 1、CV – 2、CV – 4、FV – 1、GV – 1 标注,简化了工作图图面,减少了绘图工作量。当然,对施工人员的要求比较高,要求能记住这些焊接坡口符号,看到符号就知道该怎么做。

符号 CV – 2、CV – 4、FV – 1、GV – 1 所表示的焊接坡口形式与尺寸,如表 2 – 4 所示。

表 2 – 4　图 2 – 7 中焊接坡口与符号对照表　　　　　　　　　　单位:mm

序号	坡口形式	坡口尺寸	符号	适用范围
1		$\delta > 8$ $\delta_1 - \delta \geqslant 3$ $L = 4(\delta_1 - \delta)$ $b = 6^{+2}_{-1}$ $\alpha = 40^{\circ}{}^{+5^{\circ}}_{0}$	CV – 2	用于中合龙、总组合龙、大合龙、平立位置 CO_2 气保护半自动单面焊拼板对接缝。如内底板、外板、甲板板、斜傍板、舱壁板等接缝
2		$\delta > 8$ $\delta_1 - \delta < 3$ $b = 4 \pm 1$ $\alpha_1 = 35^{\circ}{}^{+5^{\circ}}_{0}$ $\alpha_2 = 5^{\circ}{}^{+5^{\circ}}_{0}$	CV – 4	用于中合龙、总组合龙、大合龙横向 CO_2 气保护半自动单面焊拼板对接缝

表 2 - 4(续)

序号	坡口形式	坡口尺寸	符号	适用范围
3		$\delta = 12 \sim 25$ $\delta_1 - \delta < 4$ $b = 2^{+1}_{\ 0}$ $\alpha = 50°^{\ 0}_{-5°}$	FV - 1	用于中合龙、总组合龙在胎架上的拼板接缝,以及大合龙内底板、甲板纵向大接缝等 FAB 法工艺
4		$\delta \leqslant 18$ $\delta_1 - \delta < 3$ $b = 6^{+2}_{-1}$ $\alpha = 45°^{+5°}_{\ 0}$ $\delta > 18$ $\delta_1 - \delta < 3$ $b = 6^{+2}_{-1}$ $\alpha = 45°^{+5°}_{\ 0}$	GV - 1	用于气电垂直自动焊拼板立接缝。如大合龙外板,纵横舱壁板,中合龙肋板、纵桁等接缝

第四节　船体结构型材端部形状符号

与焊接坡口符号一样,在绘制生产设计工作图时,往往也不是把每一个型材构件的端部形状及其连接形式都在图纸上详细地绘制出来,而是用符号来代替,以简化图面,缩短设计周期。型材端部形状符号详见船舶行业标准《船体结构 型材端部形状》(CB/T 3183—2013)。该标准规定了船体结构型材端部的型式和尺寸及要求,适用于钢质船体结构型材端部的设计和制造,不适用于油船中特殊端部形状的设计和制造。

例 2 - 3　角钢或折边材与板材的连接,其端部腹板和面板都切斜。

图 2 - 8 表示的是角钢或折边材端部切斜的型式和尺寸,记作符号 S。在工作图上表示时,不直接在图纸上把角钢或折边材端部切斜的型式和尺寸详细地绘制出来,而是用符号 S 来代替,简化了图面,减少了绘图工作量,如图 2 - 9 所示。

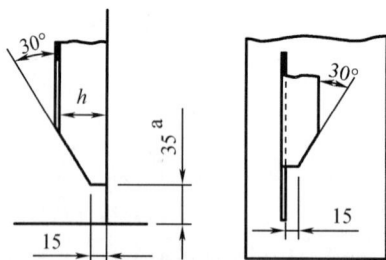

图 2 - 8　角钢或折边材端部切斜形式 S

注:h—型材高度,[a]端部离空值 35 为其标准值,亦可根据实际设计需要在 25 ~ 40 中选取。

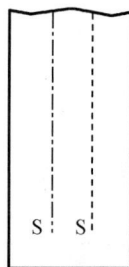

图 2 - 9　工作图上标注角钢或折边材端部切斜形式 S

例 2 - 4 球扁钢与板材的连接,其端部腹板切斜,面板不切斜。

图 2 - 10 表示的是球扁钢端部切斜的型式和尺寸,在工作图上表示时,也不直接在图纸上详细地绘制出来,而是用符号 S 来代替,如图 2 - 11 所示。

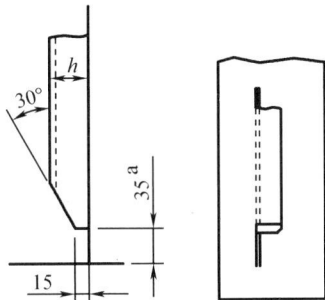

图 2 - 10 球扁钢端部切斜形式 S

注:h—型材高度,[a]端部离空值 35 为其标准值,亦可根据实际设计需要在 25 ~ 40 中选取。

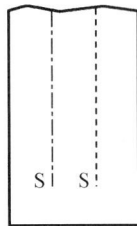

图 2 - 11 工作图上标注球扁钢端部切斜形式 S

例 2 - 5 T 型材与板材的连接,其端部面板切斜,腹板不切斜。

图 2 - 12、图 2 - 13 表示的是 T 型材端部切斜的两种型式和尺寸,在工作图上表示时,也不直接在图纸上详细地绘制出来,而是用符号 F 或 FS 来代替,如图 2 - 14、图 2 - 15 所示。

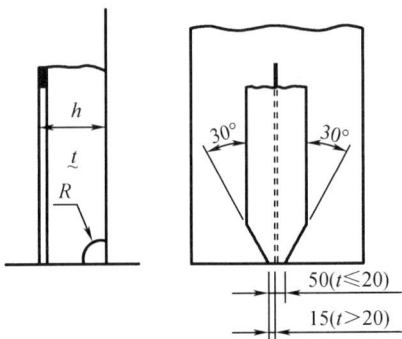

图 2 - 12 T 型材端部切斜型式(1)F

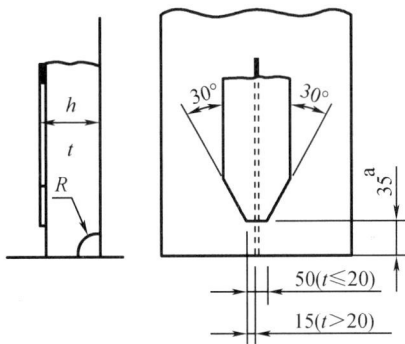

图 2 - 13 T 型材端部切斜型式(2)FS

注:t—腹板厚度;h—型材高度,R—端部切角。[a]端部离空值 35 为其标准值,亦可根据实际设计需要在 25 ~ 40 中选取。

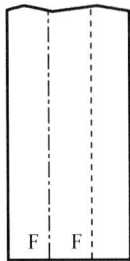

图 2 - 14 工作图上标注 T 型材端部切斜形式(1)F

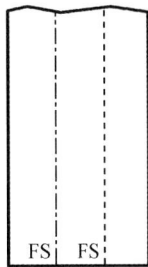

图 2 - 15 工作图上标注 T 型材端部切斜形式(2)FS

例2-6 T型材与板材的连接,其端部不切斜。

图2-16表示的是T型材端部不切斜的型式和尺寸,在工作图上表示时,也不直接在图纸上详细地绘制出来,而是用符号 L 来代替,如图2-17所示。

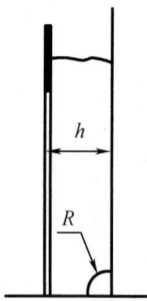

图2-16 T型材端部不切斜形式 L

注:t—腹板厚度;h—型材高度。

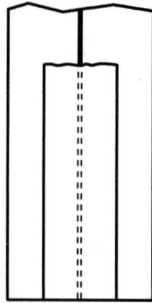

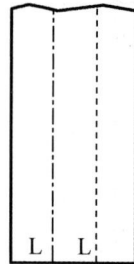

图2-17 工作图上标注 T 型材端部不切斜形式 L

型材端部形式的型材高度 h 和端部切角 R 按表2-5规定。

表2-5 型材端部形式   单位:mm

名称	范围			
h	$h<100$	$100 \leqslant h<150$	$150 \leqslant h<250$	$h \geqslant 250$
R	CW	CW	35	50

注:当焊缝需连续通过而不开 R 时,在产品图纸中注 CW,CW 代表 10×10 的切角,以表示通焊孔。当不需要流水孔和透气孔时,R 取 CW。

例2-7 若型材端部用肘板连接,按照国家标准《金属船体制图 第3部分:图样画法及编号》(GB/T 4476.3—2008)中规定,可用符号 B 表示,如图2-18所示。图2-19为某横舱壁扶强材端部通过肘板与甲板及船底纵向构件连接的示例,工作图上采用符号 B 表示。

图2-18 工作图上标注型材端部用肘板连接 B

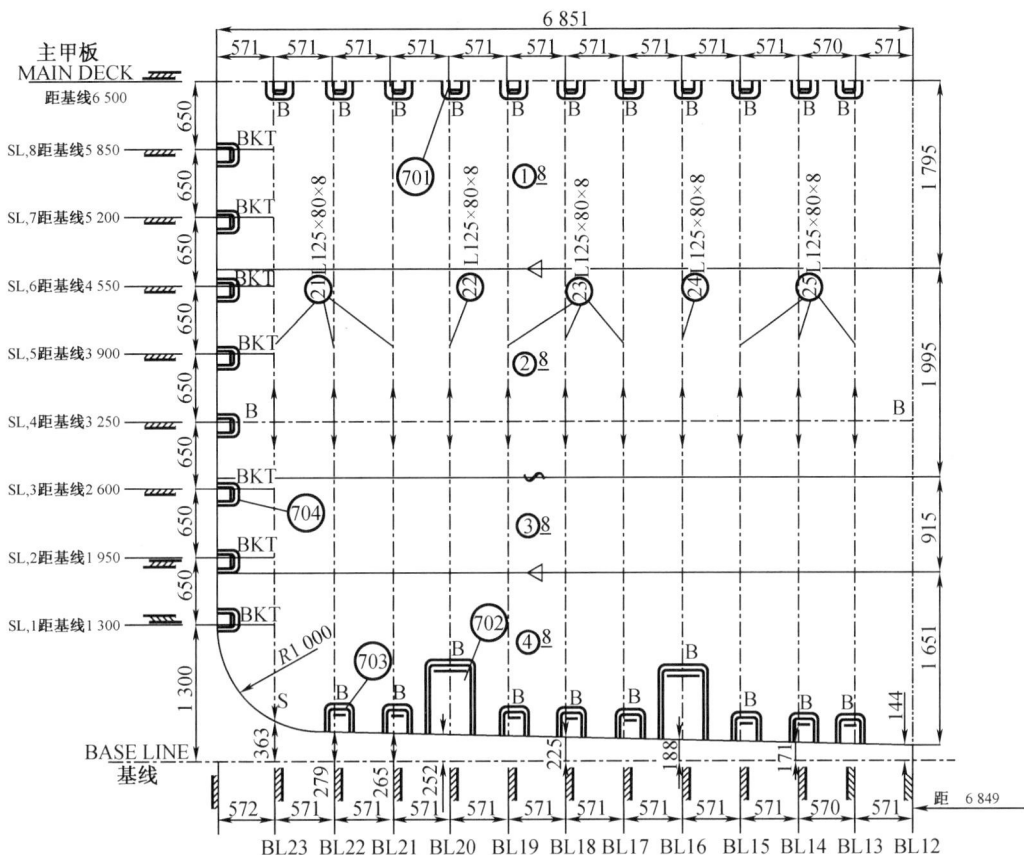

图 2-19　横舱壁扶强材端部肘板与甲板及船底纵向构件连接的示例

第五节　船体结构典型工艺切口

船舶行业标准《船体结构　流水孔、透气孔、通焊孔和密性焊段孔》(CB/T 3184—2008)规定了钢质船体结构上流水孔、透气孔、通焊孔和密性焊段孔的型式、尺寸和设计要求,可供设计时选用。

本节讲述的重点是船体结构通焊孔及密性焊段孔的形式、尺寸及设计要求。

一、船体结构通焊孔

1. 通焊孔的型式和尺寸

通焊孔:就是为使焊缝连续通过而在构件上开设的小孔。通焊孔的型式和尺寸见表2-6。

表 2-6　通焊孔的形式和尺寸　　　　　　　　　　单位:mm

序号	名称	代号	形式和尺寸	图示
1	非密半圆形角焊缝通焊孔	RC	 | h	R
---	---
$h<120$	25 且不大于 $h/4$
$120\leqslant h<160$	30
$160\leqslant h<250$	40
$h\geqslant250$	50		 注:可不用尺寸引出线。
2	非密半圆形对接焊缝通焊孔	RN	 | h	R
---	---
$h<120$	25 且不大于 $h/4$
$120\leqslant h<160$	30
$160\leqslant h<250$	40
$h\geqslant250$	50		
3	非密半腰圆形对接焊缝通焊孔	LN	 | h	$R\times L$
---	---
$h<120$	25×70 且 R 不大于 $h/4$
$120\leqslant h<160$	30×80
$160\leqslant h<250$	40×100
$h\geqslant250$	50×130		
4	密性半圆形对接焊缝通焊孔	WR	 注:焊缝通过后用电焊填满。	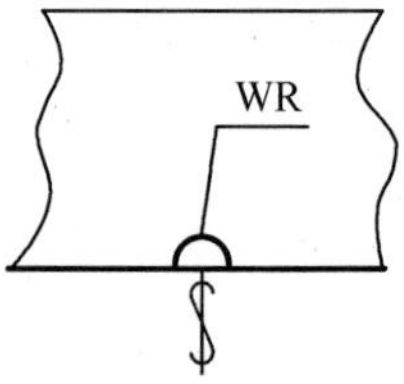

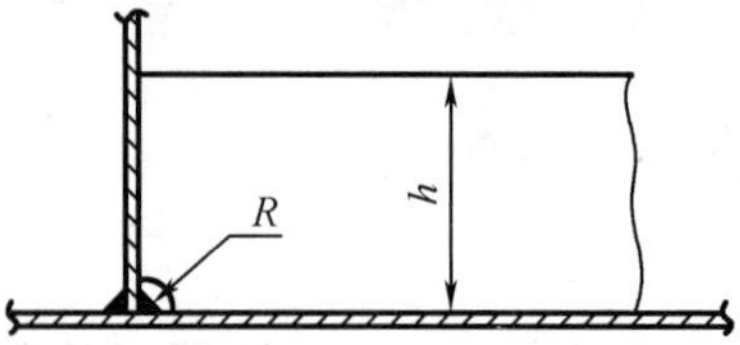

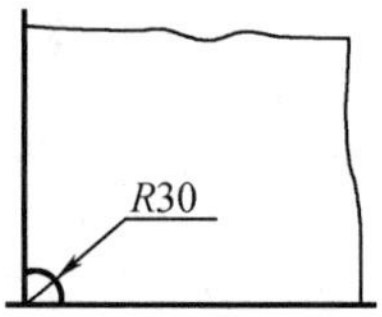

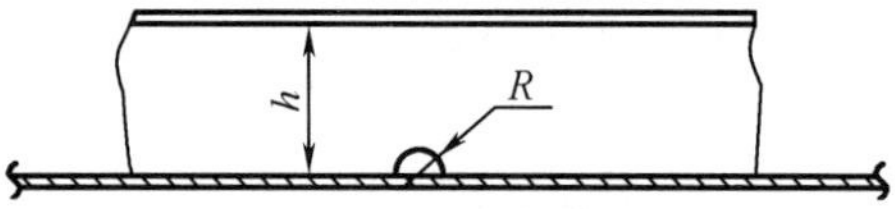

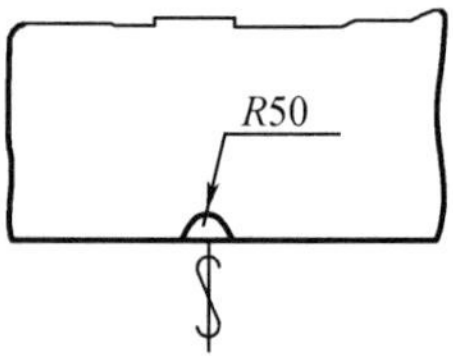

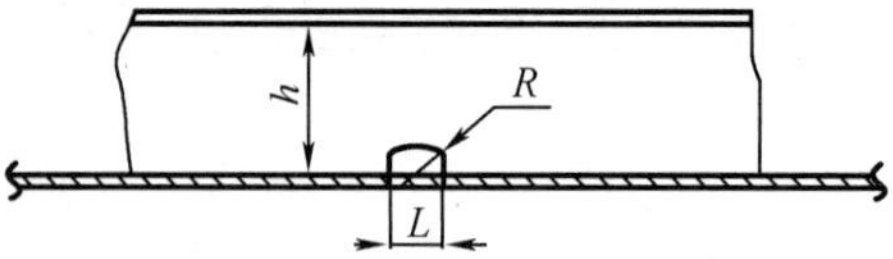

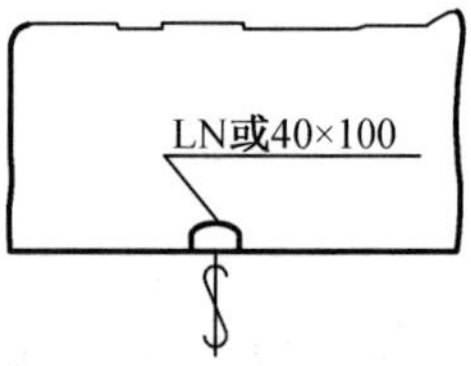

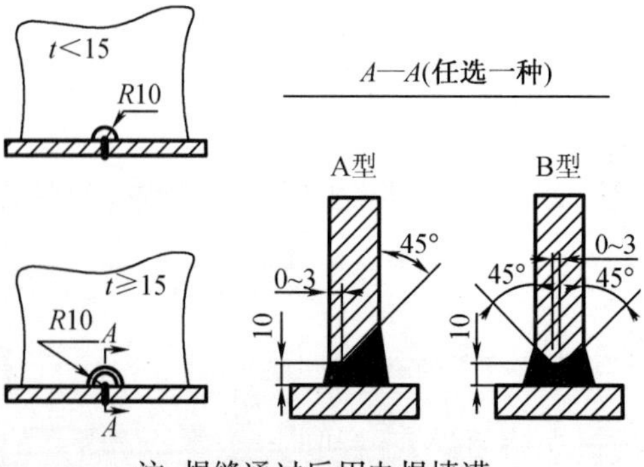

表 2－6(续)

序号	名称	代号	形式和尺寸	图示
5	密性半腰圆形对接焊缝通焊孔	WL	注:焊缝通过后用电焊填满。	
6	密性角焊缝通焊孔	WC	注:焊缝通过后切角处用电焊填满。	注:图面狭小处切角线可不画。

2. 通焊孔的设计要求

(1)分段接缝处的通焊孔,若其附近有流水孔或透气孔,则应将通焊孔与流水孔或透气孔合一,优先以流水孔或透气孔兼作通焊孔。

(2)通焊孔应预先开设在与焊缝相交的构件上。

(3)与 T 型材面板角焊缝相交的构件上,应开设密性角焊缝通焊孔(WC);与 T 型材面板对接焊缝相交的构件腹板上,应开设密性半圆形对接焊缝通焊孔(WR),如图 2－20 所示。

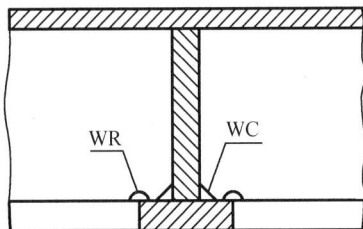

图 2－20　与 T 型材交接处的通焊孔

(4)角焊缝通焊孔与相邻对接焊缝通焊孔的间距 l 一般不小于 75 mm,如图 2－21 所示;当 l 小于 75 mm 时,而两相邻通焊孔中心距 l_1 不大于 150 mm 时,可将两孔连成一孔,为开通型通焊孔,如图 2 – 22 所示。

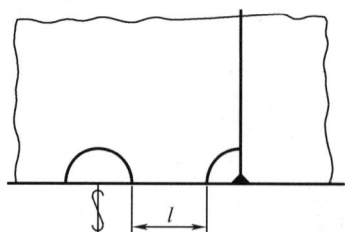

图 2 – 21　角焊缝通焊孔与相邻对接
焊缝通焊孔的间距

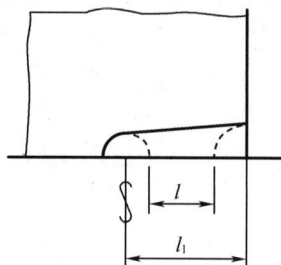

图 2 – 22　开通型通焊孔

(5)当分段接缝与板材距离 l_2 大于 150 mm,但不大于 250 mm 时,若选用开通型通焊孔,则应对通焊孔进行加强,加强的型式可选用图 2 – 23 中的任意一种。

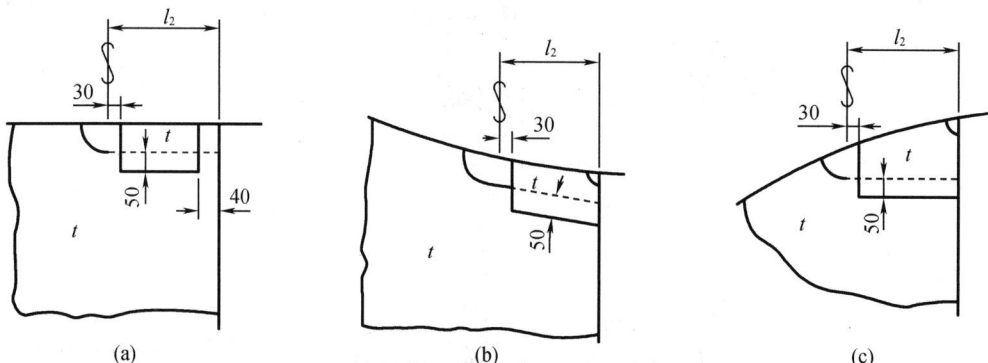

(a)　　　　　　　　(b)　　　　　　　　(c)

图 2 – 23　开通型通焊孔的加强(单位:mm)

二、船体结构密性焊段孔

1. 密性焊段孔的型式和尺寸

密性焊段孔就是为确保液舱密性,防止液体沿贯穿构件双面角焊缝间的间隙渗漏而在该构件上开设的小孔,又称为止漏孔。密性焊段孔的型式和尺寸见表 2 – 7。

2. 密性焊段孔的设计要求

(1)不同场合密性焊段孔的要求如下:

①贯穿液舱与非液舱的分舱隔壁的连续舱壁,在其非液舱一侧开设非密壁密性焊段孔 $R35$,如图 2 – 24(a)所示;

②贯穿液舱与液舱的分舱隔壁的连续舱壁,在其两侧开设水密壁密性焊段孔 RW,如图 2 – 24(b)所示;

③贯穿液舱与非液舱的分舱隔壁的构件,在其非液舱一侧开设非密壁密性焊段孔 $R35$,如果构件为组合型材,则在构件对接焊缝处开设水密壁密性焊段孔 RW,如图 2 – 24(c)所示;

④贯穿液舱与液舱的分舱隔壁的构件,在其两侧开设非水密壁密性焊段孔 $R35$;如图 2 – 24(d)所示。

表 2-7　密性焊段孔的型式和尺寸　　　　　　　　　　　　　单位:mm

序号	名称	代号	形式和尺寸	图示
1	水密壁密性焊段孔	RW		
2	非密壁密性焊段孔	R35		

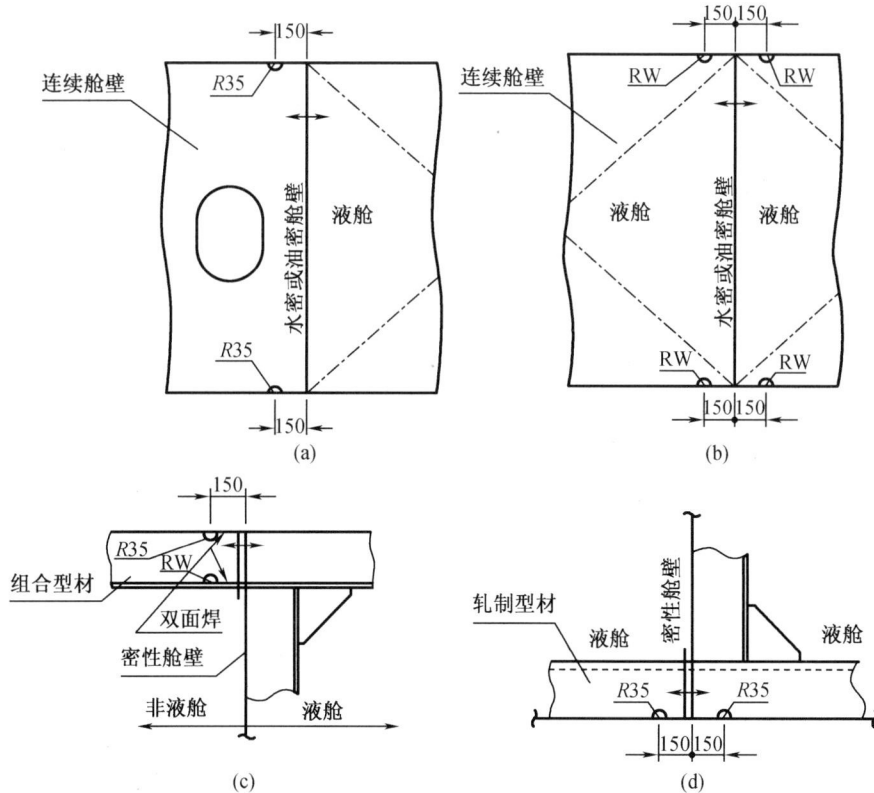

图 2-24　密性焊段孔的开设

(2)当非密壁密性焊段孔 $R35$ 开孔高度大于四分之一构件高度时,非密壁密性焊段孔 $R35$ 应改为水密壁密性焊段孔 RW。

(3)设置在非液舱的非密壁密性焊段孔,一般可借用流水孔或透气孔。

(4)分段接缝附近的非密壁密性焊段孔 $R35$,可用分段接缝通焊孔代替。

第六节 船体外板板缝布置

板缝的设计与布置是船体生产设计的一个重要环节,板缝的排列不仅关系船体布局的美观、结构的强度、加工的难易,还对现场生产效率、钢材利用率起着关键性的作用。由于船体外板排列时需要考虑的因素比较多,船型和结构形式的不同,船厂的生产条件和技术工艺的差异等,都直接影响板缝的排列效果。尽管如此,仍然有许多经过综合考虑和实际应用的各项原则需要遵守。

一、船体外板板缝排列应遵循的原则

1. 结构性原则

(1)满足规范要求。对规范有宽度要求的平板龙骨、舷顶列板、舭列板等应满足规范要求,并优先排列,且要求平板龙骨与舷顶列板沿船长的宽度尽可能不变。

(2)外板的横缝不宜设置于肋骨间距的中点(此处的挠度最大,应力高度集中),应尽可能布置在距肋骨的 $1/4 \sim 1/3$ 肋距处,该区域的局部弯曲应力小,也可以减少焊接所引起的凹凸变形。

(3)应满足规范关于对接缝与对接缝之间、对接缝与角接缝之间最小平行距离的要求。对接焊缝的平行距离不小于 100 mm,对接焊缝与角接焊缝之间的距离不小于 50 mm。

(4)外板纵缝布置应尽量与肋骨线正交,避免形成尖角。纵向板缝布置应尽量避免与纵向结构相交,若无法避免,其交角应不小于 $30°$。合理地利用分段内的外板横接缝,使可能出现小角度相交的纵缝错开布置在内部构件角焊缝的两边,如图 2-25 所示。

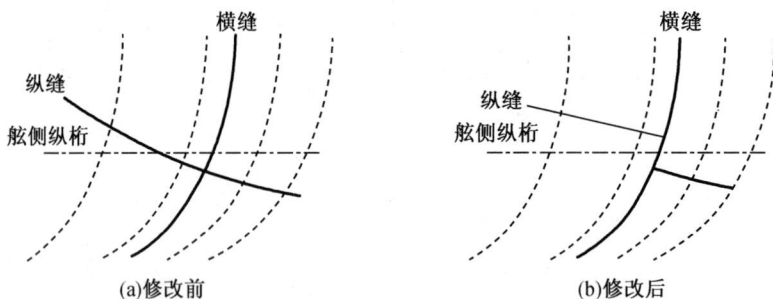

图 2-25　利用横缝解决焊缝小角度示意图

2. 工艺性原则

(1)要考虑车间加工钢板的可能性。对具有双曲度或严重扭曲的外板,可将其尺度适当减小,以利加工。艏艉平板龙骨的折边宽度不能过大,以免加工困难,如图 2-26 所示。

(2)不要将板缝布置在圆弧曲率上,防止焊接收缩而引起的弧形不光顺。例如,舭板不宜在其圆弧上增设板缝,并尽可能由整块板组成,以减少弯曲加工的板列。

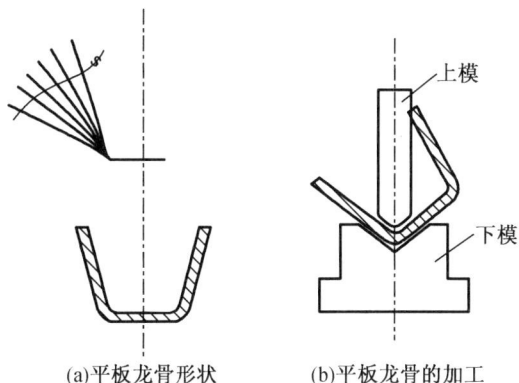

(a)平板龙骨形状　　　(b)平板龙骨的加工

图 2 - 26　艉艌平板龙骨的形状与加工情况

　　(3)排列板缝时,尽可能将平直板与曲形板分开,使曲形部分集中,以便简化加工,提高加工效率。

　　(4)板缝布置应有利于装焊工作的顺利进行,边板自由端有一定的限制,如图 2 - 27 所示。

　　3. 经济性原则

　　(1)按整板长和板宽排列板缝,一方面提高板材的利用率,另一方面减少总的焊缝长度。

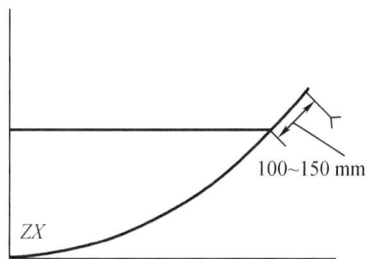

图 2 - 27　双层底分段边板自由端的限值

　　在实际排板时,应该使排列出的板包括工艺余量和补偿量尽量为整块钢板的尺度,这在平行中体部分较易实现。对非平行中体部分,尤其是船体首尾部分,板列的宽度沿船体首尾端方向逐渐变窄,不可避免地会使船体首尾部分的大多数曲板呈一端宽一端窄的形状。

　　(2)板缝应尽可能与相应的肋骨型线成正交,使外板展开后的形状近似于矩形,以便充分利用钢材。

　　4. 外观性原则

　　在充分考虑上述原则的情况下,外板的排板要力求整齐美观,水线以上部分的舷侧外板板缝应尽可能与甲板边线或折角线保持平行,并保持相同的宽度通达两端,以求外观视觉的明快、流畅、简洁。

二、外板板缝排列方法

　　1. 外板板缝排列的依据

　　外板板缝的排列一般应在分段划分之后进行。外板排列的依据有分段划分图、船体基本结构图、横剖面图、外板展开图和艉艌柱图。分段划分图提供了纵、横分段缝(即板缝)的排列位置,而船体基本结构图、横剖面图、外板展开图和艉艌柱图则给出了外板板列(包括平板龙骨、船底板、舭列板、舷侧外板、舷顶列板)的宽度和厚度信息,同时还给出了内部结构信息。

　　2. 外板板缝排列方法

　　板缝排列一般可先在肋骨型线图上根据常规钢板的宽度,初步布置板缝,然后再将板缝投影绘制在外板展开图上,且必须保证两者的线条光顺。在外板展开图上观察板列首尾纵缝与平行中体部分的衔接情况,再转移到肋骨型线图上进行调整。板缝排列往往在肋骨型线图和外板展开图上交叉、互补地进行。

在初步确立了板缝的布置之后,根据不同区域,再对外板进行细化。对于平直区域的外板,首先根据型线图确定平底线和边平线的位置。确定平直外板的区域,由于平直区域的外板不需要加工,为了提高钢材利用率,必须把平直部分的外板充分利用。考虑板件的上下边缘各留 10 mm 的割路,如 2 000 mm 宽的常规板件排成 1 980 mm,这样平直部分的外板钢材利用率就能得到非常有效的提高。

对于有线型的曲面外板,要根据其线型走势,以及肋骨型线图初步划分板缝,在三维生产设计软件中进行建模,然后利用设计软件将板件展开,权衡板件的形状、加工、钢材利用率等多方面因素,通过不断地调整,最后得到最合理的板缝布置图。

下面介绍进行板缝排列操作的具体方法:

(1)将分段缝确定在肋骨型线图上。

(2)在平行中体部位按结构设计确定平板龙骨板(K 列板)和舷顶列板(S 列板)的宽度排列。

(3)如果设计的舭部板厚度与船底板厚度不同,则应按设计的板宽和排列位置要求,先行在肋骨型线图上予以排列。如果一块钢板的宽度不能覆盖整个舭部转圆区,则可以采用多列板宽拼接。

(4)分别排列平行中体部位的 K 列板到舭部板之间的平直底板和舭部板到 S 列板之间的平直舷侧板。将上述各列板对称地排列于左右舷。

(5)初步确定平行中体部分各个分段内的横缝,一般将底板和舷侧的横缝安排在同一横剖面上。

(6)将平行中体部分的各列板分别向艏艉延伸。按照结构设计的板宽要求,先延伸 S 列板和 K 列板,然后再使其他列板也向艏艉延伸。列板向艏艉延伸的同时板宽逐渐变窄,应注意及时地将过窄的两列(或三列)板在横接缝的近艏艉端一侧合并为一列(或两列),如图 2-28 所示,即随着列板向艏艉延伸,板的列数越来越少。如果艏艉区域的分段划分,使船板长度不是钢板长度的整数倍,则可以将初步确定的分段横缝沿纵向做移动调整,以期获得最佳的合并效果。这种列板合并尽可能控制在吃水线以下的部位出现,即尽可能保持吃水线以上板缝延伸的连贯性,以提高排板的外观性。

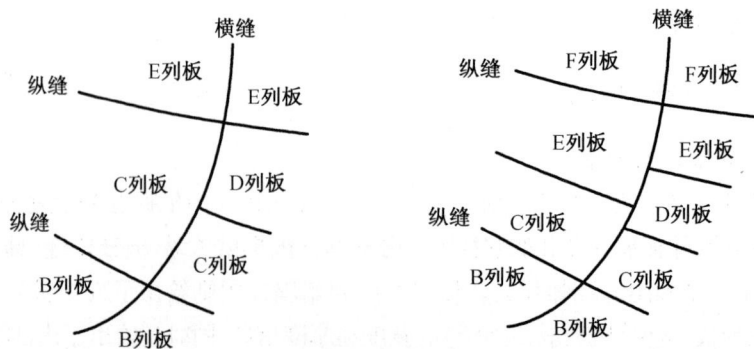

图 2-28 利用横缝合并

　　在实际进行板缝排列时,要遵循的诸项原则往往会出现相互制约的现象,因此排列板缝的过程实际是分析矛盾和处理矛盾的过程。需要操作者对具体问题具体分析,重点处理好主要原则,兼顾其他原则,灵活处理,才能得到更好的结果。

思考与练习

一、简答题

1. 简述船体生产设计标准的主要内容。

2. 有哪些级别的生产设计标准? 企业标准有何特点?

3. 船体建造工艺符号在生产设计工作图上表达的含义是什么?

4. 什么叫补偿余量和切割余量?

5. 如何确定船体构件的理论线?

6. 焊接坡口符号以及型材端部形状符号在生产设计工作图上如何表示?

7. 如何开设通焊孔及密性焊段孔?

8. 船体外板板缝排列应遵循哪些原则?

二、选择题

1. 船体生产设计标准中,《船体分段工作图设绘要领》属于 　　　　　　( )

A. 基础标准　　　　　　　　　　B. 设计标准

C. 作业标准　　　　　　　　　　D. 质量标准

2. 生产设计(工作图)的最佳技术语言是 　　　　　　　　　( )

A. 符号和编码　　　　　　　　　B. 工艺文件

C. 表格　　　　　　　　　　　　D. 口头指令

3. 分段装配完工后修整切除的余量叫 　　　　　　　　　( )

A. 补偿余量　　　　　　　　　　B. 部件装配余量

C. 分段装配余量　　　　　　　　D. 船台合龙余量

4. 分段工作图中符号 ⊢^{a} 表示 　　　　　　　　　　( )

A. 部件装配余量为 a　　　　　　B. 分段装配余量为 a

C. 分段补偿量为 a　　　　　　　D. 船台合龙余量为 a

5. 表示构件装配位置的符号是 　　　　　　　　　　　( )

A. 船中符号　　　　　　　　　　B. 间断符号

C. 切割线符号　　　　　　　　　D. 安装位置符号

6. 焊接坡口符号 AI - 2 表示的含义是 　　　　　　　　　( )

A. 采用埋弧自动焊　　　　　　　B. 焊接接头形式为 I 形坡口

C. 两板对接缝时,厚板需切斜过渡　D. A、B、C

7. 生产设计工作图中,型材端部形状符号 F 表示 　　　　　　( )

A. 型材端部腹板和面板都切斜　　B. 型材端部腹板切斜

C. 型材端部面板切斜　　　　　　D. 型材端部腹板和面板都不切斜

8. 若型材端部采用肘板连接,则在生产设计工作图中用_____符号表示。 ( )

A. S　　　　　　　　　　　　　B. F

C. L   D. B

9. 甲板纵骨穿越横舱壁时,应在距横舱壁附近约 150 mm 的骨材上设置   (   )

A. 通焊孔   B. 流水孔

C. 止漏孔   D. 透气孔

10. 进行板缝排列时,外板的横缝尽可能布置在   (   )

A. 肋位处   B. 1/2 肋距处

C. 1/4 ~ 1/3 肋距处   D. 1/5 肋距处

三、判断题

1. 一般来说,生产设计的企业标准的级别最低,但要求最高。   (   )

2. 制定船舶生产设计编码系统属于船体生产设计标准的范围。   (   )

3. 应用生产设计的符号和编码,可以简化工作图图面,减少设计工作量,也便于识图和施工。   (   )

4. 许多船厂为了保证船舶的长度,在放样时将每一肋距加放 0.5 ~ 1 mm 的工艺余量。该余量称为切割余量。   (   )

5. 船体外板以板的内缘为理论线,甲板、内底板以靠近基线一边为理论线。   (   )

6. 通焊孔就是为使焊缝连续通过而在构件上开设的小孔,焊缝通过后须用电焊填满。

                                                           (   )

7. 用 FAB 法焊接两板对接缝时,若开 V 形坡口,板厚差为 2 mm,应选 FV – 2 坡口形式。

                                                           (   )

8. 在肋骨型线图上具体排列板缝时,对于平行中体部位先要确定平板龙骨板和舷顶列板的宽度排列。   (   )

四、作图题

在下图中,用安装位置符号标出板及构件的安装理论线位置;说明图中所示工艺符号及焊接坡口符号的含义。

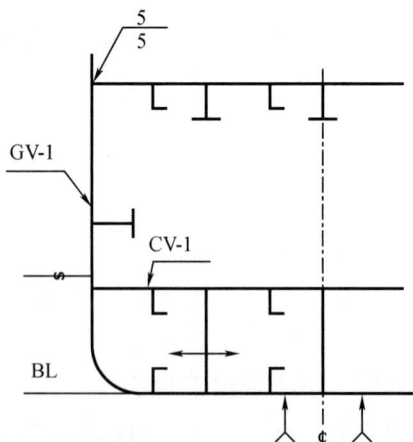

第三章　船体生产设计编码

● 学习目标

知识目标

1. 掌握船体生产设计编码概念及结构构成；
2. 理解制定生产设计编码系统的原则；
3. 了解建立生产设计编码系统的意义。

能力目标

1. 对给定的船体生产设计编码能说明其含义；
2. 能按照给定的生产设计编码构成写出指定船舶的零件编码。

第一节　船体生产设计编码系统概述

一、编码与代码的定义及原则

编码是人们通过对某些事物或概念进行分析、概括和规范后,并赋予其一定规律性,易于人或计算机识别和处理的符号、图形、颜色、缩减的文字等。或者说,编码是按不同的目的要求通过科学的分析和分类方法,以符号标记的形式对工作对象的有关特性进行描述和标识的过程。编码可以采用数字、英文字母或便于计算机和人识别与处理的其他符号。它是人们统一认识、统一观点、交换信息的一种技术手段。编码作为信息的一种表现形式,它是信息标准化、规范化的基础。

编码结构应综合考虑兼顾平衡以求代码设计达到最优化结果。编码应遵循下述基本原则:

①具有标识的唯一性。编码与编码对象之间是一一对应的关系,即一个编码对象被赋予一个代码,一个代码只反映一个编码对象。

②可扩充性。代码结构必须能适应代码对象不断增加的需要,也就是说必须为新的编码对象留有足够的备用码。

③简短。在不影响代码系统的容量和可扩性的前提下代码位数应尽可能短。

④规范性。无论是机器处理还是手工处理信息都应用规范的代码,以提高代码的可靠性。

⑤适应性。代码设计应便于修改,以适应分类编码对象的特征或属性,以及相互关系可能出现的变化。

⑥含义性。代码应尽量有最大限度的含义,较多含义的代码,可以反映分类编码对象更多的属性和特征。

⑦系统性。代码的逻辑性很强,编码时要考虑代码的系统性,以保证系统中各代码的协调运行,从而发挥系统的整体效益。

⑧稳定性。代码不宜频繁变动,编码时应充分考虑其变化的可能性,尽可能保持代码系统的相对稳定。

⑨识别性。代码应尽可能反映分类编码对象的特点,以助记忆,便于人们了解和使用。

⑩可操作性。代码应尽可能方便业务员和操作员的工作,减少人工操作。

二、船体生产设计编码

船体生产设计编码,从设计角度来说,它是应用成组技术的相似性原理,把船体设计、生产、管理中体现的有关特征,以英文字母和数字的结合形式予以表征的一项设计技术;从管理角度来说,它是一种代表事物名称、属性、特征、状态等按一定规则组合起来的符号和代号。

生产设计编码不仅是生产设计的基础,还是提高造船企业经营、生产和管理的一种手段,其重要性如下:

①生产设计编码是造船企业内部建立的一种简明扼要的共同语言(用编码代替文字信息命令),它可以系统地描述船舶建造生产过程,并贯彻到整个生产组织过程中,从而简化了生产设计过程,丰富了设计内容,实现了设计信息表达的精准程度。以船体零件编码为例,它不但起到零件对号入座的作用,还能表示该零件的生产特征、所属船舶、分段、组立,并表明该零件的加工方法、安装阶段和组立去向等,即起到成组技术"以数代性"的作用。

②生产设计编码是造船企业建立综合数据库实现信息共享的基础之一,它有助于最大限度地减少船舶产品设计工作的重复,可提供材料和工时所需的较为可靠的原始数据。

③生产设计编码为计算机集成制造系统(Computer Integrated Manufacturing System)建立一个包含有大量基础信息的应用基础平台。

④生产设计编码过程中建立起来的技术标准和管理标准,大大丰富了标准化的内容,对企业现代化管理是有力的促进。

第二节　船体生产设计编码系统实例一

随着现代造船模式的深入发展,部分先进船厂初步建立了以切割中心、小组立工场、平直中心、曲面中心、模块中心和外场大组平台为主体的分段分道建造模式,这种分段建造模式可以显著地提高生产效率,但是物流管理难度很大,相应地也就要求生产设计将分段建造过程细致分解。基于现代造船模式的船体零件编码致力于应用编码技术和设计软件,将经过产品导向型工程分解和分道组合的各类中间产品,按现代造船模式形成的生产作业体系进行电子化模拟造船(由生产作业信息将一个个零部件传送到生产过程的指定步骤和位置,均衡连续逐级形成"中间产品"直至形成最终船舶产品),且使设计、生产、管理的信息有序流动、交汇,快速传递并共享。

船体零件编码体系的创建,必须遵循一定的原则,通常要具有识别功能、分类功能和排列功能。编码要能够被计算机识别,要具备适应组织变动、工艺改善、设计革新等变化的灵活性,编码结构完整性与编码级数和位数的平衡必须重点考虑。目前,在生产设计中,国内船厂采用了不同类型的编码系统,组成编码的字符及数字表示的含义,以及其与不同的船舶生产设计软件匹配等方面存在差异。

现以国内某大型船厂生产设计编码体系为基础,介绍其船体生产设计编码系统。

一、术语和定义

船体结构件(以下简称船体构件):对组成船体结构的零件、部件、组合件、分段的统称。

零件:船体结构的最基础单元,是指将钢板或型钢仅经号料、切割等加工,尚未经装配和焊接工序而形成的各种形状的最小单元构件。

部件:两个或两个以上的零件进行一次装配、焊接而形成的结构件。其特点是一个或多个零件直接装配成一个构件。如焊接 T 形材、肋板或桁材装焊加强筋及开孔加强扁钢等。

组合件:由若干个部件或若干个部件和零件经过装配而形成的构件,是构成分段前的最高级结构件,如平面或曲面的板架结构、舱壁、框架等。

分段:船体分段划分图中所体现的最小建造单元,由若干组合件、部件和零件装配在一起形成。

专用船体构件:在同一型船舶产品中需要单独设计的船体零件、部件或组合件。

通用船体构件:在同一型船舶产品中形状、尺寸、板厚、材质都相同,采用通用图设计的船体零件、部件或组合件。

标准船体构件:采用标准图制造的船体零件、部件或组合件。

二、船体构件全码

1. 船体构件全码结构

(1)船体构件编码分为专用船体构件编码、通用船体构件编码、标准船体构件编码。

(2)在现场号料做标识时,仅采用"船舶工程编码"和"船体构件编码"两部分。

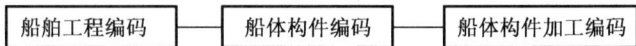

| 船舶工程编码 | → | 船体构件编码 | → | 船体构件加工编码 |

三、专用船体构件

1. 结构形式

专用船体构件的结构形式:

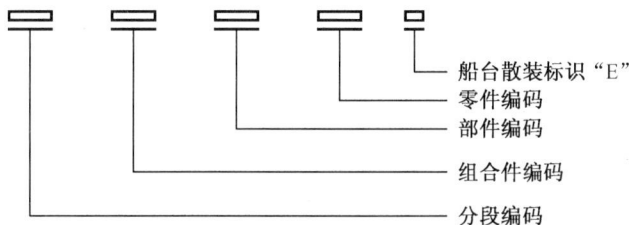

船台散装标识"E"
零件编码
部件编码
组合件编码
分段编码

2. 分段编码

（1）分段编码的分类

分段编码分为以下三类：主船体分段编码；上层建筑和甲板室分段编码；船体附属结构编码。

（2）分段编码结构类别码

船体分段编码结构类别码见表 3－1。

表 3－1　船体分段结构类别码表

船体分段结构类别码	分段类型	船体分段结构类别码	分段类型
1	主船体立体分段/总段	5	主船体舷侧分段
2	上层建筑分段/上层建筑总组分段	6	主船体甲板分段
3	船体附属结构	7	主船体纵向舱壁分段
4	主船体底部分段	8	主船体横向舱壁分段

（3）分段编码的结构形式

①主船体分段编码的结构形式：

```
□   □   □
        └── 分段序号
    └────── 环形总段码
└────────── 船体结构类别码
```

船体结构类别码用数字 1 或 4～8 表示，见表 3－1。

环形总段码用数字 1～9 和英文大写字母表示。环形总段数小于 9 时用数字 1～9 表示，环形总段数大于 9 时在使用完数字 1～9 之后，用英文大写字母 A、B、…（I、O、X 除外）表示。船舶环形总段自小肋位向大肋位顺序编排。

分段序号按分段安装顺序以数字 1～9 编排。对于左右舷划分的分段，左舷为单数，右舷为双数；按上下层次划分的分段，分段序号从下向上依次编码；对于纵向划分的分段，分段序号由小肋位向大肋位顺序编排。

分段序号为"0"，且船体结构类别码为"1"时，表示该编码为船体总段编码，例如主船体第三总段编码为"130"。

一个总段内某种类型的分段只有一个时，其序号用"1"表示，例如主船体第三总段只有一个立体分段，其编码为"131"。

②上层建筑和甲板室分段编码的结构形式：

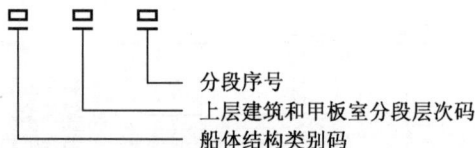

```
□   □   □
        └── 分段序号
    └────── 上层建筑和甲板室分段层次码
└────────── 船体结构类别码
```

船体结构类别码用数字 2 表示，见表 3－1。

上层建筑和甲板室分段编码中，上层建筑和甲板室分段层次码以数字 1～9 从主甲板向上依层次顺序编排。

分段序号按数字 1~9 编排。对于左右舷划分的分段,左舷为单数,右舷为双数;对于纵向划分的分段,分段序号由小肋位向大肋位顺序编排。

分段序号为"0"时,表示上层建筑层次结构编码,例如第二层上层建筑编码为"220"。上层建筑某层仅一个分段时,其分段序号为"1"。

③船体附属结构编码的结构形式

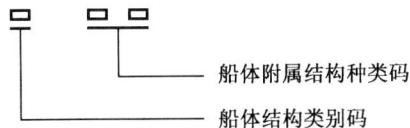

船体附属结构种类码
船体结构类别码

船体结构类别码用数字 3 表示,见表 3-1。

船体附属结构种类码表示的结构应符合表 3-2 的规定。

表 3-2 船体附属结构种类码表

代码	结构种类	代码	结构种类	代码	结构种类	代码	结构种类	代码	结构种类	代码	结构种类	代码	结构种类
11	艉柱	12	艏柱	13	呆木								
31	烟囱一	32	烟囱二			34	主桅	35	前桅	36	后桅	37	通风围井
41	舷墙一	42	舷墙二	43	舷墙三			45	挡货栏杆				
51	舱口围板												
61	独立甲板室												
71	导流罩							75	导流板			77	导流管
81	护舷材	82	舭龙骨	83	艉轴支架			85	固定减摇鳍				
90	其他结构												

注:同一类型的结构种类需要增加时,可依次向其后的空余"代码"及"结构种类"顺延,如需要增加"烟囱三",则其代码为"33"。

(4)总组分段编码

总组分段编码的结构形式:

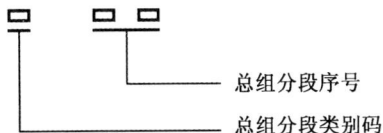

总组分段序号
总组分段类别码

主船体总组分段位置码用一位字母字符按其所在位置依次表示,如将整条船分为"艏岛""舯岛""艉岛"三个部分,则分别用英文大写字母"A""B""C"表示其总组分段在船上所在位置。

总组分段序号按该总组所在位置范围内的吊装顺序以数字 01~99 依次编排。

当总组分段序号为"00"时,该编码表示某岛,如当某条船分为三个岛时:艏岛编码为"A00",舯岛编码为"B00",艉岛编码为"C00"。

上层建筑总组时,其总组分段类别码用"2"表示,此时总组分段序号第一位为"0",第二位总组分段序号按吊装顺序以数字1~9依次编排。整体上层建筑编码为"200"。

3.组合件编码

组合件编码的结构形式:

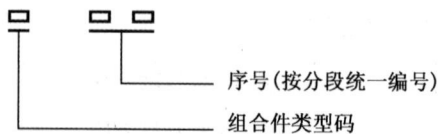

序号(按分段统一编号)
组合件类型码

组合件类型码用大写英文字母表示,组合件类型码与其所表示的组合件的对应关系应符合表3-3的规定。

表3-3 组合件类型码表

字母	表示的组合件	字母	表示的组合件
C	曲面板架组合件	H	平面板架组合件
F	肋骨框架组合件	L	纵向框架组合件
N	网格框架组合件	G	其他组合件

4.部件编码

部件编码的结构形式:

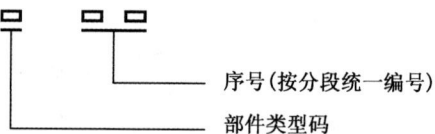

序号(按分段统一编号)
部件类型码

部件类型码用大写英文字母表示,部件类型码与其所表示的部件的对应关系应符合表3-4的规定。

表3-4 部件类型码表

字母	部件	字母	部件
T	平直T形部件	M	曲形T形部件
P	拼板部件	A	拼板部件
S	板材部件	D	板材部件
B	箱形部件	I	I形部件
K	其他部件		

注:字母"P""A"都表示拼板部件,"P"为首选字母,"A"为备用字母;字母"S""D"都表示板材部件,"S"为首选字母,"D"为备用字母。其具体用法:当一个分段中的某种类型的部件数量小于或等于99个时,该部件的部件类型码用其首选字母表示;当部件数量超过99个时,在使用完首选字母后用备用字母表示。例如,第99个板材部件,其表示法为"S99",第100个板材部件,则用"D01"表示。

5. 零件编码

一般零件编码的结构形式：

序号(按分段统一编号)

6. 专用船体构件编码要求

(1)以分段单位编制。

(2)每个构件都应有一个编码。

(3)在同一分段内,材料、形状和尺寸完全相同的构件可共用一个编码。

(4)各构件的序号按安装顺序依次编排。

(5)肋骨框架组合件序号按分段由小肋位向大肋位顺序编排。纵向框架组合件号由中间向两舷顺序编制,单数表示左舷,双数表示右舷。

四、通用船体构件编码

1. 通用船体构件编码的结构形式

船体构件类型码:当表示通用组合件时,其类型码见表3－3;当表示通用部件时,其类型码见表3－4;当表示通用零件时,其类型码为任意数字,与通用件序号合并使用。

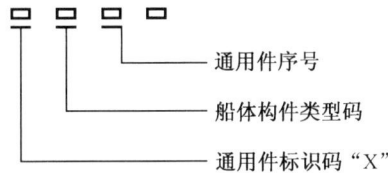

通用件序号

船体构件类型码

通用件标识码"X"

2. 通用船体构件使用规则

某船体构件采用通用件时,在其专用船体构件编码后加注通用件编码。

(1)通用组合件的使用方式

分段编码—组合件编码—通用组合件编码。

(2)通用部件的使用方式

分段编码—组合件编码—部件编码—通用部件编码。

(3)通用零件的使用方式

分段编码—组合件编码—部件编码—零件编码—通用零件编码。

3. 标准船体构件编码的结构形式

标准船体构件的编码采用标准规定的标记示例填写。

五、专用船体构件编码示例

1. 示例1

A979 产品 161 分段 H01 横舱壁平面组合件上的 P02 拼板部件的一个舱壁板零件 0054,其编码为

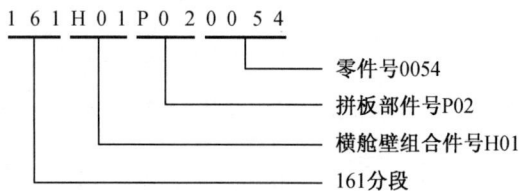

```
1 6 1 H 0 1 P 0 2 0 0 5 4
```
零件号0054
拼板部件号P02
横舱壁组合件号H01
161分段

2. 示例2

A979 产品 161 分段 H01 横舱壁平面组合件上的 P02 拼板部件,其编码为

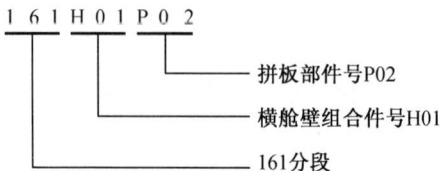

```
1 6 1 H 0 1 P 0 2
```
拼板部件号P02
横舱壁组合件号H01
161分段

3. 示例3

A979 产品 161 分段 H01 横舱壁平面组合件,其编码为

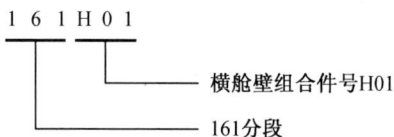

```
1 6 1 H 0 1
```
横舱壁组合件号H01
161分段

第三节　船体生产设计编码系统实例二

本节以国内另一大型船厂体系为基础,介绍与第二节不同的船体生产设计编码体系。

一、船体零件编码的格式

船体零件编码采用段式结构,零件编码的完整形式为

<分段码> / <装配码> <位置码> <零件码>

零件编码中,<装配码>为英文字母(以下简称字母);<位置码>为先阿拉伯数字(以下简称数字)后字母;<零件码>为数字后继 0~2 个字母。

整个零件编码以字母、数字、字母、数字间隔方式来区分各编码段。

二、船体结构分段代码的组成

1. 结构分段代码形式

结构分段代码由五部分组成,其形式如下:

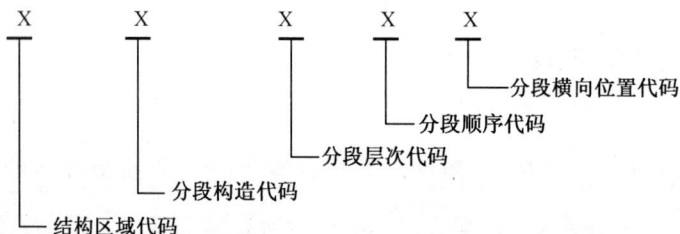

```
X    X    X    X    X
```
分段横向位置代码
分段顺序代码
分段层次代码
分段构造代码
结构区域代码

（1）结构区域的划分原则和代码规定

①按船舶编码系统的工程区分,一般船舶按其结构划分为货舱区域(含油舱)、机舱区域(含泵舱)、艏部区域、艉部区域和上层建筑区域。

②对货舱区域不明显的船舶,可视具体结构情况划分区域。

③货舱区域内,分段划分前后数量超过九只者,货舱区域则分割为前部货舱区和后部货舱区。如分段划分仅为一个货舱区域时,则采用后部货舱区代码。

④上层建筑,根据其所在位置的不同,可划分为艉部上层建筑、舯部上层建筑和艏部上层建筑。

各区域的代码用英文字母表示,其规定见表3-5。

表3-5　船舶结构区域代码表

结构区域名称		代码
货舱区域(含油舱)	前部货舱	H(CARGO HOLD)
	后部货舱	C(CARGO HOLD)
机舱区域(含泵舱)		E(ENGINE ROOM)
艏部区域		F(FORE PART)
艉部区域		A(AFT PART)
上层建筑区域	艉部上层建筑	P(POOP)
	舯部上层建筑	B(BRIDGE)
	艏部上层建筑	R(FORECASTLE)

（2）分段构造的划分和代码规定

分段构造通常划分成下列各类分段,代码用英文字母表示,其规定见表3-6。

表3-6　分段构造代码表

分段构造名称	代码
底部分段	B(BOTTOM)
边底分段(含边上层建筑)	W(WING BOTTOM)
舷侧分段	S(SIDE)
甲板分段	D(DECK)
横隔舱分段	T(TRANSVERSE BULKHEAD)
纵隔舱分段	L(LONGITUDINAL BULKHEAD)
半立体大分段	G(GREAT)

（3）分段层次的划分和代码规定

①分段层次的划分表示各分段在船体结构中所处的层次。各层次的代码编号,主船体部分以甲板为界,由上向下依次对各层甲板进行编排;上层建筑部分以主甲板为界,由下向

上依次对各层上层建筑进行编排。

②各层次的代码用数字表示,主船体分段层次代码见表3-7,上层建筑分段层次代码见表3-8。

表3-7 主船体分段层次代码表

主船体分段层次名称	代码	备注
底部各分段	0	包括底部分段和边底分段
主甲板面层各分段	1	以主甲板为第一层次,按结构布置向下依次编排
主甲板面下二甲板	2	
主甲板面下三甲板	3	
主甲板面下四甲板	4	

表3-8 上层建筑分段层次代码表

上层建筑分段层次名称	代码	备注
主甲板面上第一层上层建筑	1	1. 以主甲板面上第一层上层建筑为第一层次,按结构布置向上依次编排
主甲板面上第二层上层建筑	2	
主甲板面上第三层上层建筑	3	2. 艉、舯、艏各部上层建筑均相同
主甲板面上第四层上层建筑	4	
主甲板面上第五层上层建筑	5	
主甲板面上第六层上层建筑	6	

(4)分段顺序代码

分段顺序代码用数字(1,2,…)按实有分段数量编定。各区域内的各分段编号,按肋位号从小到大顺序编制。

(5)分段横向位置的划分和代码规定

①分段横向位置代码用英文字母表示,其规定见表3-9。

表3-9 分段横向位置代码表

横向位置名称	代码
左	P(PORT SIDE)
中	C(CENTER)
右	S(STARBOARD)

②若分段横向划分只有一段时,可略去分段横向位置代码。

2. 特殊分段代码规定

①特殊分段一般用两个英文字母单独表示,此为分段代码的特例,其规定见表3-10。对于表3-10中没列出的特殊分段,可视具体结构情况给出代码。

表 3 – 10　特殊分段代码表

特殊分段构造名称	代码
舵柱分段或舵轴架分段	SF(STERN FRAME)
挂舵臂分段	RH(RUDDER HORN)
艏柱分段	SM(STEM)
烟囱分段	FU(FUNNEL)
舷墙分段	BU(BULWARK)
舭龙骨分段	BK(BILGE KEEL)
舱口围板分段	HC(HATCH COAMING)
独立甲板室分段	DH(DECK HOUSE)
护舷木分段	FE(FENDER)
球鼻艏分段	BB(BULBOUS BOW)
呆木分段	SG(SKEG)
挡浪板分段	DL
桅杆分段	MT

②特殊分段一般不设结构区域代码,必要的时候可以提供结构区域代码。分段的结构区域代码用英文字母表示,其规定见表 3 – 5。

③特殊分段一般不设分段顺序代码,必要的时候可以提供分段顺序代码。分段顺序代码的编码用数字(1,2,…)按实有分段数量编定。

④特殊分段一般不设分段横向位置代码,必要的时候可以提供分段横向位置代码。分段横向位置代码用英文字母表示,其规定见表 3 – 9。

3. 船体结构分段代码使用示例

船体结构分段代码使用示例见表 3 – 11。

表 3 – 11　船体结构分段代码表

分段属性描述	分段代码
货舱区域底部第一只左舷的分段	CB01P
机舱区域第二层甲板第二只居中的分段	ED22C
机舱区域第二层第三只右舷的半立体分段	EG23S
艉部上层建筑第五层第一只分段代码(分段横向划分只有一段)	PD51

4. 总组分段代码规定

(1)总组分段的代码可根据具体需要选用三段代码或四段代码。同一艘船不能同时使用三段代码或四段代码。

(2)总组分段的三段代码,不同于结构分段的代码,由三部分组成。

①结构区域代码;

②总组代码;

③总组顺序代码。

其形式如下:

```
    X          Z          X
    │          │          │
    │          │          └────── 总组顺序代码
    │          │
    │          └────────── 总组代码
    │
    └──────────── 结构区域代码
```

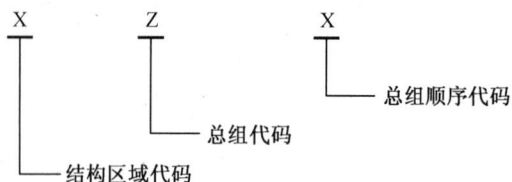

(3)总组分段的四段代码,不同于结构分段的代码,由四部分组成。

①结构区域代码;

②总组构造代码;

③总组代码;

④总组顺序代码。

其形式如下:

```
    X         X         Z         X
    │         │         │         │
    │         │         │         └────── 总组顺序代码
    │         │         │
    │         │         └────────── 总组代码
    │         │
    │         └────────── 总组构造代码
    │
    └──────────── 结构区域代码
```

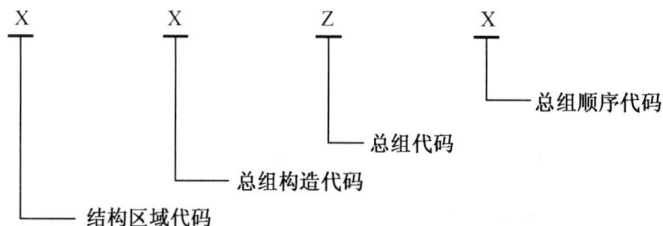

(4)总组分段的结构区域代码用英文字母表示,其规定见表3-5。

(5)总组分段的构造代码用英文字母表示,其规定见表3-6。

(6)总组分段的总组代码用英文字母Z表示。

(7)总组分段的顺序代码用数字01~99表示。

(8)总组分段代码使用示例见表3-12。

表 3-12　总组分段代码表

总组分段属性描述	总组分段代码
机舱区域第一只总组分段(三段码)	EZ01
货舱区域第一只底部总组分段(四段码)	CBZ01
机舱区域第二只舷部总组分段(四段码)	ESZ02
艉部区域第三只甲板总组分段(四段码)	ADZ03
货舱区域第二只半立体总组分段(四段码)	CGZ02
上层建筑区域第一只舯部上层建筑总组分段(四段码)	BDZ01

三、装配码

装配码为0~2个字母。每个字母表示一个装配属性或组装件名,见表3-13。

表 3 - 13 装配码列表

字母	装配说明
空	分段装配
E	船台(坞)散装
Z	总段散装
K	半立体小分段装配
L	平面分段流水线装配
M,N	舷部小分段装配
U,V	甲板小分段装配
其他字母	中组装,并且字母即为中组装件的名字

当装配码为 2 个字母时,按照装配层次从高到低的顺序给出装配码字母。例如,MA 表示进行名为 A 的中组装后再进入名为 M 的舷部小分段装配。

四、位置码

位置码给出零件所在的图面位置。如果该图面位置的各零件需部装,则位置码也就是部装后的部件名。

位置码由一个整数后继一或二个字母构成。它由表达该部件(零件)的视图的图面标题而来,或直接利用该图面标题,或简约该图面标题得到。位置码能体现部件(零件)的船体位置和图面位置。常用位置码见表 3 - 14。

表 3 - 14 常用位置码

船体视图类型	位置码	表达的船体构件
整肋位横剖面视图	<肋号>F	各种在整肋位的横向构件
非整肋位横剖面视图	<肋号>J	各种在半肋位的横向构件
纵向标号剖面视图	<标号>L	各种按舯横剖面上的纵向标号定位或归类的纵向构件
甲板面视图	<层号>D	甲板、平台等
外板(内壳)展开图	<层号>S 或 空	外板,<层号>为 1 表示外壳,2 表示内壳。对外壳板,位置码也可为空
纵剖面视图	<序号或宽度>Y	各种不按舯横剖面上的纵向标号定位的纵剖面构件
水线面视图	<序号或高度>Z	各种不按舯横剖面上的纵向标号定位的水线面构件
轻围壁视图	<序号>B	以<序号>表示的各种纵、横轻围壁
斜板视图	<序号>X	斜舱壁等

当图面中只有一个部件时,<位置码>中只出现一个字母。当图面中有多个部件时,

在表 3 - 14 的 < 常用位置码 > 后再附加一个字母(A,B,…),构成不同的部件名。

五、零件码

零件码通常为数字,可后继特定字母 S 和 P。零件码的数值大小决定该零件在哪个阶段参加装配。零件码列表见表 3 - 15。

表 3 - 15 零件码列表

零件码	装配说明
数值为 1,2,…,60	部装零件。通常 1 ~ 20 为部件装配的母材零件,21 ~ 60 为部件从属材。部装后按 < 装配码 > 流动
数值为 61,62,…	散装件。此时,装配码为 E 则为船台散装;装配码为 Z 则为总段散装;装配码为空则为分段散装;其他为相应的中组散装
后继字母 P	表示拼板零件,拼板后再按零件码数值大小决定流向
后继字母 S	特指右舷零件
后继字母 SP	表示需拼板的右舷零件,拼板后再按零件码数值大小决定流向
无位置码的零件	除零件码中有字母"P"需先拼板外,不管零件码数值大小,都作为散装件,按装配码散装。通常为外板或同一阶段散装的标准件

六、船体零件编码编排方法

(1)以图面为单元进行编排。

(2)每一部件的零件应在表现该部件母材的图面中编排。虽然部件的从属材零件可能在其他剖面图(详图)中表示,但仍应服从表现该部件母材的图面,进行该从属材零件的零件编码的编排。

(3)每一图面的零件的 < 零件码 > 都从头开始编排,与其他图面的 < 零件码 > 无关。

(4)一件一品,每一船体零件编码只标识一个(或对称的)零件。但同一 < 位置码 > 的从属零件或同一阶段散装的散装零件,如果材料形状、尺寸相同,也可使用相同的船体零件编码。

(5)零件编排,通常按图面从舯向舷,从艉向艏,自上而下,依次编排。

(6)零件漏编或结构修改增加零件时,根据已编到的该类别的最大零件码顺编下去。如果取消零件,则让该零件码空缺。

七、船体零件标注

(1)在分段施工图的各船体视图以及零件表(BOM 表)中标注零件时,不出现分段码和紧接着的连接符"/"。分段码仅需标注在图表的封面。但在放样下料时每个零件必须标注以分段码起始的完整的零件编码。

(2)在分段施工图的各船体视图中标注零件时," < 装配码 > < 位置码 > "在表现该部件(零件)的图面中可单独标注,也可连同 < 零件码 > 标注。在" < 装配码 > < 位置码 > "明确的场合,零件可只添注零件码。

(3)部件的从属材通常应在表现该部件母材的图面中标注零件码。当部件的从属材零件另有剖视图,在该剖视图中也需要标注时,应完整标注：<装配码><位置码><零件码>。

八、零件编码示例

典型的 CB01 分段零件编码示例见表 3－16。

表 3－16 零件编码示例

零件编码	含义
CB01/35F1	位于#35 肋位的母材零件,进入部件名为 35F 的部装,而所成部件进入分段装配
CB01/35F21	位于#35 肋位的从属材零件,进入部件名为 35F 的部装,而所成部件进入分段装配
CB01/35F61	位于#35 肋位的散装零件,在分段装配时散装
CB01/35FB1	位于#35 肋位的另一部件的母材零件,进入部件名为 35FB 的部装,而所成部件进入分段装配
CB01/E35FC1	位于#35 肋位的又一部件的母材零件,进入部件名为 E35FC 的部装,而所成部件在船台散装
CB01/A3L2	位于纵向标号 3 的纵桁的母材零件,进入部件名为 A3L 的部装,而所成部件进入名为 A 的中组装,最后进入分段装配
CB01/A3L61	位于纵向标号 3 的纵桁的散装零件,在名为 A 的中组装配时散装
CB01/1D3P	位于层号为 1 的内底板的母材零件,先拼板,然后进入部件名为 1D 的部装,而所成部件进入分段装配
CB01/1D3SP	位于层号为 1 的内底板的右舷母材零件,先拼板,然后进入部件名为 1D 的部装,而所成部件进入分段装配
CB01/E1D71	位于层号为 1 的内底板的散装零件,直接在船台散装
CB01/1P	无位置码的(外板)零件,拼板后进入分段装配
CB01/1001	无位置码的(标准)零件,在分段装配时散装
CB01/A1002	无位置码的(标准)零件,在名为 A 的中组装配时散装

思考与练习

一、简答题

1.什么叫编码? 什么叫船舶生产设计编码?

2.编码应遵循的原则有哪些?

3.简述船舶生产设计编码的作用。

4.简述专用船体构件、通用船体构件和标准船体构件的差异。

5.根据本章第二节内容说出下列编码的含义。

(1)432 H02 P01 0013;(2)561 H05 S02;(3)122 C03 K01。

6.根据本章第三节内容说出下列编码的含义。

(1)HB01P;(2)CB01/E35FC1。

二、选择题

1.船舶生产设计编码是 （　　）

A.一种符号 B.一种代号

C.生产设计的基础 D.A、B、C

2.船舶生产设计编码不能为 （　　）

A.特殊字符 B.英文字母

C.数字 D.国际通用字符

3.下列字符不在代码中使用的是 （　　）

A.A B.U

C.Y D.O

4.船体构件编码 （　　）

A.仅表达专用船体构件 B.仅表达通用船体构件

C.仅表达标准船体构件 D.A、B、C 都表达

5.在造船厂,需要能识别船体结构零件编码的人员是 （　　）

A.只有管理人员 B.只有技术人员

C.只有生产施工人员 D.A、B、C

三、判断题

1.船舶生产设计可以不需要制定编码系统。 （　　）

2.对某一个具体船体零件来说它的编码是唯一的。 （　　）

3.船舶生产设计编码应该简明清晰,便于记忆和使用。 （　　）

4.船体零件编码不能表示其装配工艺流程。 （　　）

5.编码要能够被计算机识别,要具备适应组织变动、工艺改善、设计革新等变化的灵活性。 （　　）

第四章　船体生产设计准备

● 学习目标

知识目标

1. 掌握船舶建造方针的基本内容；
2. 理解分段划分的原则及设计内容；
3. 理解船体施工要领的编制内容；
4. 了解船体生产设计要领书的内容。

能力目标

1. 能读懂船舶建造方针及船体施工要领文件；
2. 能读懂船体生产设计要领书。

生产设计准备，是在开展生产设计前，对所要建造的船舶，从全厂性、全船性和综合性的角度，对设计、施工、供应和管理等工作进行技术上和计划上的统筹协调，在时间上与初步设计和详细设计同步进行建造准备的设计工作。

生产设计准备主要包括技术准备、计划准备和生产控制准备。技术准备主要包括船舶建造方针的编制和施工要领的编制；计划准备主要包括负荷计划和日程计划的编制；生产控制准备主要包括工时控制、物耗控制与质量控制三方面内容。本章主要介绍技术准备的内容。

第一节　分　段　划　分

分段划分是船舶建造方针的重要内容，是整个建造方针制定合理与否的基础。同时，船体分段划分是否合理，直接影响到发挥船厂设备潜力、提高劳动生产率、改善劳动条件、提高产品质量和降低生产成本等经济技术指标。

一、分段划分的阶段

分段划分是一项复杂细致的工作，它涉及初步设计、详细阶段、生产设计及生产实施等全过程。

初步设计阶段，在基本结构图上，初步确定外板、甲板、内底板、纵舱壁等强力构件的分段接缝位置；在横剖面图上，确定货舱平行舯体部分分段接缝位置。

详细设计阶段，主要是对货舱平行舯体以外部分的分段划分进一步细化。在初步设计阶段，由于对货舱平行舯体以外部分的结构形式不是很明了，该部分的分段划分在主要框架的布置及结构形式确定以后进行。

通过上述两个阶段的研讨,分段划分的方案已基本成形,在以后的生产设计过程中,还会对分段划分的一些具体细节进行微调,进一步优化施工的便利性,最终由生产设计部门绘制出分段划分的布置图,作为设计、制造、仓储、检查等部门的作业依据。

二、分段划分的原则

分段划分是以基本设计图(舯横剖面图、基本结构图、总布置图等)为依据,按工厂惯例确定船体分段划分方案,原则上在送审设计时完成。船体分段划分原则应考虑以下因素:

1. 起重运输能力

起重运输能力是决定分段尺寸和质量的主要因素。所谓起重运输能力,是指船体装配焊接车间的起重能力、室外装焊平台、船台(坞)起重能力、车间运出分段时的输送设备、空间和方法(如平板车的负载能力、车间前区的缓冲场地面积)、主要运输道路的宽度及承载能力,以及分段翻身的条件和能力等。比较理想的分段质量,应接近车间和船台(坞)吊机的最大起重量,且以能用一台起重机吊运为宜;分段尺寸则应在起重运输条件及车间通道和厂区道路允许范围之内。

在决定分段的质量时,还应考虑到分段临时性加强材料的质量,以及在分段内预舾装的质量。

此外,限于涂装中心涂装房的高度,需考虑分段进涂装房时的高度,并考虑平直中心可通过分段的允许高度。

2. 结构特点与强度

(1)环形接缝应尽可能避免布置在船体总强度或局部强度的受力集中位置,如舯、船梁剖面突变处,以及每一肋骨间距的中点。从船体局部结构强度考虑,1/2 肋距处弯矩最大,同时为便于控制分段大接缝的型线光顺,要求将横向大接缝划在 1/4 肋距处。内河小船的肋距较小,有时也设在 1/3 肋距处,以便于施工。

(2)分段大接缝应避开应力集中的区域,如甲板大开口的角隅处、上层建筑的末端、主机基座纵桁末端、双层底向单底结构过渡的部位(与分段接缝距离应超过一挡肋距或纵桁间距)、机舱海水箱等。因其应力比其他区域大得多,对焊接接头的残余应力特别敏感,因此分段大接缝必须避开这些应力集中区域。

(3)对纵骨架式的船体,应尽可能减少横向分段接缝的数目;为保持一定的长度又不使分段过重,必要时可将分段做纵向划分。对横骨架式的船体,一般则不宜做纵向划分,以保持横向结构的完整性。

(4)分段接缝应尽可能选择在结构原有板缝或节点零件(如肘板)的连接部分。尽量采用优化设计使分段的长度与结构强度要求的分布区域相匹配,达到减少钢板拼缝的目的。从船体结构的连接特点看,船体是由一些连接构件(肘板等)把各部分不同的结构连接起来的,如通过舭肘板把底部结构和舷部结构连接起来,通过梁肘板把舷部结构和甲板结构连接起来,通过上下肘板将横舱壁隔开的相邻两个舱室的纵向骨架连接起来等。通常,这些连接处的接缝往往就是天然的分段大接缝。

(5)分段应具有足够的刚性,不致因焊接、火工矫正及翻身吊运而引起较大的变形。如甲板分段的划分一般是以结构刚性为主要影响因素,而起重运输能力则为次要因素。

3. 工艺和施工条件

(1)在一般情况下,底部分段的划分,大型船舶以质量为主要考虑因素,中、小型船舶以尺寸和形状为主要考虑因素;舷侧曲面分段则主要考虑尺寸和形状,同时也要考虑加强和翻身吊运的方便性;构成艏、艉总段的分段则主要考虑质量,同时考虑翻身吊运的方便性,也要顾及舵桨安装的工艺性。

(2)分段尺度应尽可能根据选用最大规格钢板的尺度(长度和宽度,但主要是长度)划分,以减少对接缝焊接工作量,并提高钢材利用率。因此,分段的长度一般为可供钢板长度或倍长,当然,还要考虑外板线型引起的伸长,装配余量及焊接、火工收缩量等。

(3)底部、舷侧和甲板分段的端接缝,应尽可能置于同一横剖面内,形成整齐的环形接缝,以简化装焊工艺,保证焊接质量。

(4)分段的划分应考虑装配焊接的方便性。尽量在大接缝处创造良好作业空间,同时还要有利于作业时的通风、透气、透光等环境和安全保障。如艉尖舱的分(总)段横向大接缝,一般应布置在尖舱舱壁外,如图4-1所示。机舱前壁处分(总)段横向大接缝,一般应布置在货舱区域,因为该侧相对于另外一侧而言,有较为宽敞良好的工作空间。

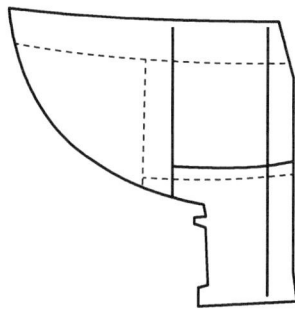

图4-1 艉尖舱立体分段横向大接缝

(5)分段接缝的布置,应有利于船舶预舾装。如充分考虑相邻分段安装件的布置,分段内的舾装单元与结构的配合,特别是机舱分段的划分应充分考虑管子单元组装及其上船安装的便利性,尽量减少接缝处的管子接头。

(6)分段接缝的布置,应使分段具有单独进行气密性试验的条件,并为涂装作业创造有利条件,尽量保证封闭型舱室涂装的完整性,减少焊缝对舱室涂装的破坏。《船舶专用压载舱和散货船双舷侧处所保护涂层性能标准》(PSPC)规则实施后,对分段的划分产生了很大影响,分段焊缝的设置要尽可能地减少压载舱的烧损面积。压载舱横截面内的结构尽可能划分到同一个分段内;压载舱分段接缝应采用一刀齐的方式,避免阶梯式接缝;与压载舱连接的构件尽可能与压载舱在同一个分段。

(7)分段的划分应有利于最大限度地采用先进高效的焊接方法。为此,船体平行中体及平直部分的分段尺寸,可尽量划得大些,艏艉部位曲型较大的分段则可相对划得小些。同时,曲度较大难以采用自动焊的部分,应尽可能不要与平直部分划在同一分段内。

(8)分段接缝处结构的参差(即板与骨架的相对位置),应考虑船台(坞)装配的程序及操作的方便性。目前采用的接缝处参差的形式有两种:"阶梯形"和"平断面形"(俗称"一刀齐"),如图4-2所示。民船已全面采用"平断面形",军船目前仍沿用"阶梯形"。阶梯形结构应设在同一肋骨间距内,以利操作和控制焊接变形。

4. 生产计划和工作量

(1)分段划分的数量和质量应考虑工厂的起重能力、劳动组织及场地面积。若装配场地面积较大,而船台(船坞)较紧张,则可划分成较多的分段,以形成较多的分段储备量,再将分段总组成总段,然后吊上船台(船坞)安装,以利作业面的展开和提高船台(船坞)的利用率。

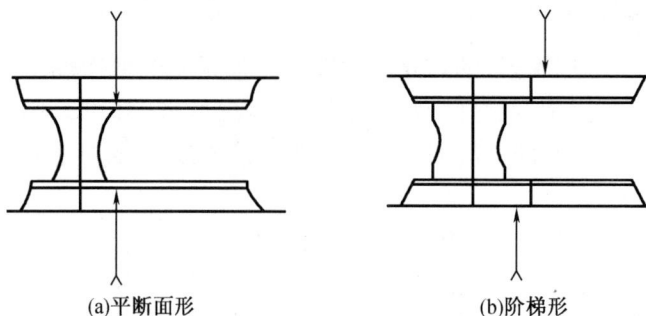

(a)平断面形   (b)阶梯形

图4-2 两种不同分段接缝布置

（2）分段划分应考虑船台(船坞)工作量的平衡。如艉部分段一般不宜划得太大;在采用岛式建造法时,应使各"岛"的工作量大致相近;对艉机型船舶,艉岛的尺寸应较艏岛小,以便提前进行机舱内基座、设备及轴系的安装工作。在平衡分段和总段工作量时,还应考虑预舾装的程度。

（3）当采用岛式建造法时,应尽量减少船台(船坞)安装工作的相互牵制,尽量创造封闭的安装区域。例如,上层建筑或桥楼不应跨及两个岛区,以免受"岛"的对接限制;机炉舱应尽可能划在同一个"岛"内,以便轴系、管系和主辅机的安装或预装。

三、分段划分的设计内容

1. 分段要素表

分段要素表的内容主要包括总段名及组成总段的有关分段名,以及各分段的质量、尺寸、方位及建造方法等,见表4-1。

表4-1 底部分段划分及分段要素表

序号	代码	名称	肋位号(FR)	尺寸($L \times B \times H$)	质量/t	建造方法
1	102	货舱底部分段	FR41^{+200}6—FR 58^{+200}	12 000×11 000×1 600	60.14	内底倒装
2	103	货舱底部分段	FR58^{+200}6102—FR72^{-150}	9 900×12 000×1 700	82.14	内底倒装
3	104/P 104/S	货舱底部分段	FR72^{-150}—FR92^{+150}	14 500×12 000×1 700	73.39 59.56	内底倒装
4	105	货舱底部分段	FR92^{+150}—FR105^{+200}	9 100×12 000×1 700	77.37	内底倒装
5	106/P 106/S	货舱底部分段	FR105^{+200}—FR123^{-200}	12 600×11 000×1 700	50.82 40.36	内底倒装
6	107	货舱底部分段	FR123^{-200}—FR134^{+200}	8 000×9 000×1 700	44.50	内底倒装
7	108	货舱底部分段	FR134^{+200}—FR146^{+300}	8 600×12 000×1 700	35.89	内底倒装
8	109	货舱底部分段	FR146^{+300}—FR164^{-150}	13 000×11 000×3 700	57.96	以3540平台倒装
总计		10 个分段			582.13	

2.分段划分图

分段划分图必须用船体轮廓的剖面图清晰地表达船体纵横向划分情况。

分段划分图主要由中纵剖面视图,主甲板、舱底、平台剖面视图,典型横剖面视图所组成。

分段划分图应包含下列内容:

①分段划分的接缝位置;

②分段编号和余量符号;

③各分段吊装顺序等。

3.总组分段

分段划分图完成后,要参考单个分段的形状和质量来决定总组分段,以缩短船台(船坞)周期,使在船台(船坞)内合龙的分段尽可能少。

四、各类分段的划分

1.底部分段的划分

(1)分段沿船长方向划分(横向划分)。根据目前使用的钢板规格,分段长度应尽可能取所选钢板长度或其倍长。

双层底一般均划分为环形分段,两端应尽可能带有实肋板或水密肋板。对纵骨架式船底,其纵骨可在水密肋板处切断,如图4-3所示。

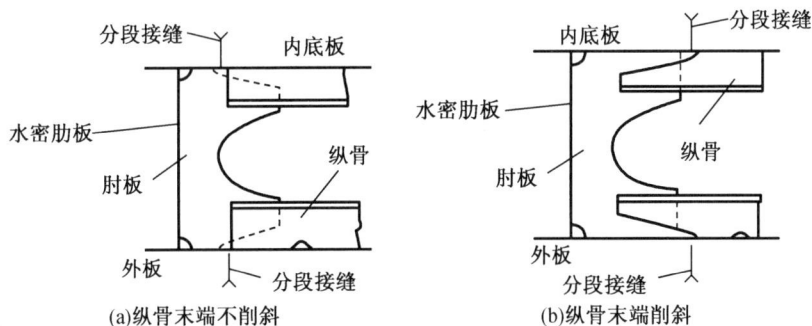

图4-3　双层底分段横向接缝布置

单底分段的接缝,对横骨架式一般不做限制,对纵骨架式宜布置在横舱壁等强构件附近,如图4-4所示。

分段接缝处的外板、内底板及骨架,通常以采用平断面形状接头为宜。

(2)分段沿船宽方向划分(纵向划分)。中、小型船舶一般不做纵向划分。大型船舶的底部当为纵骨架式时,可采用纵向划分,以减少纵向结构的对接接头,并有利于船台装配时调节分段的高度和半宽。但对横骨架式,应尽量避免做纵向划分,以减少对接工作量和损害结构完整性。

分段纵向接缝的布置,当划为两个分段时,应在中底桁附近;当划为三个分段时,应在旁桁材附近;同时,接缝处的结构应呈阶梯形布置,如图4-5所示。

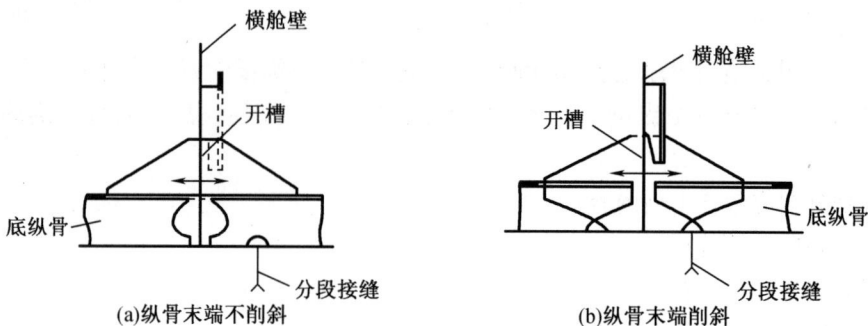

图 4-4 单底分段船长方向接缝布置

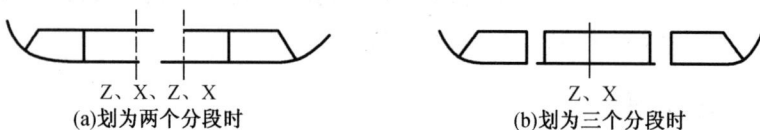

图 4-5 底部分段船宽方向接缝布置

(3)分段沿型深方向划分(垂向划分)。正造的双层底分段,当位于近艏艉部位时,其与舷侧分段的接缝位置,可高出舭肘板上端100~150 mm,如图4-6(a)所示;当位于舯部位时,其与舷侧分段的接缝位置,可低于舭肘板上端100~150 mm,如图4-6(b)所示,以利舷侧分段的安装。反造的底部分段,则可排列在内底板以上200~300 mm处,其形式与图4-6(b)相似。

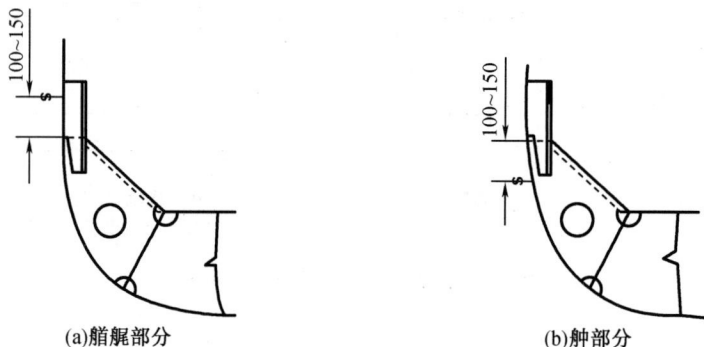

图 4-6 双层底分段垂向接缝布置

若双层底以上有平台甲板,则应避免将双层底分段的高度划至平台甲板以上(即与平台甲板划在同一个分段内),以免施工困难。

单底分段的高度,一般不宜超过肋板上缘200~300 mm。

2.舷侧分段的划分

(1)分段沿船长方向划分。近艏艉部分段曲率变化较大,分段长度不宜超过所选钢板长度。舯部平直分段可取所选钢板长度或其倍长。分段的端接缝应尽量布置在曲率变化较小的部位。当采用总段建造时,分段接缝应与甲板分段接缝在同一平面内。

(2)分段沿船宽方向划分。当舷侧带有边水舱时,可将边水舱部分的舷侧和甲板组成封闭的立体分段。此时纵缝的布置应选在该立体分段的下方,如图4-7(a)所示。油船或化学品船的边液舱,可单独组成封闭的立体分段,如图4-7(b)所示。

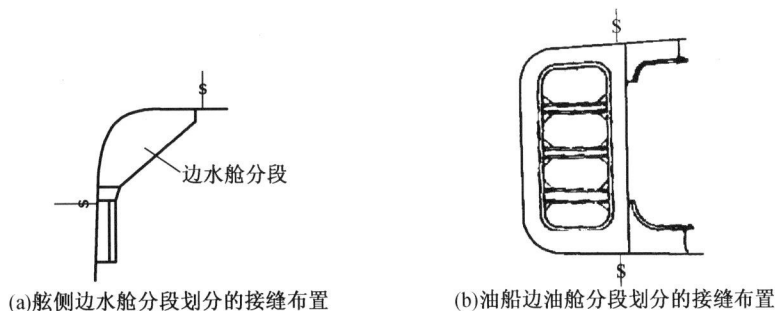

(a)舷侧边水舱分段划分的接缝布置　　(b)油船边油舱分段划分的接缝布置

图4-7　舷侧分段沿船宽方向划分

(3)分段沿型深方向划分。上甲板以下的舷侧,在一般情况下应避免做垂向分割。当具有两层或两层以上甲板而又必须将舷侧分为上、下两个分段时,其垂向接缝应位于中间甲板(或平台)以上100~150 mm,且最好带有中间甲板的边板,以利安装,如图4-8(a)所示。带有横舱壁边板和甲板边板的舷侧分段的接缝位置如图4-8(b)所示。

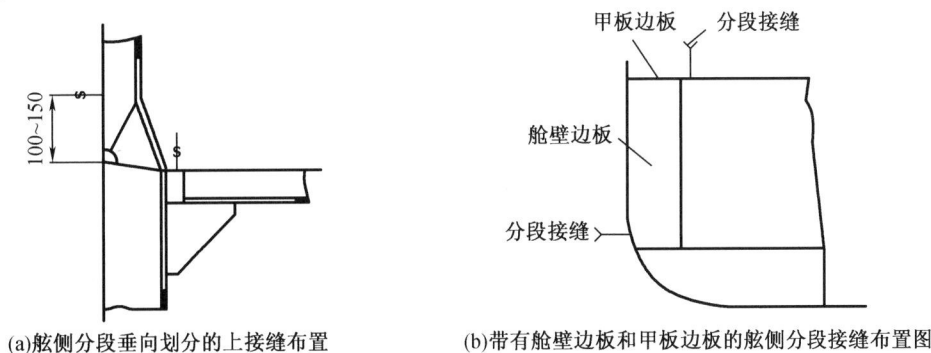

(a)舷侧分段垂向划分的上接缝布置　　(b)带有舱壁边板和甲板边板的舷侧分段接缝布置图

图4-8　舷侧分段沿型深方向划分

3.甲板分段的划分

(1)分段沿船长方向划分。根据钢板规格,分段长度可取钢板长度或其倍长。

分段的端接缝应尽量避免位于舱口角隅或将舱口割开,如图4-9(a)所示,而以形成"回"字形分段为宜,如图4-9(b)所示。

(a)不宜采用　　(b)宜采用

图4-9　甲板分段的横向接缝布置

当舱口宽度大于船宽的一半,或舱口长度较大且舱口与舱口之间相隔距离很近时,可根据具体情况采用图 4-10 的接缝布置形式,两种形式可视板宽选用。此时应采取一定的工艺措施,以保证舱口围和舱口盖安装位置的正确性。

分段的端接缝应尽量布置在横舱壁附近,以利船台(船坞)搭载。

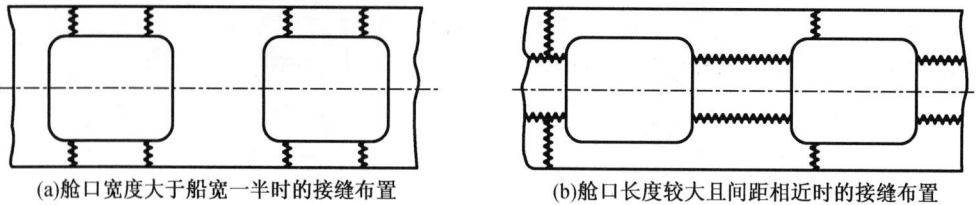

(a)舱口宽度大于船宽一半时的接缝布置 (b)舱口长度较大且间距相近时的接缝布置

图 4-10　大舱口甲板分段横向接缝布置

(2)分段沿船宽方向划分。横骨架式的甲板结构,一般不宜做此划分,以避免将横梁切断。纵骨架式的甲板结构,必要时可分为 2 个分段或 3 个分段,如图 4-11(a)、图 4-11(b)所示。当划分为 3 个分段时,其两边的甲板小分段可放在舷侧分段内,以简化甲板分段安装时的对准工作。

当中间甲板的边板具有折角形式时,则甲板分段的边接缝可取在折角线处,并将折角板划归舷侧分段,如图 4-11(c)所示。

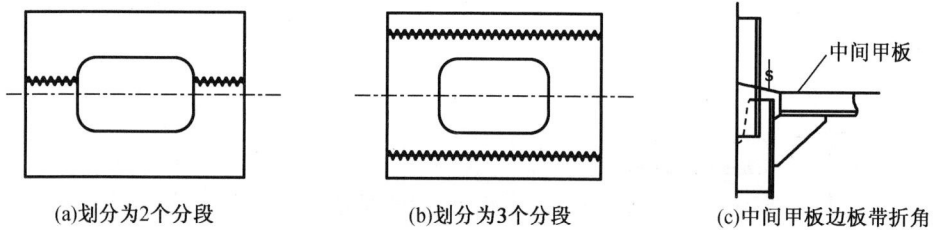

(a)划分为2个分段 (b)划分为3个分段 (c)中间甲板边板带折角

图 4-11　甲板分段的纵向接缝布置

(3)分段沿型深方向划分。甲板分段通常仅包括甲板骨架,即横梁、强横梁和甲板纵桁等构件,其高度不高。当纵骨架式的甲板纵桁和甲板纵骨贯穿横舱壁,或甲板分段的长度跨及两道横舱壁时,则可将横舱壁的上部作为围槛板形式划入甲板分段,如图 4-12 所示。甲板间轻围壁的围槛板,也应划入甲板分段。舱壁和轻围壁的围槛板的高度,一般约为 300 mm,也可取为甲板纵桁或连接肘板的高度。

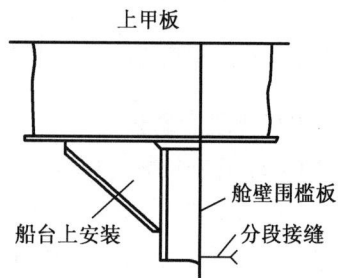

图 4-12　带围槛板的甲板分段

4.舱壁分段的划分

(1)在多层甲板的船体中,一般应使舱壁在甲板处切断,而使甲板连续通过。甲板间的舱壁,原则上应保持一个完整的独立分段,不宜再做分割,以减少船台(船坞)的对接工作量。但对纵骨架式船舶,其边缘部分可作为边板(围槛板)分别划入甲板分段和舷侧分段,以利安装。

(2)对单底船,若舱壁(包括纵、横舱壁)直接安装于底部外板上,且不位于底部分段间的连接处,则舱壁分段的下部可划入底部分段(可高出肋板约100 mm)。若双层底船直接安装于底部外板上的舱壁(一般在双层底变高度处或消失处),也可做同样处理。

5.艏、艉总段的划分

(1)艏艉部分在起重能力允许的情况下,应尽量划分为总段。艏总段的横向接缝宜设置在艏尖舱壁后1/4 s处(s为肋骨间距),如图4－13(a)所示。艉总段的横向接缝宜设在艉尖舱壁前1/4 s,如图4－13(b)所示。

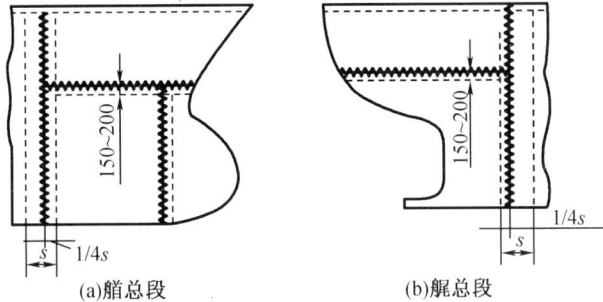

图4－13　艏、艉总段的划分

(2)球鼻部分可单独划为带有舱壁和平台的封闭的球鼻艏分段。

(3)钢板组合的艏、艉柱,可单独组成带有部分外板的艏柱小分段和艉柱小分段,再安装在艏、艉总段上。

6.上层建筑分段的划分

(1)组成上层建筑(包括甲板室)分段的高度均按甲板层划分,即为其本身的层高。由于其结构较弱,刚性不足,当长度较大时,可在长度方向划分为若干分段。上层建筑分段通常不做船宽方向的纵向划分。

(2)尽量使上层建筑的舾装具有完整性,当上层建筑分段单独完成后,可在平台区总组成多层上层建筑的立体总段,以利进行上层建筑整体舾装。为此,当上层建筑分段横向划分时,上层建筑各层的横向接缝,最好布置于同一船体横剖面上。

随着造船生产工艺的不断发展,新的生产设备的开发和应用,以及施工人员技能水平的提高,影响分段划分的条件、原则也在发展和变化。

第二节　船舶建造方针编制

船舶建造方针是以现有造船技术装备为基础,根据产品特性和生产模式的需要,按生产能力、流程和生产组织形式,预先统筹规划产品建造全过程,统筹设计、物资、生产、质量、安全和成本等工作内容的一项综合性管理文件。船舶建造方针可指导生产技术准备、生产设计和生产管理等。

船舶建造方针是以船体为基础、舾装为中心、涂装为重点,融现代造船工法和技术,通过工艺、计划、成本、质量、施工系统等综合平衡后的一揽子统筹优化的整体建造方案。

船舶建造方针是新造船舶的综合性文件。它不可能由设计部门、施工作业部门来制定,而必须由一个掌握企业各类工作部门信息的造船管理部门来制定。编制过程既要从系统角度综合利用企业生产资源,又要从技术协议开始,在初步设计、详细设计过程中全面掌握设计信息,包括建造说明书和图纸,对产品总的建造方法和总计划线表、分段划分、舾装区域和单元的设置及施工细节要点都要做出具体的安排。

船舶建造方针是在合同签订前后的初步设计和详细设计阶段中进行编制指导生产设计的文件。具体编制要求详见船舶行业标准《船舶建造方针编制要求》(CB/T 3801—2013)。

一、建造方针的编制依据

船舶建造方针的编制依据如下。

(1)船舶建造合同。

(2)船舶技术规格书、总布置图、机舱布置图、船舶中横剖面图、基本结构图、型线图等。

(3)线表计划,船位安排。

(4)生产要素和主要技术参数包括以下几个方面:

①企业加工、制造能力,起重能力,场地资源要素等;

②主要技术参数;

③主要物量。

二、建造方针的编制流程

(1)由生产管理部门收集、研究相关技术资料后确定总体建造方案,组织编制船舶建造方针讨论稿,并组织生产部门、设计部门、生产配套部门讨论后会签形成正稿文本,经生产管理部门负责人审核后,报送分管领导批准后下发执行。

(2)生产管理部门应在产品合同签订后完成船舶建造方针的编制工作。对于同一系列批量建造产品,仅首制船编制,后续船如与首制船设计和建造差异较大可编制补充建造方针。

三、编制内容

船舶建造方针的编制内容分为封面、目录、正文编写及附图、表。封面的格式可按照各企业质量程序文件的规定执行。目录应列出正文部分章节条目的编号、标题和所在页码。下面重点介绍正文编写内容。

1.前言

前言应简述产品概况、船型特殊性说明,以及其他需要在前言中说明的内容。

2.合同概要

列入合同中有关建造的重要事项,以提请设计和建造人员重视。合同概要内容包括:

(1)船东;

(2)船型、建造数量和工程编号;

(3)所入船级社、船级符号和规范;

(4)挂旗,罚款条件(或合同价格调整条件);

(5)合同签订期、生效期、交船期;

（6）质量保证。

3. 主要技术参数和主要物量

（1）船型参数：包括对船型、总长、垂线间长、型宽、型深、设计吃水、结构吃水、载重量、航速、主机、发电机和螺旋桨等的描述。

（2）船体结构参数：包括对梁拱高度、上层建筑层高、双层底高度和肋距等的描述。

（3）主要物量：包括分段总数、总段总数，预估全船结构材料质量、管子数量、电缆长度、除锈面积等。

4. 基本方针

（1）产品建造节点。根据产品线表计划，提出整个建造过程中设计进程、物资供应的主要节点日程。所谓线表计划就是对船舶产品经过建造法验证企业负荷后所确定的、以一直线段表示该船建造主要日程（节点）的总计划，仅反映加工开始、分段制造、上船台、下水和交船等节点。

（2）船体建造。船体建造的主要内容包括以下方面。

①分段划分与制造方式：根据加工、分段制造和涂装设备的技术参数，采用板材规格、胎架形式、分段制造方式、预舾装、焊接施工、精度控制、分段预密性及平面分段流水线的应用范围等工艺要求，表述分段划分和制造方式；

②总组划分与总组方式：根据总组场地大小、起重设备配置情况和结构、舾装特点，从进一步提高预舾装率和总组效率、缩短船台（船坞）周期出发，表述总段划分和总组方式；

③分段或总段搭载程序：表述船台（船坞）搭载方案（例如塔式、岛式等）、船台（船坞）搭载网络图、搭载阶段工程作业状态和施工技术要求等；

④分段加工单元顺序：根据分段结构形式、分段加工和制造周期、分段总组形式与总组周期，以及搭载顺序与搭载节奏，在充分考虑材料综合利用的基础上，编制分段加工单元顺序表。

（3）船舶舾装。船舶舾装的主要内容包括以下方面。

①舾装区域的划分：根据船体分段和分段总组形式的特点，对机舱、货舱、上层建筑分别以有利于预舾装为前提进行区域划分。

②对舾装件生产设计的要求：舾装生产设计与船体结构同步进行，加强船、机、电各专业之间的有效协调；以分段、总段为基础，加强舾装单元、模块的生产设计，以达到中间产品的要求。压载舱舾装件应达到压载舱保护涂层性能标准（PSPC）相关要求。

③舾装托盘的范围和管理：按照作业类型、区域、工艺阶段对舾装件进行托盘编制，包括各专业内的托盘对象，对涉及压载舱区域的舾装件应编入相应的分段托盘管理表。

④预舾装目标：设定管子、铁舾装件、设备、风管等的预装率，明确各工种的预舾装率统计方法。各区域分段、总段舾装施工原则为表述艉部、艏部、机舱、货舱、上层建筑区域分段和总段的舾装方法（正、反态预装），以及舾装的完成状态。

（4）船舶涂装。船舶涂装的主要内容包括以下方面。

①涂装的标准、技术要求；

②焊缝部分的涂装施工要领；

③涂层的保护工作要求。

(5)半船起浮、下水(出坞)状态完整性。船舶建造方针中半船起浮、下水(出坞)状态完整性的主要内容包括以下方面。

①半船起浮状态:表述结构、密性、系泊设备安装、大型设备安装、配载,以及落墩定位的要求;

②机舱部分下水(出坞)状态:表述结构、涂装、绝缘、箱柜(结构、轮机)、设备应达到的状态,以及机舱管系密性的提交率的要求;

③主船体其他部分下水(出坞)状态:表述船体结构、甲板舾装件、货舱脚手架、系泊设备及主要设备安装等状态的要求;

④上层建筑整体吊装前的状态:表述铁舾装件、驾驶室、卫生间、管系、电缆、电器设备的完成状态,以及上层建筑涂装的要求;

⑤下水前或出坞前涂装状态:表述压载水舱、艏艉舱油漆、机舱油水舱、机舱箱柜、主船体外壳等打磨、油漆、封舱的要求。

(6)新工法及攻关项目。新工法及攻关项目主要涉及以下方面。

①船体方面;

②舾装方面;

③涂装方面。

(7)数字化造船。结合企业数字化造船现状及发展目标,采取的具体措施。

(8)提效、降本主要措施。提高生产效率和质量、降低建造成本和缩短制造周期的主要措施包括以下方面。

①设计阶段主要措施;

②分段制造阶段主要措施;

③总组和搭载阶段主要措施;

④码头调试阶段主要措施。

(9)建造质量要点。建造质量要点应表述产品建造过程中应当控制的相关文件和要求,明确质量追踪的具体工作的措施。

(10)场地定置管理。场地定置管理的主要内容包括以下方面。

①分段制造场地;

②总组场地;

③舾装单元模块制造场地。

(11)健康安全环境(HSE)管理。船舶建造方针中 HSE 管理主要内容包括以下方面。

①区域安全管理,主要表述生产过程中各区域内的重点危险源、监控点所采取的安全措施;

②环境因素分析,主要表述所采用的新工法、新材料对环境的影响分析,同时据此采取的对策及措施。

(12)生产组织网络图。船舶建造方针中可配有生产组织网络图。

5. 部门方针

(1)造船设计部门:重点表述设计部门各科室对生产设计的要求,尤其是特殊的设计内容和出图内容;

（2）物资配套部门：重点表述该部门对企业重要物资与设备纳期说明和调试服务时间约定，以及库存物资的清理和改进等工作；

（3）集配部门：重点表述集配部门的职责，组织落实托盘管理表的配套工作以及仓库管理、配套计划的跟踪与协调；

（4）生产管理部门：重点表述建立完善的工程计划管理体系，实行有效的计划监督和控制，以及现场管理要求等职责；

（5）施工部门：重点表述施工部门从生产准备、开工建造至交船等各个阶段中应当采取的管理措施和施工方法等；

（6）质量保证部门：重点表述对企业精度管理、质量监控的措施和管理体系；

（7）安全环保部门：重点表述部门对建造过程中的安全、消防、环保和管理理念更新等内容；

（8）基建管理部门：重点表述部门对企业技术改造项目、科技项目以及基础设施建设保障等内容。

6.附图、表

船舶建造方针应配有以下附图和表。

（1）分段划分图；

（2）分段/总段要素表；

（3）分段加工单元顺序表；

（4）舾装区域划分图；

（5）搭载网络图；

（6）生产组织网络图。

船舶建造方针一般以 A4 幅面文件形式编制，文字内容要求简洁明了、条理清晰，便于有关领导和管理人员领会。附图尽可能采用 A3 图纸，图面不够，可将图纸沿长度方向加长，以便装订成册。

建造方针从系统工程的原理出发，对新建造的船舶在管理程序上从整体和定量方面进行综合协调和科学组合，从而使建造工作有可能进行真正的前期计划管理，这是船舶建造系统中工艺技术管理体系合理模式的一个重要组成部分，在发给各职能科室和各层领导后，将它作为开展生产设计技术准备和各种计划编制的依据。

四、船舶建造方针的举例

46 000 t 级载油量江海直达原油/成品油船建造方针（3#，4#船）。

1.合同概要

（1）买方

中国长江航运（集团）总公司南京长江油运公司。

（2）船型

本船为钢质、单甲板、双壳体型、单桨、柴油机驱动的 46 000 t 级载油量江海直达原油/成品油船。本船以原 35 000 t 级油船为母型船修改而成。

（3）建造数量和工程编号

①建造数量：2。

②工程编号：BH507 - 3、BH507 - 4。

（4）入级和挂旗

①入级：中国船级社（CCS）。

入级符号：略

②挂旗：中国。

（5）合同签订期、生效期和交船期

①合同签订期：2000 年 12 月 18 日。

②合同生效期：2000 年 12 月 18 日。

③交船期：3#船为 2002 年 12 月 31 日，4#船为 2003 年 5 月 31 日。

（6）交船奖罚条件

①延期交船罚款条件：交船期之后优惠期为 30 天。交船期后的第 30 天午夜 12 点起，延期交船的船价在优惠期后的第 31 天至 90 天内按每天 40 000 元削减，从第 90 天至 150 天，延期按每天 90 000 元削减。除双方另外同意，合同价格的总减少额从合同价格的第五期付款中扣除。在任何情况下，总减少额不得超过合同价格的 5%。

②载重量：本船载重量设计吃水 10.2 m 时，海水相对密度 1.025×10^3 kg/m^3 时，载重量不少于 39 500 t。

③油耗：在车间试验中使用 42 700 kJ/kg 的低燃值燃油时，主机在持续服务功率状态下，其燃油消耗量不超过 173 g/(kW·h) +5%。

①如果经过制造厂车间试验测定的主机实际燃油消耗量高于本合同和说明书条款规定的燃油消耗量，但超出部分的燃油消耗量等于或低于规定的燃油消耗量的 5% 时，本船合同价格不受影响和变动。

②如果经过制造厂车间试验测定的主机实际燃油消耗量高于规定的燃油消耗量的 5% 以上，则超过上述 5% 之后，燃油消耗量每增加 1%，合同价格将减少 60 000 元（不足 1%，则按比例扣除）。

③如果经过制造厂车间试验测定的主机实际燃油消耗量高于规定的燃油消耗量的 10%，买方则可以按上述规定最多扣除本船合同价格的 300 000 元后接受本船。

（7）付款条件

首期（预付款）	合同生效
第二期付款	钢料开工
第三期付款	上船台
第四期付款	下水
第五期付款	交船

（8）认可与处理

①由买方提供的并经 CCS 认可的技术设计图纸和资料，作为本船建造和验收的依据。买方承担本船的技术设计责任。图纸送审中国船级社。

②施工技术的认可：驻厂船东代表，驻厂 CCS 代表。

③增减工程量的处理:作为本船建造依据的技术规格书和图纸,在任何时候都可以通过双方书面同意后进行修改。只要买方同意调整合同价格、交船期和其他合同规格的条款,船厂应尽最大努力满足买方的合理要求。这类修改与变更,应通过可证明的电传或传真的往来生效,这类信件、电传或传真作为合同和规格书的一部分。

④仲裁:本合同执行期间若产生争议,应由双方友好协商解决。若协商不能取得一致,则按《中华人民共和国合同法》中的有关规定在本合同签订地的仲裁机构仲裁。

2. 主要技术参数和主要物量

(1)船型参数

①船体

总长	约 193.0 m
垂线间长	184.0 m
型宽	32.2 m
型深	17.2 m
结构吃水	11.4 m
设计吃水	10.2 m
载重吨(吃水 10.2 m)	约 39 500 t
载重吨(吃水 11.4 m)	约 46 000 t

②主机:SULZER 6RTA – 52U 型船用柴油主机。合同最大持续功率(C. M. C. R)8 520 kW×126 r/min;持续常用功率(C.S.R)7 242 kW×119 r/min。

③航速:服务航速不低于 14 km/h。

④油耗:不得超过 173 g/(kW·h) +5%。

(2)结构参数与结构特点

本船为柴油机驱动单桨,单层连续干舷甲板,带有球鼻艏、方艉及节能装置,西林舵。设有 10 道水/油密横舱壁,3 道油密纵舱壁,将船体分为 6 对货油舱及污油水舱,专用压载水舱,工作淡水舱,机舱,泵舱,艏、艉尖舱等。货油舱及污油水舱均为左右舱。货油舱区为双壳双底。货油舱均在中间,两侧及双底内为专用压载水舱。在机舱前端两侧设置燃油深舱,其中间为泵舱。

①肋骨间距

#14 到 #218	800 mm
其余	600 mm

②甲板高度(中心线处)

上甲板到驾驶甲板的各层高度	2.87 m
驾驶甲板到罗经甲板高度	2.65 m
上甲板到艏楼甲板高度	2.9 m

③甲板梁拱

上甲板和艏楼甲板	500 mm
上甲板以上的甲板（露天部分）	50 mm
罗经甲板	100 mm

舭部半径	1 670 mm

④双层底高度

机舱区域	2 050 mm
货油舱区域	2 000 mm

⑤边舱宽度　　　　　　　　　　≥2 000 mm

（3）主要物量

分段总数	约146 个
空船质量	约11 200 t
船体结构质量	约9 500 t（其中板材8 200 t，型材1 300 t）
管子	约33 200 m
电缆总长度	约80 000 m
涂装总面积	约174 000 m²
涂料总用量约	180 000 L
焊条总质量	150 t
焊丝总质量	150 t

3. 基本方针

（1）建造工艺流程图（见1#,2#船）

建造节点计划：

3#船		4#船	
开　工	2001 年 7 月 25 日	开　　工	2001 年 7 月 25 日
上船台	2001 年 12 月 30 日	艉上船台	2002 年 3 月 20 日
交轴线	2001 年 5 月 31 日	艏上船台	2002 年 3 月 20 日
下　水	2002 年 9 月 30 日	交 轴 线	2002 年 9 月 30 日
试　航	2002 年 11 月 30 日	大 合 龙	2002 年 12 月 30 日
交　船	2002 年 12 月 30 日	下　　水	2003 年 2 月 28 日
		试　　航	2003 年 4 月 30 日
		交　　船	2003 年 5 月 30 日

（2）建造法

①分段划分主要原则

以船体为基础、舾装为中心、涂装为重点的壳舾涂一体化建造方法，尽量使工序前移，并考虑工厂能力、船体结构特点以及充分利用现有场地条件，全船共划分成146 个分段。其中，货油舱区域的底部分段为左右两个非对称的带小边底的立体分段；舷侧分段为左右对称带边舱及部分横壁的立体分段；甲板分段为带上横壁墩的左右舷对称的半立体分段；纵壁分段为带中间甲板条、带上纵壁墩并带部分左右横舱壁的半立体分段。机舱区域在#39处分前后两个立体分段，完整主机座在后段；发电机平台为一全宽门型分段；泵舱及机舱横壁分解后两侧带在舷侧分段上，中间部分与上甲板、平台组成立体、半立体分段；舷侧分段分为带甲板、平台及舱壁组成P、F 或 L 形立体分段。

分段划分要依据船体结构特点、工艺要求、工厂起重能力、板材规格、场地布置条件；依据安全施工原则,有利于焊接、涂装施工;依据预舾装、涂装需要的原则,有利于扩大分段预舾装量;依据施工工艺需要的原则,有利于施工质量、工作效率、钢材利用率;

二台吊车联合平吊质量	150 t
总段吊装最大质量	480 t
分段转运最大质量	200 t
分段最大翻身质量应小于	320 t
分段划分最大规格	18 m×32 m
分段进喷砂间最大尺寸(长×宽)	30 m×142 m
分段喷涂间最大尺寸(长×宽)	30 m×22 m

②分段划分方式和制造要求

货舱区双层底:双层底分为左右两个带小边底的非对称分段,正造。

货舱区舷侧:采用侧装框架法制造,焊接完毕。

货舱区纵横隔壁:采用侧装框架法制造,翻身后焊接完毕。

机舱区舷侧:按主甲板、平台为基面建造为 L 形分段采用傍板侧装,平台甲板倒装组合法。

艉部分段:101b 以艉轴壳为主体分段,以舱壁为基准面侧造框架法。

艏部区域:球鼻艏分段为侧造框架法,艏分段为倒装框架法,锚台、锚唇、锚链筒分段安装。

上层建筑:均按层式划分(为倒装框架法)。

总段立组:甲板进行前后两段组立;货舱舷侧进行前后两段组立;纵壁进行前后两段组立。

③分段划分图、分段要素表

略。

④船台总装

总体安排:钢料同时开工,分段制作按分段吊装顺序进行。

船台总装选择方法如下:

3#船:在 10 万吨船台采用塔式建造法。基准段 109 s 分段,艏朝西,龙骨坡度为 1:24。

4#船:采用两总段建造法水平船台建造,以 FR95+260 划分为两大总段,艉总段基准段为 108 s 段,塔式建造法。艏总段基准段为 190 s 段;艉总段长度为 77.46 m,艏总段长度为 115.44 m,艏朝东。艉总段成型后,艉轴、桨、舵安装完移船上浮箱。

4#船:艏总段在 3 号船台建造,艉总段在室外 1 号船台建造。

总装特点:3#船在 10 万吨船台采用塔式建造法,采用滑道下水。4#船在水平船台建造,分为艏、艉两总段合龙,浮箱大合龙,下水。418a 和 418b 若因起升高度和质量原因在 3 号船台无法合龙时,可按坐船坞后吊装方案进行。

⑤楼子吊装

3#船:在 10 万吨船台吊装(按 1#船方案)。

4#船:大合龙后,坞内吊装(按 2#船方案)。

⑥船台吊装网络图

略。

⑦建造要领

分段建造预舾装要求及实施范围:

分段	预舾装要求
机舱双层底	船体、管系、铁舾件安装(人孔、梯子、分舱标记、踏步、放水塞、锌板)
舭部分段	船体、管系、铁舾件安装(人孔、梯子、分舱标记、踏步、放水塞、锌板)
货舱双层底	船体、管系预装,铁舾装安装
货舱舷侧	船体、管系预装,铁舾装安装
艏部分段	船体、管系预装,铁舾装安装

舾装管理实施范围:机装、甲装、居装、电装。

分段预舾装率:除工艺技术原因外,铁舾装件(人孔、梯子、分舱标记、踏步、放水塞、锌块)为100%,管系为80%,电装为30%。

高效焊接率:达80%以上。

高效焊接实施范围:

a. 船台合龙板的对接缝采用单面焊双面成型 CO_2 半自动焊;

b. 船台合龙水平部位采用 CO_2 半自动打底,埋弧自动焊;

c. 船台合龙垂直部位采用 SG-2 垂直自动焊(垂直度为 ±5°);

d. 凡能采用 CO_2 半自动高效焊接的部位一律采用 CO_2 半自动高效焊接;

e. 所有分段外板对接缝均采用 CO_2 单面衬垫焊;内部构件焊接采用 CO_2 角焊;

f. 平台作业区拼板采用埋弧自动焊。

涂装技术和管理:

a. 船研所要根据全船涂装的总体要求,搞好涂装生产设计,编制有关涂装的原则工艺,分段、舾装件涂装清册、除锈、涂装质量要求等工艺文件,做好全船涂装面积的测算并据此提出涂装材料消耗清单;

b. 经济部门要对全船涂装成本做出评估,并下发有关单位,作为目标成本控制和经济指标考核的依据;

c. 加强钢板和型材预处理流水线的管理,对漏涂的车间底漆部位和车间底漆破坏部位要认真及时修补,确保6个月内不生锈,以减少处理二次除锈工作量;

d. 分段在结束开孔和焊接交验之后进行二次除锈、喷涂工作;

e. 在分段预装、船装、下水后安装阶段,要认真组织跟踪补涂;

f. 改进和完善涂装设施和设备,特别要解决喷涂间的加温除湿,以缩短涂装周期;

g. 涂装后的分段转运过程中,必须认真保护漆膜,严防破坏,一旦损坏应立即修补;

h. 严格控制钢板预处理流水线除锈等级,除锈等级为 Sa2.5 级;

i. 冬季施工温度不能低于5 ℃。

特涂要求:特涂是要求严格的施工过程。整个程序包括喷砂处理前的表面条件,涂装时温度和通风控制、除锈、脚手架搭建和拆除、每道油漆的施工、检验等,都必须严格地在油漆厂商服务工程师的指导、控制和监督下进行。

⑧主机吊装原则

3#船:机舱形成后,在焊接、火工、密性试验、轴系照光、镗孔、艉轴、桨安装及中间轴吊入完成后,进行主机分体吊装,分三块吊,在进船坞后吊装。

4#船:艉总段完成艉轴管镗孔,艉轴、桨、舵安装完,大合龙、坐坞底后进行主机吊装,分三块吊装。

(3)新工艺新技术的应用和技术攻关项目

①铁舾装件要按分段出图和托盘表,使之逐步成为分段的一个零件、部件。

②精度造船实现无余量建造分段,无余量合龙达到全船分段总数的70%。

③分段无余量制造平行体分段达100%(4#船二总段合龙缝处除外)共计46个(108~114 PS、208~214 PS、406~414 PS)。

④甲板管系及步桥分为十个单元制造、吊装。

⑤技术攻关项目包括以下内容:

a.主机集中监测及驾控系统,DENIS-1接口;

b.全自动内部通信系统;

c.预舾装及船装舾装件跟踪补涂工艺实施;

d.货油舱特涂及喷砂前钢板处理;

e.无余量分段制造(零部件数据库);

f.无余量分段施工控制;

g.甲板输油管系及步桥的吊装单元设计、制作;

h.滑道下水工艺;

i.总段组立工艺;

j.418a和418b分段船台合龙吊装(75 t吊)。

(4)建造场地

①船体建造

零件:钢料分厂;

部件:钢结构分厂装焊加工场地,新建钢结构装焊加工场地;

平台拼板:船体高六跨(部分)90 m×24 m;

船舶修造厂平台施工区:Ⅰ区为50 m×22 m,Ⅱ区为50 m×26 m;

坞南平台施工区:25 m×19 m;

10万吨船台平台施工区:55 m×12 m;

分段制造:总计胎位约75个;

露天0号胎架区(7)个:148 m×14 m;

坞南胎架区(6个上层建筑):150 m×19 m;

船舶修造厂胎架区(26个):Ⅰ区为193 m×22 m,Ⅱ区为378 m×26 m;

10万吨船台总段施工区(21个):120 t以上分段制作、翻身区87 m×12 m;总段施工263 m×12 m;

高二跨施工区(15个):120 m×28 m。

②预舾装及分段堆放场地

预舾装场地：

a.高一跨北侧区；

b.露天船台横移区南、北侧。

分段堆放场地：

a.管加工西侧区；

b.露天船台横移区中部；

c.3号船台北侧区；

d.船体浴池至一回路清洗间南侧区；

e.10万吨船台北侧。

③舾装

铁舾装件制作：

a.金属五金厂制作区；

b.机械制造总公司制作区。

4.成本控制

（1）目标成本制定

要层层分解,挖尽潜力,将指标落实到各单位各部门。

（2）降低工时消耗

①推行托盘管理,强调中间产品成品化,降低扫尾工时,逐步减少每条船施工队人数,逐步减少工艺项目以外的增加工时。

②分段制造要进一步扩大 CO_2 焊的范围,以提高效率和质量。

③采用和推广新工艺、新工具,提高生产效率。

④各工艺阶段均要注意保护漆膜,减少修补量,生产、质量部门要制定管理办法。

⑤尽量多地设计单元模块。

⑥钢加工、管加工、自制件的制造精度提高,减少返修量。

⑦提高设计质量,减少修改次数,修改量控制在设计质量指标之内。

⑧加强现场管理,坚持文明生产,应有日常的检查和月考核制度。

（3）降低原材料消耗

①分段划分时尽量考虑其刚度,少用临时加强材。

②工装材料尽量使用旧料,少用新料,90%以上使用支柱胎架。

③严格限额发料和余残料回收。

④钢材利用率达到85%以上。

（4）设计成本控制

①设备选型、材料规格选定要合理,不允许有过剩功能,并有利于施工和减少工时消耗,逐步实现大批量板材的定尺定货。

②提高设计效率和质量,发挥现有计算机硬、软件的作用,扩大套料范围,提高钢材利用率。

（5）采购成本控制

①建立采购的奖惩制度,价格、质量、纳期都要进行考核。

②实行科学的库存管理,减少不必要的资金占用。

(6)树立目标成本的权威,各部门在各月的指标约束下开展生产经营活动,计划部门要认真考核。

(7)制造成本控制

①做好生产准备工作,确保生产连续性,以缩短建造周期。

②缩短坞期、码头时间,减少专用费用消耗。

③做好材料、中间产品的周转管理和保管,避免丢失、报废的损失。

5.质量要点

本船质量应满足 CCS 规范要求,执行 CSQS 建造质量标准。

(1)建造质量要符合中国船级社和有关质量标准要求。

(2)新工艺及验收方法的认可。

(3)精度管理所用的各类工具、量具、仪器鉴定合格。

(4)采用的新工艺要编制工艺规程,并会签认可。

(5)内场制作件要把好质量关,保证精度。

(6)把好外协、外购的材料、零部件、设备质量关。

(7)确定重点质量控制点,确保质量管理体系运转,加强"三检"工作。

(8)编写质量控制大纲。

(9)关键工序,关键件:

①总段船台合龙缝处线型控制;

②钢板预处理喷砂、除锈、涂底漆,特别是特涂喷砂前钢板处理;

③分段喷涂、跟踪补涂;

④分段制作区域喷砂前的处理;

⑤基准段制作,艏、艉分段制作;

⑥总段组立制造;

⑦弯制管加工,货油舱加热盘管装焊;

⑧主机吊装、轴系安装;

⑨舵机、舵叶、舵杆的制作及安装;

⑩船台大合龙定位;

⑪150 t 分段翻身、转运、吊装;

⑫主机集中监测及驾控系统安装及调试;

⑬发电机试验;

⑭惰性气体保护装置及系统的安装;

⑮倾斜试验;

⑯无余量分段制作、合龙;

⑰船舶下水;

⑱货油舱喷砂、特涂;

⑲甲板货油输油系统及步桥的单元组装;

⑳分段预密性试验;

㉑机舱管系单元及功能单元(主、辅机燃油供油单元)制作与安装;

㉒节能装置装焊。

6. 各部门方针

(1)船研所

①设计目标成本按单船承包合同指标控制使用。

②做好对大连船厂图纸的转化工作,适合本厂工艺流程。

③标准化率要达 80% 以上,要尽量采用标准图、通用图。

④开工前半个月提供下料软盘,开工后 2 个月提供管子制作、自制件制作用图,准确计算涂装面积。

⑤精度造船设计。

⑥生产设计考虑安全生产措施和设施,这也可通过提高铁舾装预装率来实现。

⑦订货清单(材料、设备)要及时。

⑧加强审核,减少错误,凡首批船修改通知单必须在后续船图面上改正。

⑨从施工现场出发,考虑高质量、高效率、缩短周期,并确保安全地开展生产设计,扩大预舾装,将作业尽量前移以保证高空作业平地化、船上作业车间化,减少仰面作业、立体交叉,合理编制完整的托盘表,全面考虑托盘的工作量,向以托盘为单元组织生产过渡。

⑩送交船东、船检图与下发施工图可内外有别,送船东、船检图的技术要求条文可精炼明了,具体施工工艺要求可在厂内施工图中表示,防止不必要的矛盾,对某些内部控制的工艺文件不应发船东、船检。

⑪扩大预舾装。增加功能单元 A、B 面二次预装,同时加强吊装工作:

a. 机舱底层单元,覆盖面应达 80%;

b. 主、辅机燃油供油单元;

c. 燃油分油机联同控制管路设功能单元;

d. 空压机平台应设减压管系单元;

e. 滑油分油机联同控制管路设功能单元;

f. 机舱平台分段、机舱主甲板可拆板、上层建筑各分段应 A、B 面两次预装;

g. 划分甲板管理单元及步桥单元。

(2)经营处

①目标成本编制、控制、考核。

②做好加减账处理。

(3)物管处

采购成本按单船承包合同指标控制使用。物资纳期要按生产准备计划的纳期要求,按分段施工程序分批到厂,机电设备应按节点计划到厂,主机要提前。要做好库存管理。

(4)生产集配处

集配采购物资按单船承包合同指标控制。按生产计划的要求,外购、自制、配盘、送盘、服务按纳期计划严格执行。保证托盘配齐率和托盘比率。

(5)生产处

①按单船承包合同指标控制使用,进行专项费用控制。

②按平行作业法,充分利用工厂所有的生产设施和人力资源编制小日程计划。

③按程序以中间产品为导向安排组织生产,尽量按计划进行,如出现特殊情况要有补救措施,要注意给涂装施工创造必要条件;逐步向以托盘为单元组织生产方向过渡。

④新技术、新工艺要坚决实行。

⑤参与精度管理工作。

⑥做好文明生产,督促安全、保卫、设备保护及防火工作,创造良好的工作环境。

⑦做好单位处室间协调工作,有重点、有层次、可控、有序安排施工。

(6)质管处

①及时做好与船东船检的沟通和协调工作,避免或减少因双方争议而产生的停工和返工。

②检验,选准控制点,实施全方位的跟踪、监督、考核、奖惩。

③参与精度管理工作。

④做好原材料、机电设备的库检及证件保管统计,并且准确、及时汇总上报。

(7)财务处

按节点要求保证资金及时筹措到位,对有单船承包指标的处室、分厂进行承包指标控制。

(8)机动处

保证各设施、设备完好,尤其是注意涂装间的设施及供暖。

(9)安技处

加强生产现场的安全监督,杜绝违反操作规程的现象。及时检查、设置安全防护设施。

(10)计划管理处

按单船承包合同指标,进行工料核算控制。强化计划管理,加大考核力度,逐步过渡到以中间产品为导向的计划管理。按工厂大节点要求做好生产准备纳期计划的编制、跟踪、检查工作。根据工厂施工场地、设施能力、统筹安排编制生产作业计划,并跟踪、检查。提高计划人员的业务素质,深入现场,确保计划调整最小。保证各类工艺路线表及时下发。

(11)运输处

保证运输过程材料不丢失,吊装不弯曲,专用吊具设计。

(12)各生产车间

①钢料:切割补偿量操作程序确定。确保预处理后的板材表面涂层不被破坏,有损坏处要及时补涂;保证下料精度,搞好无余量下料加工。配套要准时完整,补料要及时。保证分段制造及船上施工的连续性。

②船体:各作业区的劳力与安排要合理;分段制造要成品化,特涂区域焊道及钢板达到喷砂前要求条件。合龙后要及时焊接,报验,提高完整性;努力实现精度造船目标,提高无余量合龙分段的数量。分段要进行预密性试验,10万吨船台合龙的工装准备,分段无余量制造控制,超重分段翻身、运输保证措施,两总段合龙缝全段余量控制。

③管加工:早做生产准备,按预装程序,纳期计划组织生产。

④甲装:抓好甲板管系单元预舾装,配合好交舱、试气工作。分段船台合龙前,特涂区域分段预装的焊接件、管卡达到特涂喷砂的要求。

⑤居装:上层建筑提高分段内装预装率,完整楼子居装工程。

⑥涂装:按单船承包合同指标控制,进行工料用量费用核算控制。跟踪补涂,提高分段涂装质量,加快施工进度和分段转运工作。

⑦机装:抓好内场预装、船上设备系统安装工作和系泊、航海项目的试验工作。

⑧电装:加强电缆敷设和安装质量,做好电器设备的维护保养,完成系泊、航海试验项目。

各分厂要注意安全文明生产及成本费用的控制。

第三节　船舶建造施工要领编制

船舶建造方针完成以后,应该编制各主要专业的施工要领。将建造方针提出的各项具体内容在设计、施工管理的方法上加以落实,从技术上指明作业的顺序、方式、日程、特殊的施工注意点和技术要求,以作为指导生产设计和施工管理的技术文件。

船舶建造方针主要侧重于从整个产品的角度来说明产品的建造方法、建造程序,以及各主要环节所采用的工艺原则及其相互间的顺序关系,而施工要领则主要侧重于说明基本的工艺步骤和技术要点,有时也说明基本的实施方法,如先装哪些构件,后装哪些构件,在什么状态下进行装配等。又如对某一部位是采用手工焊,还是自动焊,留不留余量,何时切割等。有时也提醒最终要检查或保证哪些尺寸,甚至提及与下道工序的交接关系,如说明什么构件不装,以点焊或绑扎好带入下一工序等。总之要求生产设计提供确定生产方法的图纸,使工人拿到图纸之后,能够非常清楚地知道,该做些什么和怎样做,而且做法要求都是统一的。

在编制施工要领时必须注意,施工要领应与建造方针的基本精神或有关规定保持一致。对于每一产品要编写哪些施工要领,以及编写的深度和广度,这主要取决于实施需要。一般来说,如果设计、施工均已形成习惯,或有标准通用工艺,则可以不写或少写某些内容,而基本的施工要点必须叙述清楚。

施工要领应分专业编制,船舶建造施工要领包括船体施工要领、机装施工要领、船装施工要领、电装施工要领和涂装施工要领等。

各专业施工要领的编制都是在造船工程管理部门一个系统内加以综合、协调,并经过日程、物量、工时、周期、场地的定量分析完成的。后续则由生产设计各专业进行设计绘图和编制各类细则工艺技术文件下达作业部门施工。因此,施工要领是指导生产设计的文件,也是生产设计的依据。

下面分别列举万吨级成品油船船体、机装、涂装施工要领的主要内容(表4-2),以及45 000 t级江海直达油船平直底部分段组立施工要领。

表4-2　万吨级成品油船船体、机装、涂装施工要领

序号	船体施工要领	机舱舾装施工要领	一般涂装施工要领	特殊涂装施工要领
1	分段划分和船台吊装要领	舾装区域划分图	油水舱分布图	特殊涂装时对设计工作的要求
2	施工要领图图面符号	舾装单元划分图	一般规定	零件特殊涂装的范围

表 4 − 2（续）

序号	船体施工要领	机舱舾装施工要领	一般涂装施工要领	特殊涂装施工要领
3	理论线、基准线和定位检验线	托盘划分和集中配套日程安排	表面处理要求	特涂涂膜保护要领
4	施工余量和补偿量	轮机舾装要领、主机、轴系、舵系、柴油发电机、辅锅炉及苏打水清洗工艺、货油泵透平、主机及润滑油系统投油要领	分段涂装要求	施工注意事项
5	船台反变形值和船台定位马板的配置要点	管舾装要领、舾装方式、单元组装及分段结构面和非结构面舾装、盆型舾装要求	总段涂装要求	特涂前货油舱区完工状态要求
6	纵骨嵌装结构的范围和施工方法	托盘管理范围、格式和流程	船台（坞）涂装要求	货油舱区特涂前拆卸和保护舾装品要求
7	线型外板预拼整贴装范围	中间轴、艉轴的固定要点等	泵舱涂装要求	特涂质量检查和船主对特涂质量的要求等
8	分段制造方法和胎架配置形式		码头、坞内、交货前涂装等	
9	总段装配和分段装配要领			
10	特殊焊接的范围			
11	货油舱区结构典型施工要领细节图			
12	艏部结构典型施工要领细节图			
13	外板、甲板、纵壁结构典型施工要领细节图			
14	艉部机舱区域结构典型施工要领图等			

45 000 t 级江海直达油船平直底部分段组立施工要领如下：

1.主题内容与适用范围

本组立施工要领规定了平行中体底部分段的建造方法，其中包括子分段的划分方式及其建造方法、子分段画线交验项目、子分段完工对内交验。在平面分段流水线上生产的子分段的装焊工艺流程及立体分段的总组。

本组立施工要领适用于108—114PS平行中体底部分段。

2. 引用标准

船舶建造质量标准:略。

分段吊装设计作业规程:略。

3. 定义

子分段是指把立体分段分解成平面分段、半立体分段或小曲面立体分段的总称。

4. 平直底部分段建造方法

平直底部分段基本为无余量下料、无余量装配,最终以外底为基面实现总组。

5. 平直底部分段组立的一般要求

(1)以1块或2块平板参加组装的外板、斜底板、舷部外板等,均采用数控切割无余量下料的方式;当拼板数量为3块或3块以上时,仅在分段合龙缝加放30 mm余量,在平面拼板装焊后切除。上述两种方式均需切出焊接坡口。

(2)纵骨、肋骨、纵桁、5.0 m平台均实尺下料,并根据船体零部件余量及补偿量有关标准加放补偿量,端部在下料时切割出坡口。T型材仅在一端留30 mm余量,两端坡口在平面分段装焊后切出。

(3)为了保证船台合龙精度和满足结构对位的要求,应根据有关工艺文件在下料和平面拼板阶段划出基准线、检查线和对合线。

6. 平直底部分段子分段的划分方法

(1)平直底部分段划分为舷部曲面半立体子分段、平直外底半立体子分段、平直内底平面子分段、平直斜底板平面子分段、5.0 m平台平面子分段、下横壁墩半立体子分段,如图4-14所示。

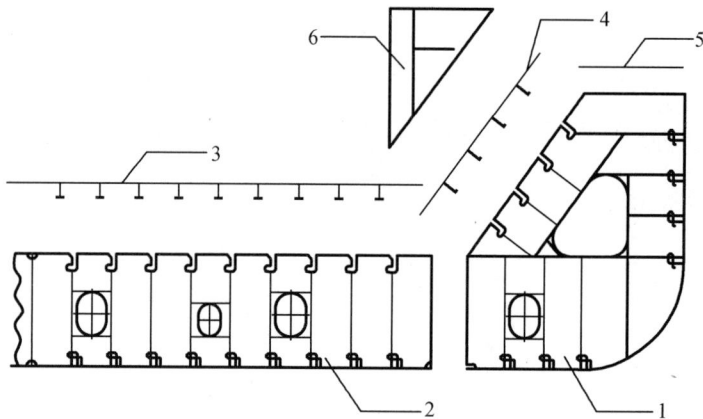

1—舷部曲面半立体子分段;2—平直外底半立体子分段;3—平直内底平面子分段;
4—平直斜底板平面子分段;5—5.0 m平台平面子分段;6—下横壁墩半立体子分段。

图4-14 平直底部分段子分段划分方法

7. 平直底部分段子分段的建造方法

平直底部分段子分段建造方法,见表4-3。

表 4 - 3　平直底部分段子分段建造方法

序号	子分段名称	子分段建造法	建造场地	建造法图示
1	舭部曲面半立体子分段	1. 舭部框架组立； 2. 外板平直部分组成小平面分段； 3. 以外底板为基面，在预合龙胎上进行舭部曲面立体分段组立； 4. 预合龙(胎架 12.5 m 纵桁始向舷外反变形，其值为 4 mm)	外场	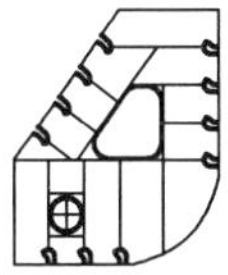
2	平直外底半立体子分段	1. 外底板拼板； 2. 外底纵骨装焊； 3. 肋板、纵桁等组立； 4. 以外板为基面进行半立体分段组立	平面分段流水线	
3	平直内底平面子分段	1. 内底板拼板； 2. 装焊内底纵骨	内场	
4	平直斜底板平面子分段	1. 斜底板拼板； 2. 装焊纵骨	内场	
5	5.0 m 平台平面子分段	装焊筋板	内场	
6	下横壁墩半立体子分段	1. 前、后侧立板组立； 2. 以横壁所在肋位侧立板为基面，组成壁墩小立体分段	外场	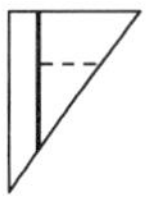

8. 子分段装焊工艺流程

以平直底部半立体子分段为例，装焊工艺流程如下：

外底板拼板→焊接→焊接修补→划线→余量切割→纵骨安装→纵骨焊接→角焊缝修补→纵桁安装、装焊→肋板安装、装焊→外运吊环装焊→加强材装焊→分段外运。

9. 子分段划线交验项目

对于子分段的基准线、检查线、余量切割线及对角线等较重要的划线项目必须对内交验。

10. 子分段完工交验

为了确保子分段的建造质量，给分段总组创造条件，子分段完工后必须对内交验合格后方可进入下道工序。

11. 平直底部分段预合龙

(1)平直底部分段预合龙场地的起重能力应保证预合龙后的底部分段顺利下胎。

(2)用于平直底部分段预合龙胎架应有足够的强度和刚性，以保证预合龙分段的精度。

(3)平直底部分段预合龙顺序。

①平直底部分段胎上预合龙顺序为：

舭部曲面半立体子分段→平直外底半立体子分段→平直内底平面子分段→平直斜底板平面子分段→5.0 m 平台平面子分段→下横壁墩半立体子分段，如图 4 - 15 所示，图中

1~6 为胎上预合龙顺序。

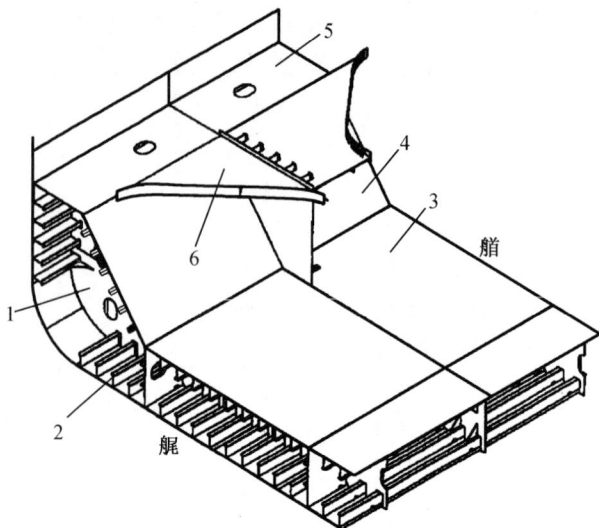

图 4 – 15　平直底部分段预合龙示意图

②平直底部分段预合龙胎上焊接。

12. 平直底部分段完工交验

略。

13. 平直底部分段装焊下胎、合龙用吊环及加强

略。

第四节　船体生产设计要领书编制

船体生产设计的工作量大,从事设计的人员也多。要把设计工作划分成更多的部分以利设计的平行作业,需确定建造船舶的统一标准。设计要领书就是船体生产设计的准则,建造方针则是它的重要依据。

如果说生产设计的工作图是现场施工的依据,那么要领书就是船体生产设计的工作依据。

船体生产设计涉及的内容广,每个内容都可列出多种方案。如果在设计中各行其是,势必导致设计工作的混乱。只有将船体生产的各个内容在设计前制订出各种方案,从全局上经过综合协调,优化方案,并制成文件,作为设计全面开展时共同遵守的准则,才能使船体生产设计有条不紊地进行。这个文件,通常被称作船体生产设计要领书。

一、设计要领书的作用

船体生产设计要领书的作用大致归纳为以下几点。

1. 预先协调的作用

(1)工艺阶段间的预先协调

船体建造过程中,有些零件要经过部件装配、组合件装配、分段装配、船体总装等各个工艺阶段,而有些则只经过其中的某个或某几个工艺阶段。如分段散装件,不经过部件装配、组合件装配,直接进入分段装配;船台散装件,不经过组合件装配、分段装配而直接进入船体总装;有些只需制成部件,而不需再组合进行分段装配等。它们之间的衔接关系都需要通过预先协调加以确定,其方法是通过船体生产设计的编码来确定。

（2）专业之间的预先协调

生产设计是一项综合性很强的设计工作,各专业必须进行预先协调。船装、机装、电装等的预装项目与预装时机、系统的走向都与船体生产设计有着密切的关系。有时预装时机不同,船体分段划分也不同。如机舱单元的预装时机,如果在机舱双层底船台吊装之后在敞开状态下进行,则舷侧分段的水平接缝要高于机舱花铁板平面,才便于单元吊装之后在敞开状态下进行,这样势必要在舷侧多划分一个长条形片段;如果机舱单元吊装时机设在船体装配完成之后进行,则不必做此处理。系统走向对船体结构贯穿预开孔的要求,可以是全部预开孔,也可以是部分预开孔。例如,对于垂直结构的孔要求预开,而对于水平结构上的孔则不要求预开等。这些问题都要预先协调才能确定。

2.结构处理确保一致性的作用

（1）典型节点的一致性

全船结构可以选择若干典型结构节点,如肋板与肋骨连接、梁端与肋骨连接、内底纵横结构连接、横舱壁扶强材与纵向构件等的连接部位的节点,各同类分段都要取得一致。现在典型节点已有专业标准。

（2）各区域结构细节处理的一致性

如结构自由端削斜细节,切口及开孔的切割细节等都必须一致。

3.确保全船工艺一致性的作用

船体建造,从放样至下水的整个过程的基本工艺内容,以往被称为原则工艺。它主要是作为制订详细工艺及直接施工的依据,而非作为船舶设计的依据。推行生产设计后,船体生产设计要领书所描述的全船工艺要领是其作为生产设计的依据。因此,要领书包含的比以往的原则工艺要广一些、具体一些,才能作为进行生产设计的工作依据,以便使船体工作图充分反映统一的工艺意图。

4.确保新工艺、新技术推广的作用

对于新工艺、新技术的推广均应根据船厂技术条件、设备条件,以及经济性要求,通过可行性分析之后才能决定。推行生产设计可把新工艺、新技术推广计划纳入设计要领书中,从而通过船体生产设计反映在图纸上,以确保新工艺、新技术的推广和应用。

5.确保辅助性作业的一致性作用

辅助性作业纳入设计是生产设计的特点之一,但辅助性作业的设计与结构设计不同,它只反映施工过程的需要,而不反映船体结构本身的需要。因此,它在详细设计图纸中是找不到依据的。只有在设计要领书中将辅助性作业的范围、部位以及结构细节预先确定,才能有统一的依据,确保辅助性作业的一致性。

6.确保出图模式的一致性作用

出图模式如有改变或重新确定,必须在设计要领书中加以明确。因为出图模式在尚未成熟上升为标准之前,往往要在实践中不断改进。对于具体产品,适当修改出图模式是常会发生的,但不能各行其是,必须在要领书中预先提出修改要求,以实现图面的一致性。

二、设计要领书的主要内容

1. 分段划分方案

分段划分涉及因素很多,一个好的分段划分方案,必须经过周密的综合分析才能确定,其内容包括分段的尺度、质量、类型、接头形式,以及分段的装焊步骤等。

2. 建造方案

建造方案是指分段制作的整体方案,大致包括的内容有分段制作方案、部件组合要领、焊接要领等。

3. 精度管理方案

其包括精度控制、控制变形措施、余量分布、余量切割时机、补偿量的加放等。

4. 辅助性作业的确定

其包括吊环、加强材、临时通道、工艺孔、安全设施以及脚手架安装等辅助作业。

5. 各专业的预装要求

其主要指各专业对船体提出的预装要求,包括预装范围、预装状态、预开孔,以及缓装缓焊等要求。

6. 对设计工作的要求

其包括出图模式、出图深度等。

三、设计要领书的编制步骤

建造方针确定后,随着初步设计的明朗化,设计要领书就可以开始进行分段划分、建造方案的制订等工作。设计要领书是对建造方针的细化,并作为详细设计的依据。在详细设计进一步深化时,才能提出较完整的设计要领书,并将其作为船体生产设计全面展开的依据。

由此可见,船舶设计各阶段与设计要领书的编制是互为依据的关系。编写也是从原则到具体,从粗到精的过程。因此,设计要领书的编写要与设计阶段密切配合,既要及时从设计中取得信息,又要把经过综合分析确定了的信息输送给下一设计阶段。所以设计要领书的编写在时间上不作为单独一个阶段,而是与设计并行的,这就要求参加编写的人员,既要有较高的技术素质,又要有较高的主动协作精神。

船体生产设计要领书一般不规定共性内容,如工作规程、工作标准、通用工艺等,只确定船体设计带有特性的问题。因此,随着标准化的逐步完善,不少内容还可以上升为标准,从而简化设计要领书的编制。

思考与练习

一、简答题

1. 生产设计的准备工作在船舶设计的哪一阶段进行?

2. 分段划分应考虑的基本原则是什么?

3. 分段划分图反映了哪些信息?

4. 简述船舶建造方针的基本内容。

5. 船舶施工要领与建造方针有什么区别与联系?

6. 简述船体施工要领的基本内容。

7. 简述设计要领书的作用。

8. 设计要领书的主要内容是什么?

二、选择题(单项选择题)

1. 船厂生产技术准备和计划准备统称为 　　　　　　　　　　　　　　(　　)

A. 船舶生产设计　　　　　　　　　B. 生产设计前的准备工作

C. 船体生产设计　　　　　　　　　D. 船舶建造方针

2. 确定分段划分方案时,艏、艉分段的划分适宜在_____阶段进行划分。(　　)

A. 初步设计　　　　　　　　　　　B. 详细设计

C. 生产设计　　　　　　　　　　　D. 技术设计

3. 分段划分应考虑船厂的起重运输能力,主要是 　　　　　　　　　(　　)

A. 船台起重能力　　　　　　　　　B. 装焊车间起重能力

C. 分段从车间运往船台的负载能力　　D. A、B、C

4. 船舶建造方针的内容以_____为主,它是经过综合平衡后的一揽子整体统筹方案,是一部取得最佳综合效益的总纲和造船工作"宪法"。　　　　　　(　　)

A. 船体建造　　　　　　　　　　　B. 舾装建造

C. 船舶焊接　　　　　　　　　　　D. 船体与舾装并重

5. 船舶建造方针中,涉及建造法、质量管理、成本管理、新工艺、新技术的应用以及建造计划等内容的部分,统称为 　　　　　　　　　　　　　　(　　)

A. 合同概要　　　　　　　　　　　B. 主要物量

C. 基本方针　　　　　　　　　　　D. 部门方针

6. 船舶施工要领要依据_____等来编制。　　　　　　　　　　(　　)

A. 初步设计　　　　　　　　　　　B. 原则工艺说明书

C. 详细设计　　　　　　　　　　　D. 船舶建造方针

三、判断题

1. 生产技术准备的主要内容包括编制船舶建造方针和编制各专业的施工要领等。(　　)

2. 分段划分时,分段横向大接缝一般划在1/2肋距或1/3肋距处。(　　)

3. 分段划分时,对横骨架式结构应尽量做横向划分,纵骨架式结构应尽量做纵向划分。

　　　　　　　　　　　　　　　　　　　　　　　　　　　　　　(　　)

4. 船舶建造方针在初步设计和详细设计完成后才开始编制。(　　)

5. 船舶建造方针必须要编制,新造船型需要编制船舶施工要领,建造过的老船型不需要再编制船舶施工要领。(　　)

6. 船舶建造方针完成以后,只需要编制船体施工要领。(　　)

7. 在编制施工要领时,施工要领应与建造方针的基本精神或有关规定保持一致。(　　)

8. 工作规程、标准及通用工艺等内容,需要列入船体生产设计要领书中。(　　)

第五章　船体型线放样

● 学习目标

知识目标

1. 理解船体型线的投影特征及船体型值表的含义;
2. 了解 HD – SHM 系统概况,熟悉系统操作流程;
3. 了解型线系统各部分功能,熟悉型线系统各部分基本的操作方法;
4. 理解外板系统的功能并熟悉操作流程;
5. 理解板缝的生成方法,熟悉外板零件图、活络样板调节表、外板零件加工样板图的内容和形式;
6. 理解展开艏艉柱板并生成加工用样箱或样板的功能;
7. 理解外板展开图、肋骨线型图的绘制和辅助工具的使用方法。

能力目标

1. 掌握型线系统各部分基本的操作方法和流程;
2. 掌握外板系统各部分功能的基本操作;
3. 熟练掌握板缝描述文件准备的基本操作;
4. 熟练掌握外板展开中外板描述文件准备的操作,掌握生成外板零件图和下料图、活络样板调节表、外板零件加工样板图的操作;
5. 掌握展开艏艉柱板,并生成加工用样箱或样板的操作。

第一节　船体型线放样概述

建造航母的图纸质量达数吨。熟知造船的人都会明白,如果没有相关图纸,船舶的建造就无法进行。从基本功能上看,图纸可以分为系统图纸与制造图纸两类。前者(例如总布置图、型线图)主要反映设计者的设计意图,面向产品功能;而后者(例如放样图、套料图)则用以指导制造者如何动作,面向产品装配。

一、船体设计型线图

船体外壳的内表面(型表面)是一个光顺的复杂空间曲面。在工程技术上,选取三个相互垂直的基本投影面(中线面、设计水线面、中站面),以一定距离平行于它们的平面剖切船体外壳所得到的投影线即为船体的理论型线,如图 5 – 1 所示。

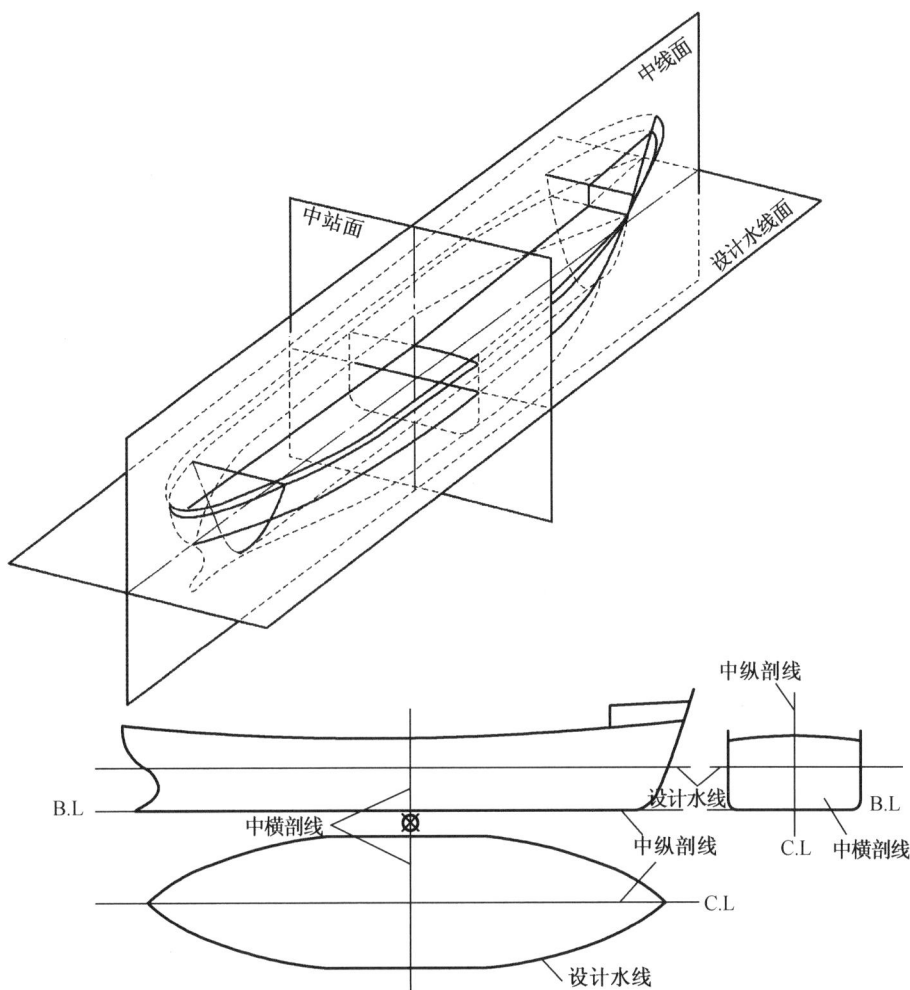

图 5－1　船体设计型线图三个基本投影面

船体设计型线图(图 5－2)是十分重要的船舶总体图样。它不但准确地表达了船体的形状和大小,同时还是计算船舶容积、质量和航海性能,绘制其他船舶图样,以及进行船体放样的主要依据。

1.三个基本投影面及型线的投影特征

(1)中线面(中纵剖面)

将船体分为左右对称两部分的纵向垂直平面。

(2)设计水线面

通过设计吃水,将船体分为水上和水下两部分的水平面。

(3)中站面(中横剖面)

通过船舶垂线间长中点,将船体分为前半艏和后半艏两部分的横向垂直平面。

中线面、设计水线面和中站面是三个互相垂直的平面,它们在船体图中的作用,相当于机械图中的正投影面 V、水平投影面 H 和侧投影面 W。船体型线图就是投影在这三个基本投影面上的三组平行剖切面。

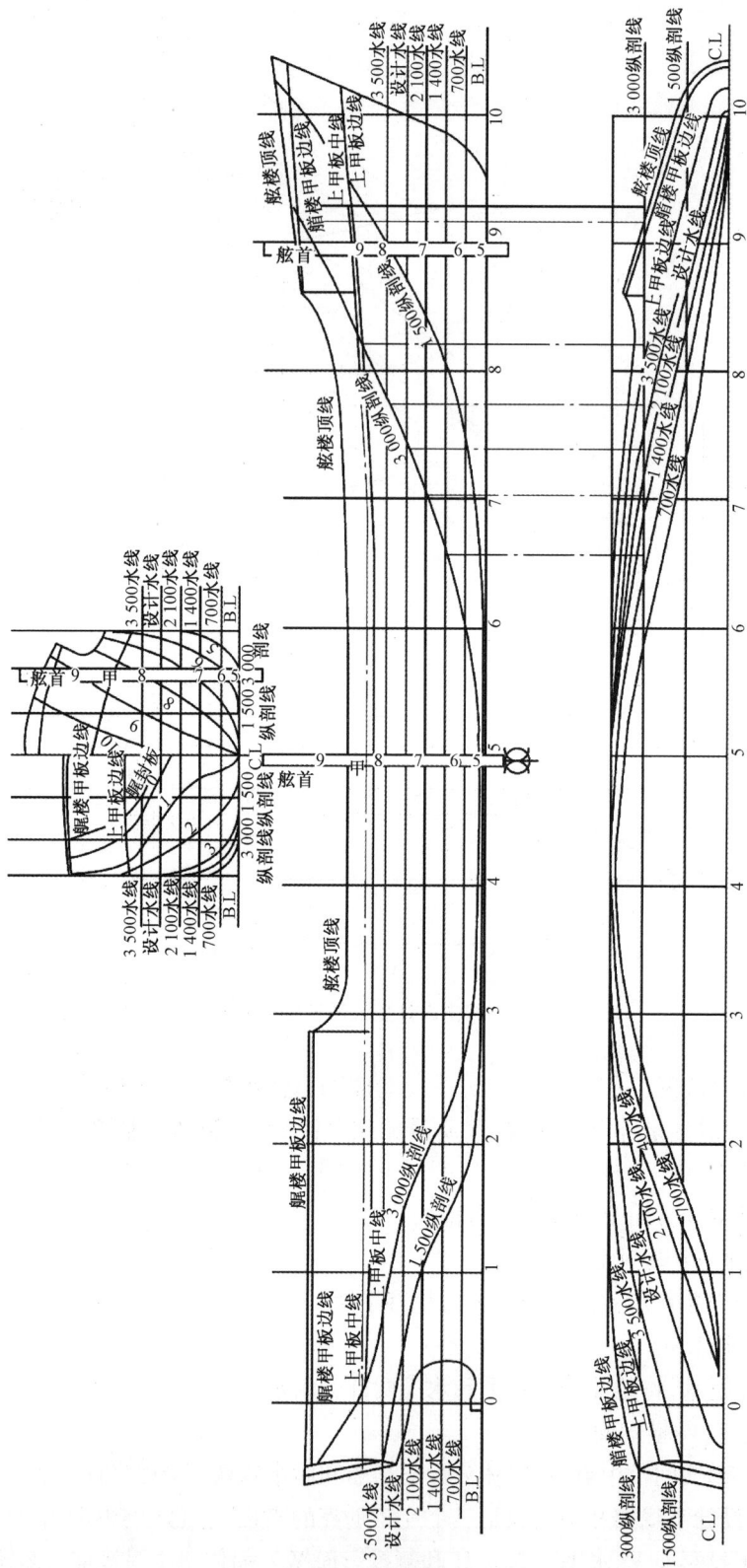

图 5 - 2　150 t 冷藏船型线图

型线图中各基本型线的投影特征见表5-1,在俯视图和侧视图中,中线面聚成中纵剖线(C.L);在主视图和侧视图中设计水线面聚成设计水线(W.L);在主视图和俯视图中,中站面聚成中站线(X)。

表5-1 型线图中各基本型线的投影特征

视图名称	基本型线名称及其在视图中的投影特征					
	纵剖线	水线	横剖线	甲板线		斜剖线
				甲板中线	甲板边线	
纵剖线图	曲线(真形)	水平直线	垂直直线	曲线(真形)	曲线	曲线
半宽水线图	平行直线	曲线(真形)	垂直直线	直线	曲线	曲线
横剖线图	垂直直线	水平直线	曲线(真形)	直线	曲线	直线

基线面也是船体的一个重要平面,它是通过基线的水平面,平行于设计水线面。基线面在主视图和侧视图中积聚成基线(B.L)。

2.型值与型值表

(1)型值

决定船体型线空间位置的各点坐标值称为型值。曲线的投影主要是通过连接曲线上的若干点的投影得到的。因此,绘制型线图上各型线时,主要找出各型线上足够多的点,通过各点的投影绘出每条型线。要绘出型线图上各型线,首先要熟知型线交点的型值。

(2)型值表(表5-2)

型值表是记录各型线交点之型值的表格。型值表分为两个部分:

①表左部分:给出了横剖线(站线)与水线、甲板边线、舷墙顶线交点的半宽型值;

②表右部分:给出了横剖线(站线)与纵剖线、甲板边线、舷墙顶线交点的高度型值。

根据型值表中的型值,就能定出型线上各点的位置,从而可绘制出各条型线。此外,有些尺寸由型值表来提供是难以表达的,例如艏艉轮廓线的尺寸、斜升船底的升高值、倾斜龙骨的倾斜值,以及水线在半宽水线图中的艏艉圆弧半径等,通常将这些尺寸直观地标注在各视图中。在船体型线放样过程中,型值表与型线图必须配合使用。

二、船体放样工作内容

放样是船体建造的第一道工序。所谓放样,其直接的含义是将图纸上按一定缩尺比例绘制的设计图,放大成1:1的实尺图样(或1:10、1:5的比例图样),作为船体构件下料、加工的依据。由于船体表面是光顺的曲面,这就要求放大的图样也一定是光顺的。因此,船体放样的目的不仅仅是将设计图放大,更重要的是将设计图上因比例限制而隐匿的型值误差和曲线(面)不光顺因素予以消除,即对型线进行光顺;此外,还要补充设计图中尚未完全表示出的内容;并依据放大、光顺的图样求取船体构件的真实形状和几何尺寸,为后续工序提供施工资料(样杆、样板和草图等)。由此可知,放样既是设计意图的体现与完善,又是产生后续工序施工依据的重要环节。

表5-2　150 t冷藏船型值表

站号	半宽值/mm										高度值/mm						
	700 水线	1 400 水线	2 100 水线	2 800 水线	3 500 水线	上甲板边线	艉楼甲板边线	艏楼甲板边线	外板顶线	舷墙顶线	1 500 纵剖线	3 000 纵剖线	上甲板边线	艉楼甲板边线	艏楼甲板边线	外板顶线	舷墙顶线
艏封板	—	—	—	—	1 390	2 280	3 080	—	3 080	—	3 600	6 100	4 170	6 270	—	6 345	—
0	—	—	—	850	2 080	2 850	3 620	—	3 620	—	3 180	4 390	4 100	6 200	—	6 275	—
1	560	860	1 410	2 400	3 300	3 810	4 200	—	4 200	—	2 150	3 250	4 050	6 150	—	6 225	—
2	2 150	2 720	3 150	3 550	3 920	4 150	4 250	—	4 250	—	250	1 850	4 000	6 100	—	6 175	—
3	3 520	3 940	4 100	4 170	4 220	4 250	—	—	—	4 250	80	300	4 000	—	—	—	5 450
4	4 100	4 200	4 250	4 250	4 250	4 250	—	—	—	4 250	80	180	4 000	—	—	—	4 900
5	3 770	4 110	4 250	4 250	4 250	4 250	—	—	—	4 250	80	200	4 000	—	—	—	4 900
6	2 930	3 500	3 810	4 000	4 120	4 190	—	—	—	4 250	370	790	4 020	—	—	—	4 920
7	1 960	2 580	3 020	3 340	3 580	3 800	—	—	—	4 090	1 370	2 050	4 170	—	—	—	5 070
8	1 020	1 530	1 950	2 340	2 660	3 150	—	—	—	3 600	3 580	4 190	4 440	—	—	—	5 350
9	320	560	810	1 090	1 460	2 110	—	3 200	—	3 330	3 600	6 360	4 790	—	6 690	—	6 940
10	—	—	—	70	280	840	—	1 740	—	1 960	6 620	—	5 240	—	7 140	—	7 560

船体放样的主要工作内容有以下几项。

1. 光顺船体理论型线

设计院提供的船体型线图采用的比例为 1:50 或 1:100,难免存在误差。需要根据船体型线图和型值表以实尺或一定的比例将船体型线放大并进行修改,达到投影一致和型线光顺。如采用数学放样时,这一工作通过计算机来完成。

2. 绘制肋骨型线图,进行结构放样

按照实际肋距,根据已修改光顺的理论型线图,绘制每个肋骨剖面的型线如图 5-3 所示,同时进行外板板缝和内部结构的放样。

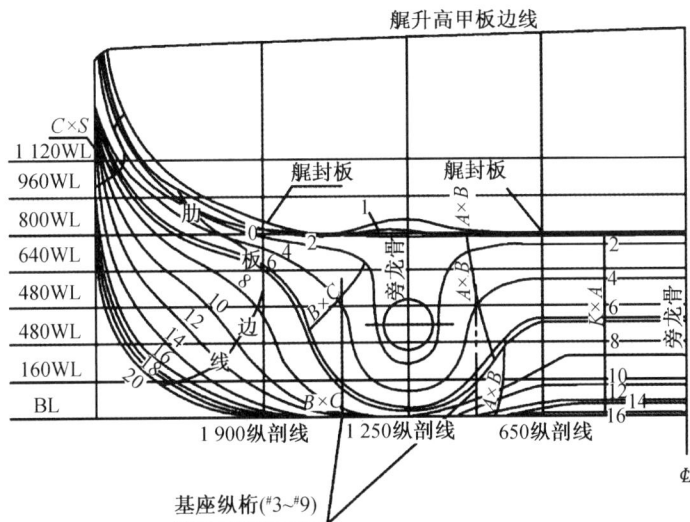

图 5-3　肋骨型线图

3. 船体结构展开

船体横向构件如横舱壁、肋板、肋骨和横梁在肋骨型线图中已反映其实形。不反映实形的构件如外板、甲板、内底板和纵桁等都必须用作图或计算的方法逐个展开以求得其真实形状。

4. 提供施工依据

以数据、图形或样板等形式为号料、加工、装配、检验等后续工序提供施工依据。

5. 确定结构的工艺余量和补偿

根据船体构件的不同加工、装配和焊接方法,确定余量及补偿的数值和留放的部位。

三、船体型线的放样方法

1. 实尺放样

实尺放样即根据设计型线图上的型值表,按 1:1 的比例,在放样台上绘出船体的型线。

在一个相当长的时期中,船体型线放样工艺一直采用实尺放样。这种工艺须设置庞大的放样台,工作量大而繁重,已远远不能适应现代化造船工业发展的需求。

实尺放样型线的步骤及方法。

（1）作基线

基线是理论型线放样中作为基准的一根直线,通常指纵剖线图底部的一条基准平直线,也是格子线的基准。基线作得准确与否,直接关系型线放样乃至整个船体建造质量,因此对基线提出了较高的技术要求。基线的做法较多,常用方法有线垂法、角尺法和经纬仪法。

（2）作格子线

根据型线图给定的尺寸,以基线为基准作站线、纵剖线、水线以及中线,组成矩阵式格子的水平线和垂直线,格子线是量度型值的坐标系。格子线的安排一般是将船体型线图的水线面和中纵剖面布置在同一矩阵式格子线内,这个格子线平面俗称为侧平面。中横剖面布置在另一单独的矩阵式格子线内,这个格子线平面俗称为横剖面。中横剖面格子线分左右两部分,习惯上左半部为艉部型线;右半部为艏部型线。在两部分之间,一般留有 1 m 左右间隔,供放样人员操作和制订样板。作格子线的方法有几何作图法和经纬仪法。

（3）标型值并攀顺型线

根据型值表,将船体的理论型值用样棒或钢卷尺标记到对应的格子线上。由于船体型线的艏艉部(0 号站线向后,20 号站线向前)在型值表上无标列型值,这部分的型线必须按照型线图上所给定的尺寸标记出交点。标好后用红蓝铅笔画上圈,并写上所属型线的标记,如 1 000 水线、2 000 水线、2 000 纵剖线、4 000 纵剖线、甲板边线、舷墙顶线等。在量取较大的型值时,应始终使用同一把钢盘尺,以免引起量度上的误差。

（4）型线的修改和检验

理论型线放样结束后,需要对型线的精确性进行检验。型线的精确性体现在型线的光顺和投影的一致两方面。

型线的光顺性是指各型线的曲度应缓和地变化,不允许有凹凸现象存在,这对设计水线以下部分尤为重要。型线的投影一致性是指型线上任一点在三个投影图上的投影应符合点的投影规律。型线图是以较小的比例绘制的,其所产生的误差,在型线放样过程中不可避免地要做修改,才能符合型线的光顺性和投影一致性的要求。型线修改过程中,往往由于一点或一线的改动而影响其他的点或线,甚至会影响整个设计要求,故对型线放样的修改具有一定的原则性。

①型线的修改原则:船体主要尺度[总长、垂线间长、型宽、型深、设计水线(尤其是半进流角)、中横剖面]的型值,原则上不能改动,因为改动这些尺寸将影响船舶的排水量和航行性能。根据船舶类型、性能和用途不同进行修正。快速性要求较高的舰艇、高速客船等船型,修改时应在不影响纵倾的前提下适当使浮心偏后,对艏部的水线可以稍瘦些,以利于提高航速。货船一般除设计水线外,修改时可适当放大宽度。一般艏部都比较瘦削,型线的修改需先满足水线的光顺,其次再考虑纵剖线;对于艉部应依据船型而定:吃水浅而型宽较大的内河船舶,应先将纵剖线的光顺性放在重要位置,水线为次;吃水深而型宽较窄的海船则以光顺水线为主,纵剖线为次。

②型线图的检验方法:对理论型线精确度的检验通常采用斜剖线法。斜剖线是斜平面与船体表面的交线,一般是垂直于横剖型线图的平面与外板型表面的交线。斜剖线位置虽是任意的,但应选择型线曲率较大,变化较剧烈的部位。为此,常在艏部用包含中线面与设

计水线面交线的平面(设计水线与中线的交点与舷侧线与基线的交点连一直线)剖切外板型表面,求作斜剖线。根据平面投影特性可知,这样的斜剖线在横剖线图上的投影为直线,在纵剖线图和半宽水线图中的投影为曲线,不反映真形。水流一般沿斜剖线方向流动,光顺斜剖线对保证船舶流体性能有着很大的意义。此外,斜剖线在横剖线图上各站线间投影距离的变化规律,可作为作肋骨型线图时判别光顺性的参考。

2. 纵向缩尺放样

对于大型船舶,由于其又长又宽,而放样台上的长度有限,可在纵向按 1:2、1:4 或 1:8 等比例缩小进行放样,而宽度与高度方向则仍按 1:1 实尺放样。

3. 比例放样

20 世纪 50 年代初,我国由工人、工程技术人员一起研究的比例放样、光学投影下料、光学跟踪切割综合新工艺,经过无数次科学实验和生产实践,不断改进完善,在较短时间里就成功投入生产使用。生产实践证明,比例放样在一定条件下,改善了工作条件,减轻了劳动强度,曾在船体型线放样工艺的发展史上写下光辉的一页。

所谓比例放样,就是将船体型线按 1:5 或 1:10 的比例,采用与实尺放样相同的工艺方法,在一种特制的台面上进行放样,并以相同的比例将船体构件展开,绘制成样板图再缩小至 1/10 ~ 1/5 进行摄影,最后将摄制好的底片通过投影塔放大 50 ~ 100 倍形成构件实形投至钢板上进行画线号料。此外,比例放样可与光电跟踪切割机配套使用,由比例放样提供仿形图,供切割机直接切割,可省去号料工序。

(1)比例放样与实尺放样相比的优越性

①改善了工作条件,减轻了劳动强度,提高了生产效率。比例放样可无须长时间蹲在地板上操作,也不用长距离来回奔走和搬移笨重的压铁;实尺放样中两三人合作才能完成的任务,比例放样中只要一个人就能完成,效率提高 20% ~ 30%。

②节约生产面积和大量木材。比例放样可以大大缩小放样台和样板仓库的面积,只要面积不大的比例放样室、摄影室和暗室等,生产面积可以减少 2/3 ~ 3/4;采用底片和仿形图代替大部分木样板,可以节约大量木材。

③放样资料易于保存,且能保证号料精度。比例放样资料平放柜内,便于保存,且不像木样板那样易受空气温度和来回搬动的影响而变形。重复使用不必修复,即使略微变形也是均匀的,可以在光学号料时调整投射放大率来加以消除。

(2)比例放样的局限性

①比例放样因是缩小比例,故要求精确性高。使用的工具多为精密仪器,如密纹刻度尺、倍数刻度放大镜等,故要求技术水平也相应增高;所绘图形线细点小,虽然借用放大镜但对视力仍有一定的影响。

②采用比例放样必然要配制投影室、暗室及摄影装置,从而使基建投资费用增多,这样并不比实尺放样经济。

由于上述局限性加之数学放样的崛起,故目前比例放样已不再推广使用。

4. 数学放样

数学放样也称计算机放样。随着电子计算机在船舶设计和建造中应用的不断开发,它已由初期仅限于型线放样和数控加工,发展成以数据库为核心的设计、建造和管理一体化的造船集成系统。数学放样取代了传统的实尺放样和比例放样,不仅放样方法发生了根本的变化,也对号料、加工、装配等后续工序产生深刻的影响。船体放样和生产设计结合以后,整个计算机系统能辅助人工完成船体生产设计和放样的大量工作,根据船体生产设计的任务,向计算机输入或调用初步设计、详细设计的图表文件和数据信息,经过程序系统的处理,完成船体生产设计包括放样在内的大量工作,输出船体生产设计的工作图表,施工信息文件。目前计算机系统能完成的工作有:

①船体型线的光顺 ,肋骨型线和结构线的放样;

②船体结构零件的自动生成,外板及其他构件的展开;

③钢材零件的套料,数控切割、号料的处理;

④胎架型值及分段装配数据的计算;

⑤其他数据计算和统计,如焊缝长度计算,质量、重心计算等。

由此可见,数学放样不但完成了原来实尺或比例放样的全部任务,还做到了许多在手工放样条件下难以完成的工作。譬如,计算机套料大大提高了钢材的利用率,创造了可观的经济效益;活络样板的使用大量取代了木质的样板;数控切割号料节省了用于制作样板的大量工时和木材。

第二节　船体型线生成及光顺

一、HD – SHM 船体线型系统

HD – SHM 船体线型系统是沪东造船集团结合船舶企业生产实际研究开发的具有国内先进水平的船体建造集成软件,具有型线生成、线型三向交互光顺、结构线生成、板缝线生成、外板展开、输出样板样箱及胎架数据、结构零件生成、人机交互套料、输出数控切割文件和材料管理等功能,使用 AutoCAD 作为图形平台,具有与其他造船软件相适应的接口。

HD – SHM 船体线型系统有型线、结构和外板三大分系统,各分系统数据共享,操作流程如图 5 – 4 所示。

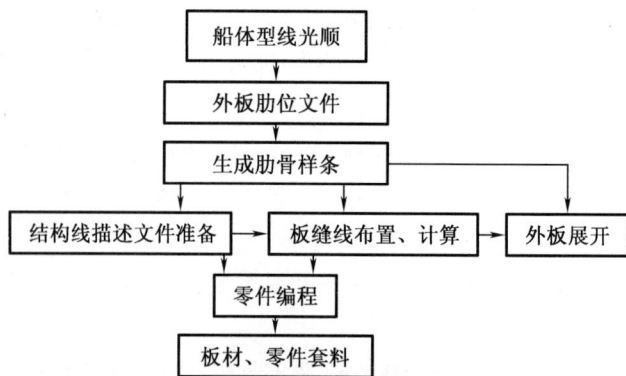

图 5 – 4　HD – SHM 船体线型系统操作流程图

HD – SHM 船体线型系统包括线型三向光顺、生成型值表、样条转换、拼接全船型线、外

板肋位文件生成及甲板抛势表生成。HD-SHM船体线型系统已涵盖线型三向光顺等功能,可以在计算机上完成所有线型三向光顺等作业。在使用中除特别说明外,做以下约定:

(1)系统输入输出文件中的尺寸数据以毫米为单位。

(2)文件名中＊＊是与工作子目录名的最后2个字符相同的船号编码。

(3)船长坐标是指到0号肋骨的距离,正肋骨方向为正,负肋骨方向为负。

在HD-SHM船体线型系统中用鼠标点击"线型系统",即启动了系统,出现如图5-5所示系统界面。

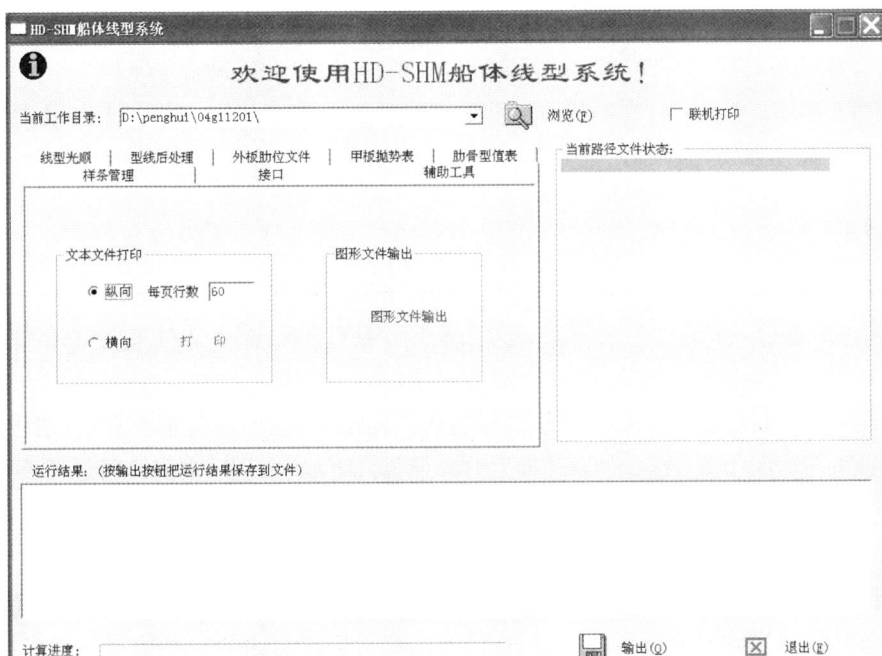

图5-5 HD-SHM船体线型系统界面

HD-SHM线型系统功能属性表由8个功能属性页组成,分别为线型光顺、型线后处理、外板肋位文件、甲板抛势表、肋骨型值表、样条管理、接口、辅助工具。用鼠标点击功能属性页的标签,即可弹出该功能属性页。

在功能属性页上有编辑框、单选框、复选框、下拉框和按钮等各种控件。按钮有两种颜色,当按钮文字为蓝色时表示该按钮功能可以使用;当按钮文字为灰色时表示缺少必要的文件或授权,不可以使用。

在功能属性页的右侧是功能状态显示区。选中一功能属性页,就在功能状态显示区显示对于该功能属性页当前路径文件状态,哪些文件找到了,哪些文件还没有找到。如果把鼠标移到功能属性页的按钮上,就在功能状态显示区显示该按钮的简要功能说明,需要哪些文件作为输入、哪些文件作为输出。

如果选中联机打印选择框,表示在执行功能属性页上的按钮功能时联机打印输出生成的图、表、文件。

运行结果显示区显示按钮的执行状态。按下方的输出按钮,可把运行结果显示区的内容保存到指定的文件中。

线型光顺属性页提供一系列线型三向光顺处理的功能。点击该页"运行"按钮,系统即启动图形平台中的船体线型交互三向光顺系统。

二、实船选取

船体线型交互三向光顺是整个系统的基础和核心,下面以 39.9 m 远洋金枪鱼钓船(工程编号为 HY1706)为例,详细介绍船体线型交互三向光顺的应用案例。

该船总长 39.9 m、垂线间长 34.0 m、型宽 7.0 m(图 5-6)。该船型为倾斜龙骨、球鼻艏、单甲板、巡洋舰艉、无平行中体。全船划分为 20 个理论站,0 号肋位在 0 号理论站后 450 mm,全船肋位肋距为 -8,100, -7,200, -6,500,73(即从艉到艏分为 81 个肋距, -8 到 -7 号肋骨间距为 100 mm, -7 到 -6 号肋骨间距为 200 mm, -6 到 73 号肋骨间距为 500 mm)。

三、格子线生成

1. 建立目录

选择一个盘符,新建一个文件夹,如 F:\线型 HY1706,这个文件夹用来存储生成的文件。

注:这个工作目录的后半部分一般为船名或工程编号,它不能是单个数字,也不能全部为字母,更不能为汉字,一般要保证其最后的 2 个字符为数字,且应在盘符根目录下建立,否则在生成肋骨样条文件时将会有麻烦。

2. 线型系统启动

打开 HD-SHM 船体线型系统弹出如图 5-7 所示属性框。在上面的地址栏里输入相应的工作目录(即前面建立的 F:\线型 HY1706),也可以点后面的"浏览"寻找工作目录。

图 5-7 中有 8 个选择按钮,分别为肋骨型值表、样条管理等,这里选择"线型光顺"这一按钮。

点击下面的"船体三向光顺"按钮,将进入 AutoCAD 界面。

3. 定义格子线

进入 AutoCAD 界面后,在其上面的工具条中出现 HD-SHM 工具按钮,如图 5-8 所示。

点击最左端的"交互三向光顺"按钮,则出现交互三向光顺系统主菜单,点击其上的"读取船体型值表"按钮。在左边的目录栏中找到相应文件夹的位置(F:\线型 HY1706),在"船名"栏中填写三个字符的船名,如 06F 或 06A(**F 默认为艏半船名,**A 默认为艉半船名),选中"F 新文件"选项,点击"确定"进入下一步操作。

注:这里建立的船名其实只是半艘船舶,HD-SHM 船体线型系统是将船体在舯部分为前后半艘两部分,默认的是先建立前半艘。

点"接受"后系统会问"要删除现在图中所有的图形吗?"点"确定"则将界面中其他的图形删除,点"否定"则是不删除其他图形。点"确定"即进入"交互三向光顺系统主菜单",如图 5-9 所示。

在"交互三向光顺系统主菜单"中点击"M. 交互三向光顺"进入"交互三向光顺"菜单,如图 5-10 所示。

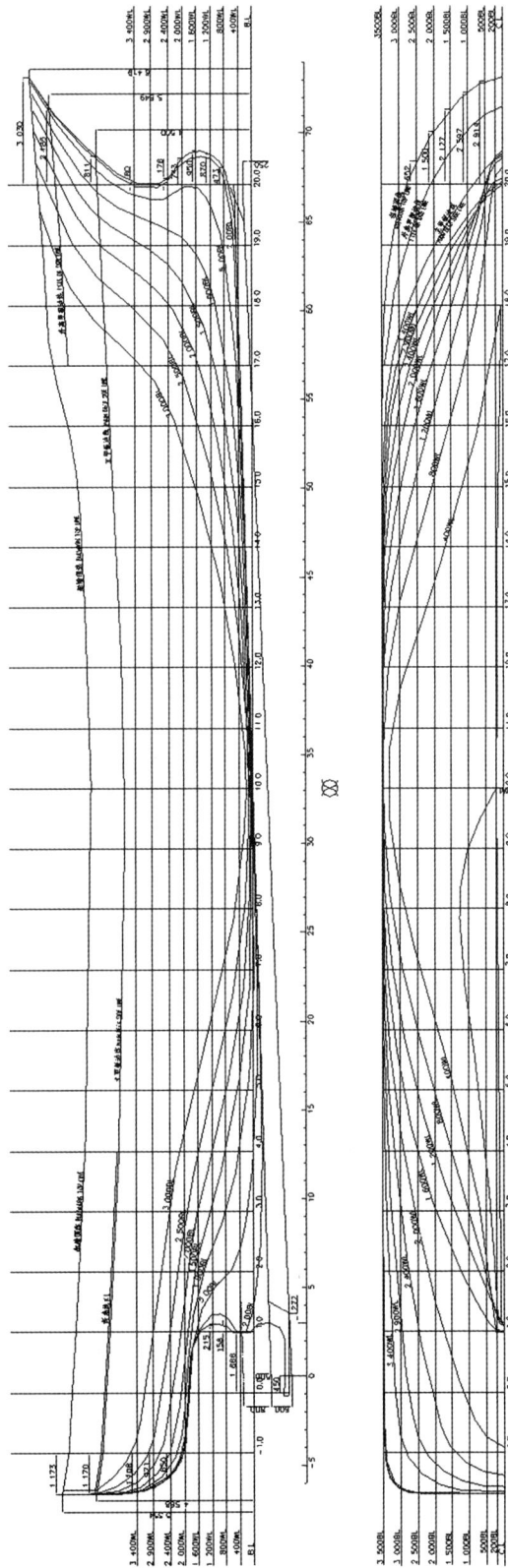

图5-6　HY1706船体型线图

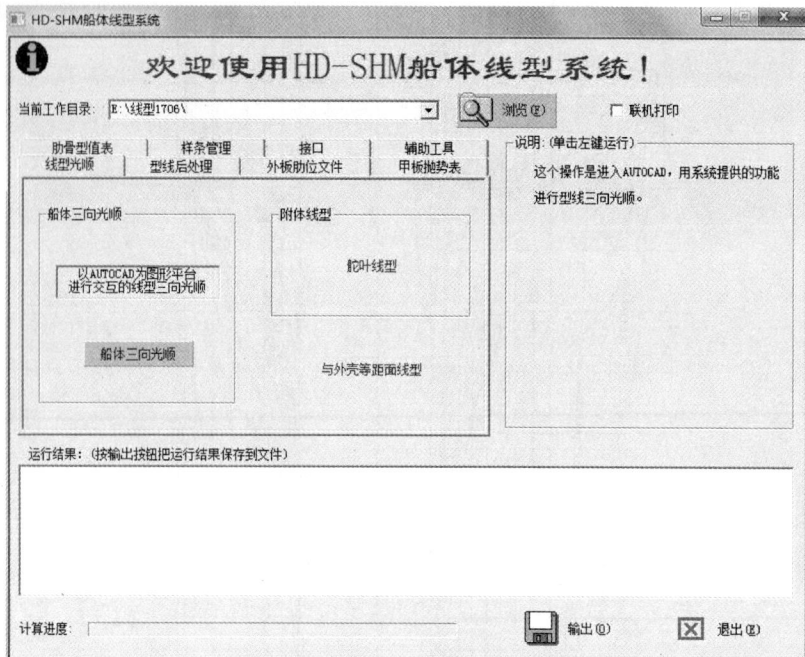

图 5-7　HD-SHM 线型光顺界面

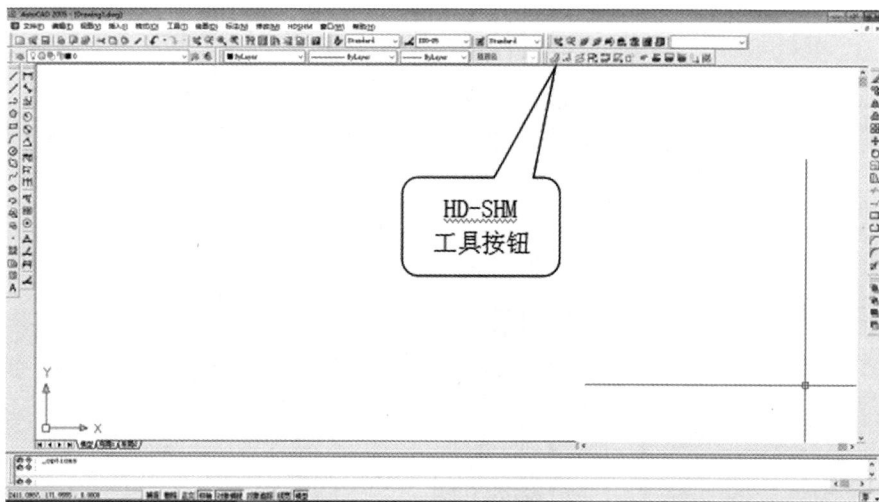

图 5-8　HD-SHM 工具按钮

在"交互三向光顺"菜单中点击"L. 定义编辑型线",则出现如图 5-11 所示界面。

在这个界面中:在"F. 半船方向"中选择是前半艋还是后半艋;在"T. 船型"中选择船舶类型,有一般船型和有艉封板型两种,39.9 m 远洋金枪鱼钓船为一般船型;"Y. 底部尖角"不要选中。

在手工放样中,需要绘制格子线,其实数学放样就是手工放样的数学模拟,只要给出三组剖线的值就可以了。

图 5-9 交互三向光顺系统主菜单

图 5-10 交互三向光顺菜单

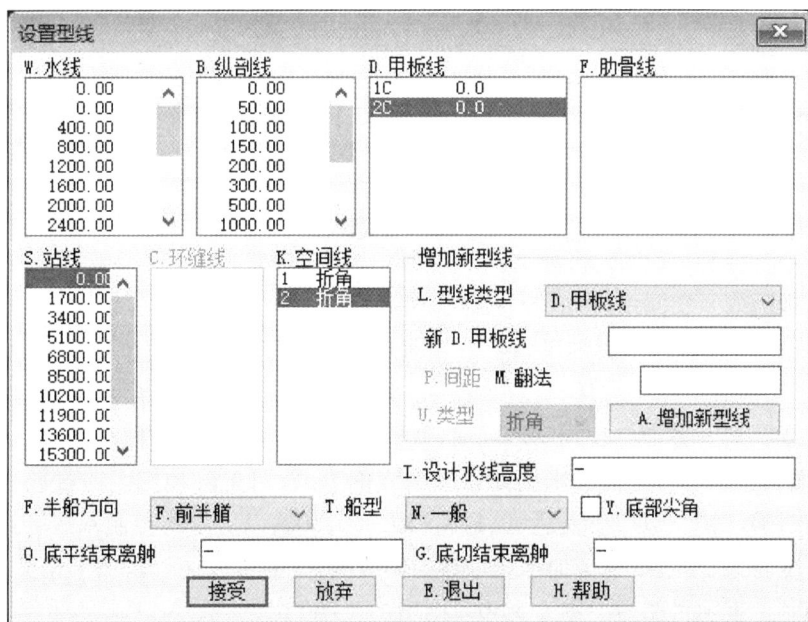

图 5-11 设置型线菜单

在增加新型线中的"L. 型线类型"中分别选择 W. 水线、B. 纵剖线和 S. 站线,在其下面的框中分别填写相应的数值。

需要注意的是:里面的"站线"不是填站号,也不是填站距,而是填该站离舯的距离,以舯为零点,前半艏以向艏为正方向,后半艏以向艉为正方向(是不可能出现负值的)。为了定出船体的整个范围,以方便后面输入型值,需输入船体离 BL 最高的水线和离舯最远的站线及最大的纵剖线,这些值能把所有的型线框起来。

多数情况下,常见货运船舶如散货船、集装箱船,为了获得更大舱容以追求更高经济效益,多设计有平行中体,此类型船舶在线型光顺中可直接按船中位置处的 10 站划分前后半艏。但对于高速公务船、客滚船、各类型远洋渔船来说,因相对船速较高,拂劳德数较大,在设计中并不存在平行中体,为使光顺后的前后半艏必在拼接时能够准确光顺对接,此时前后半艏须有重叠部分,并且要求重叠部分的各站线、水线和纵剖线型值差大小在许可范围之内(小于 1mm)。本实践项目的远洋金枪鱼钓船,可按后半艏由 11 站开始,前半艏由 9 站开始进行操作。

定义站线、水线、纵剖线、空间线、甲板线。根据划分好的前后半艏,在"定义编辑型线"中按型线图依次定义出站线、水线、纵剖线、空间线、甲板线。型线图中给出的水线型值截止到 3 400WL,为满足光顺需要,增加 4 000(500)6 500WL 水线(图 5-12)。

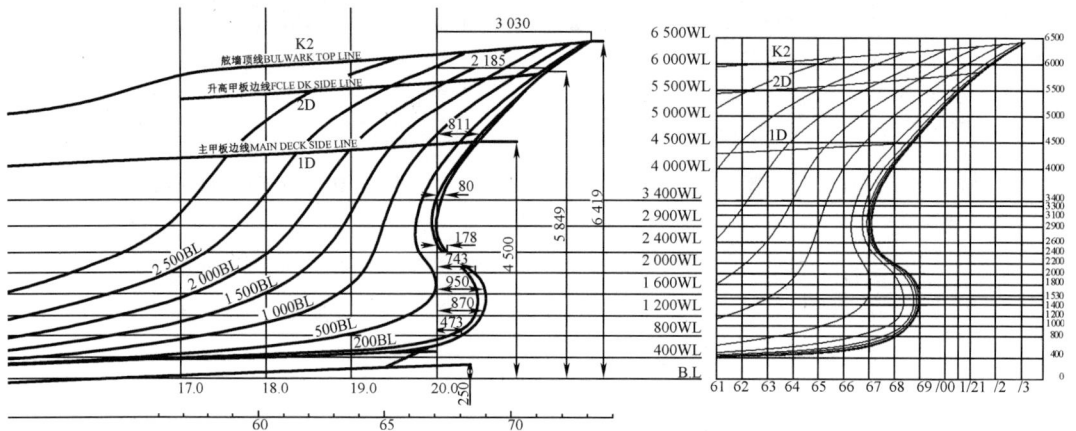

图 5-12　水线高度

对于甲板边线及空间线,提前统一编号(主甲板为 1D、艏楼甲板为 2D、龙骨平边折角线为 K1、舷墙顶线为 K2、球形艉轴出口上下分别为 K3、K4),为方便在光顺后编辑结构线数据等工作,在定义前后半艏中需保持编号统一。为简化表示水线端部形状,理论型线图中一般会给出水线圆头 R 数值。根据实践经验,我们实际操作中选择抛开圆头 R 值,否则在"前处理"操作后会丢失部分型值。采用加密纵剖线的方式,可更好地控制曲度较大的水线端部及肋骨线根部形状。增加小纵剖 50,100,150,200,300,以更好地控制水线。远洋渔船艉部因线型曲度较大,通过单纯增加水线很难控制线型,因此可以通过增加半宽值 -100 的纵剖线加以控制。本项目船型半宽为 3 500,则增加 3 400 纵剖线。

点击"接受"按钮,则进入 AutoCAD 界面,格子线绘制完毕并显示出来,同时菜单返回到"交互三向光顺系统主菜单"。

操作步骤:

(1)建立工作目录;

(2)建立新船名(三个字符,末尾字符为 F 或 A);

(3)进入"定义编辑型线",输入相应的水线、站线、纵剖线建立格子线。

注意:站线的输入不是输入站号,而是输入站号的距舯值,如果船舶没有平行中体,则前后半艏要重叠一站。

四、型线生成

在"交互三向光顺"子菜单中点击"D.编辑型值表"在弹出的对话框中有"T.站线水线交点表""A.站线纵剖线交点表""U.纵剖线水线交点表"和"N.空间线站线交点表"等14项,如图5－13所示。

图5－13　选择编辑型值表对话框

根据型值表所给的型值,填写"站线水线交点表"和"站线纵剖线交点表"两个选项。点击"T.站线水线交点表"可以进入如图5－14所示站线水线交点表定义界面。

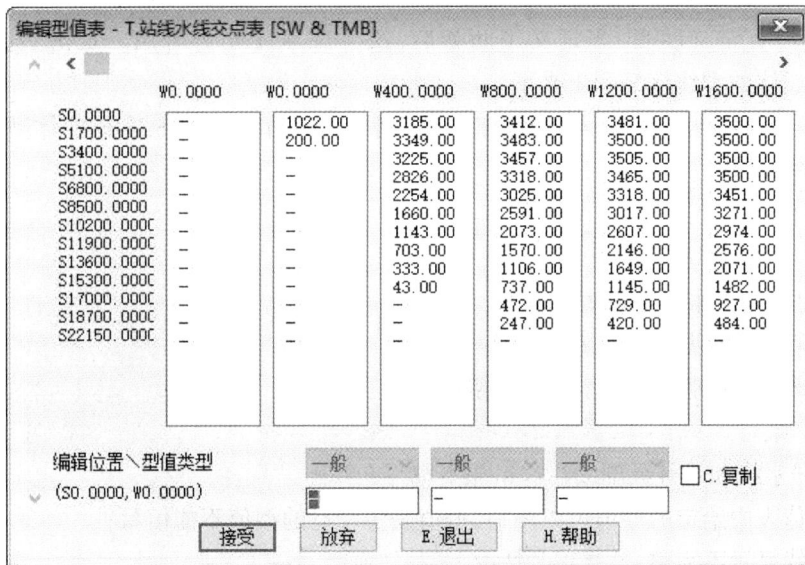

图5－14　站线水线交点表

根据型值表给定的型值逐一填写到相应的位置,这里填写的是半宽值。后点击"A.站线纵剖线交点表",可以进入纵剖线型值的填写,填写高度值。

接受上面的输入,点击"返回",回到"交互三向光顺系统主菜单"。点击"D.显示控制"

选项,进入如图 5 - 15 显示控制界面。

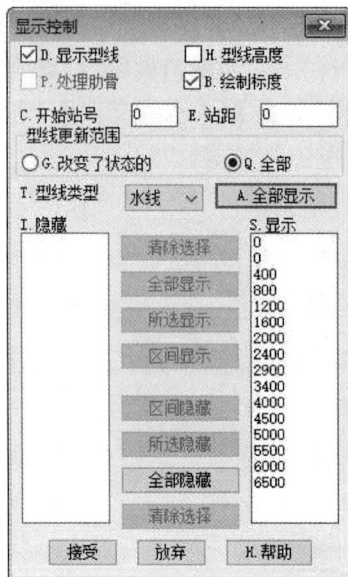

图 5 - 15　显示控制对话框

选中"D. 显示型线"选项,在"T. 型线类型"中可以选择需要显示的型线类型,后面的"A. 全部显示"则可以将所有的型线显示出来;在"型线更新范围"这一栏中,选择"G. 改变了状态的"是不改变原来的型线,只是改变做了修改的内容,而"Q. 全部"则是将所有型线重新生成一遍,类似于 AutoCAD 中的重生成或刷新。当前状态"P. 处理肋骨"为灰色,不可用。因为还没有定义肋骨,当定义了肋骨后,这一选项就变为可用。点击"接受",如图 5 - 16 所示船体的型线就显示出来了。

输入完上面的型值后,进入"交互三向光顺系统主菜单"点击"S. 存储船体型值表"将输入的型值数据存盘。

操作步骤:

(1)进入"编辑型值表";

(2)填写"站线水线交点表";

(3)填写"站线纵剖线交点表";

(4)进入"显示控制",显示生成的型线。

注意事项:

(1)0 号水线和 0 号纵剖线在这里先不填写;

(2)型值表中给定的型值可以填写,型值表中没有的型值不能填写;

(3)型线显示不完整,这是正常情况。

五、空间线生成

1. 空间线定义

进入 AutoCAD 2005 界面,在本系统中所认定的空间线主要有艉艉轮廓线、龙骨折角线、舷墙顶线等。

图 5 – 16　只输入站线型值的图形

　　空间线是一种特殊的曲线,在本系统中当截交线与空间线相交时截交线被分成两段形成折角点。由于这种性质的存在,当型线上有折角点时就可以让截交线与空间线相交,反之就不要与空间线相交。

　　在"选择编辑型值表"中选择"N.空间线站线交点表"进入"编辑型值表 KST",如图 5 – 17 所示。

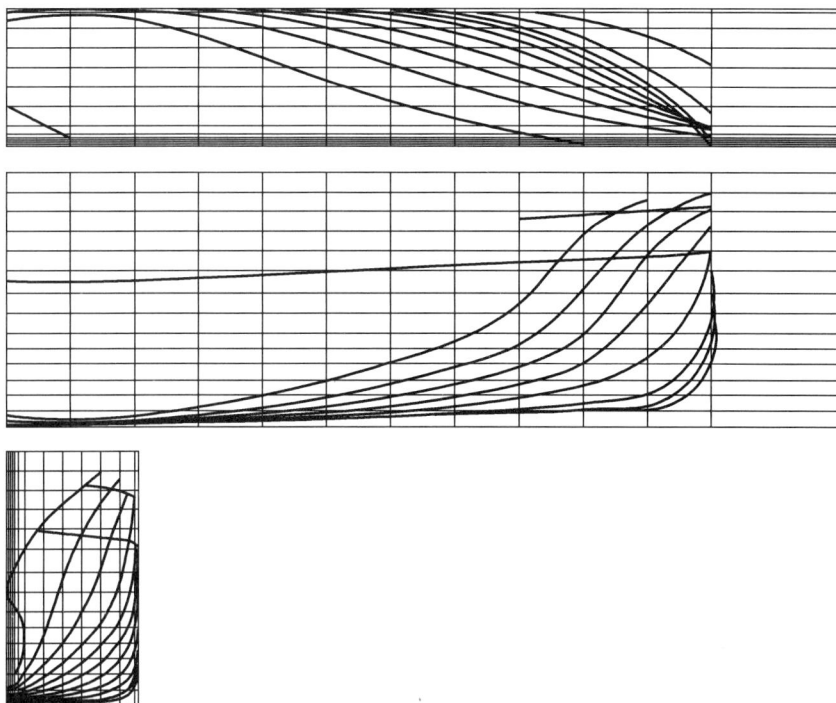

图 5 – 17　空间线站线交点表

2. 空间线端点处理

观察型线图可以发现,舷墙顶线、甲板边线在20站向艏还是有的,但是这些型值在型值表中并没有给出,而是在型线图上标注给出,为了完整地描述该空间线的端部情况,必须将这些型值"追加"到相应型线上去。在"选择编辑型值表"中选择"K.空间线控制点表"进入"编辑型值表 KWB(E)",如图 5-18 所示。

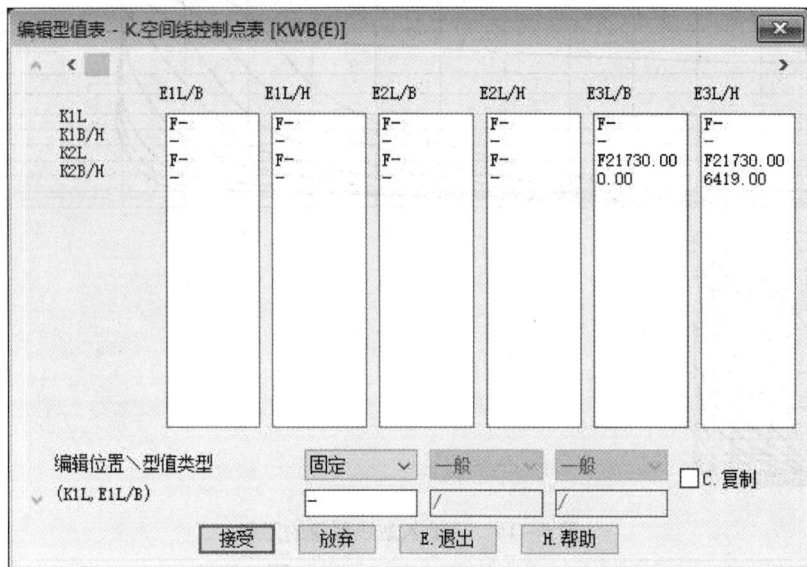

图 5-18 空间线控制点表

左侧的 K2L 表示的某控制点距艏的距离,其中 K2 表示第二根空间线(是前面定义的空间线的序号,这里表示的是舷墙顶线,K1 为平板龙骨折角线),L 表示这根空间线上的某控制点的距艏的距离;K2LB/H 表示第二根空间线的控制点的半宽和高度值;在填写各控制点的值的时候并不是没有顺序的,在填写的时候优先从第三个控制点开始填写,否则会出现曲线"折回来"的现象。

3. 艉轴线的处理

艉轴出口端面线属于特殊型线,如图 5-19 所示,在本系统中可以作为折角形的空间线处理。

图 5-19 艉轴出口端面

艉轴出口端面是一个圆,在水线和纵剖面图上投影为一条直线,在横剖面图上投影为一个圆。在原始型线图中，艉轴出口端面的半径和空间位置是已知的。

当艉轴中心线在中纵剖面上时，其高度会出现多值，当艉轴中心线不在中纵剖面上时，其半宽和高度都会出现多值。由于空间线控制信息不允许多值，所以对艉轴出口端面，要采取分段处理的方式，使之不出现多值。对于第一种情况，空间线要定义为上下两个半圆，后一种情况空间线要定义为四个四分之一圆。每个四分之一圆确定三个点即可，即两个端点和一个中间点。然后在"空间线控制信息表"中输入相应的值。输入时要注意，第一点和第二点输入端点，第三点以后输入中间点。

操作步骤：

①在"定义编辑型线"中定义船体型线边界线；

②填写"空间线站线交点表"；

③填写"空间线控制点表"。

注意：

①如果空间线与站线有真实的交点就填写"空间线站线交点表"，如果空间线与站线并没有真实的交点，但又要生成该空间线的填写"空间线控制点表"；

②填写空间线上的控制点时，每个控制点需要给定三个坐标值，分别是距舯值、高度值和半宽值；

③艉轴剖面线认为是由四段空间线组成的。

六、型线端点处理

通过上面的若干步操作型线已经基本成型，为了让型线图更好调整，也为了型线图的准确性，可以将原始型线图（电子图形）与现在生成的图形放在一起对照并选择在线型较复杂的区域增加型线的数目以达到更细致的目的。

可以增加水线、纵剖线和站线并通过选择"I.插值网格线"，并接受插值结果，之后则型线生成完成。

通过上述操作，就相当于得到了加密的型线，如图 5 - 20 所示，这对型线的三向光顺有很大的帮助。

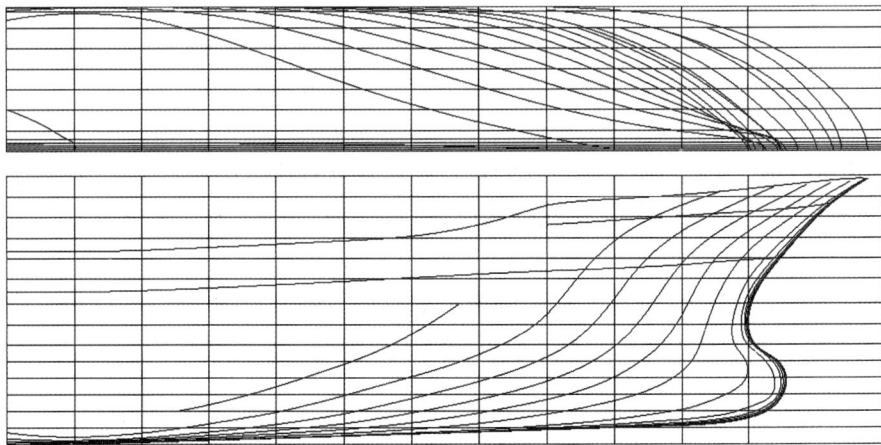

图 5 - 20　初步加密后的船体型线

操作步骤：

①在"站线纵剖线交点表"表中填写0号纵剖线与站线的交点型值，并选中0号纵剖线，让其"插值与网格线交点"，这样就可以解决站线到舭的问题；

②选择0号纵剖线进行"插值与网格线交点"可以解决大部分水线到舭的问题；

③在"空间线纵剖线交点表"中填写纵剖线与空间线的末尾交点型值，这样就可以解决纵剖线到顶的问题。

七、船体型线三向光顺

1. 型值的调整原则

由于型值是设计部门给定的，这些型值直接关系船舶的各项性能，故是不可以随便改动的，如果是迫不得已的话，其调整的幅度也要非常小。

对于水线以下的原始型值，这些型值对船舶的航行性能影响较大，所以一般不要改动，如果非改不可的话，其要求也是相当严格的。

对于水线以上的原始型值，由于这些型值对航行性能的影响较小，所以可以适当改动，只要满足船体外形美观即可。

2. 光顺的顺序

和手工放样相同，调整线型三向光顺时，也是从横剖面开始，然后调整水线面，最后是纵剖面。但是船体型线要求达到三向光顺，所以单调整某一个剖面型线达不到三向光顺目的时，在实际的操作中要统筹兼顾，相互协调，迂回进行，如图5－21所示。

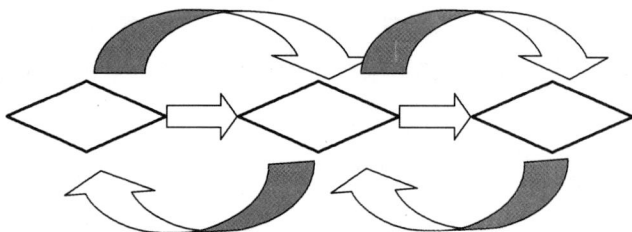

图5－21　三向光顺顺序

在本系统中，只要在某一个剖面上改动某一个型值点，则其他的两个剖面上的相应点也做改动，即本系统具有交互三向光顺性，这为放样工作带来了较大方便。

3. 光顺的方法

在手工放样时，当某点不光顺时我们可以将压在此点附近的压铁去掉，使样条自然回弹，然后再将压铁压住，这样就使得此点的回弹力最小也就最光顺。数学放样所采用的方法与手工放样类似。

当某型值点不光顺时，我们一般也是先把此点型值删去，在此点处让样条曲线自然回弹，然后再插值得到与格子线的交点从而得到新的型值点。这一点就是光顺后的型值点。

八、单根型线的光顺方法

单根型线的交互光顺分成站线三向交互光顺和肋骨交互光顺两种。其菜单在交互光顺子菜单里。图形中必须显示要处理的型线，此功能才可以执行。

若选择了一根型线,则系统将所选型线上的型值点及与它三向相关型线上的相关点用"×"符号显示出来,然后显示单根型线交互光顺子菜单,进行单根型线交互光顺处理。

1. 光顺的判别

在线型光顺的过程中,进行光顺判别是非常重要的。单根型线光顺性需要判别有没有多余拐点和曲率变化是否均匀。

选中一个要光顺的型线,选择"M.修改一个型值点",这个时候会出现如图 5 – 22 所示情形:

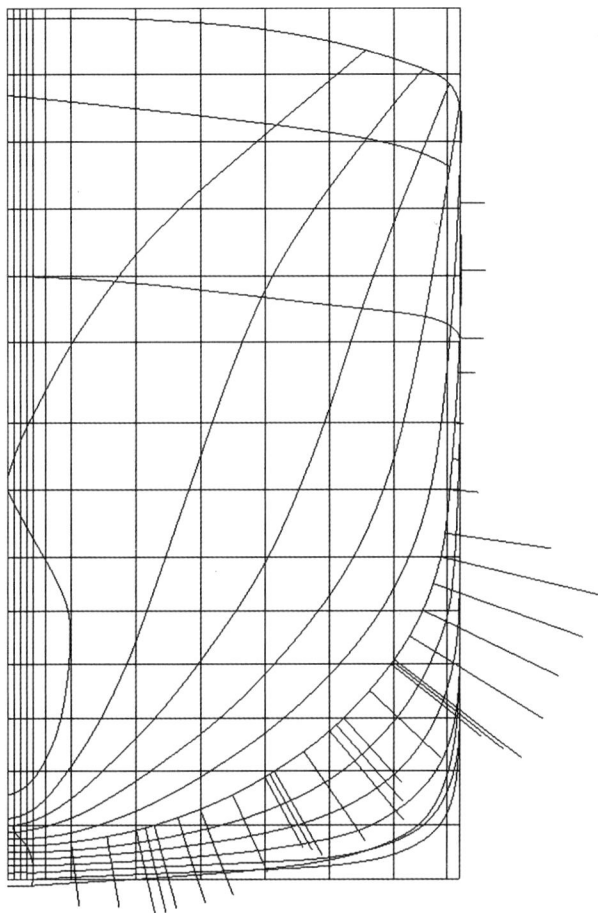

图 5 – 22　单根型线曲率棒

选中一根型线进行光顺,在这根型线上与其自身垂直的地方出现了许多长短不一的线段,这些线段为"曲率棒",即该点的圆率。

如果曲线的弯曲方向发生了连续的改变则说明有多余拐点,可以通过观察曲率棒的方向来判断曲线有没有多余拐点,如果曲率棒突然出现在该型线的左侧(内侧),则说明有多余拐点存在。

没有多余拐点不能说曲线就是光顺的,还要继续判断曲率(这里为圆率)变化是否均匀。可以通过判断曲率棒长度的变化趋势来判断曲率变化是否均匀。一般情况,曲率棒的变化应该为:逐渐变长然后逐渐变短;逐渐变短然后逐渐变长;或逐渐变短然后通过某设计拐点逐渐变长。

2. 光顺的方法

在实际的操作中,有时候不光顺的现象是非常明显的,通过目测就可以知道存在不光顺的现象,这个时候首先应当先检查是不是在输入型值的时候出现了错误,从而导致曲线的局部发生异常变化。

(1)增加一个控制点

选择不光顺的型线,在菜单中选择"增加一个控制点"选项,在不是格子线的地方增加一个控制点,这样就可以对曲线上局部不光顺的地方做修改。同时需要注意的是增加的控制点不能在格子线上,因为在格子线上所有的点都已经有了型值,不能再增加了。

(2)修改一个控制点或型值点

通过调整增加的一个控制点的位置来使型线光顺往往是无法办到的,还需要对增加的控制点做修改,直至达到满意的效果为止。除了修改增加的控制点外,对其他的型值点也可以做适当的修改,如图 5 – 23 所示,点击"自动",则相应型值点可自动回弹。但是尽可能不要改动格子线上的型值点,因为改动了格子线上的型值点就有可能改变了船舶的总体性能。

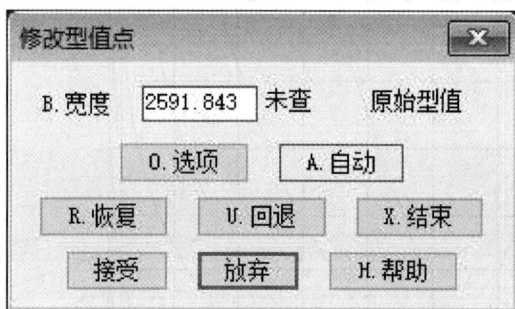

图 5 – 23　修改型值点对话框

(3)修改控制点类型

对于增加的控制点,有的时候除了要光顺型线外还要用来控制型线在该点的方向,所以增加的型值点可以通过调整类型来得到不同的效果,根据控制点的作用可以将控制点分成四类:

①一般。这种控制点既控制了型线的走向,又使型线通过该点,达到调整型线的作用。

②走向。这种控制点只控制型线的走向,型线不通过此点。根据不同的走向控制方法,又可以分为走向 X、走向 Y 和走向 C。

③固定。这种控制点除了有一般控制点的作用外,其值还是不允许修改的。

④折角。这种控制点除了有固定控制点一样的作用外,使型线在该点产生折角。

(4)删除一个型值点

当发现型线的某一个型值点明显引起型线不光顺的时候,可以将该型值点删除,这类似于手工绘图中的弃点连线。删除后型线在此点就可以自然回弹,就像手工放样中将压铁提起一样。

第三节　肋骨型线放样

一、肋骨型线生成

当船体型线基本光顺完成后,就可以进行肋骨型线定义和生成了。在生成肋骨以前首先需要对肋距肋位进行定义。

1. 肋距肋位定义

点击"L.定义编辑型线"进入"设置型线"界面。在右侧的"型线类型"中选择"F.肋骨线"。

以39.9 m远洋金枪鱼钓船的前半艚为例,在"新F.肋骨线"中输入30,在"P.间距"中输入150,表示从30号肋骨开始其肋距为150 mm(因FR30肋骨位置距9站为150 mm),再在"新F.肋骨线"中输入73,在"P.间距"中输入500,表示从30号肋骨开始其肋距为500 mm,按"回车"键完成定义,如图5-24所示。

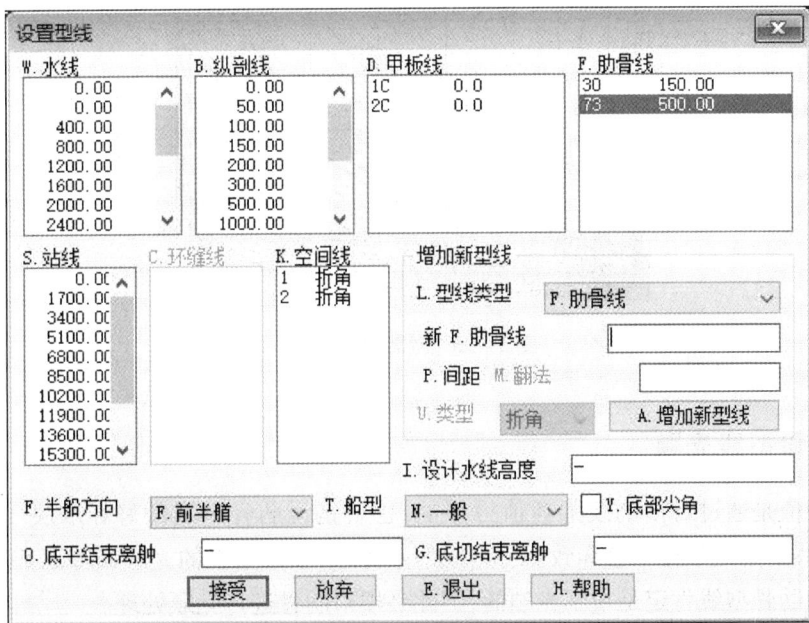

图5-24　肋距定义

2. 肋骨生成

定义完肋距肋位后,在"交互三向光顺系统主菜单"中点击"G.生成肋骨型值表",会发现在横剖面图中,一根根肋骨型线会自动出现,如图5-25所示,生成肋骨完毕后,存储船体型值表。

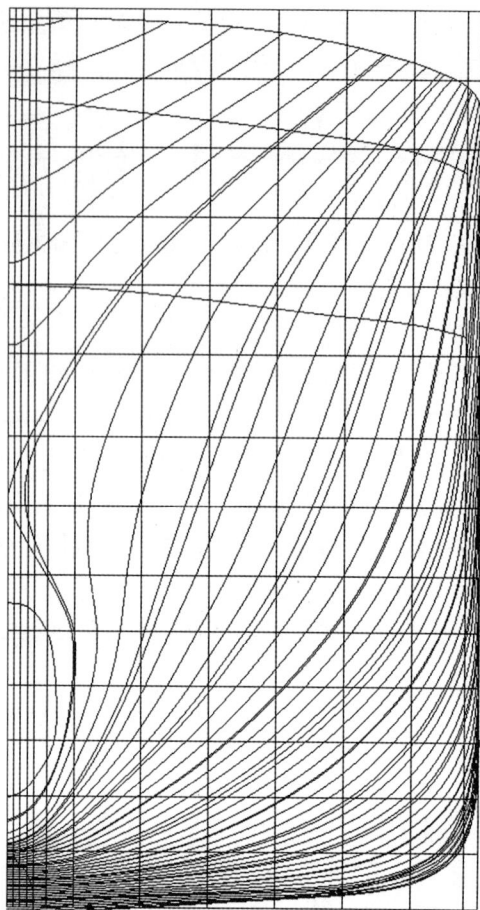

图 5 - 25　肋骨型线生成

二、肋骨型线光顺

肋骨型值是通过对横剖线的插值得来的,也就是说肋骨型线的好坏取决于型线的好坏,由于型线的不光顺往往会导致肋骨型线的不光顺,如果型线的光顺做得不好的话,那么刚刚生成的肋骨型线肯定是很不光顺的,因此必须对肋骨进行光顺处理。

点击主菜单上的"显示控制",这个时候可以看到"P. 处理肋骨"已经变得可用了,在其属性框中选中"处理肋骨",接受后则进入"三向交互光顺系统主菜单"。

1. 肋骨线转站线

点击"M. 交互肋骨光顺",进入"交互肋骨光顺"菜单。船体的型线不是一根根孤立的线条,而是相互联系、互相牵制的三向光顺曲线。通过定义肋骨位置来插值得到的肋骨型线很显然还没有进入三向光顺,为了更好地光顺肋骨型线,首先把曲率变化较大的部位或其他典型的部位的肋骨线转变成站线,然后再进行三向光顺,这个操作称为肋骨线转站线。

点击"O. 肋骨线型转站线",进入如图 5 - 26 所示界面。

双击右侧的肋号,则该号肋骨就转换成了相应的站线。其实,从本质上讲肋骨线和站线一样都是船体的横向剖面线,所以将肋骨线作为站线来处理是完全可行的。

将肋骨线转换成站线以后,所进行的光顺操作与前面型线的光顺操作是相同的。

图 5 - 26　肋骨型转站线

2. 肋骨线的光顺

选取肋骨型线,通过增加一个型值点、删除一个型值点等操作来进行光顺,其方法与单根型线的交互光顺是一样的。

HD - SHM 船体线型系统推荐操作方法为在初始线型光顺的基础上于"定义编辑型线"命令中添加肋骨线定义,通过"生成肋骨型值表"操作,由系统自动插值得到对应位置的肋骨线型。但在实践操作中,通常首先将肋位对应的站线数值通过电子表格方式列出,采用逐步加密的方式,完成每个肋位处站线的光顺。此方法可避免因一步加密过多站线而导致光顺困难的情况。

3. 生成输出文件

肋骨三向检查通过后,要进行生成输出文件的操作,生成一些必需的文件为后面的工作做前期的准备工作。

在"交互三向光顺系统主菜单"中选择"O. 生成输出文件",如图 5 - 27 所示。

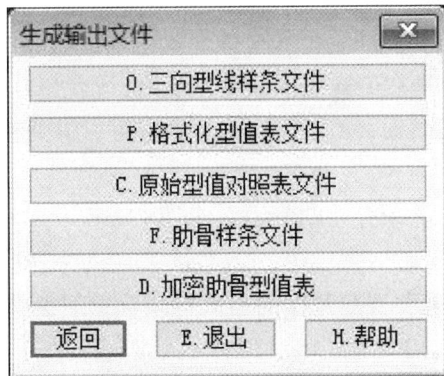

图 5 - 27　生成输出文件

（1）三向型线样条文件

用于生成在水平面、纵剖面、横剖面上的所有型线的样条文件,文件名分别为水平面"SLW 船名. DAT"、纵剖面"SLB 船名. DAT"、横剖面"SLS 船名. DAT"。

（2）格式化型值表文件

将各个型值表按表格形式输出到文件"TAB 船名. DAT"中。

（3）肋骨样条文件

生成肋骨型值的横剖面上的所有型线的样条文件"DFF 船名. DAT"。

（4）加密肋骨型值表

进入"加密肋骨型值表"操作,生成加密肋骨型值表文件"TFM 船名. DAT"。

三、后期准备工作

通过前面的各项操作,船体的型线已满足了光顺的要求,但是,船体的型线图应该是一个完整的图形,而不是前后半艏分开的,所以需将前后半艏的图形拼接起来。

1. 样条转换

在 HD – SHM 船体线型系统中,船体型线样条文件有三个,分别是:

肋骨线文件	FRAME ∗ ∗ . DAT
水线型线文件	WLINE ∗ ∗ . DAT
直剖线型线文件	BLINE ∗ ∗ . DAT

它们都是二进制形式的文件,不能通过文本编辑来生成、查看和修改。要查看或修改,可把它们转换成文本格式的样条文件。

首先需要做的是将 ASCII 样条文件转换成二进制样条文件,转换后可以生成肋骨线文件、水线文件和纵剖线文件,转换方法为:

在 ASCII 样条文件下面的输入框中输入"DFF06F"（艉半则输入 DFF06A）,如图 5 – 28所示,这个时候左箭头变蓝,可以使用了,点击该左箭头,系统会提问"是艉部横剖线吗?",如实回答,则样条转换完成。

2. 肋骨型值表

肋骨型值表属性页形式如图 5 – 29 所示。

（1）功能

肋骨型值表属性页提供根据肋骨型线文件生成肋骨型值表的功能;当肋骨型线文件是由其他系统生成并传递给 HD – SHM 船体线型系统时,或者想缩小比例制作锚箱进行拉锚试验需要小比例的肋骨型值表时,使用本属性页功能,可以得到相应的肋骨型值表。

（2）输入文件

运行时当前工作目录下必须存在肋骨线文件"FRAME ∗ ∗ . DAT"。

此外,必须在属性页对话框中按要求分别输入开始肋号、终止肋号、水线高度、直剖宽度、输出比例。其中水线高度和直剖宽度的输入格式为"值"和"初值（步长）终值"两种形式的组合。例如,0(50)200,300,500(500)3000。

上述数据展开:0,50,100,150,200,300,500,1000,1500,2000,2500,3000。

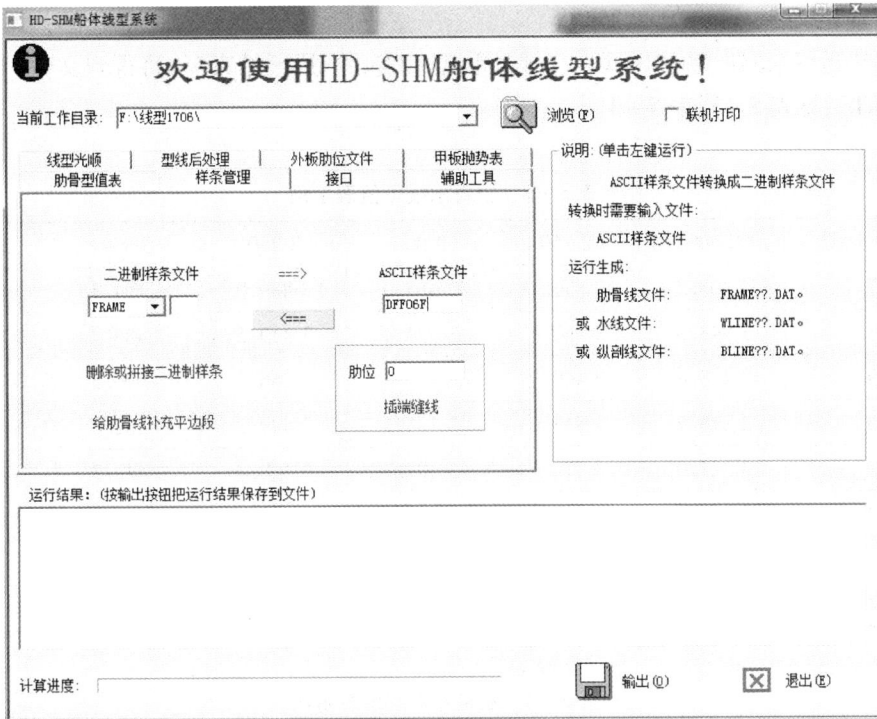

图 5－28　样条管理对话框

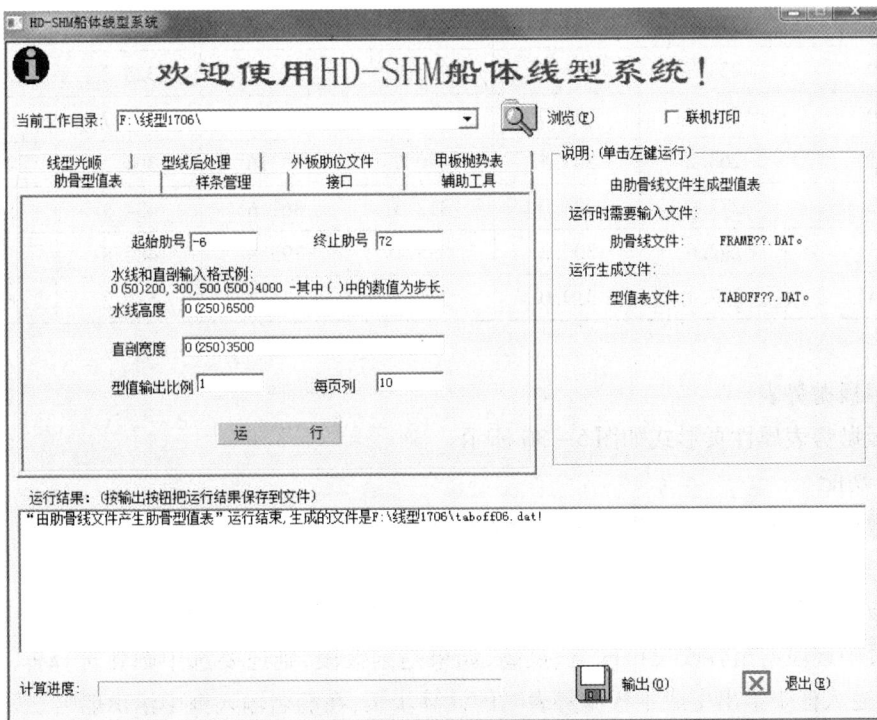

图 5－29　肋骨型值表属性

（3）输出文件

点击"运行"按钮,系统即开始生成肋骨型值表。当运行结束后,将得到文件"TABOFF＊＊.DAT",见表5-3、表5-4。

表5-3 肋骨水线型值表示例

肋号\水线	2 500	2 750	3 000	3 250	3 500	3 750
47	3 463.2	3 475.1	3 483.0	3 489.0	3 494.3	3 498.4
48	3 443.3	3 460.7	3 471.4	3 479.5	3 486.9	3 493.5
49	3 415.8	3 440.9	3 455.5	3 466.3	3 476.3	3 485.8
50	3 376.2	3 413.0	3 434.5	3 449.2	3 462.0	3 474.5
51	3 327.0	3 376.5	3 407.7	3 428.4	3 445.7	3 461.8
52	3 267.9	3 330.4	3 372.6	3 401.6	3 424.5	3 444.2
53	3 196.3	3 272.9	3 325.8	3 362.3	3 391.5	3 416.4
54	3 106.5	3 197.7	3 262.4	3 307.6	3 343.6	3 375.0

表5-4 肋骨直剖型值表示例

肋号\直剖	0	250	500	750	1 000	1 250
47	204.4	206.5	219.8	242.5	274.8	317.2
48	219.1	221.8	236.1	262.2	300.2	349.8
49	233.8	236.7	251.8	283.2	328.2	386.5
50	248.5	251.0	268.9	306.0	358.7	428.2
51	263.2	267.4	290.9	333.6	394.3	474.9
52	277.9	284.0	312.5	362.6	434.3	527.5
53	292.6	300.2	335.1	395.8	480.8	587.2
54	307.4	319.0	361.7	434.2	532.2	652.9

3.甲板抛势表

甲板抛势表属性页形式如图5-30所示。

（1）功能

甲板抛势表属性页计算生成甲板抛势表。

（2）输入文件

甲板梁拱曲线最多可由三段组成,从船舯向舷侧,每段梁拱都可以是直线段或圆弧段。在属性页中逐段给出各段梁拱的宽、拱高,如果是圆弧段,则还要选中圆弧选择框。在"型值间距"输入框中给出生成甲板抛势表时的计算步长,在船名输入框中给出船名。

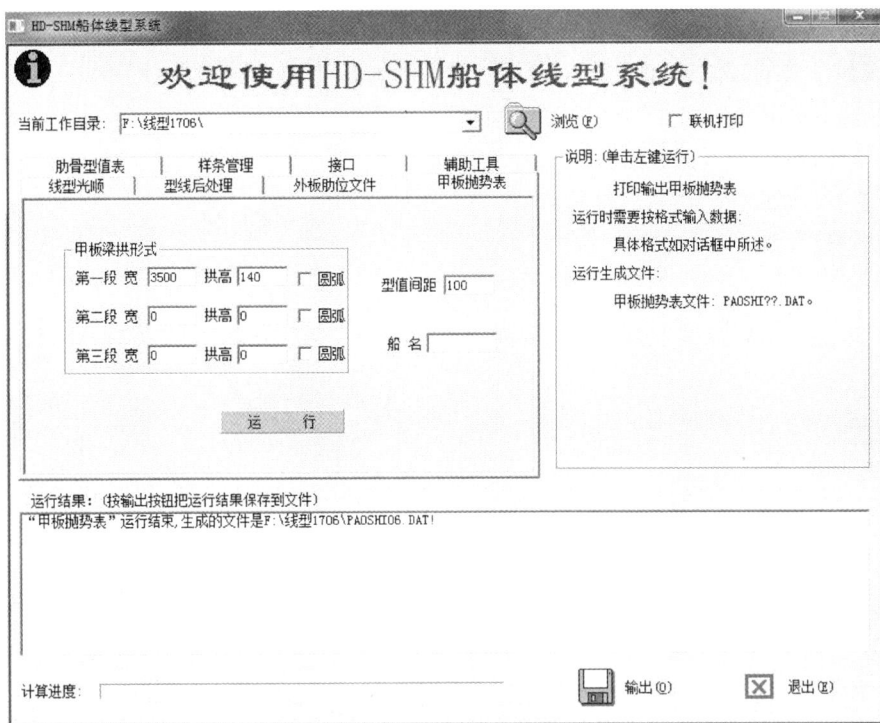

图 5 – 30 甲板抛势表属性页

（3）输出文件

系统运行结果是甲板抛势表文件"PAOSHI ＊ ＊. DAT"。

文件格式见表 5 – 5。

表 5 – 5 甲板抛势表示例

离舯	0	100	200	300	400	500	600	700	800	900
抛势 1	140	139.9	139.5	139	138.2	137.1	135.9	134.4	132.7	130.8
抛势 2	0	0.1	0.5	1.0	1.8	2.9	4.1	5.6	7.3	9.2
弧长	0	100	200	300	400	500	600	700	800	900
离舯	1 000	1 100	1 200	1 300	1 400	1 500	1 600	1 700	1 800	1 900
抛势 1	128.6	126.2	123.6	120.7	117.6	114.3	110.8	107	103	98.8
抛势 2	11.4	13.8	16.4	19.3	22.4	25.7	29.2	33	37	41.2
弧长	1 000	1 100	1 200	1 300	1 400	1 500	1 600	1 700	1 801	1 901

注：抛势 1 给出甲板梁拱曲线上型值点到梁拱基线的距离；抛势 2 给出甲板梁拱曲线上型值点到梁拱顶线的距离。

4. 外板肋位文件

外板肋位文件属性页形式如图 5 – 31 所示。

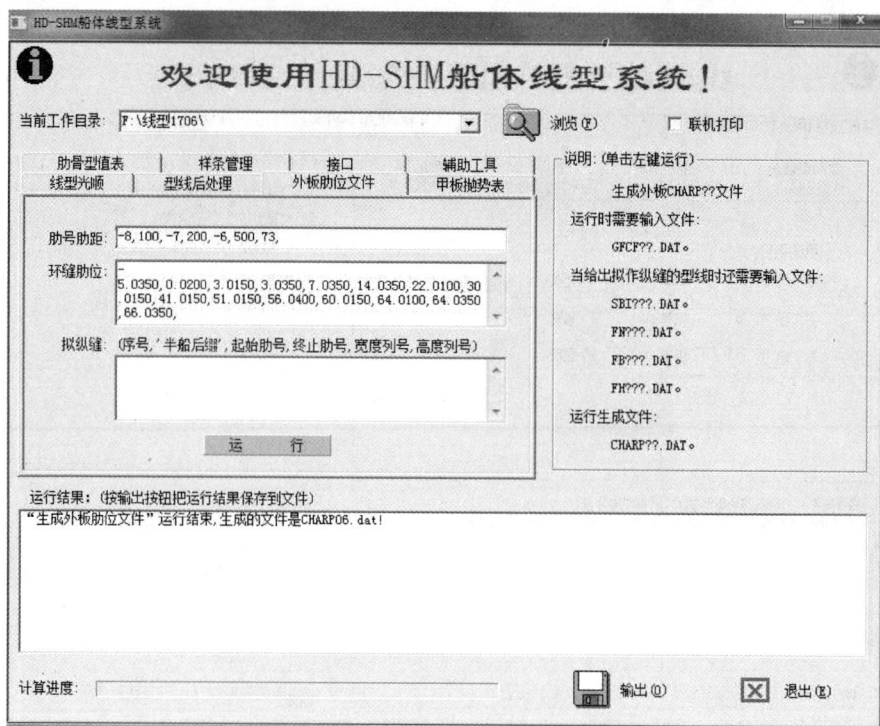

图 5-31 外板肋位文件属性页

进入 HD-SHM 船体线型系统,选择"外板肋位文件"按钮。在肋号肋距栏中输入本船不同肋位的肋距。输入方法是:

肋号 1,建造肋距 1,肋号 2,建造肋距 2,…,肋号 N,建造肋距 N。

本船的肋位肋距在前面已经做过说明,这里输入如下内容:

$-8,100,-7,200,-6,500,73$

在环缝肋位这一栏中输入船体的环缝肋位信息,这一信息也可以在所提供的原始资料中得到,在这一栏中输入如下内容:

$-5.0350,0.0200,3.0150,3.0350,7.0350,14.0350,22.0100,30.0150,41.0150,$
$51.0150,56.0400,60.0150,64.0100,64.0350,66.0350$

这些数字表示的是船舶环缝所在位置,它是一个有 4 位小数的实数,其中整数部分表示肋位号,后面的 4 位小数表示从该肋号向艏增加的距离。如 0.010 0 就表示该环缝在距离 0 号肋位向艏移动 100 mm 的位置。

外板肋位文件属性页可生成外板系统所用的肋位坐标文件"CHARP * * . DAT"。

5. 型线后处理

船体的线型图仍然是前后半艚分开的,这与要求是不符的,须将前后半艚的型线图拼接起来。型线后处理就是完成这项工作的。

HD-SHM 船体线型系统中,选取"型线后处理"项,可以看到前半艚和后半艚型线文件名后缀分别为 06F 和 06A,如图 5-32 所示。

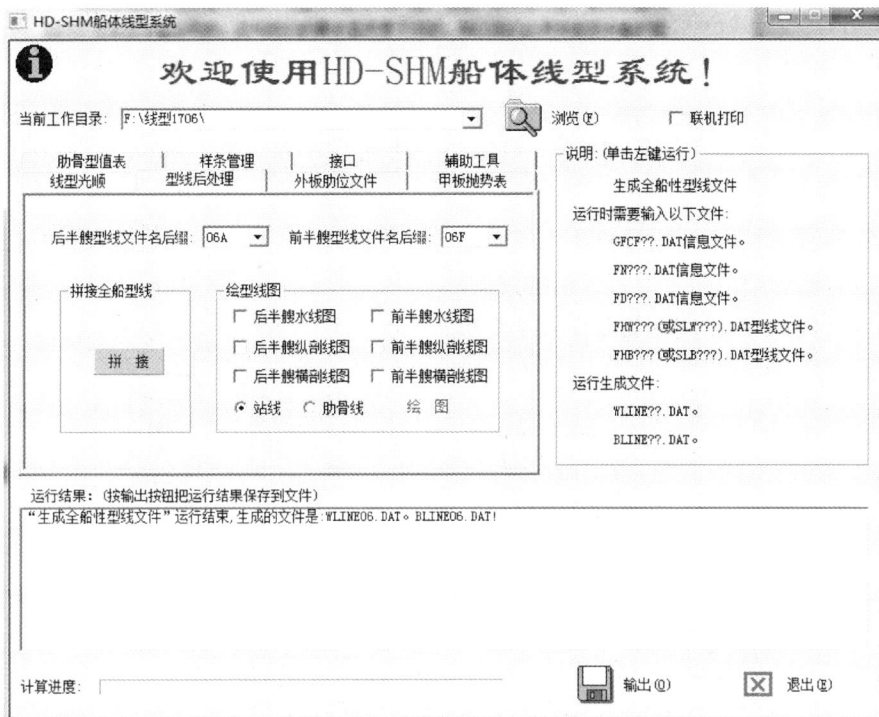

图 5 − 32 型线后处理属性页

本属性页拼接全船型线后,生成全船性水线文件"WLINE06. DAT"和全船性纵剖线文件"BLIN06. DAT"。

船体线型光顺主要为 HD − SPD 船体线型系统船体三维建模创造条件,在光顺过程中,型线始终以二维曲线形式呈现,为方便检查船型光顺后 FRAME、BLINE 与 WLINE 文件的准确性,可以在"型线后处理"中拼接全船型线之后在"HD − SHM 实用命令"→"立体型线图"中检查系统光顺后的立体型线,如图 5 − 33 所示。

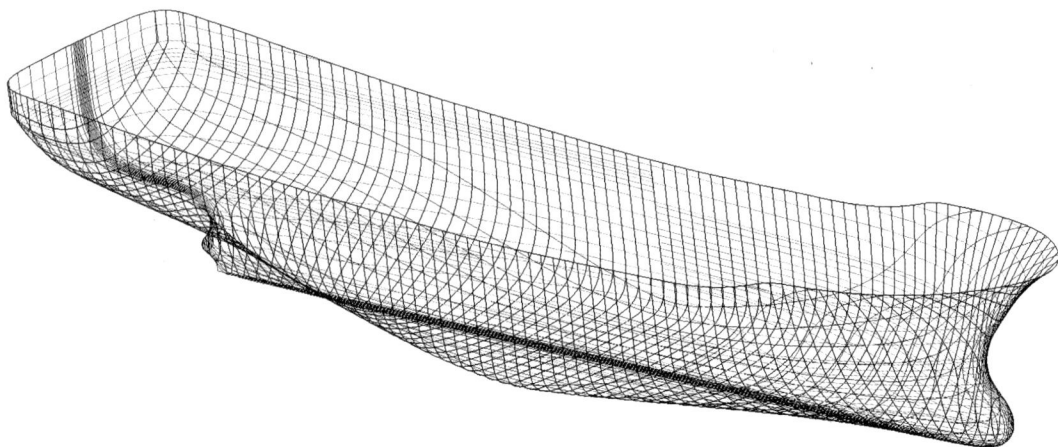

图 5 − 33 HY1706 立体型线图

线型系统的操作基本完成后,可进入结构系统进行结构方面的工作,但需要注意的是本系统下面的三个分系统并不是相互孤立的,线型系统所产生的文件是操作结构系统和外板系统所必需的文件。

第四节 船体结构线放样

船体结构数学放样即用计算机生成船体结构零件,给出零件图、零件套料图、数控切割文件,以及有关加工用和生产管理用的数据。

船体结构数学放样流程如图5－34所示。

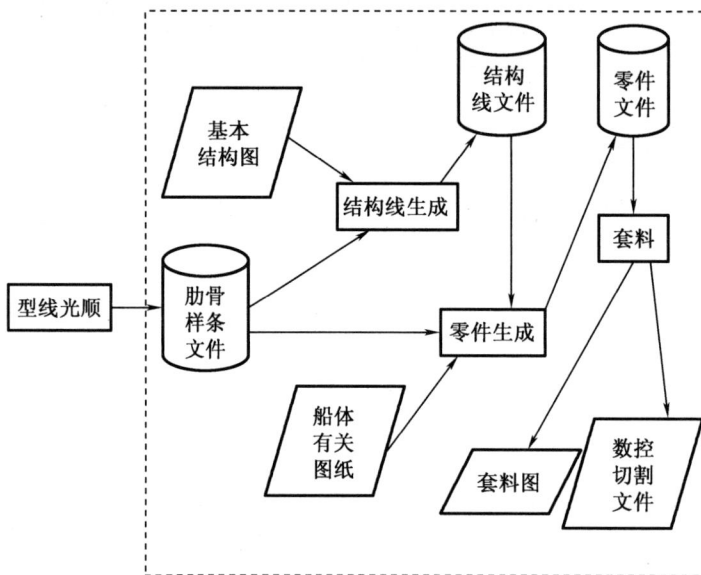

图5－34 船体结构数学放样流程图

一、结构线生成

结构线生成需要肋骨样条文件和基本结构图。肋骨样条文件在线型系统中已经生成,基本结构图是原始资料。

在船体中,构件与构件、构件与外板的纵向接口线,以及构件的纵向折角线、外形线,统称为纵向结构线。

在结构数学放样中首先进行结构线的生成,一是为以后船体结构三维建模提供依据;二是能够生成带有结构线的肋骨型线图,作为外板展开、结构零件检验的依据;三是为装配划线提供依据。

结构线的生成过程如图5－35所示。

二、结构线描述

结构线描述文件"JGXD＊＊.DAT"由人工准备,描述了结构线的布置情况。

在工作目录中(这里为 F:\线型 HY1706)建立一个"JGXD06.dat"文件,用来编辑结构线描述文件。这里"JGXD"是固定不变的,"06"为所建立的工作目录的最后两个数字。

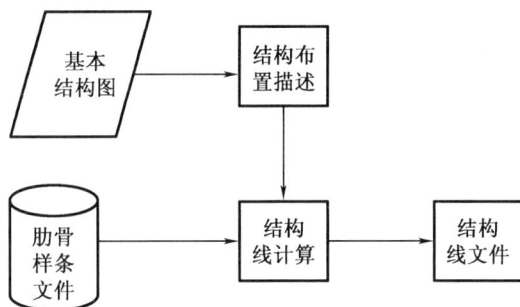

图 5 - 35　结构线放样流程图

下面给出 HY1706 项目的结构线描述文件。

'HY1706', - 8,100, - 7,200, - 6,500,73,/

0101,4,73, - 1,0/

3301, - 8,68,2, - 8,4502.46, - 7,4465.43, - 6,4437.03, - 5,4393.58,…,65,4393. 4,66,4421.85,67,4450.42,68,4479.35,0/

3001.8001, - 8,68,10,3301,3500,140,2/

3302,56,71,2,56,5288.17,57,5317.17,58,5346.29,59,5376.2,…,68,5686.54,69, 5730.13,70,5776.19,71,5824.86,0/

3002.8001,56,71,10,3302,3500,140,2/

3303,57,67,2,57,3451.94,58,3468.25,59,3483.93,60,3498.50,…,65,3571.77,66, 3589.53,67,3609.39,0/

3003.8001,57,67,10,3303,3500,140,2/

4501,20,57,13,0101,0,800/

2101,20,57,4,4501,0/

2301, - 8,73,2, - 8,5462.39, - 7,5435.19, - 6,5412.13, - 5,5373.41,…,69,6243. 31,70,6283.58,71,6325.09,72,6367.62,73,6411.55,0/

1501, - 5,0,1,325/

1502, - 7,0,1,1000/

1503,0,7,1,500/

1504,7,11,1,2400/

1505,7,8,1,1000/

1506,13,14,1,750/

1507,18,19,1,700/

1101,23,57,1,320/

1102,7,53,1,7,1400,49,1400,53,1200/

1103,7,10,1,450/

1103,10,20,1,388/

2102,9,67,2,9,2100,27,2100,57,2600,67,2600/

0,

5,3301,0,5,3302,0,5,3303,0,5,3304,0/

结构线描述文件由如下三部分数据组成：

①肋距说明数据块；

②结构线布置说明数据块；

③结构线关系说明数据块。

三部分数据在后面说明中采用的符号意义如下：

a 表示作为参考线的结构线名；

d 表示角度值，以度为单位；

B 表示半宽值，以毫米为单位；

H 表示高度值，以毫米为单位；

L 表示肋位，其整数部分表示肋号，小数部分（四位小数）表示向艏加多少毫米。

结构线描述文件中，肋距说明数据块为一个记录；结构线布置说明数据块中每一结构线布置说明为一个记录；结构线关系说明数据块也为一个记录。各记录以'/'符号结束，记录中各数据以逗号分隔。

1.肋距说明数据块

肋距说明数据块给出肋骨号、半肋骨号和各挡肋距，为船体定一个纵向坐标轴。

肋距说明数据块的格式是：

'船名',L1,d1,L2,d2,...,Ln,1E30,BL1,BL2,...,BLm/

这里，船名是字符常数，注意要用单引号括起来，Li 是整肋骨号，di 是肋距，BLi 是半肋骨号。以上数据表示，从整肋号 L1（也就是全船的最小整肋号）起，到整肋号 L2 为止，其间每挡肋距是 d1，从整肋号 L2 起，到整肋号 L3 止，每挡肋距是 d2……大数 1E30 后给出需要生成结构线点的半肋骨号，没有半肋骨号时，该部分数据可缺省。

例某船的肋距说明是：

'8400HP',−5,650,14,651,76,650,99,1E30,55.0235,63.0235/，表示船名为8400HP，从 −5 号到 14 肋号，肋距是 650 mm，从 14 肋号到 76 肋号，肋距是 651 mm，从 76 肋号到 99 肋号，肋距是 650 mm，半肋骨号有 55.0235,63.0235 。

2.结构线布置说明数据块

结构线布置说明数据块用于描述文件的主体部分。它确定每一结构线的空间位置。

结构线布置说明数据块由一个个结构线布置说明组成，结构线布置说明的格式是：

<结构线名><起始肋号><终止肋号><类型><参数表>

结构线名：在熟悉船体基本结构图的基础上为结构线取定的代号，是一个整数。建议取名时采用如表5−6所示的编码：编码为四位整数，其千位数字表示结构线在船体上的部位，百位数字表示结构线的类别，十位和个位这两位数字给出同类结构的序号。

表 5−6 结构线名编码

位数	0	1	2	3	4	5
千位：部位码	其他	底部	舷部	甲板	船内部	
百位：类别码	其他	纵桁线	纵骨线	边线	折角线	纵壁线

起始肋号:实数,给出结构线的起始位置。

终止肋号:实数,给出结构线的终止位置。

类型和参数表:类型是一个整数,给出了该结构线的布置方式,参数表给出了按此类型布置结构时所需的参数。

根据结构线可能出现的布置情况,可以确定多种布置类型。下面给出目前已考虑的常见类型。给出的格式中的第一个数据是类型,后继的数据是参数。

(1)类型1

1,B

或 1,L1,B1,L2,B2,…,Ln,Bn

或 1,L1,B1,L2,B2,…,Ln,Bn,0

说明:类型1是船体上半宽按一定规则变化的结构线。例如,底纵骨、底纵桁等结构线。类型1还可细分为三种情况。

第一种,半宽为定值B;

第二种,半宽为通过节点 L1,B1,L2,B2,…,Ln,Bn 的折线,如图5-36所示;

第三种,半宽为通过节点 L1,B1,L2,B2,…,Ln,Bn 的曲线,如图5-37所示。

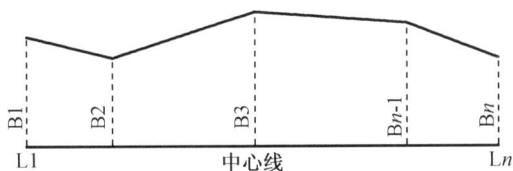

图 5-36　半宽线为折线

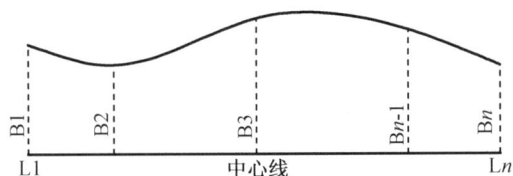

图 5-37　半宽线为曲线

(2)类型2

2,H

或 2,L1,H1,L2,H2,…,Ln,Hn

或 2,L1,H1,L2,H2,…,Ln,Hn,0

说明:类型2是船体上高度按一定规则变化的结构线。例如,肋板边线、舷侧纵桁等结构线。类型2还可细分为三种情况。

第一种,高度为定值H;

第二种,高度线为通过节点 L1,H1,L2,H2,…,Ln,Hn 的折线,如图5-38所示;

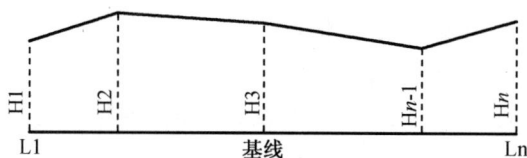

图 5 - 38　高度线为折线

第三种,高度线为通过节点 L1,H1,L2,H2,…,Ln,Hn 的曲线,如图 5 - 39 所示。

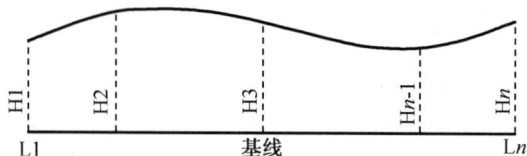

图 5 - 39　高度线为曲线

(3)类型 3

B1,H1,B2,H2,…,Bn,Hn

说明:类型 3 是在肋骨型线图上表现为通过给定离散点 B1,H1,B2,H2,…,Bn,Hn 的光顺曲线的船体结构线,如图 5 - 40 所示。特殊情况,当 $n=2$ 时,表现为一条直线。

(4)类型 4

a,d

说明:类型 4 是船体上的结构线,它和参考线在各肋骨号上的对应点的连线是一组平行线,该组平行线与基线的夹角为 d,如图 5 - 41 所示。

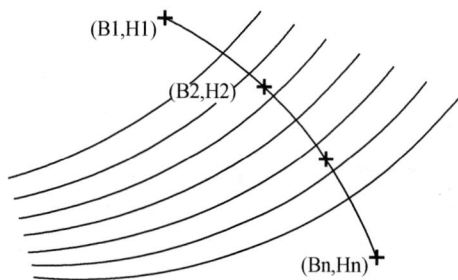

图 5 - 40　肋骨线上离散点

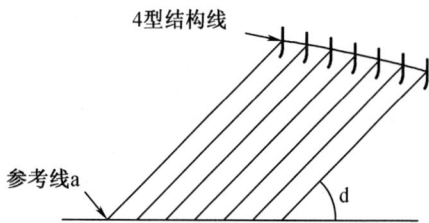

图 5 - 41　类型 4 结构线

4501,20,57,13,0101,0,800/

2101,20,57,4,4501,0/

上述语句表示:4501 鱼舱内底高度(FR20 - FR57,0101,0,800)

2101 鱼舱内底边线(FR20 - FR57,4,4501,0)

(5)类型 8

a,b,h,k

说明:类型 8 是由已知甲板舷线 a 翻出的甲板边线。这里,b 是船的半宽,h 是梁拱高。当 $k=1$ 时,为人字形甲板。当 $k=2$ 时,为圆弧形甲板,如图 5 - 42 所示。

（6）类型 13

a,dx,dy

说明：类型 13 是与参考线 a 的各点坐标差为 dx,dy 的结构线，如图 5-43 所示。

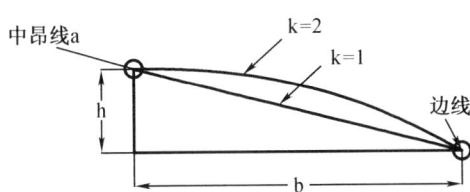

图 5-42 类型 8 结构线　　　　图 5-43 类型 13 结构线

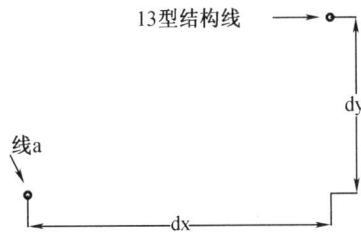

3. 同名结构线布置

在进行结构线布置说明时，有时会遇到这种情况：一结构线是由两段或两段以上结构线拼接而成的，这些分段的结构线属于不同类型，或者虽是同一种布置类型，但参数不能统一，因而不能在一个布置说明中完整描述出来。考虑到这种情况，系统中规定，如果相邻的结构线布置说明所用的结构线名字相同的话，那么系统自行把由各个布置说明生成的结构线拼接起来，组成一个结构线文件，各布置说明的排列顺序按肋号从小到大排列。在拼接肋号上的型值，由后一结构线布置说明决定。例如，某货轮的斜旁边线是由两段布置说明描述的：

2304,41,69,4,4401,30；

2304,69,211,4,4402,45。

三、结构线计算

结构线描述文件准备好以后就可以进行结构线计算了。

1. 程序操作与运行

首先激活结构线属性页界面如图 5-44 所示。

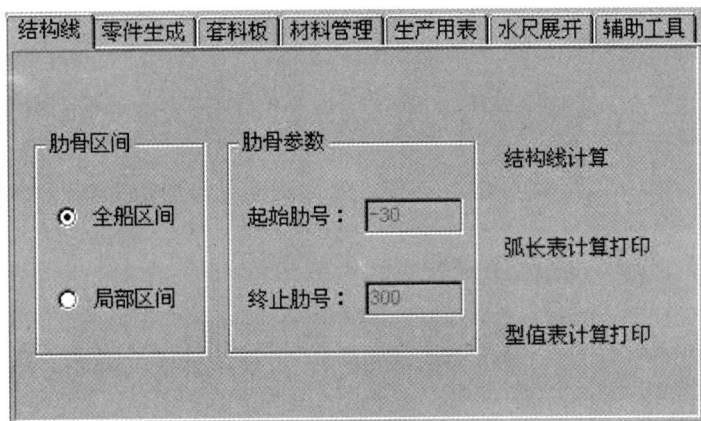

图 5-44 结构线属性界面

点击"结构线计算"按钮,系统对所有的结构线逐条进行处理,最后提示结构线处理完毕,并生成结构线型值文件"jgx＊＊.dat",该文件在程序进行打印结构线型值表和计算肋骨弧长时作为输入文件。

选择"弧长表计算打印"按钮,运行它需要三个输入文件,分别为肋骨线文件"Frame＊＊.dat",结构线文件"jgx＊＊.dat"和结构线描述文件"jgxd＊＊.dat"。运行以后可以生成肋骨弧长表文件"J3.dat",该文件中有计算出的肋骨弧长表。肋骨弧长表中对每一肋骨线,按照位于船体表面的结构线把肋骨线分成若干段,给出相应结构线型值和相邻结构线之间的肋骨弧长。点击以后系统会自动按照肋骨号逐条进行计算处理,并提示肋骨弧长表计算结束。

选择"型值表计算打印"按钮,计算需要两个文件,一个是结构线文件"jgx＊＊.dat",另一个是结构线描述文件"jgxd＊＊.dat"。

点击"型值表计算打印"按钮,系统自动按照结构线号逐条进行处理,最后提示型值表计算结束,并生成结构线型值表文件"j2.dat"。该文件中有结构线型值表见表5－7。

表5－7　结构线型值表示例

结构线名:3301　起始肋号:－8.0000　终止肋号:68.0000　特征值:8001

肋号	宽度值	高度值	肋号	宽度值	高度值	肋号	宽度值	高度值
－8.0000	2384.8	4502.5	2.0000	3494.2	4184.5	12.0000	3499.1	3906.7
－7.0000	2907.3	4465.4	3.0000	3495.3	4151.2	13.0000	3499.2	3885.7
－6.0000	3166.7	4437.0	4.0000	3496.0	4118.7	14.0000	3499.3	3866.5
－5.0000	3397.2	4393.6	5.0000	3496.6	4087.9	15.0000	3499.5	3849.2
－4.0000	3451.1	4362.9	6.0000	3497.2	4058.6	16.0000	3499.6	3833.4
－3.0000	3467.1	4334.6	7.0000	3497.6	4030.7	17.0000	3499.6	3819.1
－2.0000	3475.8	4306.5	8.0000	3498.0	4004.0	18.0000	3499.7	3806.3
－1.0000	3482.4	4277.7	9.0000	3498.4	3978.2	19.0000	3499.8	3794.8
0.0000	3487.6	4247.9	10.0000	3498.6	3953.3	20.0000	3499.8	3784.6
1.0000	3491.6	4216.9	11.0000	3498.8	3929.4	21.0000	3499.9	3775.5

2.生成肋骨线型图

结构线计算完成(包括结构线计算、弧长表计算打印、型值表计算打印)后就可以生成带有结构线的肋骨线型图了。

在 AutoCAD 界面下,如图5－45所示,点击"生成肋骨线型图"图标,来生成带有结构线的肋骨线型图。

图5－45　生成肋骨型线图命令按钮

点击"生成肋骨线型图"后,系统会要求选择肋骨样条文件,如图 5 - 46 所示,这里一定要注意选择要处理的船舶的肋骨样条文件,尤其是在处理许多船舶时更应该注意,一定要选择正确的文件夹。

图 5 - 46　选择肋骨样条文件

选择肋骨样条文件,点击"打开"按钮,会出现如图 5 - 47 所示对话框。

根据所处理船舶的分舱肋骨号填写分舱肋号,肋骨区间填写肋骨号的起止号,一般是填写较实际肋骨号大的数字,系统只会处理实际的肋骨。选择肋骨线和结构线,因为纵缝线、柱缝线等都还没有生成。点击"生成"按钮,系统即生成带有结构线的肋骨线型图,如图 5 - 48 所示。

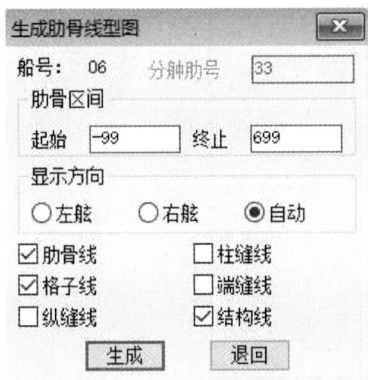

图 5 - 47　生成肋骨线型图对话框　　　图 5 - 48　带有结构线的肋骨线型图

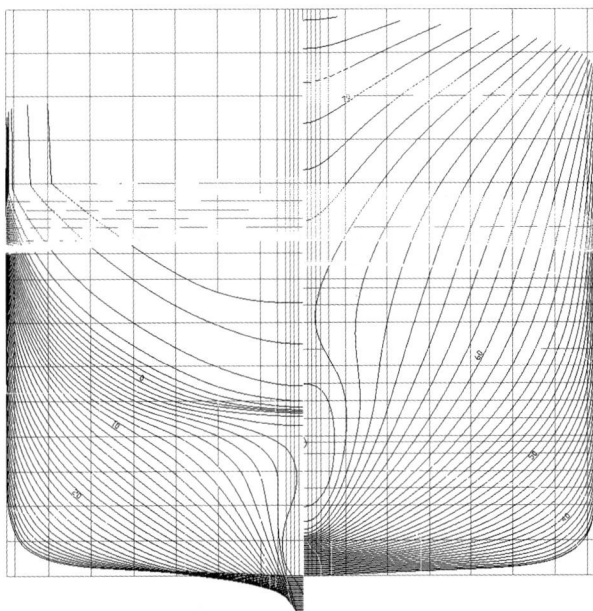

当然当前的肋骨线型图并不完整,完整的肋骨线型图需在纵缝线、柱缝线等准备完毕后可以生成。

第五节　构件及外板展开

船体主要由外板、甲板和其他内部结构组成。它们相互贯连,相互支撑,使船体具有足够的强度和刚度,以便载客、运货,与风浪搏斗。船体结构种类繁多,但总体上可划分为横向结构和纵向结构两类。

一、构件展开

1. 传统工艺构件展开

结构线计算完成包括横向结构的构件在肋骨型线图上可直接画出其真实形状,如底部的肋板、艉部的艉肘板、舷部的肋骨,以及甲板部位的横梁、横梁肘板、横舱壁等,它们无须展开就可直接绘制号料草图或订制号料样板。纵向结构的构件在肋骨型线图上的投影,都不能反映其真实形状,如底部的底纵桁(旁内龙骨)、艉部外侧的舭龙骨、甲板纵桁以及纵舱壁等,传统上它们必须运用各种几何作图法进行展开,然后再绘制号料草图或订制号料样板。

2. 基于 SPD – H 船体设计系统的构件展开

船体设计系统通过船体建模在计算机内建立了船体结构的三维模型。船体结构的三维模型除了浏览检查、转换生成船体图纸外,还能展开成零件,按分段分别生成板材零件数据和型材零件数据,提供给 HD – SHM 船体建造系统,进行船体生产信息的制作。零件展开对话框如图 5 – 49 所示。

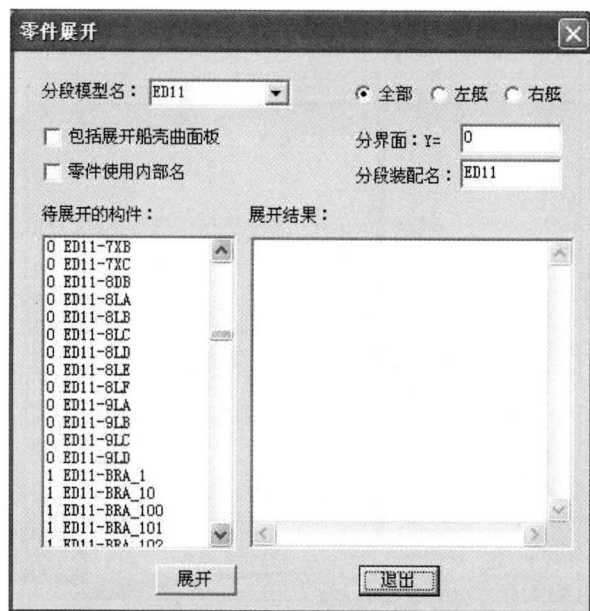

图 5 – 49　零件展开对话框

零件展开功能可展开各类船体构件：平面板架、肘板、曲面型材、曲面板、曲面面板（一般不展开船体设计模型中的船壳曲面板）。

展开的板材零件具有零件名、数量、材料牌号、外周线、内孔、划线、文字标注、方位等信息。

展开的型材零件具有零件名、型材规格、端头朝向、材料牌号、区分左右舷正落反落的下料数量、长度、两端的切割参数。对有内孔或切口的零件还给出内孔或切口的下料数据。对需弯曲加工的零件还给出弯曲加工数据。

二、HD－SHM 船体外板系统概述

HD－SHM 船体外板系统是 HD－SHM 船体线型系统的一个分系统。HD－SHM 船体外板系统可布置生成外板板缝、展开外板零件，提供外板零件下料图、外板加工用的活络样板调节型值表、样箱制作图及分段支柱式胎架图表。该系统已覆盖外板放样和加工的各方面，是目前国内最完备的船体外板系统。

1. 数学放样展开外板的基本思想

数学放样展开外板是模拟手工进行的，用数学计算方法描述外板接缝线生成、零件展开计算、数控绘图切割等过程。

2. 数学放样展开外板的任务

船体外板展开计算是在船体型线三向光顺、插值生成肋骨型值、排定船体结构后进行的。它的主要任务是：

①生成外板纵接缝；

②计算展开外板零件；

③实现合理的加工补偿和修正计算；

④提供外板零件加工所需的各种数据图表、数控切割程序；

⑤为造船工程管理提供数据和信息。

3. 数学放样展开外板的方法

目前手工展开外板的方法有许多种，其中以测地线法展开最为普遍。现在的数学外板展开程序也经常选用测地线法展开。

三、板缝布置

船体外板系统充分利用来自 HD－SHM 船体线型系统和结构零件系统的数据。这些数据文件有：

①肋骨型线文件"FRAME＊＊.DAT"；

②水线型线文件"WLINE＊＊.DAT"；

③直剖线型线文件"BLINE＊＊.DAT"；

④肋位坐标文件"CHARP＊＊.DAT"；

⑤结构线文件"JGX＊＊.DAT"。

HD－SHM 船体外板系统启动后，出现如图 5－50 所示系统窗口。

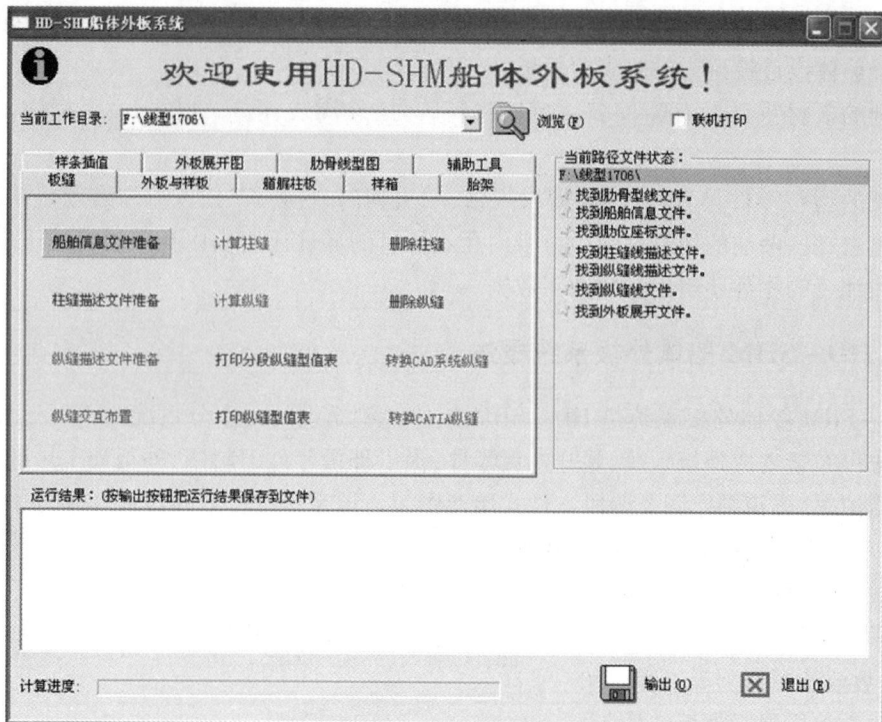

图 5 – 50　船体外板系统对话框

点击"板缝",弹出"船舶信息文件准备",如图 5 – 51 所示。

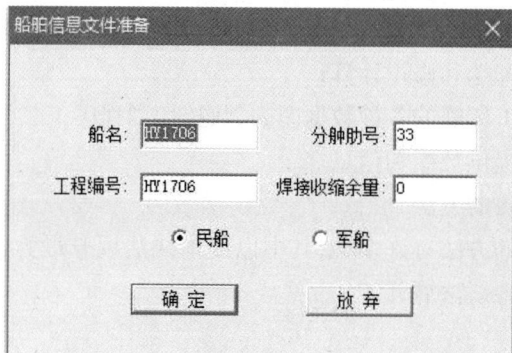

图 5 – 51　船舶信息文件准备对话框

在这个对话框中,我们要填写船名,这里为 HY1706;分舯肋号,这里为 33 号肋骨;工程编号;焊接收缩余量。点击"确定"船舶信息文件准备完毕。

1. 柱缝描述文件准备

点击"柱缝描述文件准备",进入如图 5 – 52 所示界面。

(1)柱缝线说明

这个对话框是进行柱缝描述的,根据设计部门提供的"艏艉柱图",填写必要的数据。艏、艉接缝线是艏、艉柱与外板交界的样条曲线。在外板展开计算时,它一方面可作为外板纵接缝线,另一方面可作为外板端接缝处理。

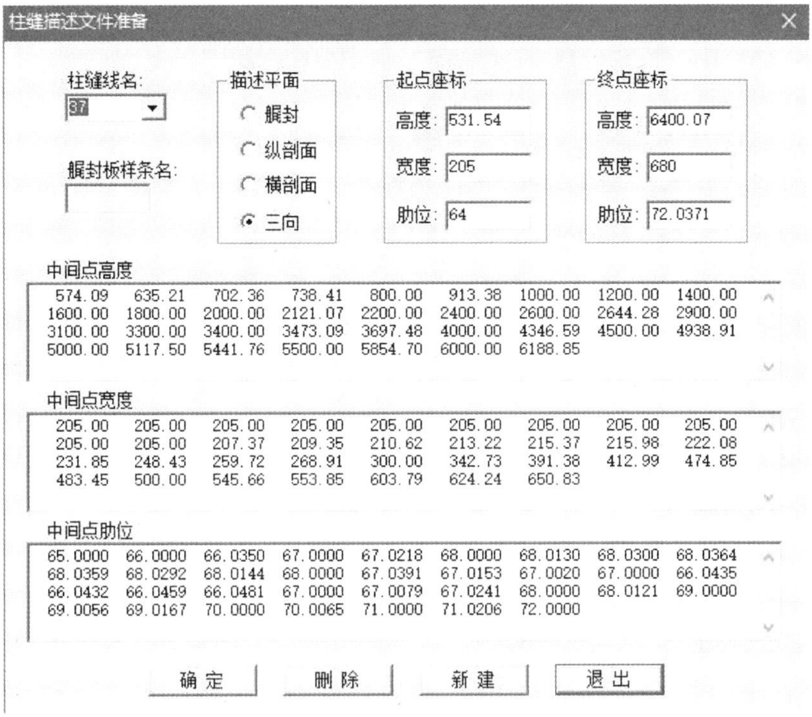

图 5－52　柱缝描述文件准备对话框

（2）柱缝描述文件准备的填写

①在柱缝线名中选择或填写柱缝线名；

②在描述平面中选择在哪个剖面描述柱缝线；

③在起（终）点坐标中填写三个实数，表示高度、半宽、船长；

④中间点高度中填写从第二点起的各点的高度值；

⑤中间点宽度填写从第二点起各点的半宽值；

⑥中间点长度填写从第二点起各点长度值。

柱缝线号是一个不大于40的正整数，全船统一编号，间断的柱缝线应分别编号，如果将艏、艉柱缝线分成两组也要分别给出编号。

2. 纵缝描述文件准备

（1）纵缝线说明

点击"纵缝描述文件准备"，可以进入纵缝描述文件准备对话框，如图 5－53 所示。

在外板接缝线中，纵接缝线排列最为复杂。国内至今还没有实现计算机程序自动排列纵接缝线，HD－SHM 船体建造系统的纵接缝线布置是采用人机交互的方式布置外板纵接缝。

首先在设置好的船体结构线、端接缝线及艏、艉柱接缝线的肋骨型线图上，用类似手工的方法粗排出纵接缝，然后通过外板计算程序将纵接缝最终确定下来。

（2）纵缝线描述文件准备的填写

①纵缝线名

在纵缝线名中选择或填写纵缝线名，如果该纵缝线已经存在则可以得到其相关信息，可以点击"新建"按钮新生成一条纵缝线。

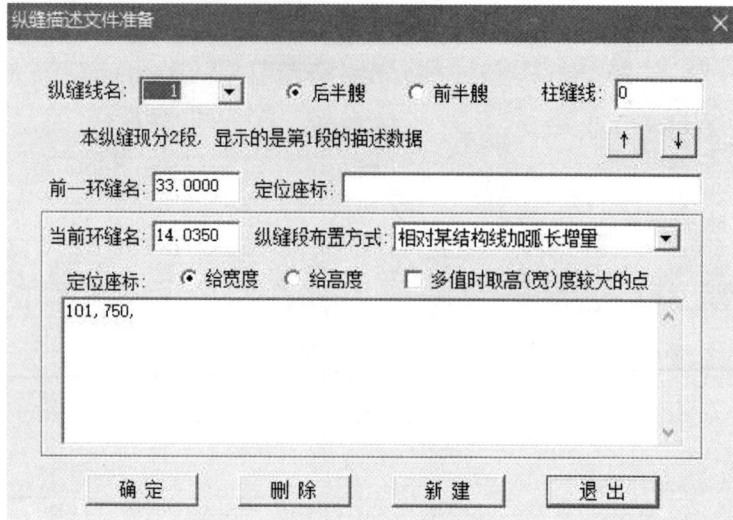

图5－53　纵缝描述文件准备对话框

②前后半艘选择

在单选框"后半艘"或"前半艘"中选择要描述的纵缝线的区域。系统即在"纵缝线名"组合框中列出已定义的该区域的纵缝线名。在"纵缝线名"组合框中选择纵缝线名,系统就显示已定义的该纵缝线的描述数据,供浏览或修改。

③纵缝线段选择

系统显示纵缝线的一段描述数据,并提示:"本纵缝现分 n 段,显示的是第 i 段的描述数据"。当滚动到系统提示:"本纵缝现分 n 段,显示的是第 0 段的描述数据"时,可向艏延伸定义该纵缝线,系统自动给出向艏延伸最近的环缝名。同样,当滚动到系统提示:"本纵缝现分 n 段,显示的是第 $n+1$ 段的描述数据"时,可向艏(艉)延伸定义该纵缝线,系统自动给出向艏(艉)延伸最近的环缝名。

④纵缝段布置方式

"纵缝段布置方式"下拉框中有如图5－54所示的 11 种可选的布置方式,从中选择一种需要的方式。

图5－54　纵缝布置方式

⑤定位坐标

定位坐标的"给宽度"和"给高度"单选框指示下面定位坐标编辑框中坐标是宽度还是高度。但要注意,描述一条纵缝,从某段起一旦换用高度坐标,其后各段都必须用高度坐标,不能再改用宽度坐标。

"多值时取高(宽)度较大的点"复选框选中时,表示在求取纵缝线时取肋骨线上从舷侧算起的第一个交点。

⑥柱缝线

"柱缝线"输入框中为0时表示该纵缝不与柱缝相交,如果该纵缝与柱缝相交,则在"柱缝线"输入框中给出柱缝线名。

3.计算柱缝

点击"计算柱缝",系统自动计算柱缝并提示计算完毕。系统对柱缝描述文件中描述的艏柱缝或艉柱缝型值进行光顺,生成柱缝线在纵剖面和横剖面上的投影样条及型值坐标,存入柱缝线文件。

(1)输入文件

计算柱缝线,需要以下输入文件:

①肋骨线型文件"FRAME ∗ ∗ . DAT";

②船舶信息文件"CONIN ∗ ∗ . DAT";

③肋位坐标文件"CHARP ∗ ∗ . DAT";

④柱缝描述文件"POST1 ∗ ∗ . DAT"。

(2)输出文件

计算结果为以下输出文件。

①柱缝线文件"POST2 ∗ ∗ . DAT"。该文件是二进制的数据文件,存放柱缝线在纵剖面和横剖面上的投影样条以及型值坐标。

②柱缝线绘图文件"POST ∗ ∗ . HDG"。该文件存放柱缝线在纵剖面和横剖面上的投影样条的绘图数据。使用"辅助工具"属性页中的"图形文件输出"按钮,可在图形平台上把该文件中的绘图数据转换成图形。

4.计算纵缝

用鼠标点击"计算纵缝"按钮,即弹出"选择想要计算的纵缝线名"对话框,如图5-55所示。

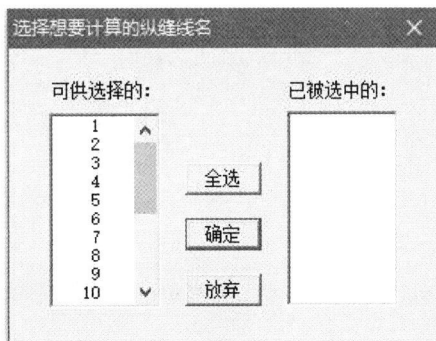

图5-55 计算纵缝对话框

在"可供选择的"纵缝线名列表框中用鼠标选择纵缝线名,选中的纵缝线名即从"可供选择的"列表框中消失,而出现在"已被选中的"列表框中。按"全选"按钮,可选中全部纵缝线名。对错选的只要点击该纵缝线名,该纵缝线即从"已被选中的"列表框中消失,而退还给"可供选择的"列表框。

按"放弃"按钮,即关闭选择对话框,放弃计算纵缝线。

按"确定"按钮,即关闭选择对话框,开始计算选中的纵缝线。

系统对纵缝描述文件中描述的纵缝进行计算,生成纵缝线在各肋位处的三维型值坐标,并对同名纵缝线进行拼接处理,在输出数据文件(纵缝线文件)中生成完整的纵缝线记录。

四、外板展开

一般情况下,一块外板应该由左右端接缝和上下纵接缝组成,前面已经将柱缝线、端缝线、纵缝线都进行了填写和计算。通过这些外板的缝线可以将一块块外板围起来,为外板展开提供信息。

1. 外板描述文件准备

外板与样板的属性页形式如图5-56所示。

外板与样板属性页提供一系列外板零件处理的功能:

①外板描述文件准备;

②外板零件展开;

③外板零件数据文本文件中的外板零件回写到外板零件库;

④显示打印外板零件图、下料图;

⑤生成外板零件清单;

⑥计算生成活络样板调节表;

⑦计算生成外板零件加工样板图;

⑧坡口标准定义。

点击"外板描述文件准备",出现如图5-57所示对话框。

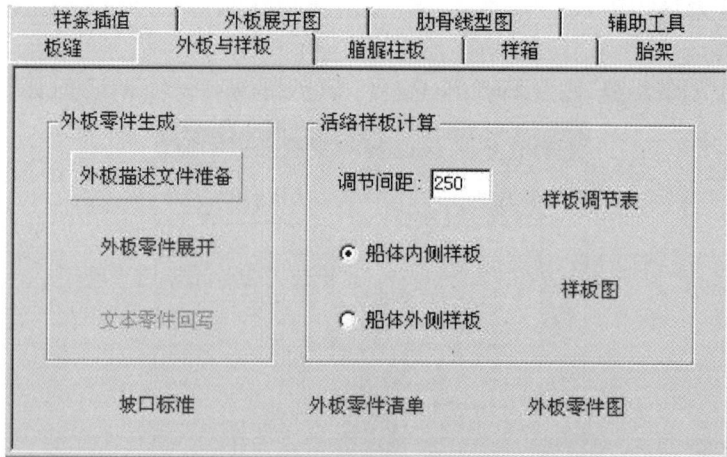

图5-56 外板与样板属性页

图 5-57　外板描述文件准备对话框

①序号。自然数,在文件中顺序排列。

②分段名。字符串常量,表示零件所在分段的名称。

③近舯端缝。实数,外板的近舯端缝线号。当零件有近舯柱缝线或零件为 3 条边(无近舯端缝线)时,端缝线 1 可填略超出外板近舯端的估计肋位。

④远舯端缝。实数,外板的远舯端缝线号。当零件有远舯柱缝线或零件为 3 条边(无远舯端缝线)时,端缝线 2 可填略超出外板远舯端的估计肋位。

⑤K 行板信息。外板零件通常分成两类:普通板(非 K 行板)和 K 行板(舯线对称的 K 行板)。<K 行板信息>给出该列外板的第一块外板的类型,意义如下:

0 表示该列外板均为普通板。

1 表示该列外板的第一块外板是 1 型 K 行板,后继的是普通板。

⑥纵缝线名。分别填写该外板所在的纵缝线名。

⑦零件信息。零件信息是最大长度为 13 个字符串的常量,由零件的件号、件数、材质和对称信息组合而成,需括以单引号,如'6//A'、'7/SB'。件数用斜杠表示,一条杠表示单件,两条杠为两件。斜杠前是件号,斜杠后是零件的对称信息,后接材料牌号。零件的对称信息取法:

P　左舷

S　右舷

K　龙骨底板

当零件为两件或一件但不考虑零件的对称性时,对称信息可缺省。上例中'6//A'就是件号为 6、两件、材质为 A 的零件，'7/SB'就是件号为 7、单件、右舷、材质为 B 的零件。

⑧柱缝线信息

4 位整数，前 2 位为近舯端的柱缝线号，后 2 位为远舯端的柱缝线号。若零件以柱缝线为端线，则填零件所接的柱缝线号。若零件不与柱缝线相接，相应的柱缝线信息填 0。

2. 外板零件展开

用鼠标点击"外板零件展开"按钮，即弹出"选择想要进行外板展开的分段名"对话框，选择想要展开的外板零件所属的分段名，如图 5 – 58 所示。

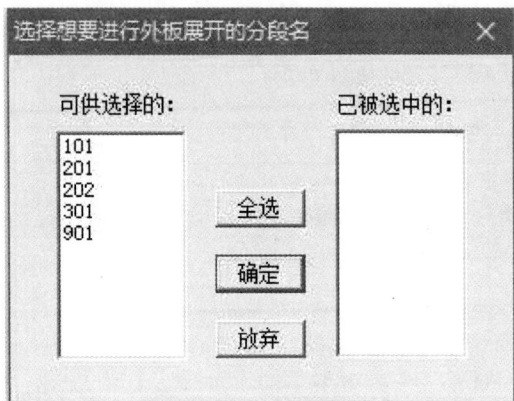

图 5 – 58　选择想要进行外板展开的分段名对话框

在"可供选择的"分段名列表框中用鼠标选择分段名，选中的分段名即从"可供选择的"列表框中消失，而出现在"已被选中的"列表框中。按"全选"按钮，可选中全部分段名。对错选的只要点击该分段名，即从"已被选中的"列表框中消失，而退还给"可供选择的"列表框。

按"放弃"按钮，系统关闭选择对话框，放弃外板零件展开。

按"确定"按钮，系统即关闭选择对话框。如果选中了一个以上的分段，则系统即开始展开选中分段的外板零件。如果仅选中一个分段，则系统弹出零件名选择对话框可选择该分段想要展开的外板零件名。该选择对话框的操作与分段名选择对话框的操作类似。按"确定"按钮，系统即开始展开选中的外板零件。

第六节　数据输出及相关文件生成

在外板系统中还有许多重要的功能，如生成艉舷柱板、胎架、样板样箱等，这些都是在船舶建造过程中必不可少的东西。

一、外板展开图

在 AutoCAD 界面下，点击"生成外板展开图"图标，来生成带有结构线、外板板缝及外板零件标识的外板展开图，如图 5 – 59 所示。

图 5-59 生成外板展开图命令按钮

点击"生成外板展开图"后,系统会要求选择肋骨样条文件,这里要选择所需的船舶肋骨样条文件。选择肋骨样条文件后,点击"打开"按钮,会出现如图 5-60 所示对话框。

图 5-60 生成外板展开图对话框

这里选择要生成图样的区域,如后半船或前半船,或者全部;水线高度可以根据需要来填写,也可以不填;选中结构线和板缝线。点击"生成",即生成相应的外板展开图,如图 5-61 所示。

二、肋骨线型图

纵缝线及柱缝线定义完成后就可以生成完整的肋骨线型图。在 AutoCAD 界面下,点击"生成肋骨线型图"图标,即生成带有结构线、纵缝线、柱缝线及端缝线的肋骨线型图,如图 5-62 所示。

三、活络样板调节表

活络样板用于外板零件的弯曲加工。用活络样板控制外板零件的弯曲加工时,外板零件平放地面(基面),各活络样板垂直于基面安放,样板上两点与外板上各肋骨位置下旁点和上旁点对应,各样板中心杆位于同一平面,杆上标志点成一直线。用活络样板控制外板零件的弯曲加工,省时省料,操作方便,控制精度高。

本功能可计算无折角点 K 行板和普通板的活络样板,生成外板弯曲加工所用的活络样板调节数据表,并提供零件纵向曲度、冷工火工等相关信息。平板零件不计算活络样板。

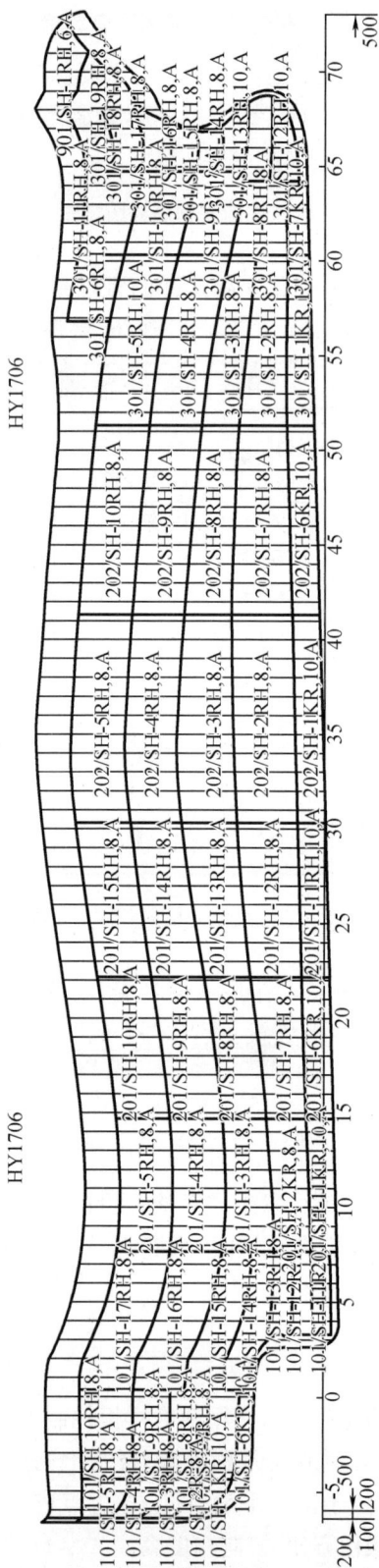

图 5-61　HY1706 外板展开图

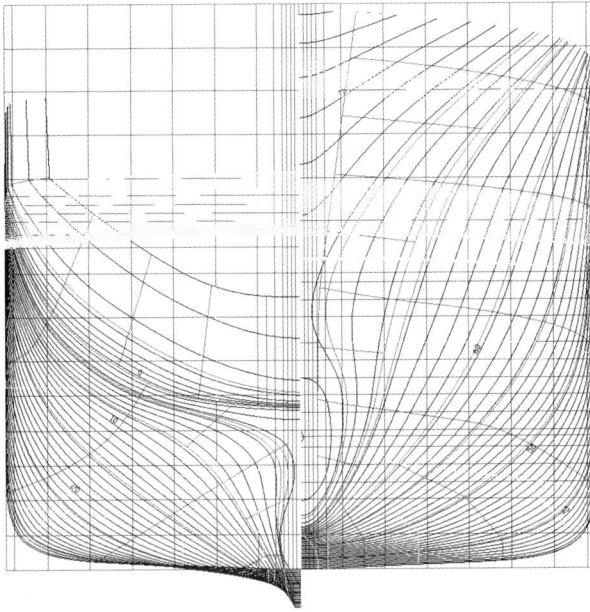

图 5 – 62　HY1706 肋骨线型图

　　在"活络样板"对话框内确认"调节间距"和"船体内侧样板"或"船体外侧样板"输入无误。通常,活络样板布置在外板曲面"凹"的一侧,有利于加工。因此,通常选择计算船体内侧样板,但当想要计算的外板零件横向曲线外飘时就要选择计算船体外侧样板。

　　点击"样板调节表"按钮,弹出分段名选择对话框,选择要计算活络样板的外板零件所属的分段名,系统即生成所选分段的外板零件活络样板调节表文件"SGDY＊＊.DAT",见表 5 – 8。

表 5 – 8　活络样板调节表示例

工程编号:HY1706		船名:HY1706				外板零件名:202/SH – 7RH				内样		日期:2018 年 10 月 18 日		
肋位	宽	下傍	L	– 1000	– 750	– 500	– 250	0	250	500	750	1000	上傍	L	角度
41.0150	2000	203	– 819	236	191	149	111	77	47	24	11	16	11	819	89
42.0000	2000	187	– 806	222	177	137	101	70	43	24	17	27	17	810	89
43.0000	2000	165	– 788	202	158	120	87	60	38	25	25	39	26	797	89
44.0000	2000	142	– 771	181	139	103	73	50	33	26	35	62	38	784	89
45.0000	2000	121	– 753	162	120	87	60	41	30	31	51	94	53	767	89
46.0000	1500	99	– 735	—	101	70	47	33	30	41	72		72	749	89
47.0000	1500	79	– 717	—	84	56	37	30	35	56	96		93	731	90
48.0000	1500	60	– 699	—	66	42	30	30	44	75	125	—	116	711	90
49.0000	1500	42	– 681	—	48	30	25	33	57	97	156		140	690	91
50.0000	1500	26	– 662	—	32	19	22	40	73	123	190		166	668	91
51.0000	1500	14	– 643	—	19	12	22	50	93	152	229		194	645	91
51.0150	1500	11	– 638	—	15	10	23	54	100	161	241	—	203	638	92

外板的纵向曲度 = 34 mm

四、外板弯曲加工样板图

对有曲度的外板零件,我们还需要生成外板弯曲加工所用的样板图绘图文件。其操作与活络样板调节表所述基本相同。

生成样板图绘图文件后,使用"辅助工具"属性页中的"图形文件输出"按钮,或在 AutoCAD 界面下,点击"HDSHM 图形文件输出"图标,可在图形平台上把该文件中的绘图数据转换成图形,如图 5-63 所示。利用图形平台的功能可以绘出样板图。

图 5-63　HDSHM 图形文件输出命令按钮

系统生成的外板加工样板图中标有外板零件名,各肋位的样板图递进重叠,每一样板图在中心杆标志点处标有肋位,不致混淆。图中还标明是内侧样板或外侧样板,同时标明"上旁"的方向。外板弯曲加工样板图如图 5-64 所示。

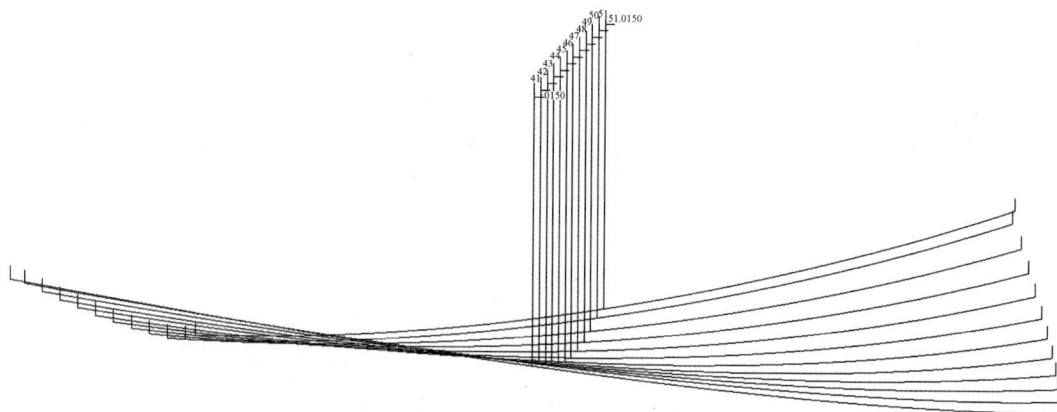

图 5-64　外板弯曲加工样板图示例

五、艏艉柱板

艏艉柱板属性页提供展开艏艉柱板,并生成加工用样箱或样板的功能。艏艉柱板零件处理的功能有:

①艏艉柱板描述文件准备;

②艏艉柱板零件描述数据删除;

③展开艏艉柱板,生成加工用样箱;

④显示加工用样箱,生成样箱绘图文件。

1. 艏艉柱板描述文件准备

艏艉柱板属性页形式如图 5-65 所示。

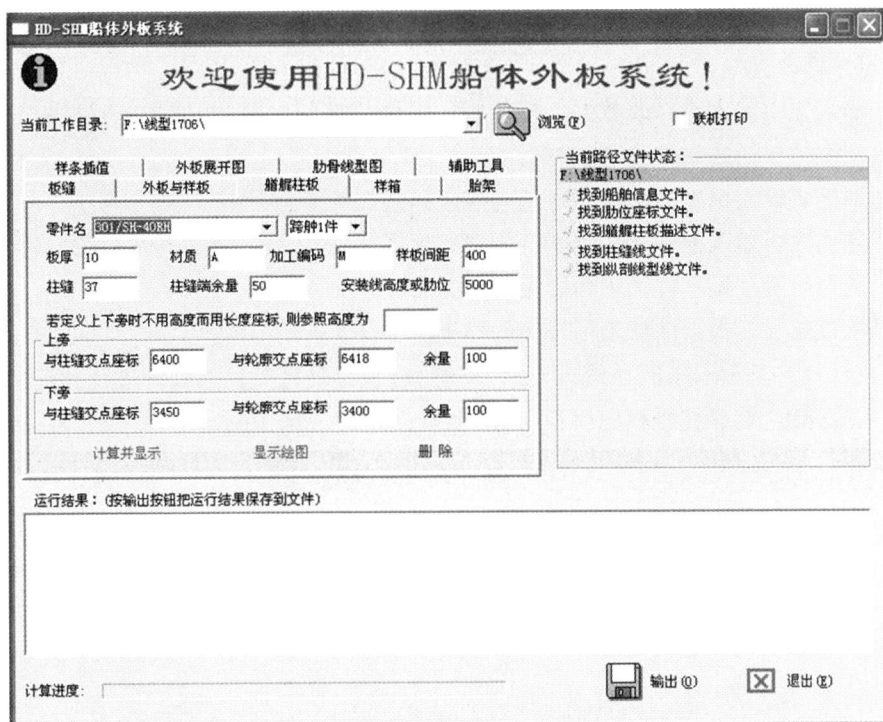

图 5 - 65　艉艉柱板属性页

<零件名>:最大长度为 12 的字符串,由分段名、斜杠和件号组合而成,如"301/SH -40RH"。

<板厚>:实数。

<柱缝号>:整数,柱缝线的号码。

<下旁与柱缝交点坐标>:实数,取交点的实际坐标。

<下旁与轮廓交点坐标>:实数,取交点的实际坐标。

<上旁与柱缝交点坐标>:实数,取交点的实际坐标。

<上旁与轮廓交点坐标>:实数,取交点的实际坐标。

<下旁余量>:实数。

<上旁余量>:实数。

<柱缝端余量>:实数。

<样板间距>:实数。给出横向样板初始间距。

<安装线高度或肋位>:实数。小于 500 时为肋位,反之为水平安装线高度。可根据实际情况取水平或肋骨面的安装线。

<参照高度>:实数。缺省时,<上(下)旁与轮廓(柱缝)交点坐标>给高度。上(下)旁与轮廓交点高度坐标较接近,<上(下)旁与轮廓(柱缝)交点坐标>可改用船体长度坐标,此时,须把上旁与轮廓交点高度坐标在<参照高度>中给出。

2.计算并显示

在艉艉柱板属性页上安排有与艉艉柱板描述文件中的数据项——对应的输入框。可在＜零件名＞下拉框中选择零件,选中的艏艉柱板零件的描述数据即显示在属性页输入框中,供浏览或修改。

在各输入框中输入或修改数据。按"计算并显示"按钮,即把相应的艏艉柱板零件描述数据写入艏艉柱板描述文件,功能如下:

①把属性页输入框中的数据写入艏艉柱板描述文件。

②依照属性页输入框中的数据展开艏艉柱板零件,把零件写入外板零件库文件。

③生成该艏艉柱板零件加工用样箱的定义文件。

④显示该艏艉柱板零件加工用样箱的样板图形,生成样箱图。

点击"计算并显示"按钮,系统即开始艏(艉)柱板零件计算。当处理进行到定义加工用样箱时,系统弹出"艏艉柱板横向模板布置"窗口,如图5-66所示。

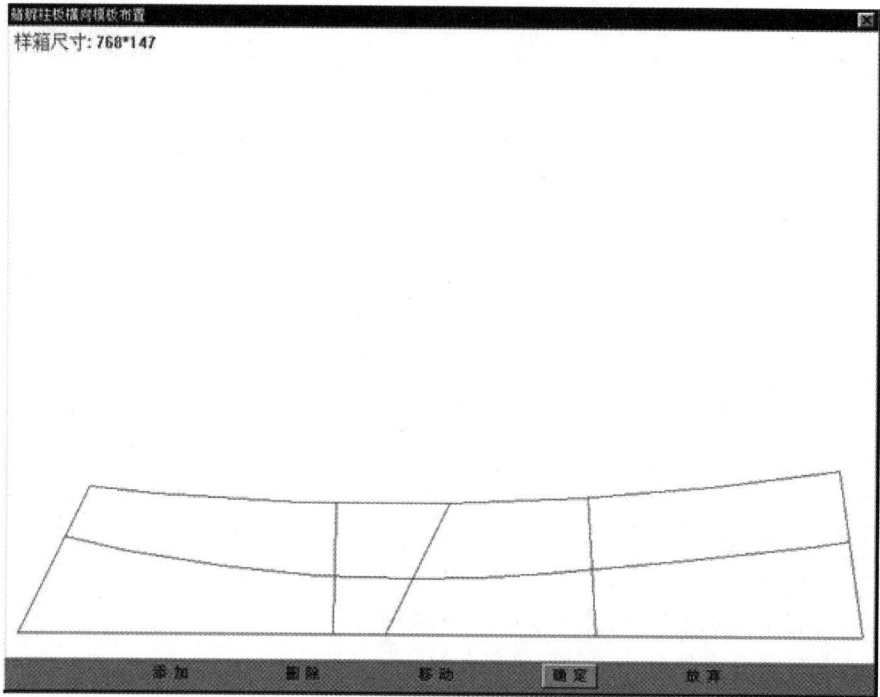

图5-66　艏艉柱板横向模板布置窗口

窗口内显示艏艉柱板的中心样板图形。中心样板图形下面的水平线是样箱基板,上面的曲线是轮廓线,中间的曲线是柱缝投影线,左方是下接缝线,右方是上接缝线,中间与轮廓线垂直的线是横向模板线。窗口左上角显示有样箱尺寸,窗口下方布置有5个按钮。可对横向模板进行添加、删除、移动等操作。

点击"确定"按钮,即完成艏艉柱板横向模板布置。系统生成该艏艉柱板零件加工用样箱定义文件,并转入下一步显示加工用样箱的模板图形,生成样箱绘图文件。艏艉柱板横向模板左右对称,因此系统默认只生成半边的图形。

六、外板零件图

启动图形平台,在图形平台里,可对外板零件库中的外板零件进行屏幕显示、调整零件旋转角度、零件超宽超长检查、零件绘图、零件下料草图打印或绘图等操作。

1. 输入文件

(1)船舶信息文件"CONIN＊＊.DAT"。

(2)外板零件库"PARXY＊＊.DAT"。

2. 输出文件

(1)外板零件显示状态文件"PASET＊＊.DAT"。当调整所显示的外板零件图形之后，系统就把调整后的零件显示状态数据写入外板零件显示状态文件中。

(2)外板零件文本输出文件"PART2＊＊.DAT"。

(3)零件下料草图。零件下料草图具有下料尺寸、坡口、零件图形等完备信息，是车间进行外板下料的主要依据。

(4)外板零件图。点击"外板零件图"按钮或在 AutoCAD 界面下，如图 5－67 所示。之后点击"零件显示输出"图标，弹出如图 5－68 所示的零件显示打印程序对话框，从中选择所需零件，再点击"草图"按钮即可输出如图 5－69 所示的外板零件下料草图。

图 5－67　零件显示输出按钮

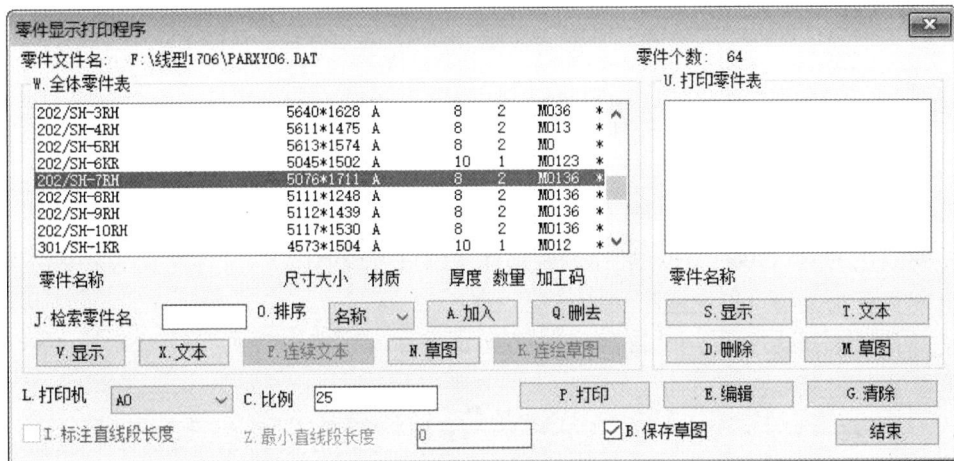

图 5－68　零件显示打印程序对话框

船名 HY1706　　　零件 202/SH-7RH　　　数量 2　　厚度 8.0　牌号 A　　　序号 112

工程编号 HY1706　　　非K行板　　41.0150/51.0150　　5076*1711　日期 2018/10/17

冲势　　4.5 mm

352	503	503	504	504	505	505	505	505	506	152
975	954	926	897	865	833	800	767	734	700	666	656
350	501	501	501	501	501	501	502	502	502	151
676	673	669	665	662	658	655	651	648	645	642	641
350	500	500	500	500	500	500	500	501	501	150

冲势　　1.8 mm

| 42 | 43 | 44 | 45 | 46 | 47 | 48 | 49 | 50 | 51 |

***** 依样加工 *****

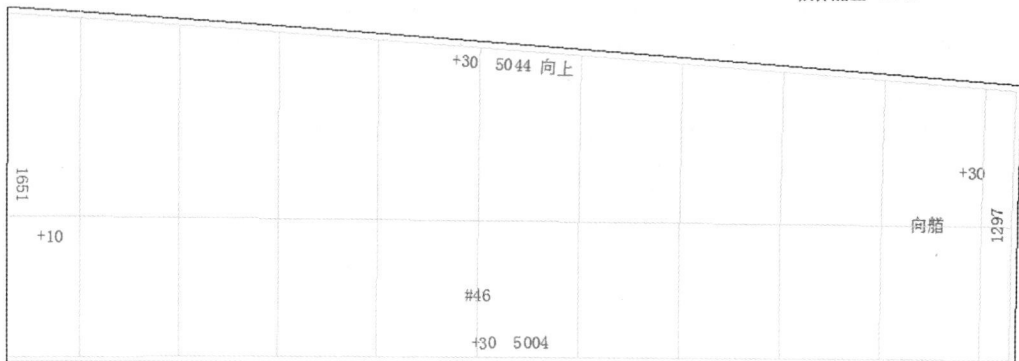

图 5-69　外板零件下料草图

思考与练习

一、简答题

1. 船体放样的主要工作内容有哪几项？

2. 船体型线光顺型值的调整原则是什么？

3. 船体型线光顺后期准备工作包括哪些？

4. 对给出的 HY1706 远洋渔船结构线描述文件进行说明。

5. 船体外板系统可以完成哪些功能？

6. 简述准备柱缝描述文件和纵缝描述文件的方法。

7. 艏艉柱板零件处理的功能有哪些？

二、填空题

1. 船体型线图由三张图组成，中线面上的船体剖面称为_____，中线面与船体型表面的交线称为_____，设计水线平面上的船体剖面称为_____，设计水线平面与船体型表面的交线称为_____。

2. _____是船体建造的第一道工序。

3. 船体型线放样的方法：_____、_____、_____和_____。

4. 船体型线光顺从_____面开始，然后_____面，最后是_____面，在实际操作中要互相协调，迂回进行。

5. 船体设计系统零件展开功能可展开各类船体构件：_____、_____、_____、

_____和曲面面板。

6.船体外板系统充分利用来自 HD - SHM 船体线型系统和结构零件系统的数据。这些数据文件中 FRAME ＊ ＊.DAT 表示_____型线文件,WLINE ＊ ＊.DAT 表示_____型线文件、BLINE ＊ ＊.DAT 表示_____型线文件、JGX ＊ ＊.DAT 表示_____文件。

三、判断题

1.船舶设计型线图只表达了船体的形状和大小。　　　　　　　　　　　　（　　　）

2.船体放样无须确定余量及补偿量。　　　　　　　　　　　　　　　　（　　　）

3.计算机系统能辅助人工完成大量放样工作。　　　　　　　　　　　　（　　　）

4.HD - SHM 系统有型线、结构和外板三大系统。　　　　　　　　　　（　　　）

5.HD - SHM 系统文件中尺寸数据以厘米为单位。　　　　　　　　　　（　　　）

6.光顺系统中:＊＊F 默认为艏半船名,＊＊A 为默认艉半船名。　　　（　　　）

7.光顺无平行中体的船舶前后半艏不需要重叠部分。　　　　　　　　　（　　　）

8.龙骨折角线、舷墙顶线均属于空间线。　　　　　　　　　　　　　　（　　　）

9.类型 2 结构线,L1,H1,L2,H2,…,Ln,Hn,0 表示高度线为通过节点。　（　　　）

10.L1,H1,L2,H2,…,Ln,Hn 的曲线。　　　　　　　　　　　　　　　（　　　）

第六章 船体结构建模

● 学习目标

知识目标

1. 能够正确理解船体项目设置的内容；
2. 理解和掌握坐标定位面的设置；
3. 能够正确理解平面板架建模界面、板架属性及边界定义；
4. 理解和掌握板缝、板零件、边界孔、扶强材的定义；
5. 理解和掌握船体曲线、曲面板缝的概念；
6. 理解和掌握型材标签、曲面型材、曲面板的定义；
7. 理解和掌握肘板的创建、复制、修改及删除方式。

能力目标

1. 熟练掌握船体项目设置中工程、图册及模型的选择和创建；
2. 熟练定义板缝、板零件、边界孔、扶强材，运用案例熟练操作；
3. 熟练掌握船体曲线、曲面板缝的建模方法；
4. 熟练掌握型材标签、曲面型材、曲面板的定义方法；
5. 初步掌握肘板的定位平面选择、创建、复制、修改及删除方法。

第一节 船体建模设置

"SPD－H 船体结构设计系统"是"舰船制造数字化设计集成平台"的组成部分，是 SPD（船舶产品设计）系统的分系统。

在我国，计算机船体建造系统已在大、中、小各类船厂广泛使用。但国产的三维的计算机船体结构设计系统尚不多见。SPD－H 船体结构设计系统就是具有自主知识产权的三维的计算机船体结构设计系统。SPD－H 船体结构设计系统着眼于船体的设计建模，满足设计的要求并且与船体建造系统 HDSHM 连成一体，提供结构零件的数据和其他曲面板架的数据，加快放样进度。

一、船体项目设置

船体项目设置，包括工程、图册、模型等的设置。由于船体设计系统是建立在船舶产品设计系统（SPD）的平台之上的，因此许多针对船舶工程的操作，包括工程管理、图册管理、模型管理等,均是相通的。在进入船舶产品设计系统的界面以后,会在界面上出现如图 6－1 所示的常驻窗口。

点击其中的"工程和模型管理"按钮,进行船体项目的设置。

1. 选择或创建工程

我们把一条船称为一个工程。

点击"工程管理"按钮,进行工程的选择或创建。但当前工程未关闭时,系统会提示先关闭当前工程再进行工程的选择或创建。

点击"工程管理"按钮,出现工程管理对话框(图 6－2)。

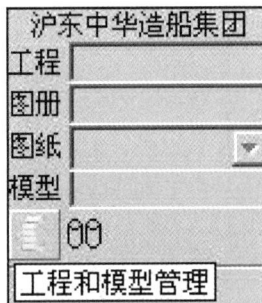

图 6－1　工程和模型管理窗口　　　图 6－2　工程管理对话框

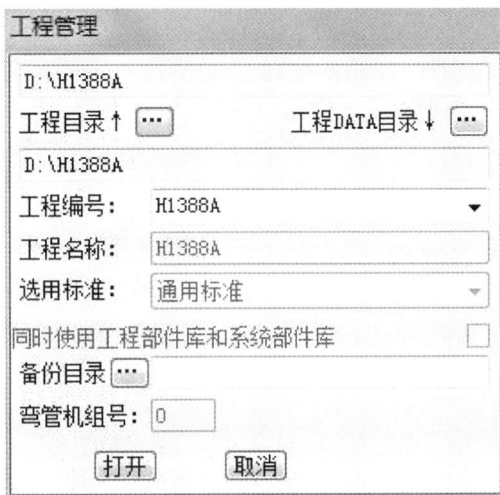

工程管理对话框中可设置"工程目录"和"工程 DATA 目录"。

工程数据可以分为共用数据和非共用数据,存放在工程 DATA、DRAWINGS、MODELS、OUTPUT 等子目录中。其中 DATA 子目录中的数据是整个工程共用的数据,包括船体型线数据、背景定义数据、原理库、名称库、工程部件库等数据,这些数据是所有模型都要使用,而且可以同时修改的,必须存放在服务器上的工程 DATA 目录中。而 DRAWINGS、MODELS、OUTPUT 等子目录中的图册数据、模型数据和其他输出数据,是不可以同时修改的数据,它们可以存放在服务器上的工程目录中,实践中多存放在本地的工程目录中。

如建立一个新工程,在目录选择对话框中应选择新船舶工程的上级目录,工程管理对话框中即把"打开"按钮换名为"创建",并激活工程的"工程目录""工程 DATA 目录""工程编号""工程名称"和"选用标准"等编辑框,键入相应信息,针对船体设计,选"通用标准"即可。

2. 选择或创建图册

在打开工程后,如果没有打开图册,则系统出现如图 6－3 所示的按钮,供船体设计人员进行图册选择或创建。

点击"图册管理"按钮,出现如图 6－4 所示的图形文件管理对话框。在"科室名称"下拉框中选择"船体"。系统在"文件名称"下拉框中显示属于船体的已有的图册文件名称。

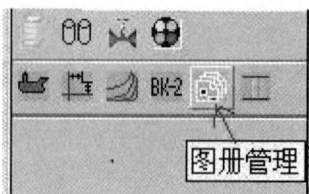

图 6 - 3　图册管理按钮

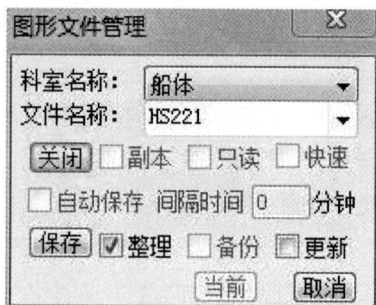

图 6 - 4　图册管理对话框

如果在"文件名称"下拉框中键入一个新的图册文件名,或文件名称为空,则图册管理对话框形式变为如图 6 - 5 所示情况。

图 6 - 5　新建图册

此时,在"文件名称"下拉框中键入一个新的图册文件名,并键入新建图册范围,点击"创建"按钮,即创建新的图册。在输入新建图册范围时,可以使用相对肋骨号和纵向定位号的定位坐标表达式。

3. 选择或创建模型

模型是指在屏幕上显示的三维模型的数据文件,存放在该工程目录下的 Models 文件夹中。该文件夹也是在创建工程时自动生成的。

模型是船舶实体的某个部分在计算机中的表示,而图册是显示表达船舶实体的一个平台,它通过各个图纸和视图,显示表达加入图册中的模型所表示的船舶实体的形状和属性。图册可包含有一个或多个模型,模型只有加入图册中,才能显示,才能交互操作。一个模型可加入多个图册。

点击"模型管理"按钮,系统显示如图 6 - 6 所示对话框。

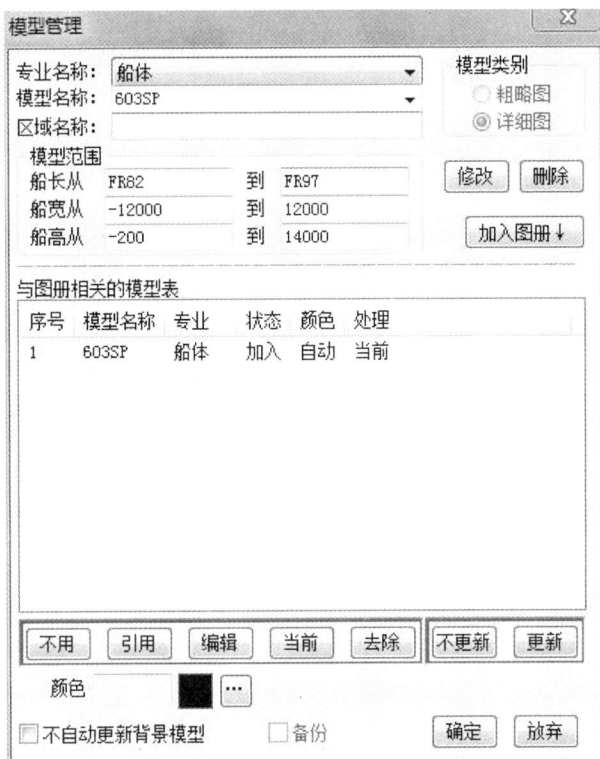

图 6-6 模型管理对话框

模型管理中的图册的状态有"引用""当前"等状态。所谓"引用"就是将模型的图形在图册中显示出来,但是不能修改该模型。所谓"当前"就是该模型允许修改,并且将其设置为当前模型。并且根据该模型的专业属性设置提供所属专业的功能按钮。在当前图册,可以有多个模型,但只有一个模型可以设置为"当前"。通常,要设置一个模型为当前模型。

4. 打开上次的工程和图册

如果已经创建有工程和模型,则在进入本系统,点击工程和模型管理按钮时,将会弹出对话框提示是否打开最近使用的工程和模型,如图 6-7 所示。

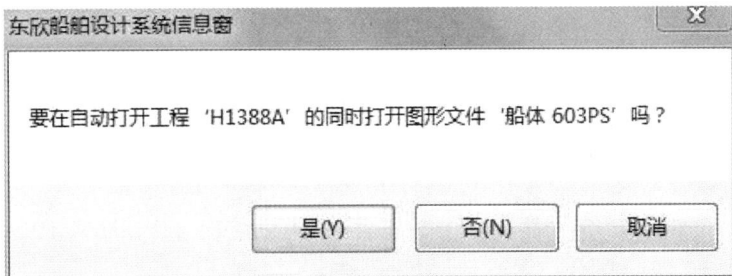

图 6-7 提示对话框

如果选择"是",则打开上一次操作的工程和图册,在图形区出现图册中所包含的模型图形。如果打开的模型是船体专业模型,则进入船体设计的环境。如果选择"否",则打开上一次操作的工程,但不打开图册。如果选择"取消",系统回到设计环境,供船体设计人员进行工程选择或创建。

二、坐标定位面设置

1. 船体坐标系

系统规定的船体坐标系,如图 6 - 8 所示。

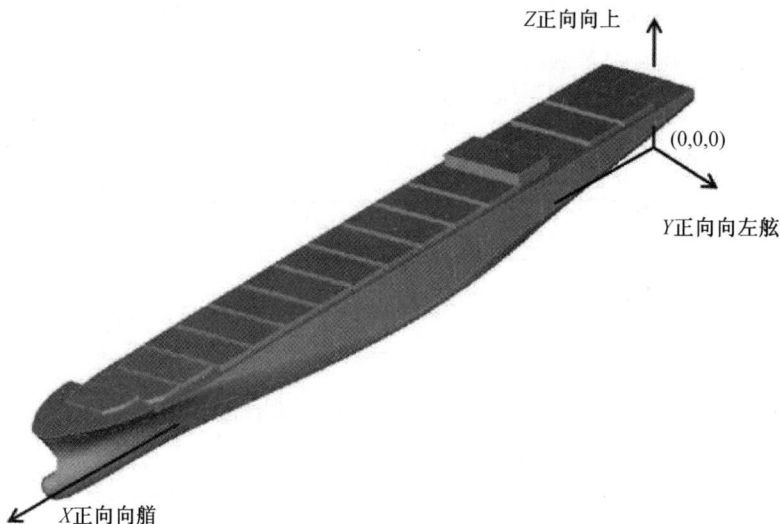

图 6 - 8　船体坐标系

船体坐标系的坐标轴为 X、Y、Z。无论对民船,还是军船,坐标系的原点通常定在艉垂线处。X 轴向艏为正,Y 轴向左舷为正,Z 轴向上为正。

2. 坐标定位面

坐标定位面是为船体坐标系确定的一组"参照物"(或称为"标签"),用于确定坐标位置,例如可以用 FR32 来指示一个横剖面,用 DK1 来指示主甲板。有了参照物,以后就可以用 FR32 + 300 来表示相对 FR32 肋骨向艏加 300 mm 的位置,用 DK1 - 200 来表示相对主甲板向下 200 mm 的位置,给船舶结构或设备的设计定位提供了便利。在工程和模型管理工具条中按坐标定位面按钮 ▣,则显示如图 6 - 9 所示的"船体基本信息"对话框。

3. 肋号定位

船长坐标用肋号定位远比用船长绝对坐标定位要便利得多。为了生成"肋号"标签,我们先要给出肋距定义表数据。肋距定义表数据的格式如下:

F1, $d1$, F2, $d2$, F3, $d3$, …, Fn

这里,Fi 是肋骨号,di 是肋距。以上数据表示,从肋号 F1 起,到肋号 F2 止,其间每挡肋距是 $d1$,从肋号 F2 起,到肋号 F3 止,每挡肋距是 $d2$,等等。

在"FR0 坐标"位置输入 0 肋号对应的绝对坐标。

对一般船舶而言,0 肋号在艉部,"FR0 坐标"通常为 0。

肋距定义表的例子:

- 6, 250, - 5, 750, 11, 800, 36, 860, 250, 750, 268

表示从肋号 - 6 起,到肋号 - 5 止,肋距是 250 mm,从肋号 - 5 起,到肋号 11 止,每挡肋距是 750 mm，从肋号 11 起，到肋号 36 止，每挡肋距是 800 mm……。

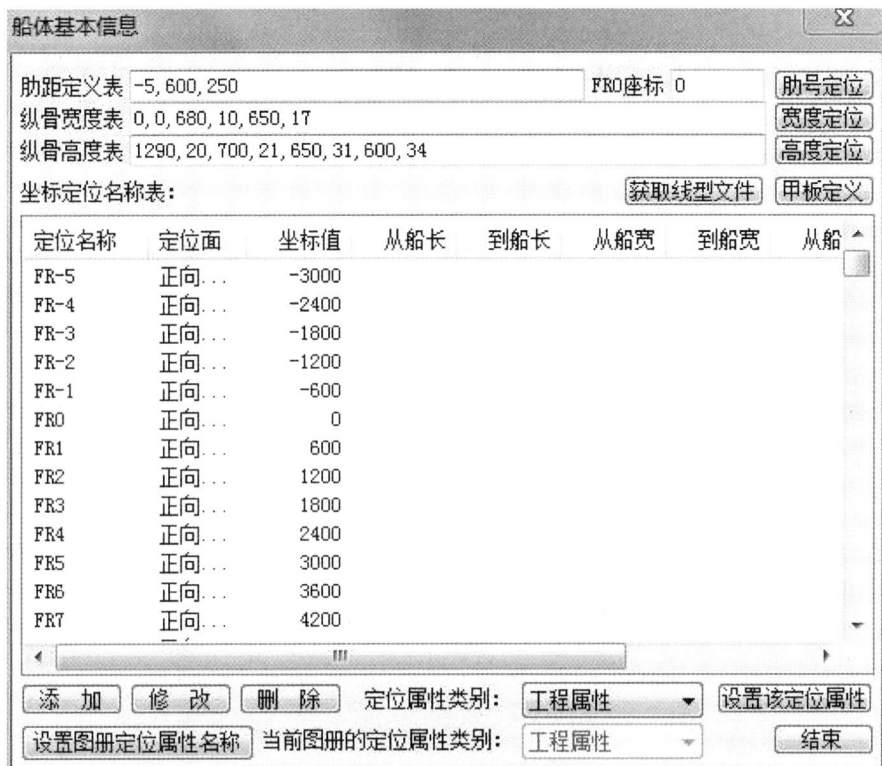

图 6-9　船体基本信息对话框

4. 纵骨宽度和高度定位

在船体设计中，宽度和高度经常使用中横剖面上的纵骨位置定位，此时就需要定义纵骨宽度和高度的定位数据。通常只考虑外板曲面上的纵骨定位。

纵骨定位表数据格式如下：

$d1, L1, d2, L2, d3, L3, \cdots, dn, Ln$

这里，Li 是纵骨号，di 是纵骨间距。以上数据表示，纵骨号 L1 的宽度或高度绝对坐标是 $d1$，从纵骨号 L1 起，到纵骨号 L2 止，其间每挡纵骨宽度或高度间距是 $d2$，从纵骨号 L2 起，到肋号 L3 止，每挡纵骨宽度或高度间距是 $d3$，等等。这里我们需要注意的是宽度纵骨号与高度纵骨号不能同号。

有了纵骨定位表数据以后，点击相应的"宽度定位"或"高度定义"按钮，即会在"已定义的定位面"列表中列出该类纵骨定位面数据，纵骨定位面以 Li 的形式命名。对以宽度表示的纵骨定位面，系统会同时产生 Li 和 $L-i$，Li 在左舷，$L-i$ 在右舷。

5. 获取线型文件生成船体曲面

船体曲面由一组型线样条文件表示，包括：

肋骨线样条文件"FRAME * * . DAT"；

纵剖线样条文件"BLINE * * . DAT"；

水线样条文件"WLINE * * . DAT"；

结构线文件"JGX＊＊.DAT"。

其中,＊＊为船号,与船体建造系统的产品数据目录的最后2个字符相同。型线样条文件由 HDSHM 船体建造系统的程序生成,存放在船体建造系统的产品数据目录中。"获取线型文件"就是从船体建造系统的产品数据目录中获取指定的线型文件,改造成船体设计用的船体坐标系下的型线样条文件,存放在船舶设计工程的 DATA 目录中。

按"获取线型文件"按钮,系统显示"选择任意一个型线文件"的标准文件选择对话框,选择该船的任意一个线型文件,则该船的线型文件和结构线文件会被提取到本系统中,产生相应的船体曲面。

三、船体模型的刷新

船体模型是我们观察船体结构产品数据的窗口,也是进行交互设计建模的界面。船体结构设计是一个团队的行为,随时需要协调或借鉴。每个船体结构设计人员在进行所承担的设计项目时,需要调用已建的船体产品数据,需要知道同伴的分段进展,这可以通过船体模型的刷新来实现。"船体模型刷新"就是从船体产品数据库中搜索已有的指定的对象,形成船体模型实体并显示。

点击"船体设置"按钮,在弹出的船体设置工具条中点击"刷新船体模型"按钮,系统即显示"模型设置"对话框,如图 6-10 所示。

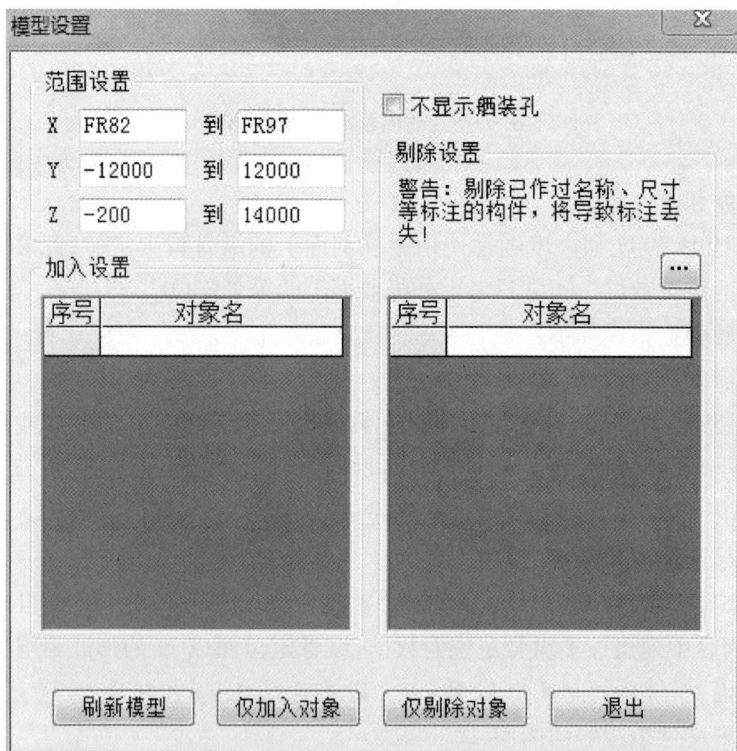

图 6-10 模型设置对话框

四、基本船体曲线设置

基本船体曲线指的是 X 向或 Y 向或 Z 向的坐标定位面与指定的船体曲面的交线,以及经转换的来自 HDSHM 系统的结构线和外板纵缝线。这些基本船体曲线大都是船体结构的轨迹线或边界线,在船体结构建模中需要引用这些基本船体曲线。基本船体曲线设置功能,使得我们可以批量地生成建模所需的船体曲线,避免在船体结构建模时零碎地定义。

点击"船体设置"按钮,在弹出的船体设置工具条中点击"基本曲线"按钮,系统即显示"生成基本曲线"对话框,如图 6 - 11 所示。

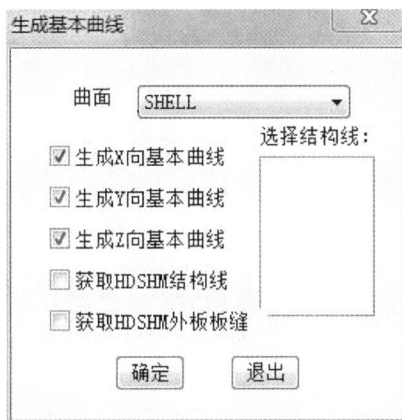

图 6 - 11　生成基本曲线对话框

可以在"曲面"组合框的下拉列表中选择所需曲面,例如 SHELL。如果要生成 X 向坐标定位面与指定的船体曲面的交线,则选中"生成 X 向基本曲线"复选框;如果要生成 Y 向坐标定位面与指定的船体曲面的交线,则选中"生成 Y 向基本曲线"复选框。点击"确定"按钮,系统即生成指定的基本船体曲线。生成的船体基本曲线的名称为:

对 X 向基本曲线:< 曲面名 >X< 肋号 >,例如 SHELLX30。

对 Y 向基本曲线:< 曲面名 >Y< 纵骨定位号 >,例如 SHELLYL2。

对 Z 向基本曲线:< 曲面名 >Z< 纵骨定位号 >,例 SHELLZL41。

五、船体设计标准库设置

"船体标准设置"根据具体的船体设计项目所采用的相应标准的要求进行定义,生成船体标准数据库,为后续建模提供便利。

点击"船体设置"按钮,在弹出的船体设置工具条中点击"船体标准库"按钮,系统即显示船体标准设置对话框,如图 6 - 12 所示。

每一个船体工程都应建立有当前工程的船体标准数据库,在船体设计中只使用当前工程的船体标准数据库,在对话框的上方显示有当前工程的位置以供核对。系统既可以设置系统标准库,也可以设置当前工程的标准库,通过标准库选择单选框来选择。船体工程的船体标准数据库最初可以由系统标准库或先前工程的船体标准数据库复制得到,点击"标准复制"按钮可进行标准复制,也可以对选中的标准数据库中的各标准进行创建、修改、验证、删除等操作,点击"标准设置"中的相应按钮即可进行相应标准的设置。

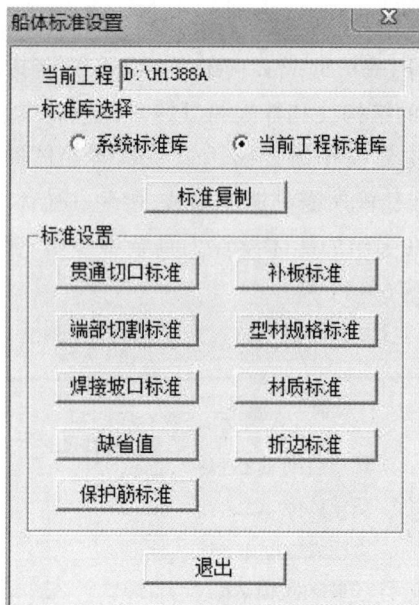

图6-12 船体标准设置对话框

六、船体项目设置实例

现在我们通过一个实例来练习有关船体项目的设置。

1. 建立一个工程

在 D 盘中创建工程,路径为 D:\H1338A,文件夹名、工程名称和工程编号均为 H1338A。

2. 坐标定位面设置(注意需英文状态输入)

肋距: -5,600,250;

纵骨宽度:0,0,680,10,650,17;

纵骨高度:1290,20,700,21,650,31,600,34;

获取线型:(线型文件路径为 D:\H1338A 线型文件);

甲板:1D;

中昂: -5,11300,100,11300,250,11300;

梁拱:0,1460,0,0,10490,400。

3. 建立图册及模型

图册名称 603PS,范围:FR82 ~ FR97, -12000 ~ 12000, -200 ~ 14000;

模型名及范围与图册相同。

4. 基本曲线生成及显示

略。

5. 标准复制

略。

第二节 平面板架建模

船体都是由若干个分段组成的,平面板架是分段的组成部分之一。在船体数据库中,每一个船体结构(例如板架、曲面板、曲面型材、肘板等)都从属于分段,其关系如图 6 – 13 所示。分段的大小与范围约束了平面板架建模的范围,系统不允许超出分段范围的平面板架。

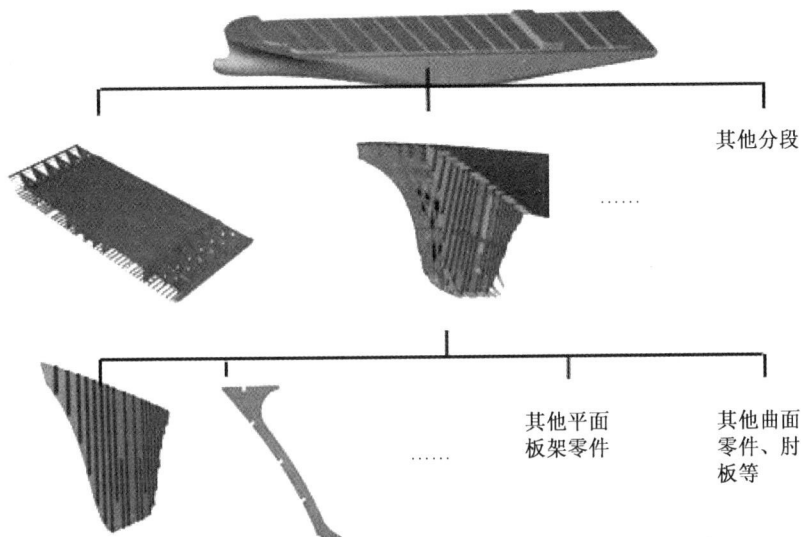

图 6 – 13 船体分段关系图

一、平面板架建模概述

平面板架建模用于建立船体上为平面的板架(不包含肘板),以及属于该平面板架的一些属性和零件,包括平面板架的位置等基本属性、边界信息、平面板架上曲线、板缝线、板零件、内孔、边界孔、扶强材、面板、折边、贯通切口、辅助划线等信息。

如图 6 – 14 所示的典型横剖面所在平面板架,由四段边界、一块板、两个内孔(每个内孔上均有面板)、四个边界孔、十三个贯穿切口、三根扶强材构成。除此之外还可以使用平面板架定义平面的甲板、纵向板、纵桁、腹板等结构。

二、平面板架建模界面

平面板架建模的功能界面如图 6 –15 所示。在对话框中,选择“平面板架▨”按钮,会弹出平面板架建模的功能按钮区,可用于分别建立平面板架的各项属性及依附于该板架的零件。

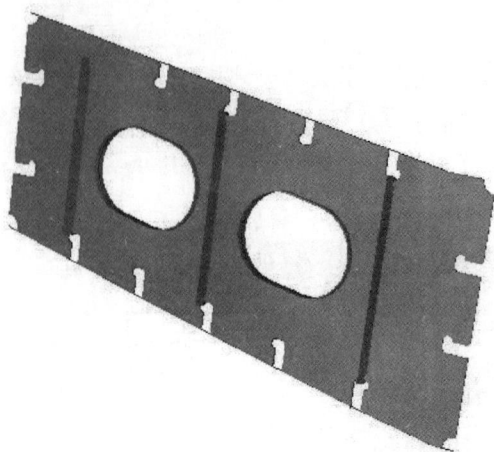

图 6 – 14 平面板架示例

图 6 – 15 平面板架功能界面

1. 平面板架建模功能按钮

平面板架属性设置：设定该板架的名称、部件名称、定位面信息、对称属性、基本类型等。

平面板架边界：定义该板架的边界,计算出板架的范围。

平面曲线定义：定义该板架定位面上的曲线。曲线可以作为边界参考、板缝线参考、内孔参考、边界孔参考、扶强材定位线参考等。

板缝定义：定义平面板架上的板缝,用于划分板零件。

板零件定义：按照边界和板缝的定义,对本板架中的板零件进行定义,包括板厚、零件号、材质等信息。

内孔定义：定义在板上的开孔。例如,人孔、管子的贯穿孔等。

扶强材定义：定义依附于该板架的扶强材,用于结构加强。同时还可以定义扶强材上的开孔、边界孔、贯通切口等。

面板定义：定义面板。面板可以定义在板架的边界上,也可以在板架的内孔上。

贯通切口定义：定义扶强材穿过板架时所开的切口并设置切口类型,以及定义该切口上的补板相关信息。

修改板架元素：通过图形的选择方式,对板架的属性或其从属构件进行选择后修改。

2. 分段定义

船体结构必须归属于一个分段,要进行船体结构建模,必须首先定义船体分段。点击"船体设置"按钮,在弹出的船体设置工具条中点击"分段定义"按钮,系统即显示分段定义对话框,如图 6 – 16 所示。

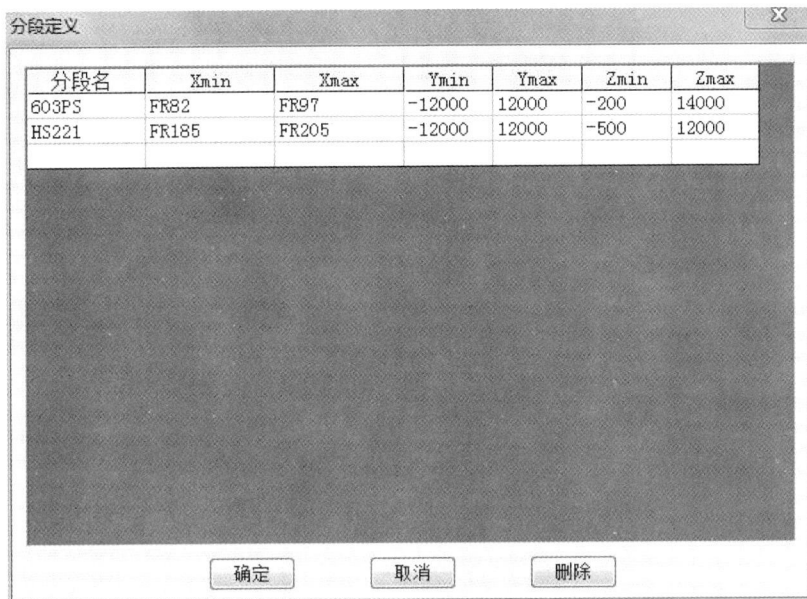

图 6 - 16　分段定义对话框

定义内容包括分段名称和分段的范围。所有已经定义过的分段名称和范围数据均会显示。分段名:长度不能超过 12 个字符,依据船体分段划分图的要求予以定义。

Xmin:分段范围中沿 X 方向(船长方向)的最小值,支持肋位号定义,例如 FR121;

Xmax:分段范围中沿 X 方向(船长方向)的最大值,支持肋位号定义,例如 FR147;

Ymin:分段范围中沿 Y 方向(船宽方向)的最小值,例如 -6200;

Ymax:分段范围中沿 Y 方向(船宽方向)的最大值,例如 6200;

Zmin:分段范围中沿 Z 方向(船高方向)的最小值,例如 3000;

Zmax:分段范围中沿 Z 方向(船高方向)的最大值,例如 7000。

分段范围的设定值应该比实际的分段范围稍微超出一些,以满足船体建模的需要。设定完毕后点击“确定”按钮保存,如点击“取消”按钮,不对当前修改进行保存。系统允许对已经定义过的分段的范围进行修改。

如果点击“删除”按钮即可以删除整个分段。需要注意的是一旦确认删除后,该分段中所有定义的构件都会被删除,而且不可恢复,因此在使用分段删除功能时必须谨慎。

3. 分段重算

在当前属性界面对话框中,当选择了某分段以后,点击“分段重算按钮”,系统会弹出分段重算对话框,如图 6 - 17 所示。

初始状态下系统会把当前选定分段中的所有的板架罗列在“不重算的板架”列表中。把要重算的板架加入“要重算的板架”列表中,然后进行重算。分段重算时,系统将根据各“要重算的板架”中的定义数据对相关板架重新计算,更新数据库并在视图中显示,也可加入整个分段,所有板架全部重算并更新。

图 6-17 分段重算对话框

4.单个板架的删除和重算

板架名下拉框中显示的为当前板架。一旦选择了当前板架,交互操作的视图中当前板架的所有元素都会呈高亮黄色显示。

点击"删除"按钮,可删除当前板架。系统会提示是否要删除当前板架,进行确认后才删除。板架删除后不可恢复,因此需谨慎使用。

板架的重算用于当该板架的相关属性(即已经建立的拓扑关系)发生更改时,不需要依次重新对相关元素重新进行定义,仅需点击"重算"按钮,板架的所有元素会根据发生更改的关系进行重算,并在视图中显示。重算完毕后会在左面的对话框下部提示信息栏中显示。

三、平面板架 10L 的建模

1.分段及板架属性定义(图 6-18)

分段定义:名称 603PS,分段范围:船长 FR82 ~ FR97,船宽 -12000 ~ 12000,船高 -200 ~ 14000。

板架名:603PS-10L。

部件名:10L。

定位面:类型 Y 平面,Y =6800。

对称性:左右对称。

类型:常规。

2.边界定义

选择"平面板架→边界",弹出边界定义对话框,如图 6-19 所示。

(1)点击序号1,弹出边界定义方式对话框,如图 6-20 所示。选择"直线",弹出"边界定义-直线"对话框,如图 6-21 所示,选择"X",输入 FR83 +100,点击"确定"。

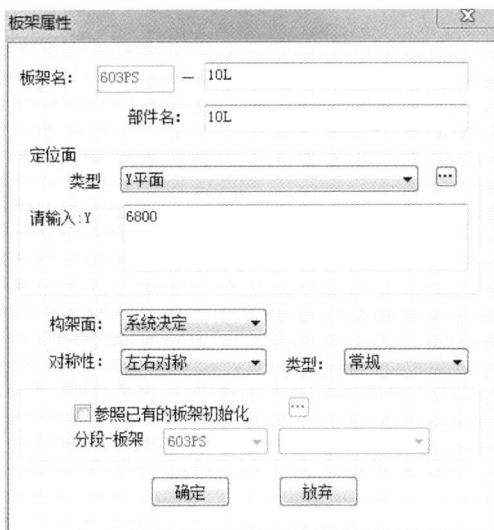

图 6 – 18　板架属性定义

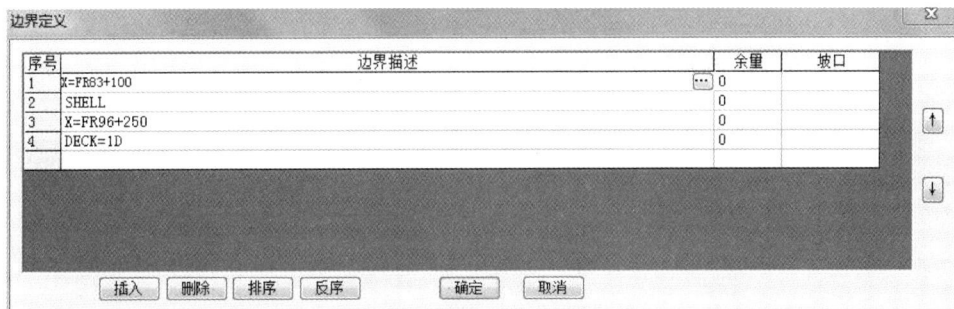

图 6 – 19　边界定义对话框

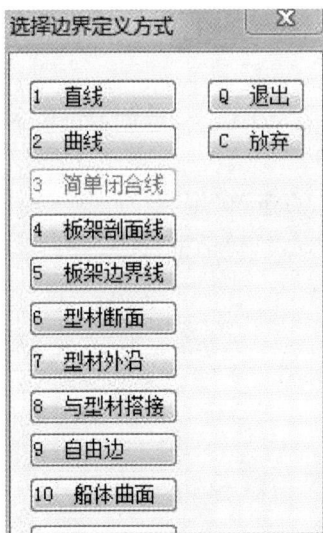

图 6 – 20　选择边界定义方式

图 6 – 21　边界定义 – 直线

(2)点击序号 2,弹出"边界定义方式"对话框,选择"船体曲面",弹出"选择船体曲面"对话框,如图 6 – 22 所示,选择"SHELL",点击"确定"。

(3)点击序号 3,同序号 1,输入"X = FR96 + 250"。

(4)点击序号 4,同序号 2,输入 1D,如图 6 – 23 所示。

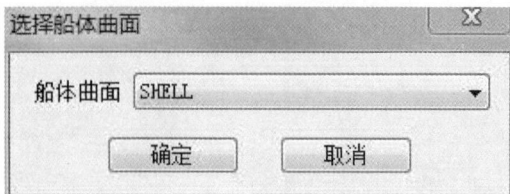

图 6 – 22 选择船体曲面(SHELL)

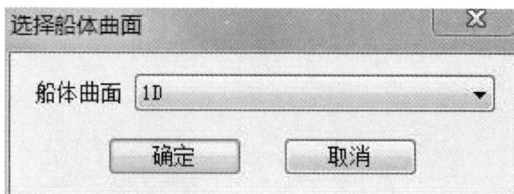

图 6 – 23 选择船体曲面(1D)

3. 板缝定义

选择"平面板架→板缝",弹出板缝定义对话框,如图 6 – 24 所示。

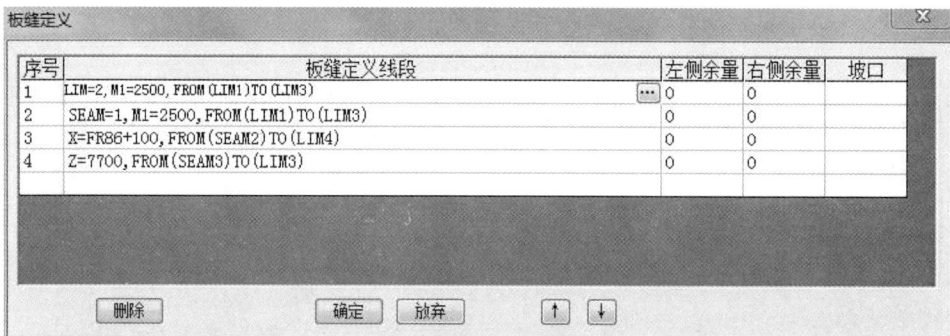

序号	板缝定义线段		左侧余量	右侧余量	坡口
1	LIM=2,M1=2500,FROM(LIM1)TO(LIM3)	...	0	0	
2	SEAM=1,M1=2500,FROM(LIM1)TO(LIM3)		0	0	
3	X=FR86+100,FROM(SEAM2)TO(LIM4)		0	0	
4	Z=7700,FROM(SEAM3)TO(LIM3)		0	0	

图 6 – 24 板缝定义

(1)点击序号 1 后面三个小点,弹出"选择板缝定义方式"对话框,选择"沿边界偏移",选择"边界 2"(平面板架与 SHELL 的交线),给出偏移量 M1 = 2500,如图 6 – 25 所示。

再选择板缝起点位置(边界 1)及终点位置(边界 3),点击"确定"。

(2)点击序号 2 后面的三个小点,弹出"选择板缝定义方式"对话框,选择"沿板缝偏移",用鼠标选择刚刚生成的板缝,给出偏移量 M1 = 2500。

再选择板缝起点位置(边界 1)及终点位置(边界 3),点击"确定"。

(3)点击序号 3 后面三个小点,弹出"选择板缝定义方式"对话框,选择"沿直线",定义值为 X = FR86 + 100,如图 6 – 26 所示。

图 6 – 25 偏移量定义

图 6 – 26 板缝 3 定义值

再选择板缝起点位置(板缝 2)及终点位置(边界 4),点击"确定"。

(4)点击序号 4 后面的三个小点,弹出选择板缝定义方式对话框,选择"沿直线",定义值为 Z = 7700,如图 6 – 27 所示。

再选择板缝起点位置(板缝 3)及终点位置(边界 3),点击"确定"。所生成的图形如图 6 – 28 所示。

图 6 – 27　板缝 4 定义值

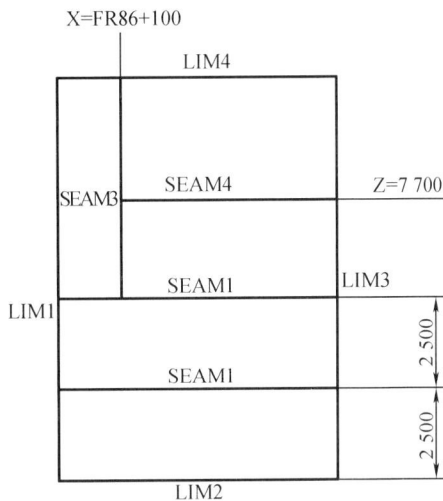

图 6 – 28　板架 10L 边界板缝示意

4. 板零件定义

选择:"平面板架→板零件",弹出"板定义"对话框,板零件厚度朝向选择"向中",厚度输入 10,材质选择 A,定位点坐标(用鼠标在每块板上点击即可),点击"确定",如图 6 – 29 所示。

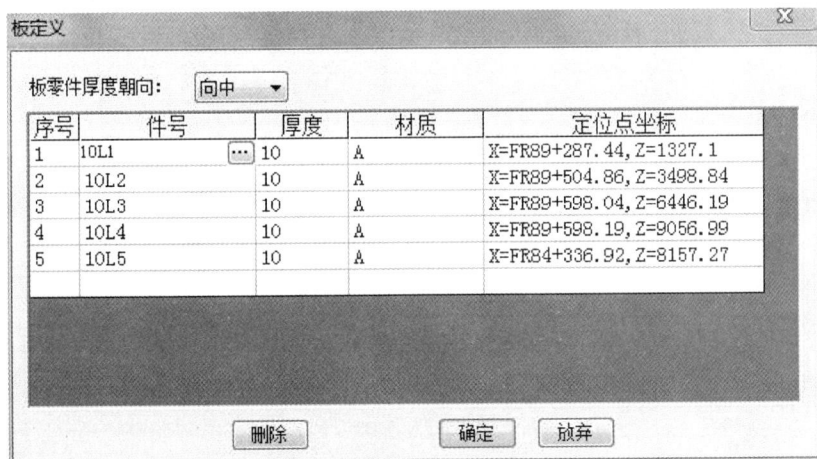

序号	件号	厚度	材质	定位点坐标
1	10L1	10	A	X=FR89+287.44,Z=1327.1
2	10L2	10	A	X=FR89+504.86,Z=3498.84
3	10L3	10	A	X=FR89+598.04,Z=6446.19
4	10L4	10	A	X=FR89+598.19,Z=9056.99
5	10L5	10	A	X=FR84+336.92,Z=8157.27

图 6 – 29　板定义对话框

5. 扶强材定义

选择:"平面板架→扶强材",弹出"扶强材定义"对话框(先清空内容)。

型材规格:140 ∗ 8BP,材质:A。

定位描述:Z = 3500,REV。

安装面:W 反向。

对称性:常规。

角度:90。

端截平面:LIM(起始端和终止端均选择"边界点平面")。

端部连接:4,0。

余量:0。

端部形式:2100,点击"添加",如图 6 - 30 所示。

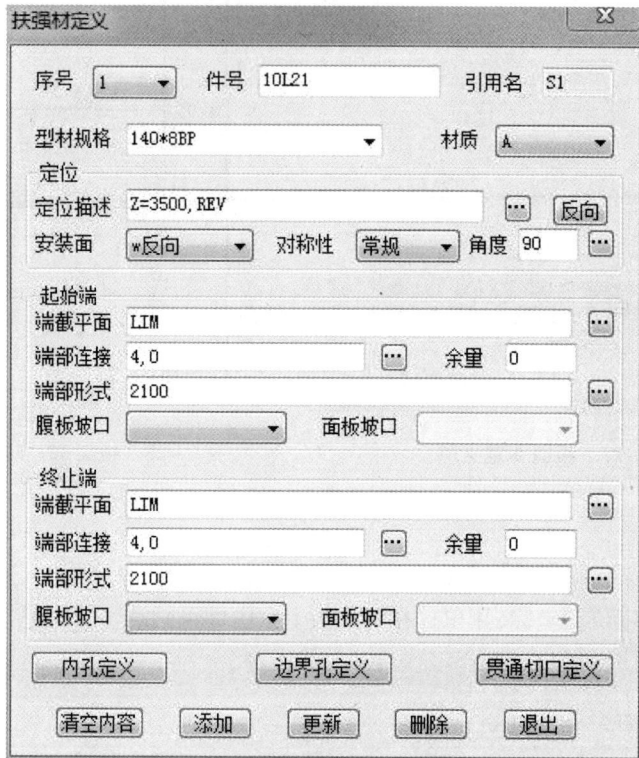

图 6 - 30　扶强材定义对话框

6. 内孔定义

选择:"平面板架→内孔",弹出"内孔定义"对话框,如图 6 - 31 所示。

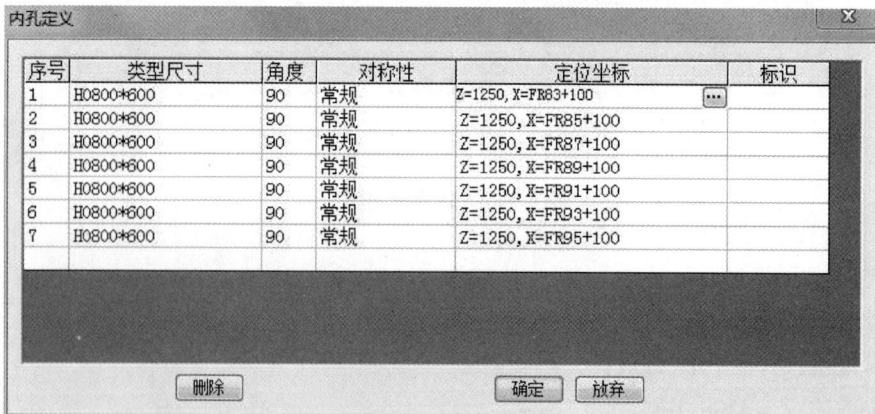

序号	类型尺寸	角度	对称性	定位坐标	标识
1	H0800*600	90	常规	Z=1250,X=FR83+100	
2	H0800*600	90	常规	Z=1250,X=FR85+100	
3	H0800*600	90	常规	Z=1250,X=FR87+100	
4	H0800*600	90	常规	Z=1250,X=FR89+100	
5	H0800*600	90	常规	Z=1250,X=FR91+100	
6	H0800*600	90	常规	Z=1250,X=FR93+100	
7	H0800*600	90	常规	Z=1250,X=FR95+100	

图 6 - 31　内孔定义对话框

类型尺寸:H0800 * 600,角度:90,对称性:常规。

定位坐标:选择"线与线交点",先定义 Z = 1250,再定义 X = FR83(2)95 + 100,点击"确定"。

板架 603PS – 10L 板架建模效果如图 6 – 32 所示。

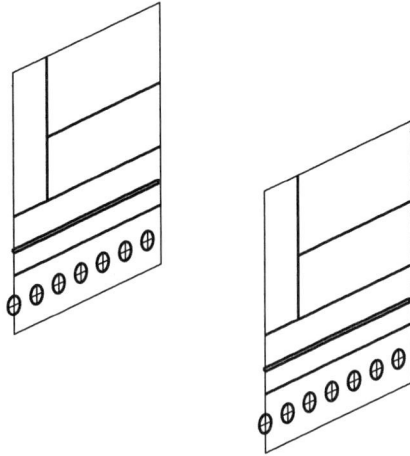

图 6 – 32　板架 603PS – 10L 建模效果(左右对称)

四、平面板架 2000Z 的建模

1. 板架属性定义(图 6 – 33)

板架名:603PS – 2000Z。

部件名:2000Z。

定位面:类型 Z 平面,Z = 2000。

对称性:左右对称。

类型:常规。

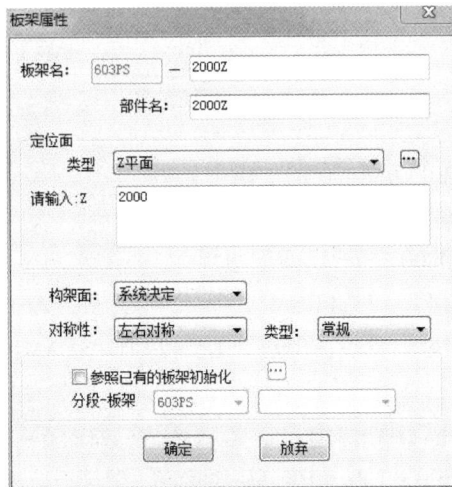

图 6 – 33　板架属性定义

2. 边界定义

选择"平面板架→边界",弹出边界定义对话框,如图6-34所示。

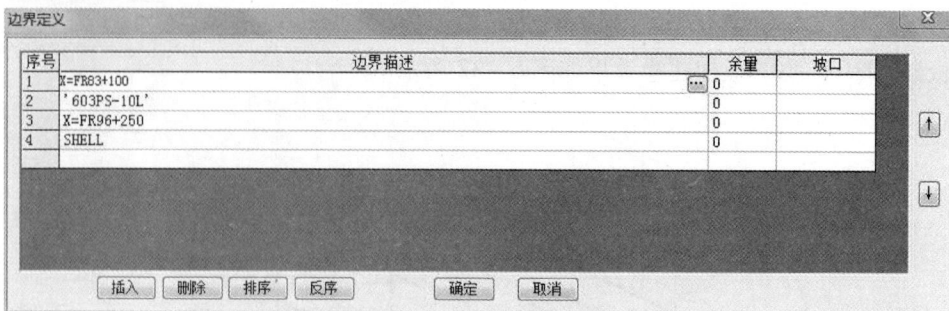

图6-34 边界定义对话框

点击边界描述后面的方框:

序号1:直线→X = FR83 + 100。

序号2:板架剖面线→603PS - 10L。

序号3:直线→X = FR96 + 250。

序号4:船体曲面→SHELL。

3. 板缝定义

选择"平面板架→板缝",弹出"板缝定义"对话框,如图6-35所示。

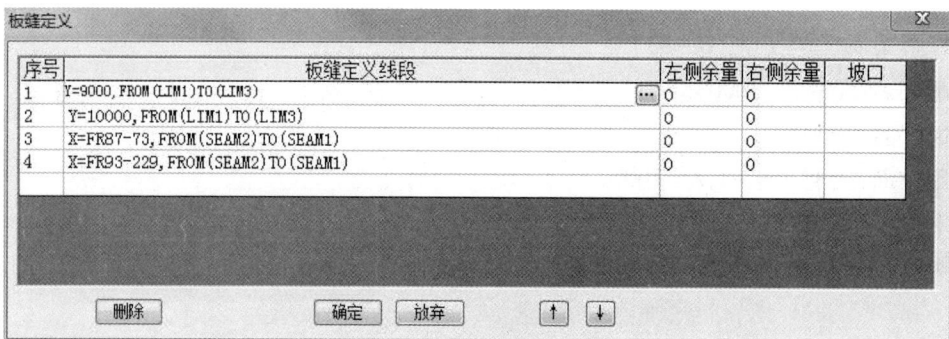

图6-35 板缝定义

点击板缝定义线段后面的方框(在图上拾取)。

序号1:沿直线→Y = 9000,再给出两端边界。

序号2:沿直线→Y = 10000,再给出两端边界。

序号3:沿直线→X = FR87 - 73,FROM(SEAM2)TO(SEAM1)。

序号4:沿直线→X = FR93 - 229,FROM(SEAM2)TO(SEAM1)。

4. 内孔定义

选择:"平面板架→内孔",弹出"内孔定义"对话框,如图6-36所示。

类型尺寸:HR2000 ∗ 1500 ∗ 100,角度:90,对称性:常规。

定位坐标:X = FR86 + 506,Y = 9417;X = FR92 + 371,Y = 9417。

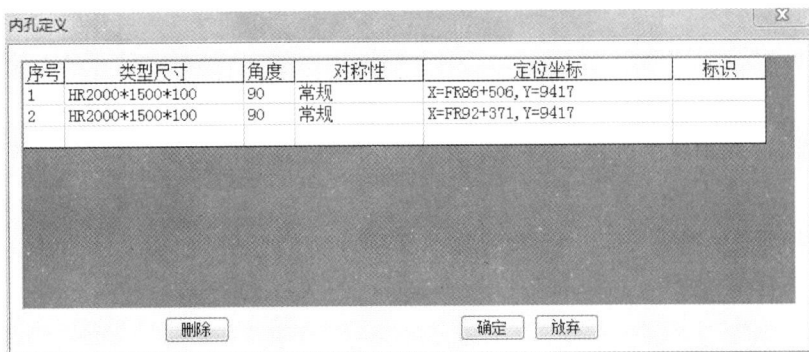

图6-36 内孔定义对话框

5. 板零件定义

选择:"平面板架→板零件",弹出"板定义"对话框,板零件厚度朝向选择"向上",厚度输入10,材质选择A,定位点坐标(用鼠标在每块板上点击即可),点击"确定",如图6-37所示。

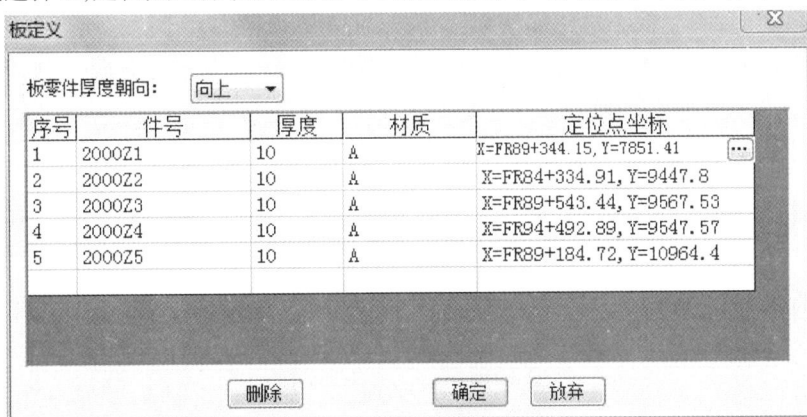

图6-37 板定义对话框

板架603PS-2000Z与板架603PS-10L组合后建模效果如图6-38所示。

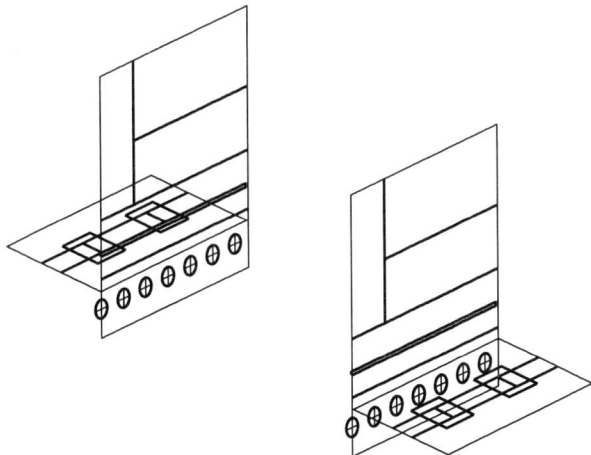

图6-38 板架603PS-2000Z建模效果

第三节 曲面板架建模

曲面板架主要用来对船体结构中的各种曲面型材和曲面板进行建模。船体曲面板架的建模工作是在完成了船体曲面的基本定义后进行的。船体曲面板架模块就是用来创建定义在上述曲面上的曲线、板缝、板以及依附于曲面上的型材(包括纵骨、肋骨、横梁、支柱等),并提供对所创建的对象进行修改、删除、复制、更名、检查与重算的功能。

一、曲面板架概述

1. 曲面分类

曲面可以分为3类:

(1)船体曲面:船体曲面用一组型线文件(FRAME*,WLINE*,BLINE*)来定义,包括船体的外壳、内壳或其他以型线文件定义的曲面。

(2)甲板曲面:当甲板不是平面构成时,应定义为甲板曲面。

(3)直纹面曲面:船体上还有舵叶、烟囱、槽型舱壁、转圆围壁等曲面,它们的特点是曲面可由一根直线在空间扫过而形成,因此可称为直纹面。

2. 曲面板架建模界面

在当前工作的模型是船体时,将出现船体建模有关的功能功能按钮区。在选择"曲面板架 🔲"后,系统出现曲面板架功能的界面如图6-39所示。

图6-39 曲面板架功能界面

📈船体曲线:创建在船壳曲面或甲板曲面上的曲线以及不依附于某一曲面的空间曲线。

✂曲面板缝:创建在船壳曲面或甲板曲面上的板缝。

LP型材标签:创建型材标签。

曲面型材:创建曲面型材以及型材上的内孔、边界孔、贯穿孔及划线。

◇曲面板:创建曲面板及曲面板上的边界孔、贯穿孔、定义曲面内孔。

曲面定义:定义直纹曲面。包括柱面、锥面、边界延伸曲面、两边界曲面以及曲面管理等。

修改:对选择的用曲面板架创建的各种对象进行修改。

复制:对选择的用曲面板架创建的各种对象进行复制。

删除:对选择的用曲面板架创建的各种对象进行删除。

检查与重算:对选择的用曲面板架创建的各种对象进行检查与重算。

二、船体曲线

船体曲线功能是为曲面型材建模专门提供的,在创建曲面型材时需要使用船体曲线作为型材的迹线,曲面型材多数依附在某一曲面上,故多数曲线也在曲面上定义。在船体设计系统中,船体曲线的生成来源于两个功能:(船体设置→基本曲线)和(曲面板架→创建船体曲线)。

点击"船体曲线"图标,系统弹出如图6-40所示的船体曲线定义对话框。

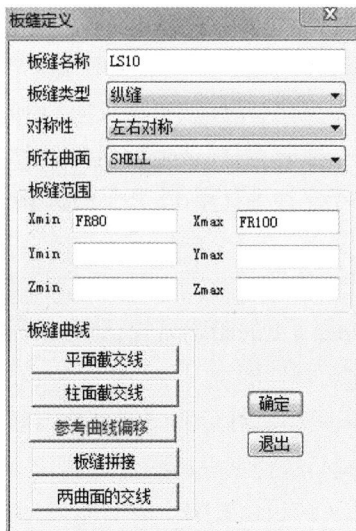

船体曲线都应定义在左舷,并显示在船体的左侧。只有在对甲板进行横向剖切时,曲线才可能出现在右舷,空间曲线的定义也一样,这里要引起注意。系统在创建一条曲线后并不退出,而是仍显示定义界面,这样就可以连续进行曲线的创建,直到选择取消终止创建。

三、曲面板缝

曲面板缝用来定义曲面板的边界。点击"曲面板缝"图标后,系统出现如图6-41所示的曲面板缝定义的界面。

图6-40　船体曲线定义　　图6-41　曲面板缝定义

1.曲面板缝类型

(1)纵缝:纵向的板缝,跨越多档肋位并且在各肋位单值。

(2)端缝:横向的板缝。

(3)柱缝:通常在船体艏艉端和舷墙处定义的板缝。特点是跨越肋位不多或者在各肋位不单值。

2.对称性

包括左右对称、仅左、仅右和跨中四种选择。

注意:在甲板曲面上的横缝线,其对称性一般应定义为跨中,且不需设定范围。甲板上的纵缝线仍在左舷定义,再通过对称性控制它实际的位置。

系统在创建一条曲面板缝线后并不退出,而是仍显示定义界面,这样可以连续进行板缝线的创建,直到选择取消终止创建。

四、型材标签

型材标签表示型材的一个逻辑位置。建模时对曲面型材进行参考引用时就是按照型材的位置标签来引用,而非型材本身的名字。一般来说,型材本身的名字具有不稳定性,可能因为分段的拆分而更名,并且从型材本身的名字上不易体现船体位置。而用标签名,既简单、稳定,又可体现船体位置,可以提高设计的逻辑层次,避免因型材名字更改而引起的"丢失"现象。

在"坐标定位面"定义时,定义了一批定位面标签。系统会将定位面标签做相应的复制,转化为型材标签,这些型材标签主要用于船体主曲面 SHELL 上的型材:

肋骨定位面标签 FRi 转化成的型材标签是 Ti,i 是肋号。

纵骨定位面标签 Li 转化成的型材标签仍是 L-i,L0,Li,i 是纵骨宽度序号。

当首次点击"曲面板架"的"型材标签"图标,系统会将船体基本信息中的定位标签做相应的复制,初始化型材标签,但需要注意的是仅有这些型材标签是不够的,还需要添加或删除另外的型材标签,如图 6-42 所示。

型材标签可以参考下面的方法命名:

(1)对于纵向型材(或近似纵向)用 L 开头的标签,如 L200。

(2)对于横向型材(或近似横向)用 T 开头的标签,如 T30A。

(3)对于支柱型材用 PI 开头的标签,如 PI1,PI2,PI3。

五、曲面型材

定义在曲面上的船体纵骨、肋骨、斜肋骨、横梁等型材统称为曲面型材。另外支柱也作为曲面型材进行处理。

选择图标"⌄"进行曲面型材的创建。点击"创建型材⌄"后,系统弹出如图 6-43 所示对话框,提示选择型材迹线。

基本船体曲线设置中生成的船体基本曲线和船体曲线中生成的曲线均可以作为型材迹线。可在下拉框中选择迹线,也可按"…"按钮,在图面上选择迹线。在选择相应的迹线并点击确定后出现如图 6-44 所示曲面型材定义的界面。

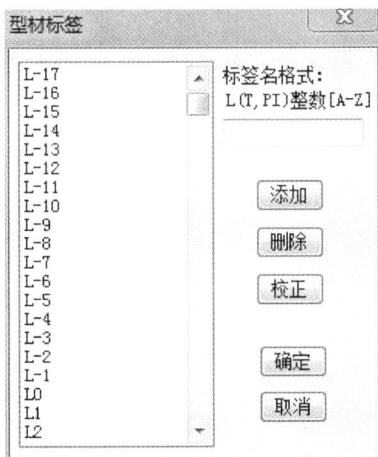

图 6 – 42　型材标签信息界面

图 6 – 43　选择曲线对话框

图 6 – 44　曲面型材定义界面

（1）对称性：有左右对称、仅左、仅右和船中四种。对于跨中的曲面型材，对称性应选择船中。通常，迹线是在左舷生成的，对于仅在右舷的曲面型材，如果迹线是在左舷定义的，则曲面型材在左舷定义，而型材位置在右舷，可由对称性的"仅右"来控制。

（2）型材规格：通过选择标准库中已定义的型材规格标准来给出型材的规格尺寸。

（3）材料牌号：通过选择标准库中已定义的材料牌号标准来给出型材的材料牌号。

（4）迹线曲线：显示选中的迹线的名字。可以在编辑框中编辑曲线名或点击 ⋯ 可以重新选择迹线。

（5）位置标签：每一根曲面型材都有相应的位置标签，供其他对象引用，如平面板架中型材贯穿孔的位置就是由位置标签决定的。

（6）厚度方向：选择型材的厚度方向。对球扁钢，是指球头的方向，其他类型型材也类似。

六、曲面板

曲面板是由曲面上的板缝所围成的一块封闭区域。点击"曲面板"按钮，系统显示曲面板定义的对话框，如图6-45所示。

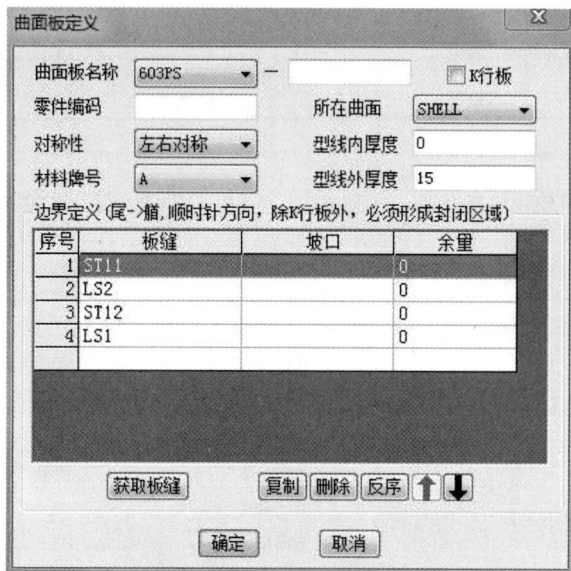

图6-45 曲面板定义对话框

（1）曲面板名称：给出曲面板在船体建模时用于识别的名字，建模时可无须设置，由系统自动给出。

（2）零件编码：给出曲面板在船体建造时的名字，前期建模时可无须设置，后期定义分段零件名时统一按规则给出。

（3）所在曲面：在下拉框中选定曲面板所依附的曲面。

（4）对称性有四种：左右对称、仅左、仅右、跨中。

（5）板厚：曲面板的板厚由型线内厚度和型线外厚度两部分合成。型线内厚度和型线外厚度中的内外含义是指对于船壳上的曲面，船体内部称为内，船体外部称为外；对于甲板上的曲面，向下的方向称为内，向上的方向称为外。

（6）K行板：指在船体中间，左右对称的曲面板。在选择了K行板选项后，曲面板的对称性就不用选择。此时板的边界仅选择在左舷的部分，方向仍按顺时针方向。

（7）材料牌号：在下拉框中选择材料牌号。

七、曲面板架建模实例

现在我们通过实例来练习一下有关曲面板架的建模。

1. 曲面外板板缝的定义

(1)端缝定义:ST11,ST12。

位置:FR83 + 100,FR96 + 250。

对称性:左右对称。

所在曲面:SHELL。

(2)纵缝定义:LS1,LS2,…,LS8,LS9。

位置:Y = 7000,8870,10850。

Z = 1450,2680,4460,6240,8020,9220,11050。

对称性:左右对称。

所在曲面:SHELL。

板缝范围:Xmin,FR80;Xmax,FR100。

曲面外板板缝建模后效果如图 6 - 46 所示。

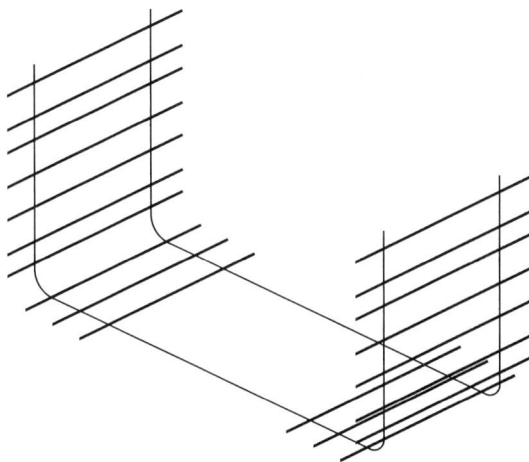

图 6 - 46 曲面外板板缝建模效果

2. 曲面外板建模(图 6 - 45)

曲面板名称:603PS - PL1(可以不填,系统可自动生成)。

所在曲面:SHELL。

对称性:左右对称。

型线内厚度:0。

型线外厚度:15。

材料牌号:A。

点击"获取板缝"(注意顺时针方向点)。依次定义得到曲面名称为 PL1 ~ PL10 的曲面板。

3. 曲面纵骨建模

(1)刷新船体模型

船体设置→刷新船体模型→仅加入 SHELLY *,如图 6 - 47 所示。

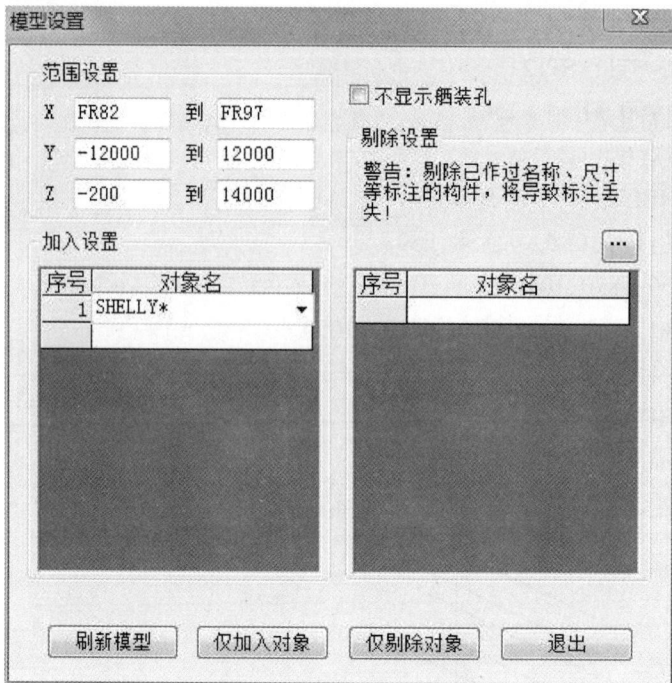

图 6 - 47　模型设置—刷新船体模型

（2）曲面型材建模

选择曲面板架→曲面型材→创建型材。

弹出曲面型材定义界面，如图 6 - 44 所示。

在不同的位置，不能用同一标签（是系统内部对型材的定义），相同的位置可以用同一标签（如前后两分段相同位置可用同一标签）。

（3）曲面型材内孔定义

选择：曲面板架→曲面型材→型材内孔。

选择刚生成的内孔定义对话框如图 6 - 48 所示。

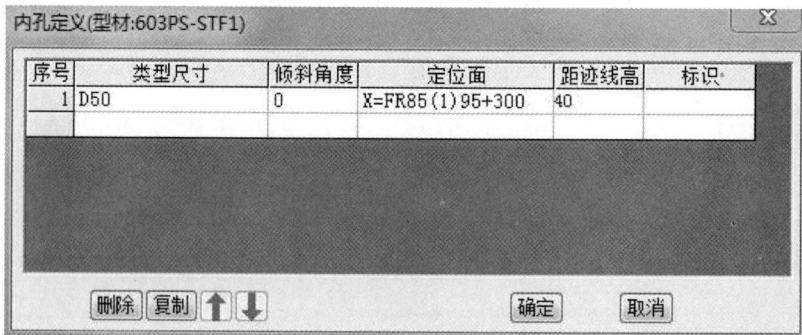

序号	类型尺寸	倾斜角度	定位面	距迹线高	标识
1	D50	0	X=FR85(1)95+300	40	

图 6 - 48　型材内孔定义对话框

（4）曲面型材复制

可以通过复制把纵骨依次快速建出来。

选择曲面板架→复制。

①选择要复制的对象,即选择刚生成的曲面型材。

②再选择型材所在迹线,复制出:L12～L17。

③复制后注意依次修改相应位置的型材标签。

曲面板架建模后效果如图6-49所示。

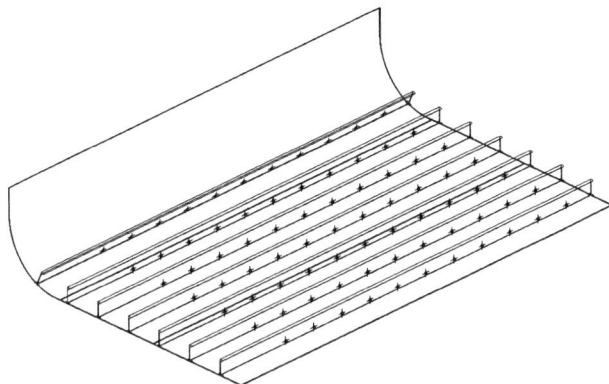

图6-49　曲面板架建模效果

第四节　肘板及复杂构件建模

一、肘板概述

肘板模块是用来对船体上肘板进行建模的专用功能,可以进行肘板的创建、复制、修改、删除、检查与重算。

在当前工作的模型是船体时,将出现船体建模有关的功能按钮区。在选择"肘板▐◤"后,系统出现肘板功能界面如图6-50所示。

图6-50　肘板功能界面

当前分段:给出要处理的肘板所属的分段名,可以从下拉框选择。当创建肘板时,所创建的肘板应属于该当前分段。如果勾选"列表选择肘板"时,列出的是当前分段的所有肘板;如果在图形中选择肘板对象,选择了不属于当前分段的肘板,被选择的肘板所在分段即成为当前分段。

选择方式:可以在图形中选择肘板对象,也可以通过列表的方式选择肘板对象,通过设置 ☑ 列表选择肘板 可以在两种方式间进行切换。

二、肘板类型

创建肘板时使用的三种模型,如图 6-51 所示。

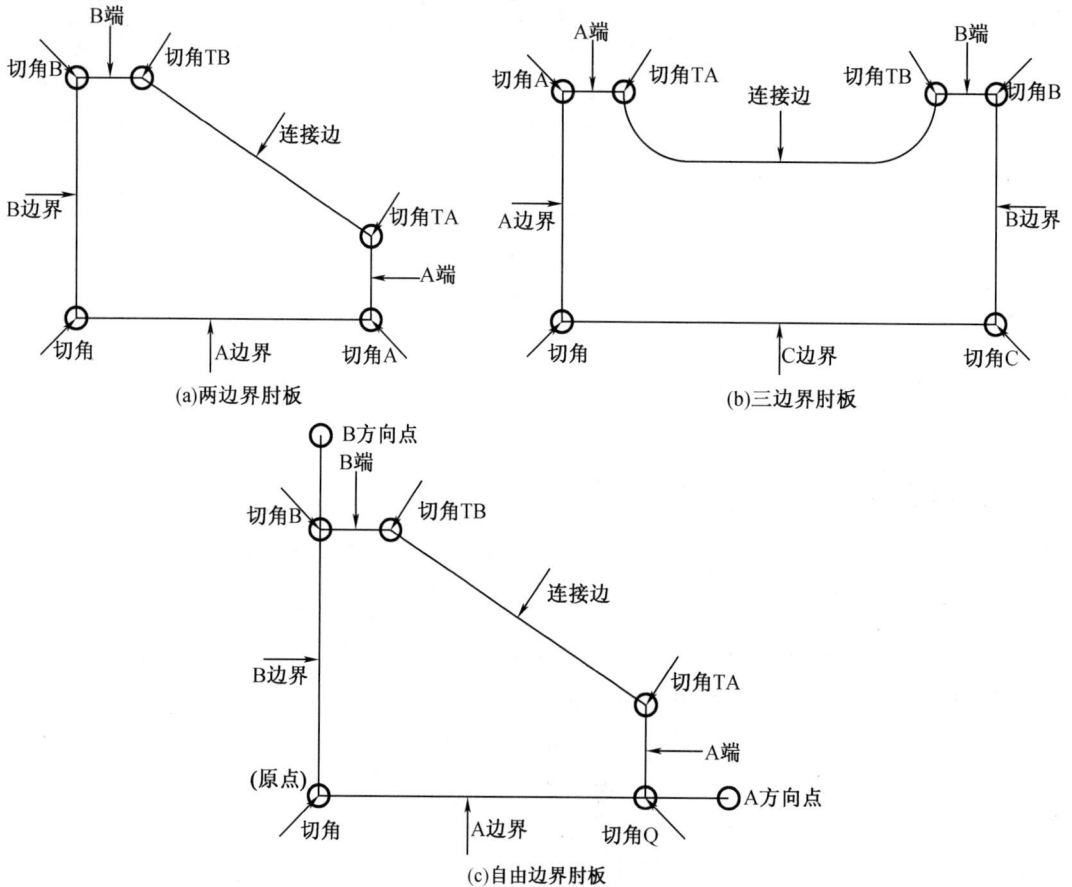

(a)两边界肘板

(b)三边界肘板

(c)自由边界肘板

图 6-51　肘板的三种模型

创建肘板时选择肘板类型对话框如图 6-52 所示。

由肘板模型示意图可见,肘板是由边界、端部、连接边的几部分界定的一个封闭区域,边界或端部与其他船体对象间可以有各种连接关系,连接边也可以有不同的形式。

1. 肘板边界

在模型中,标识为 A 边界、B 边界或 C 边界的肘板部分称为边界。与边界有连接关系的船体对象称为主约束体。

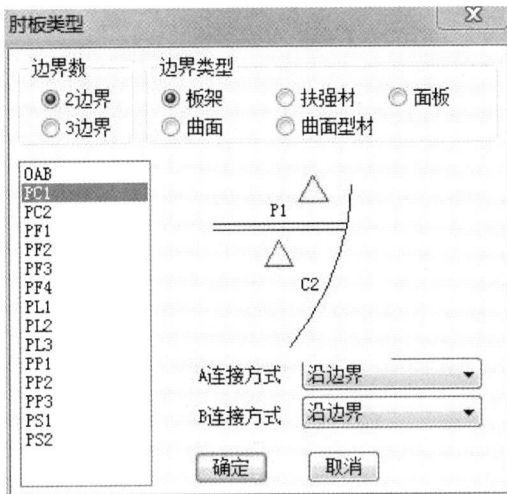

图6-52 选择肘板类型对话框

A边界、B边界或C边界的命名与选择的肘板类型有关,肘板类型本身规定了选择主约束体的顺序,相应也规定了与主约束体有关的边界名称。可以参考图6-52,在选择肘板类型对话框中PC1表示了当前选择的肘板类型,在对话框的图示区中,P1的"P"表示约束体是板架,"1"是序标,表示了在选择主约束体时的顺序。当序标为1时还表示了与此约束体相关的边界是A边界。在A边界确定以后,如果是两边界肘板,则与另一约束体相关的就是B边界,如果是三边界,与A边界相邻的边界为C边界,另一边界则为B边界。如果是自由边界肘板,A边界与B边界与给定的坐标系数据有关,沿原点→A点的为A边界,另一边则为B边界。

2. 肘板端部

A边界与连接边之间的部分为A端,B边界与连接边之间的部分为B端,与端部有关的船体对象称为辅助约束体。

3. 肘板约束体

肘板一般是作为船体结构的连接件或加强件出现的,与肘板相关的船体对象通称为约束体。约束体可分为两类,与主边界有连接关系的约束体称为主约束体,与端部有连接关系的约束体称为辅助约束体,肘板要参考的其他船体对象也称为辅助约束体。每种约束体都用一个符号表示。下面是系统对约束体的符号解释:

P:平面板架

S:平面板架上的型材(加强筋、扶强材等)

F:平面板架上的面板

C:系统定义的各种曲面(包括船壳曲面、甲板曲面)

L:曲面上的型材(纵骨、肋骨、横梁等)

T:T型材(面板与板架板零件的组合体)(仅作为辅助约束体)

O:自由定位的肘板的原点

A:自由定位的肘板的A边界上的方向点

B:自由定位的肘板的B边界上的方向点

4.肘板类型说明

系统提供的部分肘板类型如图6-53所示,图形中符号△表示肘板可能出现的空间位置,仅单独的△表示肘板空间位置是确定的,如果有两个△,则我们需指定肘板所在的空间位置。

确定了肘板类型后,在选择作为边界的约束体时要注意选择的顺序。要按照约束体序标的顺序来选择作为边界的约束体。例如图6-53中的PP1类型,有2个板架,还要对照具体的肘板选择适当的板架作为P1(即首先选择的板架)。

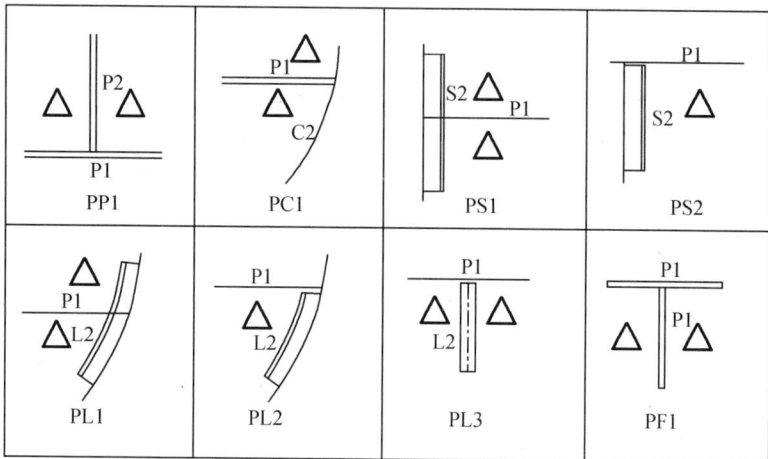

图6-53 部分肘板类型

三、肘板的创建

点击 ⬠ 进行肘板创建,创建肘板分为三个步骤。

(1)选择适当的肘板类型。选择肘板相应边界对应的船体对象(约束体),端部参考边界,还需选择参考的船体对象(辅助约束体)。

(2)给出肘板的具体参数。图6-54显示了肘板的实际模型,图6-55则显示了该肘板定义时的参数。

图6-54 肘板的实际模型

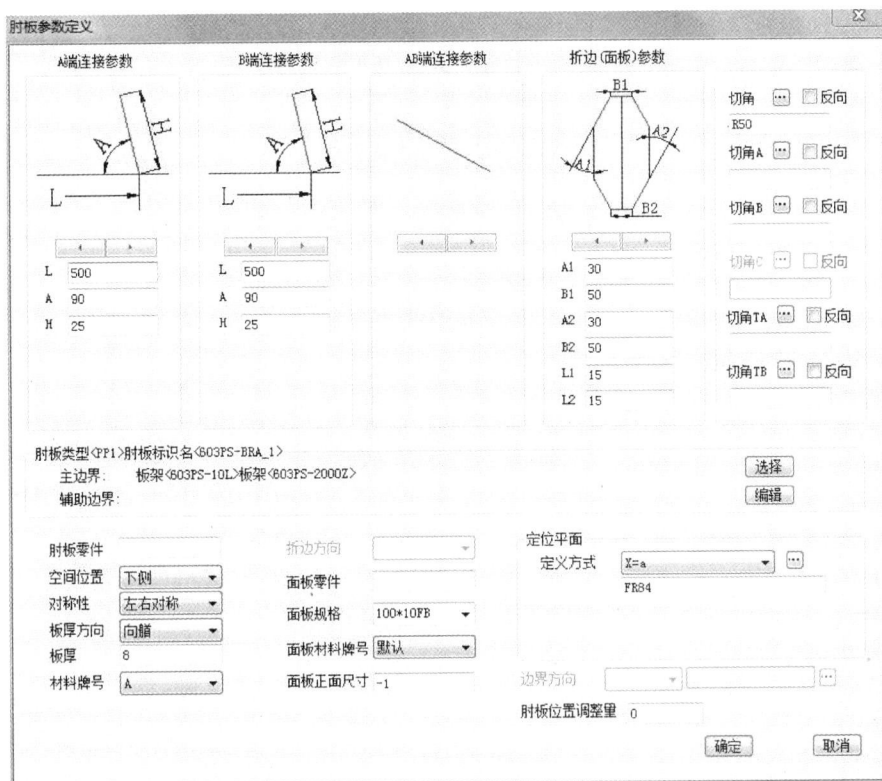

图 6 – 55　肘板参数定义

（3）在创建肘板成功后,新建的肘板成为当前肘板,黄色显示。

1. 肘板端部参数

包括 A 端连接参数和 B 端连接参数。

通过 ◂ ▸ 可进行连接方式的选择,图示区显示了相应的形式。

2. 肘板连接边参数

通过 ◂ ▸ 可进行连接边形式的选择,图示区显示了相应的形式。

3. 折边(面板)参数

通过 ◂ ▸ 可进行折边或面板形式的选择,图示区则显示了相应的形式。

对于有折边的肘板还应设置折边方向,当有折边时,折边方向的选择框将变为有效的: 折边方向 向中 ▾ ,当肘板的连接边装面板时,要给出面板的规格和面板的零件名,面板的规格可以选择,也可以直接输入。

4. 切角参数

可以点击 .. 通过对话框设置切角类型和参数,也可以通过设置的状态决定切角的方向。

5. 边界参数

如图 6 – 56 所示,给出了肘板的边界参数。

肘板类型\<PP1\>肘板标识名\<603PS-BRA_1\>
主边界:　　板架\<603PS-10L\>板架\<603PS-2000Z\>
辅助边界:

图6-56　肘板边界参数

图6-56上部显示了当前肘板类型以及肘板类型的标识名。

注意:主边界对应肘板的主约束体,辅助边界对应辅助约束体。

可以通过"选择"按钮在图形中重选对应船体对象,更新肘板的边界(约束体),也可以通过"编辑"对话框直接编辑边界。

6.定位面参数

当肘板给出定位面时,同时还要给出板厚相对于定位面的方向。肘板板厚相对定位面可能的方向有:①向上;②向下;③向艏;④向艉;⑤向舷;⑥向中;⑦分中;⑧同参考板架。

7.空间位置辅助参数

肘板类型可能需要指定肘板的空间位置,通过选择框选择肘板的实际位置。可能的空间位置有:①上侧;②下侧;③艏侧;④艉侧;⑤舷侧;⑥中侧。

8.属性参数

肘板还有一般的属性信息:

(1)肘板零件名:给出名称(前期建模可不设置)。

(2)对称性:①左右对称;②仅左;③仅右;④船中。

(3)板厚:给出板厚。

(4)材料牌号:从选择框选取。

四、肘板的复制、修改及删除

1.肘板的复制

点击 🗅 进行肘板的复制操作,步骤如下:

(1)按系统提示,选择被复制的肘板(被复制的肘板类型与要创建的肘板类型一致)。

(2)选择肘板所在新位置的约束体(主约束体,辅助约束体)。

(3)在弹出的"肘板参数定义"对话框中修改肘板的具体参数。按"确定",如成功就完成了一块肘板的复制。此时系统回到上一步骤可以继续复制下一块肘板,或按"取消"终止复制。

2.肘板的修改

修改时可在不更改肘板类型和连接方式的前提下,调整参数值的设定或更改肘板边界。选择要修改的肘板时,可以在图中选择,也可以用列表的方式选择,通过 ☑ 列表选择肘板 的设定进行切换。如果由于参数设置等错误导致肘板没有显示,则必须用列表方式选择。列表选择时"选择要修改的板架对话框"如图6-57所示。

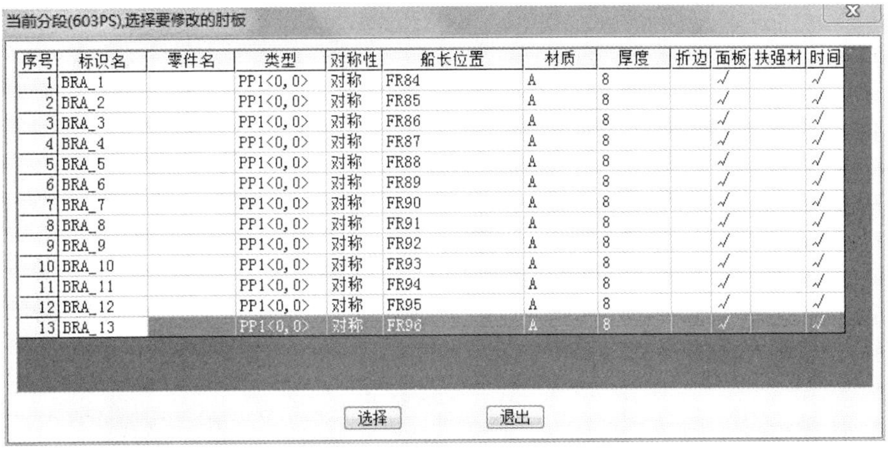

图 6 - 57　肘板列表选择

3.肘板的删除

点击 ▣ 进行肘板的删除,选择时可以图选也可以列表选择。

五、复杂两边界曲面定义

两边界曲面功能可定义由两条边界线所形成的曲面。如舵叶、艉艋楼的圆弧形围壁、烟囱、罗经甲板上主桅等结构都可以用两边界曲面来表示,如图 6 - 58 所示。

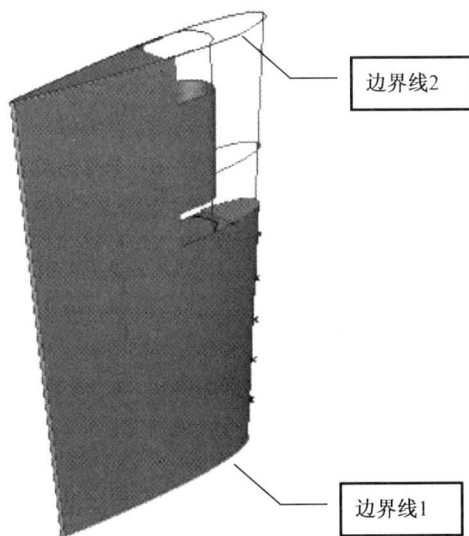

边界线2

边界线1

图 6 - 58　两边界曲面舵叶

点击 ▦ 出现如图 6 - 59 所示的对话框。

(1)曲面名称:输入曲面名称。

(2)边界曲线:从下拉框或图面点击选择两根曲线,以这两根曲线为边界生成曲面。当指定了两根曲线后,在右边的节点表中显示了两根曲线的节点情况。

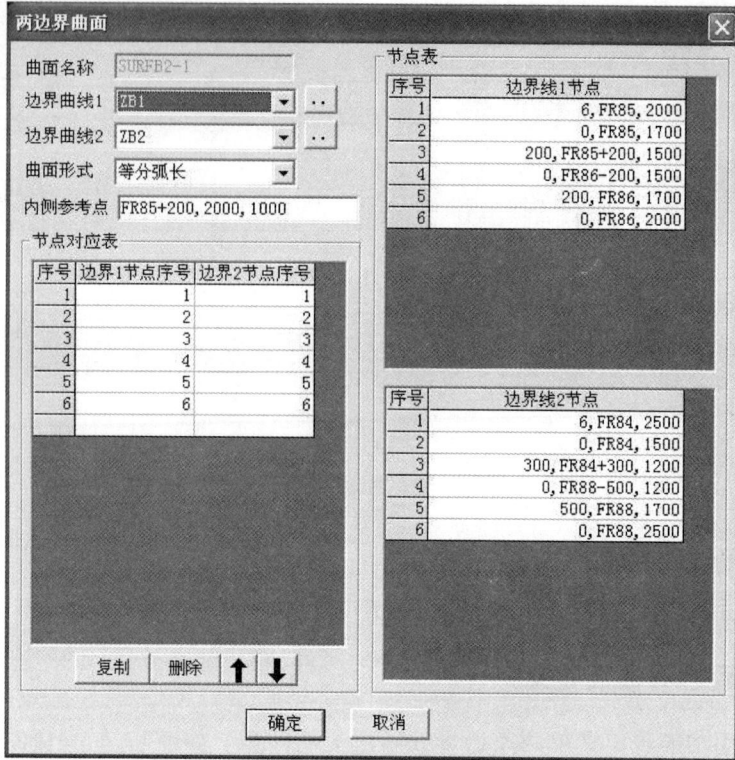

图6-59 两边界曲面定义

（3）曲面形式：指定两条边界线形成曲面的方式，有以下几种。

①沿 X 方向拉伸：两条边界线的起点和终点的 X 坐标必须分别相同。系统将在两边界线的对应的 X 坐标点间连直线，构成曲面。

②沿 Y 方向拉伸：两条边界线的起点和终点的 Y 坐标必须分别相同。系统将在两边界线的对应的 Y 坐标点间连直线，构成曲面。

③沿 Z 方向拉伸：两条边界线的起点和终点的 Z 坐标必须分别相同。系统将在两边界线的对应的 Z 坐标点间连直线，构成曲面。

④等分弧长拉伸：此时要指定边界线节点间的对应关系。图6-60显示了节点间的对应关系。

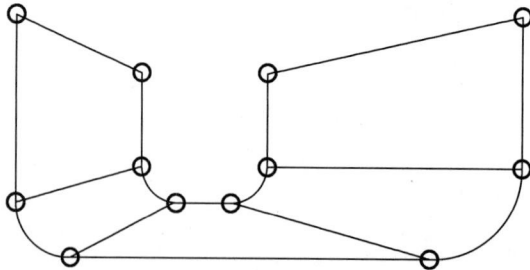

图6-60 两边界曲面节点对应关系

在"节点对应表"中指定边界线1的哪个节点与边界线2的哪个节点相对应。可以使用"复制""删除""↑""↓"等功能来调整节点对应表。系统将在两边界线的对应的节点间连直线,各节点段内等分弧长相同份数,对应的等分点间也连直线,构成曲面。

(4)内侧参考点:内侧参考点给出了曲面的内侧方向。

在信息设定完成后点击"确定"按钮,系统即生成了两边界曲面。注意:用以上四种方法定义的两边界曲面,是没有厚度的抽象曲面,下一步必须要跟一般曲面一样(如 SHELL 船壳曲面)逐步生成板缝及曲线,然后生成所需的曲面板及扶强材。

思考与练习

一、简答题

1.纵骨宽度表:0,0,680,10,650,17 的数据含义是什么?

2.进行"坐标定位面"设置时,获取型线文件包括哪些文件?

3.平面板架建模包含哪些功能?

4.平面板架扶强材的定义项有哪些?

5.曲面板架的功能属性主要有哪些?

6.简述曲面型材标签的作用。

7.简述肘板约束体的分类及其符号表示。

二、填空题

1.在船体模型刷新时,若想只生成外板的 Y 向基本曲线,需在仅补充对话框中输入_____。

2.板架属性的定义时,对称性可选_____、仅左、仅右和跨中四种情况。

3. $Y = 1500, X = FR106(2)110 + 100$ 所表示的内孔中线点的坐标分别为 $Y = 1\,500, X = FR106 + 100$;_____和_____。

4.曲面板缝的类型有_____、端缝和柱缝。

5.肘板主要分三类:两边界肘板、_____和自由边界肘板。

三、判断题

1.模型数据的拓扑关系是沪东软件使用便利的特点。　　　　　　　　　(　　)

2.船体结构设计系统不能生成船体三维实体模型。　　　　　　　　　(　　)

3.船体坐标系的坐标轴宽度方向左舷为负,右舷为正。　　　　　　　(　　)

4.修改板架的余量时在模型显示上会有变化。　　　　　　　　　　　(　　)

5.建立平面板架时可参考类似板架加快建模速度。　　　　　　　　　(　　)

6.创建平面板架之前必须先设定分段。　　　　　　　　　　　　　　(　　)

7.平面板架的板缝即平面板架的边界。　　　　　　　　　　　　　　(　　)

8.曲面型材上可以开设型材内孔及边界孔。　　　　　　　　　　　　(　　)

9.类型为 PC1 的肘板表示一边为曲面边界一边为平面板架边界。　　(　　)

第七章　船体生产设计图纸

● 学习目标

知识目标

1. 掌握船体生产设计的基本内容；
2. 掌握船体工作图的设计内容及表达形式；
3. 理解胎架设计原则及设绘方法；
4. 了解零件的套料方法；
5. 理解船体管理图表的内容及表达形式。

能力目标

1. 能识读船体工作图、管理表；
2. 能设绘船体工作图、编制管理表；
3. 会做船体零件套料工作。

第一节　船体生产设计图纸内容

一、船体生产设计的含义

船体生产设计是在详细设计的基础上，按照现代造船模式的要求，根据船厂的生产条件和技术水平，以合理的建造方针为指导，按照工艺阶段和施工区域的生产与管理需要，绘制船体工作图、管理表以及提供有关施工、生产管理信息，用以指导和组织生产的设计过程。

船体生产设计的基本要求是：

（1）生产设计应在造船企业的全部产品和各个专业中全面实施；

（2）应贯彻建造方针书、施工要领等文件所提出的要求；

（3）应按照工艺阶段和施工区域，绘制工作图、管理表并提供有关施工信息。

二、船体生产设计的主要内容

1. 船体生产设计的前期准备

（1）设计要领的确定

①根据船台吊装程序，设计全船分段吊装要领；

②根据预舾装方案，设计分段预舾装和单元组装的结构要领；

③根据建造方针书,设计全船具体的分段接缝位置;

④根据建造方针书,设计分段建造要领,包括胎架的设置要求、分段组合成总段的要求、部件组合要求等;

⑤根据船台吊装程序,设计全部分段接缝结构的要领;

⑥确定焊接的主要方法与方式;

⑦确定精度管理方案,包括全船余量分布原则和切除时机、补偿量的加放和分布原则、精度控制规定等。

(2)对初步设计和详细设计提出要求

①初步设计时,提出船型必须满足结构工艺性的要求。

在初步设计确定船型时,就要考虑生产设计的要求,特别是结构工艺性问题,如船体结构形式的选择、舯剖面的确定、梁拱与舷弧形式等均关系到施工方便性与钢材利用率的指标。如果这些问题都能及早地考虑,无疑对于以后开展生产设计是有利的,也是必要的。事实上往往在确定总体设计时,上述内容都有一个可供选择的范围,这样就为生产设计渗透到初步设计提供了可能性。

②详细设计时,提出船体结构必须满足结构工艺性的要求。

详细设计和生产设计间的关系更为密切。建造工艺往往与结构节点的工艺性有着极为密切的关系。比如搭接肘板虽然有其工艺好的一面,但不一定都好;处于低位建造时,搭接肘板就不利于施工。因此要及早地根据建造方案的要求,从生产设计角度来考虑详细设计中的某些细节,才能选择施工时最合适的节点。此外,详细设计中板厚区域的确定,直接与分段划分有关,如果离开分段划分去确定板厚区域,很可能导致排板不合理,使材料利用率下降。在详细设计阶段,主要体现在船体结构细节,也就是在详细设计时要比初步设计更多地考虑如何造船。除了详细设计需要完善船舶整个功能上的设计(包括设计细节)和完成设计图纸的送审工作外,要特别注意设计的工艺性,并满足生产设计准备工作的要求。

(3)与其他专业的预先协调

船体生产设计与其他专业主要协调以下内容:

①管子、风管和电缆等在结构上的开孔及贯通件;

②分段预装和单元组装的范围、方式、时机及吊装程序;

③主机、轴系和舵系安装对船体总装的要求;

④机器、仪表等基座及其加强;

⑤建造过程中的通行、通风要求;

⑥舱室、门窗布置的要求;

⑦涂装工艺对建造程序的要求等。

2.工作图设绘

船体生产设计图纸类型分为总体类图纸及文件(包括计算书)、结构类图纸和工艺类图纸。

(1)总体类图纸

总体类图纸包括前期设计的一些主要计算、船舶建造后期的倾斜试验大纲和航行试验大纲。

（2）结构类图纸

结构类图纸主要包括分段工作图和分段零件明细表。

①分段工作图。分段工作图应准确反映分段所有的结构及精度、焊接等工艺信息，还应当包括标准舾装件、其他专业提出的结构加强和预开孔等内容。其内容通过组立顺序图、外板展开图、甲板（舱底）平面图、纵剖面图、横剖面图、局部剖面图和分段完工测量图等方式进行表达。

②分段零件明细表。船体分段零件明细表标明了本分段所有零件的信息，包括编号、规格、材质、数量、加工代码、安装阶段、所在套料切割图等内容。它是生产部门进行分段零件配套的重要依据。

（3）工艺类图纸

工艺类图纸主要分为结构工艺、焊接工艺两大类图纸。

①结构工艺图纸。结构工艺图纸表达了船体分段在装配、总段或搭载时所需的有关工艺性的图纸，主要包括吊环、临时加强、临时通道及工艺孔等内容。

②焊接工艺图纸。焊接工艺图纸除表达了船体结构主要焊接方法的工艺性内容之外，还包括特殊焊接工艺（如挂舵臂焊接工艺等）。此外，分段预密性和结构密性的内容也列入此类图纸。

本章主要介绍船体分段工作图的设绘和管理表的编制。船体辅助性作业（吊环、临时加强、临时通道及工艺孔等）的设计在第八章中讲述。

第二节　分段工作图

我国船厂对于船体生产设计的推广应用，因工厂条件、生产习惯、开发方式和发展经历的不同，其工作图的模式也不同。有些工作图对于一个船厂是必不可少的，而对于另一个船厂却是没有必要的，因此对于工作图而言，各船厂均存在着出图范围、出图深度以及表达形式上的差别。

目前船体生产设计工作图的出图模式大致可以分为两大类：一类是全部按工序工位出图，致力于深化工序、工位图纸的信息；另一类是立足深化分段结构图，利用符号、编码为各工序、工位有效地提供信息。两种设计模式比较见表7-1。从对比中可以看到，按工序工位出图会有大量重复劳动，生产设计的工作量大，目前各船厂基本上不采用了，更多的是采用按分段出图的模式，因为它与区域建造法及其管理是协调的。本节主要讲述按分段出图的模式。

采用按分段出图的工作模式是在设计分段结构的同时就深化工艺与管理信息，使分段工作图能为放样及各施工工序提供所需的准确施工指令。因此，图纸涉及面广，图面设计深度要求高，且其设计是一次完成的。设计内容包括分段工作图、零件表、工艺表和胎架图表等。

表7-1 船体生产设计工作图出图模式比较

项目	按工序出图		按分段出图	
基本特征	按工序分别绘制工作图,详细设计的结构图仅供各工序工作图的深化之用		直接用详细设计的分段结构图作为工作图,着重于分段图的深化,使其具有完整的施工指令	
加工	1.零件图 2.套料切割图 3.数控切割磁盘 4.零件配套表	由计算机提供,或放样直接提供	同左	
组、部件装配	1.部件图 2.拼板图 3.组件图	单独绘制	拼板图、分段结构图	单独绘制以深化详细设计的分段结构图为基础,通过放样扩展信息,最后形成完整的工艺内容和管理数据
分段装配	分段装配图	单独绘制 仅表达与分段组装有关的内容		
船台装配	船台装配图	单独绘制 分区表达分段连接处的详细要求	船台装配图	以分段划分图为基础,加上工艺内容和管理数据
优缺点	优点: 图纸只与本工序有关,图面清晰明确,容易阅读 缺点: 图纸设计工作量大,有重复工作		优点: 1.分段工作图能满足整个建造过程的需要,工艺完整、严密 2.设计连续性强 3.基本无重复工作 缺点: 图面代码和符号较多,工人需经培训才能直接识读	

一、分段工作图的设计依据

1.经退审的详细设计相关文件

(1)船体结构图;

(2)型线图/肋骨型线图;

(3)焊接规格表;

(4)节点图册;

(5)全船理论线图;

(6)总布置图;

(7)舾装/大型设备布置图等。

2.生产设计准备资料

(1)技术规格书/船体说明书;

(2)建造方针;

(3)施工要领;

(4)分段划分图;

(5)材料订货清单等。

3.船体生产设计要领书及其他有关图样及技术文件(含标准、规范)

其中生产设计要领书已经包含诸如吊耳标准、开孔及补强、流水孔、透气孔和通焊孔形式等要求。

二、分段工作图的主要内容

分段工作图的主要内容包括分段建造工艺、图符说明、装焊工艺要求、组立顺序图、外板展开图、甲板(舱底)平面图、纵剖面图、横剖面图、局部剖面图、吊环安装图和分段完工测量图等。

分段工作图通常以 A3 图幅大小装订成册,第一页主要列出该分段的建造方法、工艺程序、施工要领和焊接要领等分段建造工艺信息,作为指导作用。第二页通常为图册里用到的各种工艺符号的说明,主要包括一般符号、余量和补偿量符号、焊接符号和焊缝形式等,在《船体建造工艺符号》(见第二章)标准的基础上,结合各船舶企业标准,每个企业的图符应用会有一定区别。第三页列出装焊工艺的具体要求以及各类焊接接头的装配精度等信息。

第四页开始为分段各工作图,下面重点介绍组立顺序图、外板展开图、甲板(舱底)平面图、纵剖面图、横剖面图、局部剖面图和分段完工测量图的设计内容。工作图中的吊环安装图属于辅助性作业设计,将会在本教材第八章介绍。

1.分段组立顺序图

该图用立体图的形式描述了分段建造的主要顺序,如图 7-1 所示。主要设计内容有:

(1)主要小组立结构形式及外形尺寸;

(2)主要中组立建造方式及外形尺寸;

(3)大组立建造方式及外形尺寸;

(4)组立流向及组立名;

(5)主要板架拼板方式;

(6)简要建造说明。

该图仅表示主要组立及典型组立的建造顺序,非所有组立;小、中、大组立从上至下按顺序进行排列;主要板架须表示拼板信息及焊接坡口形式。

2.分段外板展开图

该图表示了分段外板近似展开之后外板及相连构件的形式及尺寸,如图 7-2 所示。主要设计内容有:

(1)分段外板展开视图;

(2)分段外板板架组立名、定位尺寸;

（3）分段外板各拼板尺寸、板厚、材质及零件名（该部分信息有的船厂在分段外板展开图上不表示，另外单独出拼板图表示）；

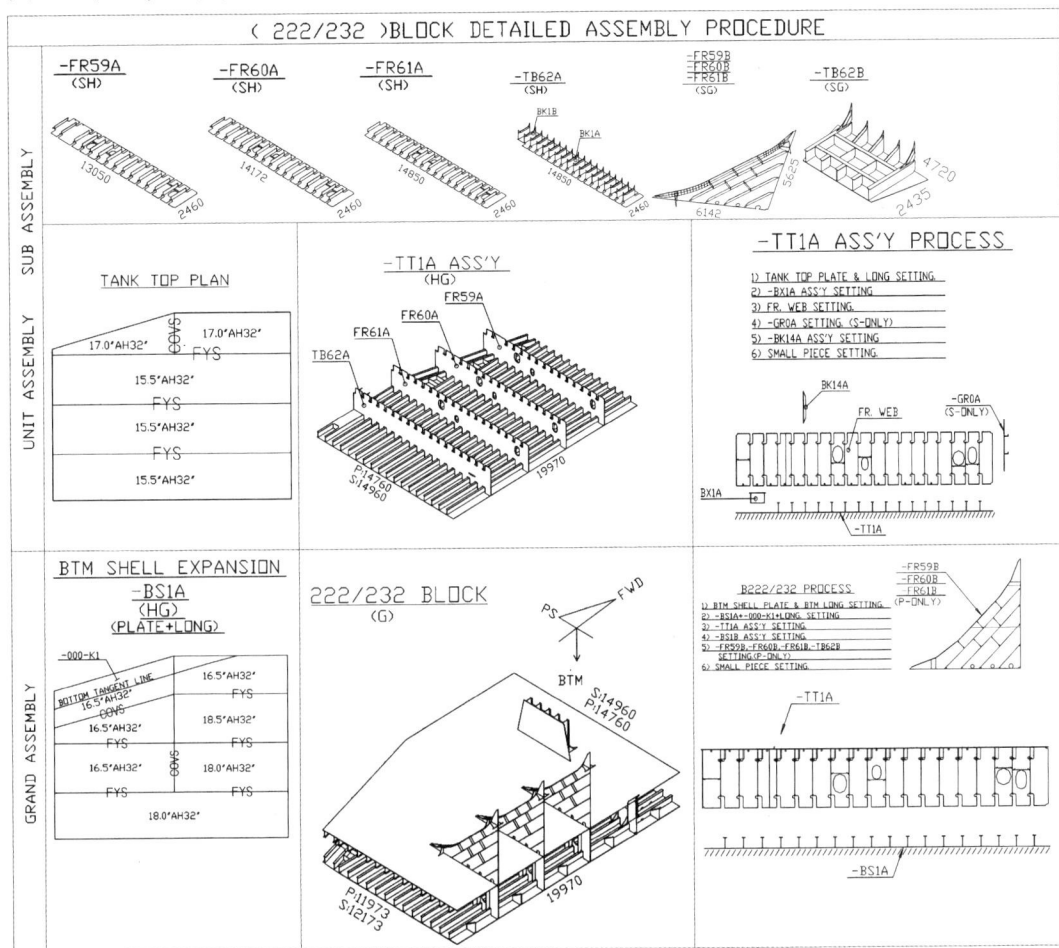

图 7-1　分段组立顺序图

（4）分段外板板缝坡口焊接形式及板缝间距；

（5）各种构件零件号、板厚方向及与板缝的相对尺寸；

（6）分段范围内肋位号及肋位间距，纵骨顺序号及纵骨间距；

（7）分段余量、补偿量；

（8）相邻分段的分段名、板厚及材质；

（9）待焊区标记。

分段外板展开图设计要领有：

①由于船体形状和外板的排列通常对称于中线面，故外板展开图一般表示展开图形的一半，习惯上是从右舷向左舷看展开视图。

②分段外板展开图采用近似的展开方法，即只展开船体表面的横向曲度，而纵向曲度不展开。图中外板的横向尺寸是展开后的尺寸，为实长，纵向尺寸为投影尺寸。

③根据具体要求，分段外板展开图上应表示外板上的开口及加强板的位置及大小尺寸。

④主要构件的位置尺寸标注,尽量采用与板缝的相对尺寸表示。

⑤分段外板展开图须与整船外板展开图该分段区域部分保持一致。

⑥不属于本分段内的结构均用阴影线表示。

外板展开图

图示为左舷、右舷对称

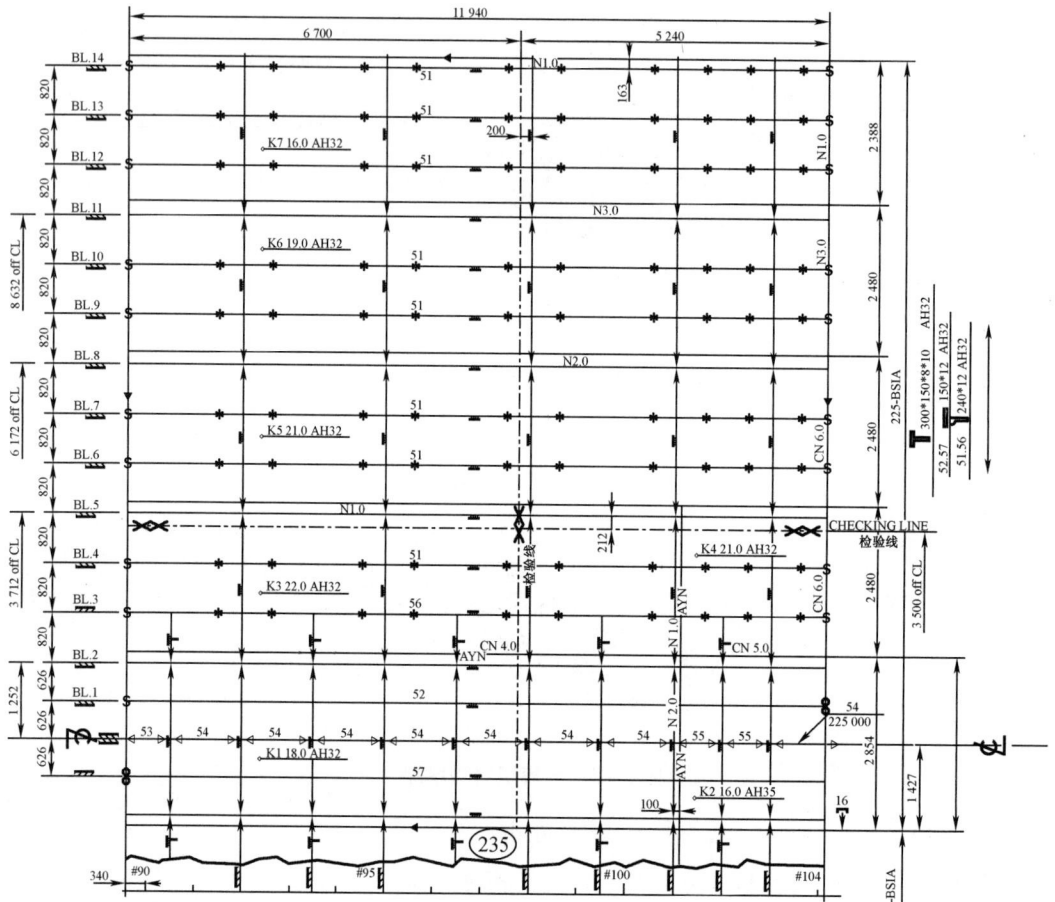

图 7 - 2　分段外板展开图

3.分段甲板/舱底平面图

该图是用剖切面沿甲板/底部构架表面剖切船体而得的剖面图。它除了表示甲板/舱底的各种构件外,还对各种工艺信息及施工信息进行了表述。主要设计内容有:

(1)分段甲板/舱底平面剖切视图;

(2)分段甲板/舱底板架组立名、定位尺寸;

(3)分段甲板/舱底各拼板尺寸、板厚、材质及零件名(该部分信息有的船厂在分段甲板/舱底图上不表示,另外单独出拼板图表示);

(4)分段甲板/舱底板缝线焊接坡口形式及板缝间距;

(5)各种构件零件号、板厚方向及与板缝的相对尺寸;

（6）分段范围内的肋位号及肋骨间距,纵骨顺序号及纵骨间距;

（7）分段余量、补偿量;

（8）相邻分段的分段号、板厚及材质;

（9）甲板图须提供梁拱和舷弧表;

（10）待焊区标记。

分段甲板/舱底平面图设计要领有:

①分段甲板/舱底平面图须与基本结构图等结构图保持一致;

②该图剖视方式采用俯视图方式;

③主要构件的位置尺寸标注,尽量采用与板缝的相对尺寸表示;

④不属于本分段的部分用阴影线表示。

如图7-3所示为内底平面图图例。

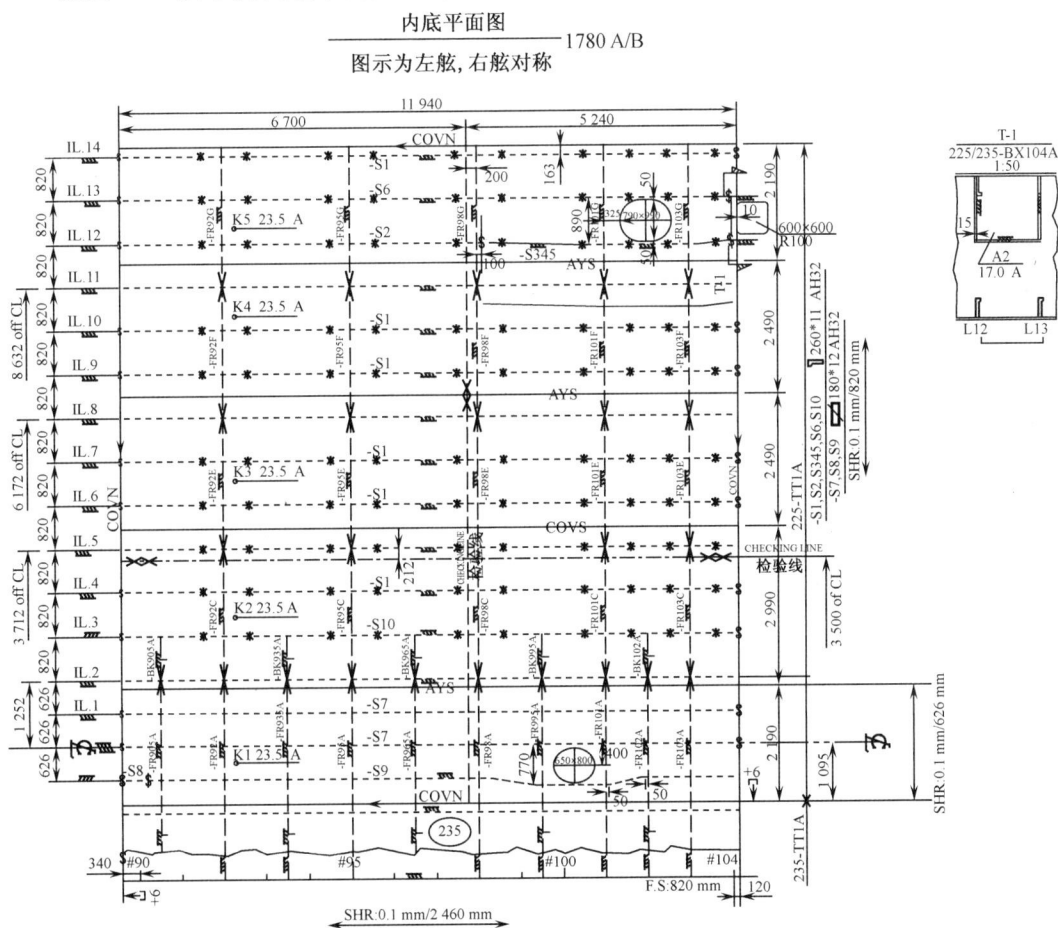

图7-3　内底平面图

4.分段水平桁/平台平面图

用剖切面沿水平桁/平台表面剖切船体而得的剖面图。它除了表示水平桁/平台的各种构件之外,还对各种工艺信息及施工信息进行了表述,其主要设计内容与设计要领除梁拱和舷弧表之外,与甲板平面图一致。

5. 分段纵剖面图

用纵向平面剖切该分段船体而得的剖面图。它除了表示剖切平面处分段的各种构件之外,还对各种工艺信息及施工信息进行了表述。如图 7 - 4 所示。主要设计内容有:

(1)纵剖面视图、位置名称;

(2)主要构件的组立名及定位尺寸;

(3)该分段所有构件的零件名、板厚及材质;

(4)纵桁各拼板尺寸、板厚、材质及零件名;

(5)纵桁板缝坡口焊接形式及尺寸;

(6)分段端部构件坡口焊接形式;

(7)人孔、减轻孔、流水孔、透气孔、止漏孔、过焊孔位置及大小;

(8)构件余量、补偿量位置及大小;

(9)构件连续或间断信息;

(10)构件板厚方向;

(11)待焊区标记,特殊焊接方式(如深熔焊)标记及焊脚高度;

(12)相邻分段构件简要情况。

分段纵剖面图设计要领有:

①纵剖面从右舷向左舷看;

②纵剖面图结构须与基本结构图等结构图保持一致;

③注明左舷或右舷;

④剖面顺序为典型纵剖面、左右舷组立相同的纵剖面、左舷纵剖面、右舷纵剖面;

⑤相邻分段视图分别只取 400 mm 长,用阴影线表示。

6. 分段横剖面图

用横向平面剖切该分段船体而得的剖面图。它除了表示剖切平面处分段的各种构件之外,还对各种工艺信息及施工信息进行了表述,如图 7 - 5 所示。主要设计内容有:

(1)横剖面视图及位置名称;

(2)主要构件的组立名及定位尺寸;

(3)视图上该分段所有构件的零件名、板厚及材质;

(4)肋板各拼板尺寸、板厚、材质及零件名;

(5)各拼板板缝坡口焊接形式及尺寸;

(6)分段端部构件坡口焊接形式;

(7)人孔、减轻孔、流水孔、透气孔、止漏孔、过焊孔位置及大小;

(8)构件余量、补偿量位置及大小;

(9)构件连续或间断信息;

(10)构件板厚方向;

(11)待焊区标记,特殊焊接方式(如深熔焊)标记及焊脚高度;

(12)相邻分段构件简要情况。

分段横剖面图设计要领有:

①横剖面从艉向艏看;

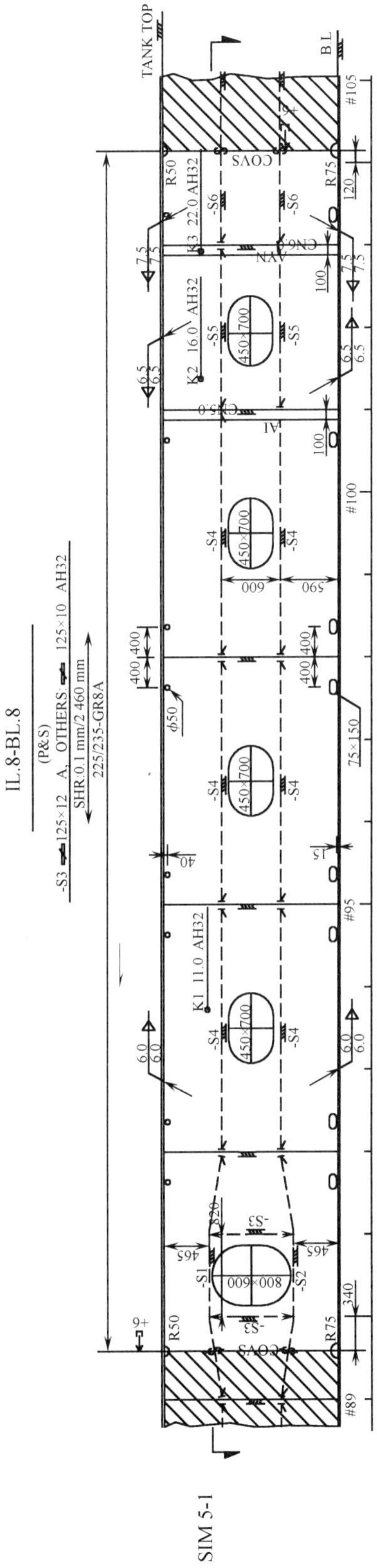

图7—4 分段纵剖面图

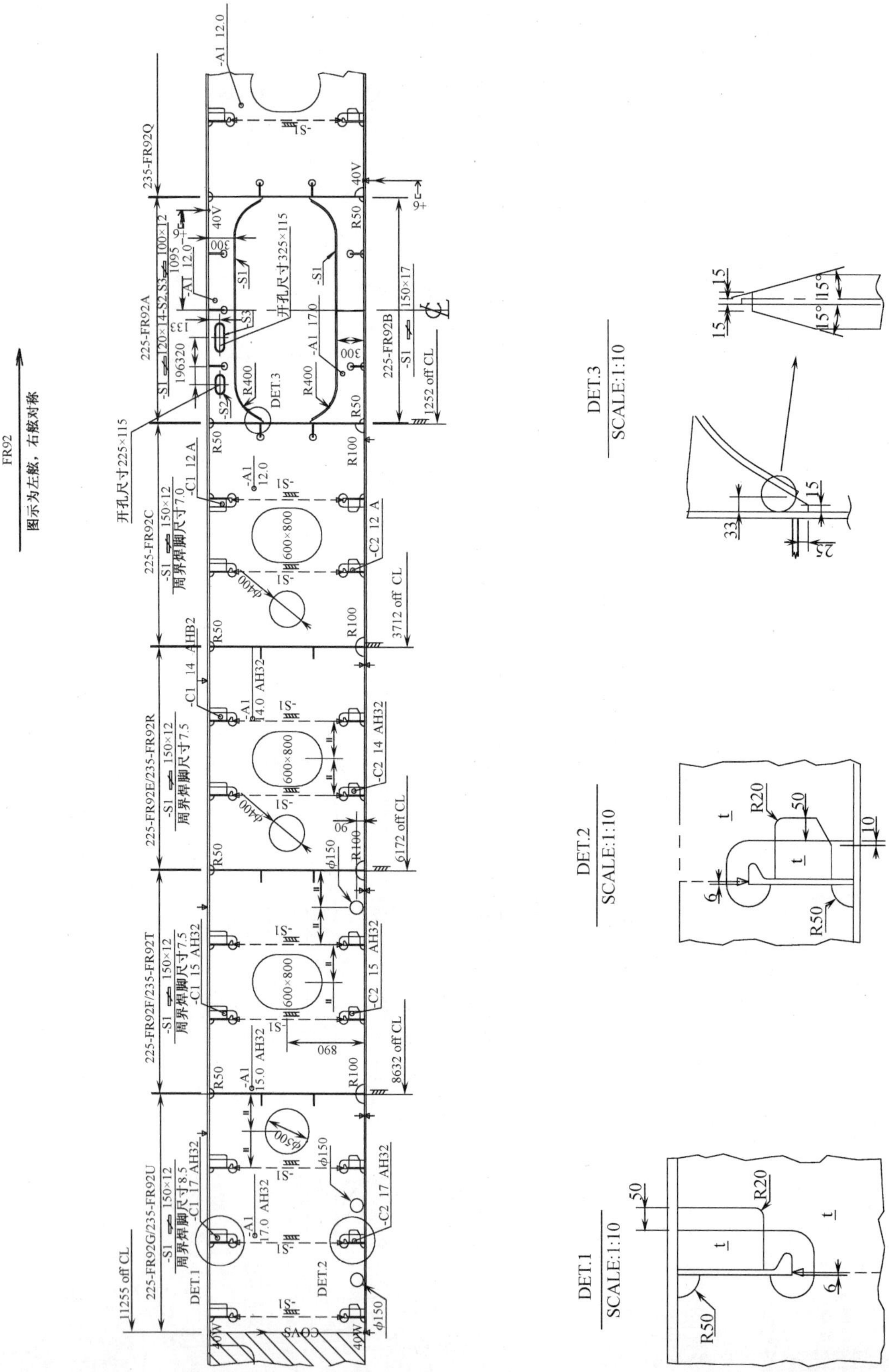
FR92
图示为左舷，右舷对称
DET.1
SCALE:1:10
DET.2
SCALE:1:10
DET.3
SCALE:1:10
225-FR92G/235-FR92U
225-FR92F/235-FR92T
225-FR92E/235-FR92R
225-FR92C
225-FR92A
225-FR92B
235-FR92Q
11255 off CL
8632 off CL
6172 off CL
3712 off CL
1252 off CL
开孔尺寸225×115
开孔尺寸325×115
600×800

图7-5　分段横剖面图

②横剖面图结构须与基本结构图、中横剖面图等结构图保持一致；

③注明左舷或右舷；

④剖面顺序从艉向艏，先左后右；

⑤相邻分段视图分别只取 400 mm 长，用阴影线表示。

7. 分段局部剖面图

船体工作图在反映分段结构时，除主视图外，还可以对于结构进行局部剖切，以便更详细地表达结构信息、工艺信息及施工信息。该图除用波折线标明本分段内需要标明的结构边界之外，设计内容和设计要领与纵剖面、横剖面一致。

8. 分段节点详图

表示节点处结构情况的局部放大图。在图面空白处绘制节点详图，标明放大的比例。分段节点详图应与船体节点详图保持一致。

9. 分段完工测量图

分段完工测量图为分段的完工测量提供指导，表达内容包括分段的长度、宽度、高度、水平度、垂直度、平面度等，如图 7-6 所示。

三、分段工作图的设计要求

(1)船体分段工作图中必须完整反映船体各类构件的组立名、零件号、板厚、材质等信息，必要时标注几何尺寸。

(2)组立内主要型材大小、板厚及材质等信息应标注在组立名下，剖面内可不需再次标注。

(3)分段结构要表述完整，无遗漏剖面及结构。当船体分段结构左右舷对称时，可只设绘左舷结构，并注明左右对称。在有少量结构不对称时，可仅设绘不同结构部分。相邻分段结构及基本信息应表达清楚。

(4)船体分段工作图中应标明在施工过程中的临时工艺孔。

(5)工作图必须标明分段余量及余量切割阶段符号，焊接补偿量符号。

(6)对于可以做成永久性吊环的结构，应在工作图中反映出来。

(7)船体所有构件上的开孔须与有关船体结构流水孔、透气孔和通焊孔形式的标准保持一致，并且不能与相邻构件相碰，距离至少 15 mm 以上。

(8)结构图必须标明倾斜构件的安装角度。装配角度是指两个零件装配面与面形成的角度，只在不等于 90°时才在图纸上标记。

(9)工作图需反映与其他专业的协调问题，其中包括：其他专业提供的通过结构的管子、风管、电缆、放泄塞及人孔盖的预开孔和孔加强等。

四、焊接要求

(1)船体工作图必须表示焊接方法、规格、坡口形式、缓焊要求和板厚差过渡形式；

(2)坡口焊接形式须与有关船舶结构焊接与坡口形式选用规定标准保持一致；

(3)根据建造方法和可作业性确认坡口的方向，并确认与相邻分段对接板的焊接形式与坡口形式是否一致，通焊孔尺寸是否相同；

（4）特殊焊接方式须单独表示。

分段完工测量图

测量名称		理论尺寸	测量尺寸		标准范围	备注
			左舷	右舷		
分段长度		11 627.5			±4	
分段宽度	艏端口	22 006			±4	
	艉端口	18 394				
分段高度		1 507			±4	
分段正方度		21 012			≤4	
	F	0				从C点到F点
	E	+182				从D点到E点
水平度	D	0			≤5	
	C	+182				
	B	-392				
	A	0				

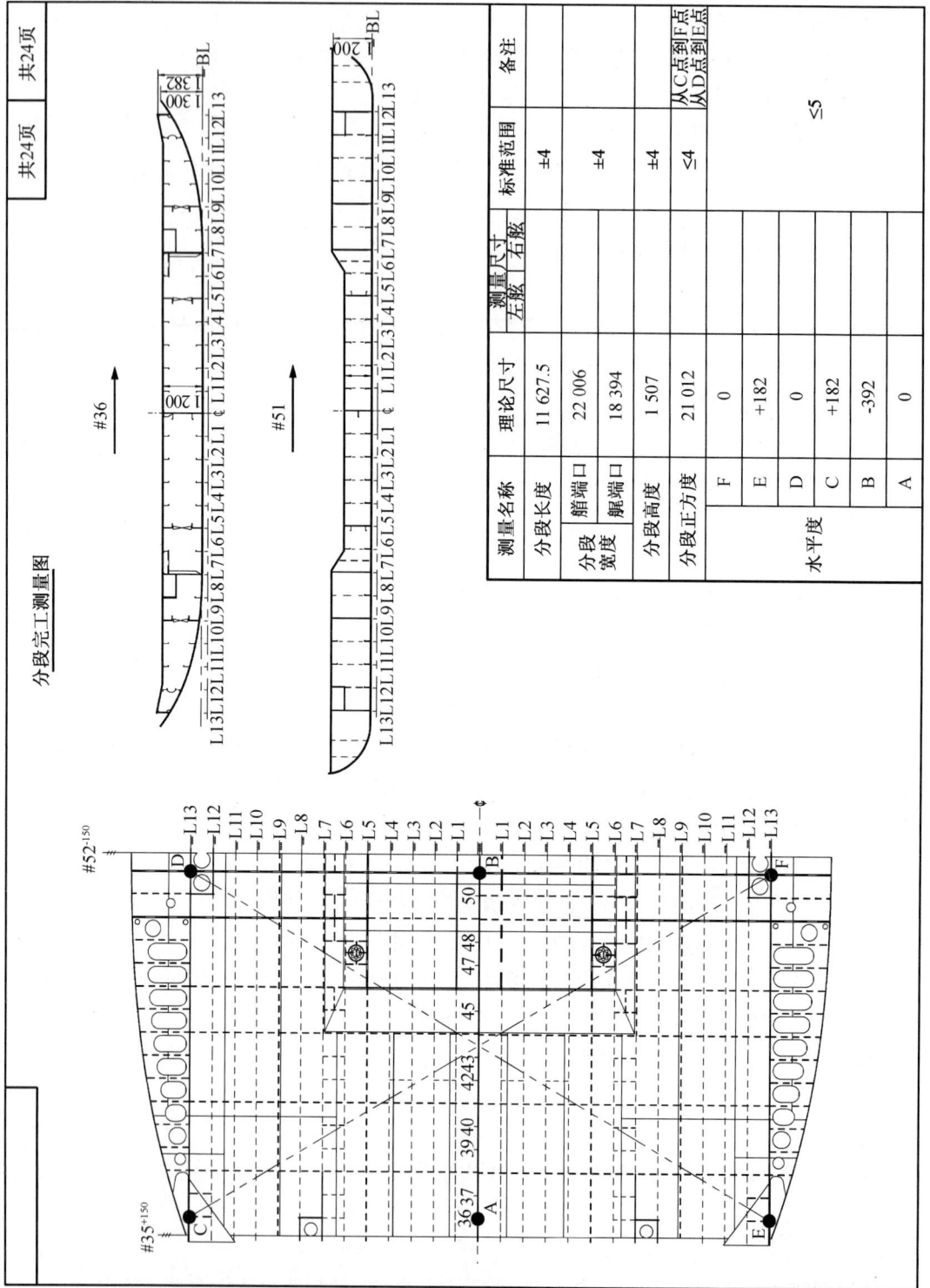

图7-6　分段完工测量图

五、图面要求

（1）船体分段工作图采用 A3 图面大小，图面布置要合理，比例适中，不宜太满，也不宜留出太多空白，各类视图或剖面图须放置图纸中央。

（2）船体分段工作图中必须包括图号、页数、比例。

（3）船体分段工作图图样中的零部件和分段定位的尺寸基准线应设在测量处，如船体中心线、船底基线、内底板、平台、甲板、舱壁、外板等处。

（4）各类数字、字母、尺寸线等标注信息不能重叠，尽可能避免交叉。

（5）图面顺序应合理，图面排列顺序如下：

①分段外板展开图；

②平面图（先上后下顺序）；

③分段纵剖面图（先中心后外侧顺序）；

④分段横剖面图（先艉后艏顺序）；

⑤分段局部剖面图

⑥分段节点详图等。

（6）视图方向：平面图由上向下看，纵剖面图由右向左看，横剖面图由艉向艏看。剖面箭头方向要与视图方向一致。

第三节　分段胎架图

胎架设计是船体生产设计中的一项主要工作。通常情况下，外板（非平直部分）分段如以外板为基面进行分段建造时，都必须在胎架上进行。胎架布置图的设计合理与否，将直接影响分段的施工质量、精度及现场作业的方便性和协调性。而胎架的种类有很多，应该根据工厂的设备、场地及分段的实际情况来进行设计。

一、胎架设计原则

（1）胎架结构应具有足够的强度和刚性。

（2）胎架形式基本上可分为，胎板型线式、桁架式、支柱式和用钢管制作成高度可任意调节的胎架四种。

（3）轻型、型线简单分段，隔 2~3 个肋距设置胎板，但胎板间距小于 2 m；重型、复杂型线分段，每个肋距设置胎板。

分段两端的构架位置必须设有模板，胎架的长、宽方向尺寸应大于分段尺寸。

桁架式板厚 $\delta = (1-1.5)\delta$ 分段，但 ≤16 mm；桁架式型线模板宽度约 200~300 mm。

（4）应尽可能降低胎架的高度，平衡胎架的前后及左右的高度位置，但胎架基准面距型线最低点不小于 800 mm，这样不仅有利于安全施工，还有利于提高分段的制作精度。

（5）胎架模板或支柱顶点型值，其所形成的工作曲面应与分段的外形相贴合。同时，应计及为预防变形而施放的纵、横向反变形数值和外板的厚度差。

（6）根据船体型线决定合理的胎架基面切取方法，以改善施工条件，扩大自动、半自动焊接和其他高效焊接方法的应用范围。

二、胎架设计程序

1. 确定分段的制造方法

制造方法不同,胎架形式也会不同,选择正造、反造,还是侧造是胎架设计的依据。

2. 选择胎架基面

基面就是用来确定胎架工作曲面的基准。胎架的基面主要根据分段线型进行选择,常见的有三种切取方法。

(1)正切法

胎架基面平行(或垂直)于船底基线面,同时垂直于肋骨平面。这种胎架基面一般用于纵、横向线型较为平直或曲率变化缓和的分段,如甲板分段、底部分段和舷侧分段的船中部、上层建筑分段等。

(2)单斜切法

胎架基面和船底基线面成一角度,但与肋骨平面垂直。这种胎架基面多用于船体横向线型变化较大,而纵向线型变化不大的分段,如艏、艉部分舷侧分段。

(3)双斜切法

胎架基面和船底基线面及肋骨平面都成一角度。这种胎架基面用于肋骨线型横向变化较大,纵向线型变化也较大的分段,如艏、艉舷侧分段。

3. 绘制胎架布置图

在完成胎架基准面的选取后,根据分段结构的特点和胎架场地基础,绘制胎架布置图。胎架图上应绘制出分段的外形、胎架的位置和间距、各板缝线、构件的规格、焊接要求、制造公差和施工注意事项等,同时绘制型值图,供现场施工使用。

下面以底部分段为例介绍底部正切胎架结构和胎架型值的设绘方法和要求。

①胎架中心线的选择。底部正切胎架要用船体中心线作为胎架中心线。

②胎板所在肋位的确定。一般情况下,两个肋位设置一道胎板,而在强肋板下面,必须设置胎板。

③胎架的反变形。在半宽方向最大值处水平向下放 1/1 000B 或按经验公式作为胎架反变形,如图 7 - 7 所示中的 H3 的值。

④在画胎架图时,绘制由样台提供的样板,并在样板上指明水线、直剖线、胎架中心线、外板板缝线。

⑤胎架的支撑角铁,胎板规格和支撑间距的选择,如图 7 - 7 所示。

图 7 - 7 说明:

①该底部分段采用正造胎架,FR219 为肋骨检验线,理论肋距为 650 mm;

②胎架模板规格为(8 ~ 12)mm ×(300 ~ 400)mm ×(250 ~ 350)mm(宽度),胎架模板间距不得大于 300 mm,外板板缝处设置型线模板;

③支撑角铁不小于 L8 ×90 ×90,斜撑设置现场确定;

④胎架样板上分别标出胎架中心线、水平检验线、板缝断线;

⑤胎架角尺线由激光划出;

⑥表内数值包括反变形值。

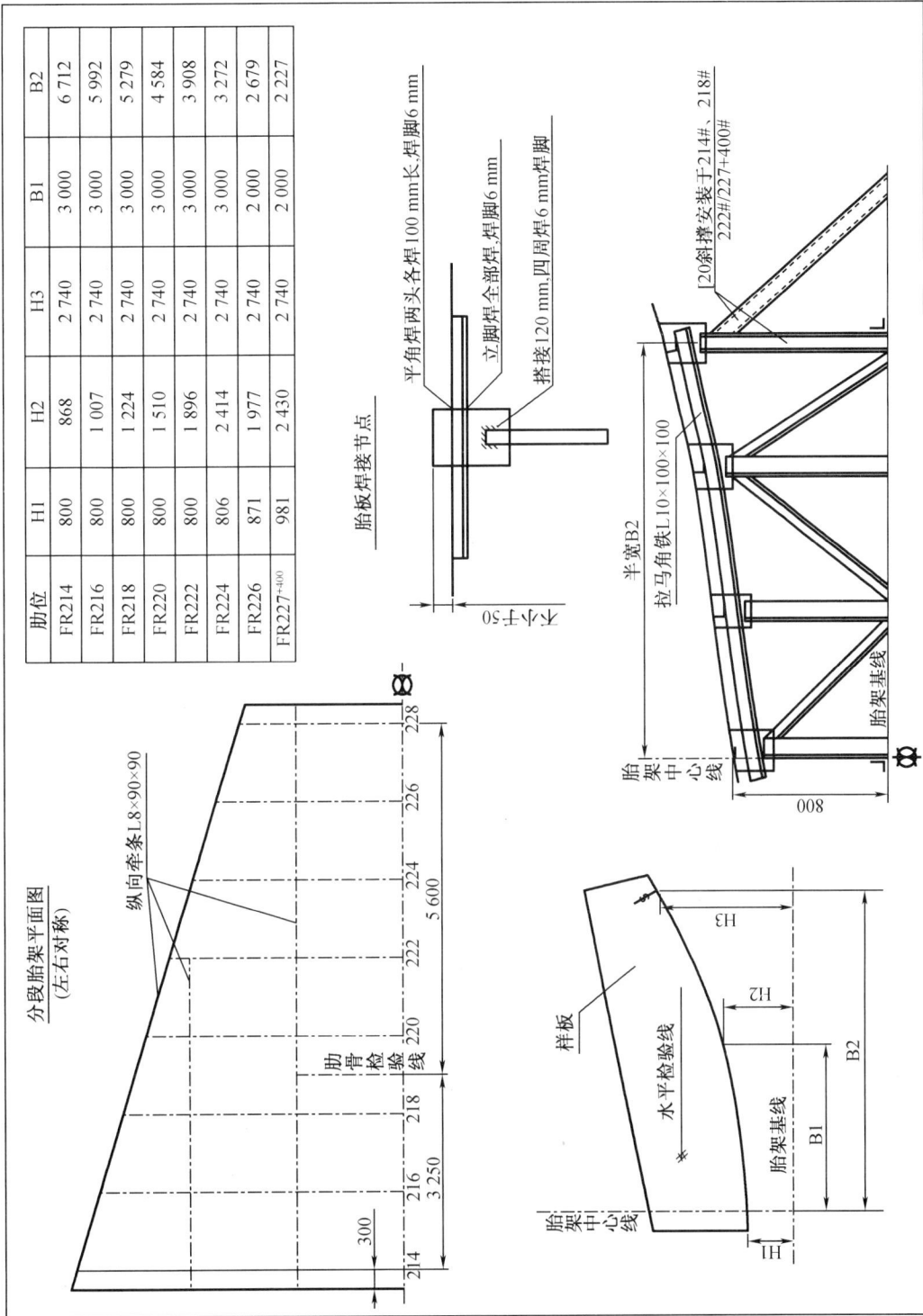

肋位	H1	H2	H3	B1	B2
FR214	800	868	2 740	3 000	6 712
FR216	800	1 007	2 740	3 000	5 992
FR218	800	1 224	2 740	3 000	5 279
FR220	800	1 510	2 740	3 000	4 584
FR222	800	1 896	2 740	3 000	3 908
FR224	806	2 414	2 740	3 000	3 272
FR226	871	1 977	2 740	2 000	2 679
FR227+400	981	2 430	2 740	2 000	2 227

胎板焊接节点

平角焊两头各焊100 mm长,焊脚6 mm
立脚焊全部焊,焊脚6 mm
搭接120 mm,四周焊6 mm焊脚
不小于50

120斜撑安装于214#、218#
222#/227+400#
拉马角铁L10×100×100
半宽B2
胎架基线
胎架中心线
800

分段胎架平面图
(左右对称)
纵向牵条L8×90×90
肋骨检验线
228
226
224　5 600
222
220
218　3 250
216
300
214

样板
水平检验线
胎架中心线
H3
H2
B2
B1
H1
胎架基线

图7－7　底部分段正切胎架平面图

第四节 板材零件下料图

一、套料

所谓套料就是将材料等级和厚度一样的船体零件,置于同一张钢板的边框内进行合理排列的过程。套料是合理利用钢材,提高钢材利用率的有效方法。按照套料的对象,可分为型钢的套料、钢板的套料;按照套料的方法,可分为传统的套料(手工)、计算机套料(数控)。套料设计之后,要出下料图,下料图是号料和切割的依据。

目前手工套料已经基本被淘汰,各船厂均采用计算机套料的方法,即用数据库向计算机输入零件数量、识别编码和可用板材尺寸;计算机将所需零件按尺寸分类,计算重心,并使其外接一个多边形,按板材尺寸分解成点光栅;程序利用随机数发生器将一组零件从大到小地"抛到"板材上去进行套料;根据所定标准对每个零件的位置进行检查,并把每种情况以最佳位置储存起来,直到不能将更多的零件安排到板材上去为止;零件最佳位置精确定位后,进行自动"搭桥",用切割路线将零件切割边缘连起来,然后绘制切割图,输出切割纸带,并记下余料尺寸。

二、计算机套料

计算机套料实际上是在计算机上采用软件进行套料,目前国内外有很多软件具有自动套料功能,例如 TRIBON、SPD 这类大型软件里都包含套料模块,还有一些专门开发出来用于提高钢材利用率的套料软件。

1. 计算机套料的条件

(1)构建的建模工作全部完成,零件的形状、规格以及工艺属性正确、齐全,特别是板材坡口的类型和方向等都应符合要求;零件分离成功;外板零件展开,曲面板架也创建正确。

(2)装配计划编制结束并确认,保证零件代码全名的正确性。

(3)初次进入套料模块前,最好重新进行零件分离。

(4)熟悉钢板订货清单的尺度、材质和数量。

(5)本船的原材料使用记录表和余料登记表的初始化。

(6)如果没有材料订货清单,以套料草图作为订货资料,那么要分批汇总。

2. 套料的过程

首先用计算机软件实现初步自动套料过程;然后根据初步套料结果人工调整,以提高板材的利用率。套料规则是:先套大零件再套小零件,一般小零件套在板块的上面,大零件套在板块下面,整块板的零件尽量往板的下边缘靠。零件与零件之间必须紧密排列;狭长零件跟小零件套料时,狭长零件一定要套在小零件的上面,先割狭长零件再割小零件,以防狭长零件变形。

三、数控切割下料图

套料完成后可以出分段零件的切割下料图,如图 7-8 所示,该图的主要内容有:

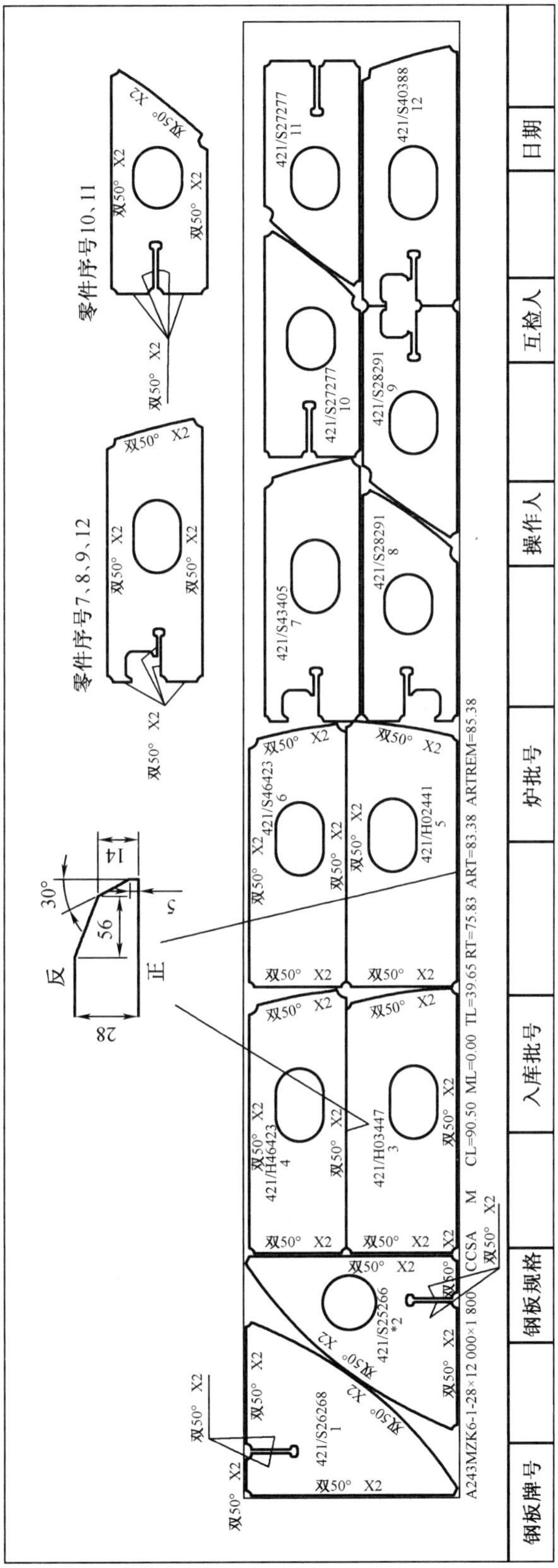

图7-8　数控下料切割图

（1）板材的统计（与分段零件明细表对应）。包括材料名称、板材零件编码、规格、数量、面积、质量、利用率等。

（2）坡口尺寸。

（3）板材零件在船上的方位。如标出艏艉方向、左右舷位置。

（4）余料统计。

（5）零件加工信息。

套料的注意事项：

（1）尽量先选用订货清单中较小规格和数量较多的板材，对大规格、数量少的板材要慎用，对指定用途的专用板材不能随便使用。

（2）为了提高设备的效率，尽可能采用对称切割。

（3）切割方向设置。外形线统一顺时针切割，内孔统一逆时针切割。

（4）引割线。

①确定引割线位置，要考虑切割方向，使切割过程中母板尽可能不移动；

②引割线长度要根据切割的板厚调整。

（5）零件之间的距离设置。

①板厚 $t \leqslant 35$ mm：数控切割机不割 V 形坡口时，零件之间的间距设置为 10 mm。如果要割 V 形坡口时，考虑角隅处的割咀环路需要，间距应设置为 20 mm，考虑角隅环线的长度。

②板厚 $35 < t \leqslant 50$ mm：零件之间的间距设置为 15 mm。

③板厚 $t > 50$ mm：零件之间的间距设置为 25 mm。

（6）过桥。

①当门窗开孔中有焊缝通过时，在孔开后处加 50 mm 宽的过桥，便于自动焊。

②一般小于 400×400 mm 的零件要加过桥。

③数量较多的狭长面板条一起平行套料时，可将 3~4 根面板连在一起添加过桥。

④过桥尽量不要放在零件的自由边，这样要增加打磨工作量；也不要放在有坡口的焊接边，因为切割过程中，割咀的角度变化太快，会影响切割质量。

（7）余料。

①尽量减少余料，可将下一个批次的零件提前套在这里。

②余料板大于 0.5 m^2 时要标注余料编码。

③余料的形状要按矩形定义，否则在利用余料套料时，就不能输入余料的尺度了，对不规则板可酌情处理。

④切割草图中要标注余料板名。

⑤余料信息要登记。

第五节　管理表

船体生产设计除了要绘制设计工作图外，还必须编制管理图表。管理图表所提供的不仅仅是生产中所需的管理信息资料，同时也提供其他信息。工作图侧重于图的表达形式，而管理表则侧重于图表的表达形式。在编制管理表的过程中,工作量最为集中的是零件明细表,还有装配与焊接长度表、工时定额表、分段材料定额表以及分段重量重心表等。编制这些管理表,应根据船厂实际生产技术条件和船体生产设计所采用的模式。有的管理图表内容已在工作图中表达清楚,则不必再编制这方面的图表。现就几种船体生产设计的管理表分述如下。

一、分段零件明细表

零件明细表与工作图是相互依存的。以往的施工设计,零件表所表达的仅为"是什么"的内容,只反映零件的静态;而船体生产设计的零件明细表不但表达"是什么",还表达零件如何有机地组合起来,装在何处,零件的制作是沿着一条怎样的路线进行加工,随后又沿着怎样的工艺路线进行组合,即描述零件的动态内容。

1. 分段零件明细表的编制内容

分段零件明细表的编制依据主要源于船体分段工作图。

分段零件明细表表达了船体分段零件的各种信息,如零件名称、零件在船上的位置、零件加工装配的顺序、各工序工位的施工内容、零件组合后的运送方向等,见表7-2。

表7-2　船体分段零件明细表

船体零件表									船号	分段名	页码
										225	
零件编码		数量		加工码	流向码	下一组立	规格/mm	质量/t	材质	切割图号	
分段组立名	零件号	左	中	右							
225 FR92A	A1		1			CM	TT1A	12	0.076 1	A	
	S1			1	H	CM		120×14	0.033 9	A	
	S2	1				CH		200×90×100×12		A	
	S3	1				CH		300×90×100×12		A	
225 FR95A	A1		1			CM	TT1A	12	0.076 1	A	
	S1			1	H	CM		120×14	0.033 9	A	
	S2	1				CH		200×90×100×12		A	
	S3	1				CH		300×90×100×12		A	
225 FR98A	A1		1			CM	TT1A	12	0.076 1	A	
	S1			1	H	CM		12×14	0.033 9	A	
	S2	1				CH		200×90×100×12		A	
	S3	1				CH		300×90×100×12		A	
225 FR101A	A1		1			CM	TT1A	12	0.075 5	A	
	S1			1	H	CM		120×14	0.033 8	A	
	S2	1				CH		200×90×100×12		A	
	S3	1				CH		00×90×100×12		A	

分段零件明细表的主要内容包括：

(1)分段号、组立名、零件编号；

(2)零件数量(分左、中、右表示)、规格、质量、材质；

(3)零件加工信息；

(4)零件组立流向(流向代码与船厂有关规定保持一致)；

(5)零件所在切割下料图图号。

2.分段零件明细表的编制要求

(1)描述零件名称。零件名称以编码代之,从而表达其组合过程和要求。

(2)描述零件在船上所在位置。通过零件明细表中的零件编码及"数量"栏目中的"左、中、右"来表达。

(3)描述零件加工工序。通过"加工码"栏来表达,用字母组合来表示加工路线。采用的代码,因厂而异,目前尚未统一标准。

(4)描述工序、工位要执行的施工内容。通过零件编码来表达。

(5)描述零件流经的工序、工位的顺序。通过"流向码"来表达。

由于零件明细表提供的信息非常广泛,因此它的设计时间较长,要做相当耐心与细致的工作。这种表不但要分发到各个工序、工位,还要提供给定额、配套、生产管理和计划管理等部门。

二、分段材料定额表

产品开工之前的首要工作是原材料的准备,在原材料切割之前进行的船体钢材除锈涂底漆工作,通常是根据建造方案和生产计划的安排分批进行的。这样做不但可以保证生产进度的需要,还可以避免因为暂时不用的钢材过早预处理而占用堆放场地和因存放时间过长而带来的锈蚀。

车间、供应部门分批备料的依据除了月度或季度计划之外,还有分段钢材备料表,有的船厂称作分段材料定额表。它是以分段为单位,将本分段中所有的板材和型材按板厚、牌号、规格和耗量分别统计汇总而得到的,作为车间领料和供应部门发料的依据。分段材料定额表见表7-3。分段材料定额表编制的依据是船体分段工作图及船体分段零件明细表。分段材料定额表包含了两种类型的材料,即板材和型材。

分段材料定额表的数据,应力求准确,这样才能达到提高材料利用率和节约钢材降低成本的目的,所以必须建立在合理套料的基础上,最好套料完成后再编此表。这样,不仅材料定额准确,而且可以反馈给供应部门修改和补充订货资料。

表7-3　分段材料定额表(板材)

图号：　　　　　　　　　　　　　　　　　　　　　　　　　第　页　共　页

序号	材质	规格/mm			数量				单个质量 /t	合计质量 /t	面积 /m²	备注
		厚度	板宽	板长	共计	数切	门切	板切				
1												
2												
3												
4												
5												
6												
7												
8												
9												
10												
11												
12												

预处理信息：

1. 表面处理要求

2. 油漆牌号

3. 漆膜厚度

三、分段重量重心表

分段重量重心表是以分段为单位,汇集各零部件的重量及重心位置计算得到的。它一般只考虑分段各零部件的理论重量,而不计及余量、减轻孔、临时加强材和临时吊环等重量。当然,影响较大时需要计算。它的作用是：

①校核分段重量与车间或船台起重能力是否相适应；

②提供分段重心坐标,以便进行吊装计算,确定吊环的安装位置；

③为船台、滑道或船坞内墩木的布置提供重量分布依据；

④校核并修正详细设计阶段提供的船体结构重量重心数据,绘制沿船长方向分布的重量分布曲线。

分段重量重心表的一般形式见表7-4。

表7-4　分段重量重心表

×××分段重量重心表					图号				第　页
									共　页
序号	名称或零件号	规格及数量	重量/N	重心垂向距离/m	垂向力矩/(N·m^{-1})	重心纵向位置/m 中前 中后	纵向力矩/(N·m^{-1}) 中前 中后	重心横向位置/m 左舷 右舷	横向力矩/(N·m^{-1}) 左舷 右舷
合计			总重∑P		∑M$_Z$		∑M$_X$		∑M$_Y$

重心竖坐标:$Z_G = \sum M_Z / \sum P$;重心纵坐标:$X_G = \sum M_X / \sum P$;重心横坐标:$Y_G = \sum M_Y / \sum P$

进行分段重量重心计算时,应注意下列事项:

①结构左右对称或基本对称的分段可免除计算重心的横坐标。

②计算前应根据分段特点选定坐标基准面。如双层底或其他底部分段,选取船舶基线面作为垂向坐标的基准面,而上甲板可选取水平的甲板作为基准面(如果有水平甲板的话)。选取基准面的目的是,零件坐标尺寸相对小一些,并能够直接取得数值,这样算起来比较方便。

③按各分段的坐标基准面计算出重心坐标位置后,应根据需要换算成全船的基准面坐标。

④对规格、形状、尺寸相同或基本相同,分布均匀的零件,可归纳为一项计算,以缩短计算时间。

分段重量重心计算工作,是一项十分烦琐而又细致的工作,在条件许可时,应尽量使用计算机代替人工计算。

四、装配长度和焊接长度表

管理量是简单的物理量,如质量、长度、面积等,它为生产管理,诸如定额、计划、调度等提供依据。其中,质量又可分为零件加工质量、部件质量、组合件质量、分段质量等,为各工序工位的工作负荷提供计算依据。长度又可分为切割长度、装配长度与焊接长度。现着重介绍装配长度和焊接长度这两种管理量的计算。

1. 装配长度

装配长度是指部件装配、组合件装配、分段装配和船体总装的定位连接长度。装配长度的多少,在一定程度上反映了装配工作量的大小。当然装配工作量还与下列因素有关:

（1）钢板和型材的形状,装配缝是直的,还是曲的;

（2）上道工序的加工精度或装焊质量,如对接的吻合度、上道工序的焊接变形程度等;

（3）环境因素的影响,如露天作业还是内场作业,是高空作业还是平地作业,是开阔场所作业还是狭窄场所作业等;

（4）其他如辅助工作准备的时间长短不同等。

这些影响因素必须在严格地执行工艺规程基础上,才能通过长期对实耗工时的统计与分析而得出,并且通过与基准的正常状态的比较而得出种种影响系数。这是假设基准状态为1的基础上得出的。

装配长度管理量的统计,实际上是将装配缝的长度分别乘以影响系数后所得的装配换算长度。然后根据工时定额标准就能计算出计划工时,编制施工进度和派工的依据。船台装配长度统计表实例见表7-5。

表7-5　船台装配长度统计表

船台装配长度统计表				制表		日期	
产品名称		产品编号		图号		共　页	第　页
序号	大接缝名称	连接件名称		装配长度/m	备注		
		小计					
…	…	…		…	…		
	合计	Σ					

2.焊接长度

焊接长度是指部件、组合件、分段装配和船体总装的焊接长度。为在一定程度上反映焊接工作量的大小和困难程度,则必须把焊接长度转化为焊接换算长度,这种换算是通过乘以系数而得出,与装配长度管理量的统计相类似。其影响因素有时有多个。

（1）钢板和型材的规格,厚度不同,焊接层数也不同。

（2）焊接种类的不同,是手工焊、自动焊、半自动焊、衬垫焊、下行焊、重力焊,还是二氧化碳保护焊或其他焊接种类。

（3）焊缝形式的不同,是连续焊、间断焊、双面焊,还是单面焊。

（4）焊接方式的不同,是平对焊、立对焊、仰对焊,还是平角焊、立角焊、仰角焊等。

（5）边缘处理形式的不同,是无坡口,还是V形坡口、U形坡口、X形坡口、K形坡口等。

如果边缘处理与板厚建立了标准关系后,则边缘影响因素可以省略。

(6)工作环境的不同,指处于不同施工阶段的环境不同,如室外还是室内,敞开还是密闭,高空还是平地等。

(7)使用钢种的不同,焊接难度也不同,一般来说,低合金钢焊接要比低碳钢焊接难度大些。

这些影响因素都是在严格执行工艺规程基础上长期统计回归而得出的。将不同工作状态的影响系数乘以实际焊接长度而得出换算焊接长度。然后根据焊接定额标准就能正确算出船台焊接工时和材料消耗量。船台焊接长度统计表实例见表7-6。

此计算过程无疑是非常烦琐的,因此,数据的生成、储存与运算,均逐步用计算机代替。

表7-6　船台焊接长度统计表

船台焊接长度统计表			制表		日期			
产品名称		产品编号	图号		共　页			第　页
序号	大接缝名称	连接件名称	焊缝形式	焊接长度/m				备注
				对接缝		角焊缝		
				平 立 横 仰		平 立 横 仰		
	小计							
...	...	...	...	... ...		... ...		...
	合计	Σ						

思考与练习

一、简答题

1.船体生产设计的主要内容有哪些?

2.进行船体工作图设绘前,要做哪些准备工作?

3.船体工作图的设绘内容有哪些?

4.如何用立体图的形式表达分段组立的顺序?

5.分段外板展开图的表达内容及设计要领有哪些?

6.分段甲板(舱底)平面图的表达内容及设计要领有哪些?

7.分段纵剖面图、横剖面图的表达内容及设计要领有哪些?

8.分段工作图有哪些焊接方面要求?

9.什么叫套料?有何作用?

10. 胎架设计原则及方法是怎样的？

11. 分段零件明细表表达了哪些信息？

12. 计算分段重量重心有何作用？需要注意哪些事项？

二、选择题

1. 船体生产设计属于　　　　　　　　　　　　　　　　　　　　（　　）

A. 船舶生产设计　　　　　　　　　B. 舾装生产设计

C. 详细设计　　　　　　　　　　　D. 初步设计

2. 船体生产设计的主要内容有　　　　　　　　　　　　　　　　（　　）

A. 船体生产设计的前期准备　　　　B. 工作图设绘

C. 辅助性作业的设计　　　　　　　D. A、B、C

3. 船体生产设计的前期准备是　　　　　　　　　　　　　　　　（　　）

A. 对初步设计和详细设计提出要求　B. 与其他专业的预先协调

C. 设计要领的确定　　　　　　　　D. A、B、C

4. 船体生产设计结构类图纸主要包括　　　　　　　　　　　　　（　　）

A. 分段工作图和焊接工艺类图纸　　B. 分段工作图和分段零件明细表

C. 焊接工艺和涂装工艺类图纸　　　D. 分段在装配、总段或搭载时所需的图纸

5. 分段组立顺序图表示　　　　　　　　　　　　　　　　　　　（　　）

A. 所有组立的建造顺序　　　　　　B. 大组立、中组立的建造顺序

C. 中组立、小组立的建造顺序　　　D. 主要组立及典型组立的建造顺序

6. 分段外板展开图要求　　　　　　　　　　　　　　　　　　　（　　）

A. 只展开船体表面的纵向曲度　　　B. 只展开船体表面的横向曲度

C. 船体表面的纵向及横向曲度均展开 D. 展开船体表面的纵向或横向曲度

7. 船体分段工作图采用图面大小为　　　　　　　　　　　　　　（　　）

A. A4　　　　　　　　　　　　　B. A3

C. B4　　　　　　　　　　　　　D. B5

8. 船体分段工作图图面顺序应为：（　　）

A. 外板展开图、平面图、纵向剖面图、横向剖面图、局部剖面图、典型节点图

B. 平面图、外板展开图、横向剖面图、纵向剖面图、局部剖面图、典型节点图

C. 外板展开图、平面图、横向剖面图、纵向剖面图、局部剖面图、典型节点图

D. 外板展开图、平面图、局部剖面图、典型节点图、纵向剖面图、横向剖面图

9. 将材料等级和厚度一样的船体零件，置于同一张钢板的边框内进行合理排列这一设
计过程所出的图纸叫　　　　　　　　　　　　　　　　　　　　　　　（　　）

A. 零件图及其加工图　　　　　　　B. 下料图

C. 分段装配图　　　　　　　　　　D. 分段工作图

10. 胎架基准面距型线最低点不小于　　　　　　　　　　　　　　（　　）

A. 1 200 mm　　　　　　　　　　B. 1 000 mm

C. 800 mm　　　　　　　　　　　D. 600 mm

三、判断题

1. 船体生产设计是船舶生产设计的主要部分,舾装生产设计可有可无。 （　　）

2. 管理表的编制不属于船体生产设计的内容。 （　　）

3. 分段工作图应准确反映分段所有的结构及精度、焊接等工艺信息,还应当包括标准舾装件、其他专业提出的结构加强和预开孔等内容。 （　　）

4. 内底平面图表达了内底板各拼板尺寸、板厚、材质及零件名。 （　　）

5. 分段纵剖面图是用从中间向两边纵向平面剖切该分段船体而得的剖面图。 （　　）

6. 分段横剖面图是用从首向尾横向平面剖切该分段船体而得的剖面图。 （　　）

7. 胎架模板顶点型值,应计及为预防变形而施放的反变形数值,但不计及外板的厚度差。 （　　）

8. 零件明细表不反映零件的静态内容,只描述它的动态内容。 （　　）

9. 零件加工工序通过"加工码"来表达,用字母组合来表示加工路线。 （　　）

10. 结构左右对称或基本对称的分段可免除计算重心的横坐标。 （　　）

第八章　船体辅助性作业设计

● 学习目标

知识目标

1. 掌握吊环的设计原则及技术要求；
2. 掌握工艺孔、通道的设计原则；
3. 理解加强材的作用及设置方法；
4. 了解脚手架的种类及设置要求。

能力目标

1. 能选用及设置吊环；
2. 能设计工艺孔、通道及加强材；
3. 能识读船体辅助性作业设计工作图。

　　船体施工辅助性作业是施工过程中配合工艺、安全所需要的作业，一般只发生在生产过程中而不体现于船舶产品本身，如起运作业、脚手架的搭设、安全防护作业以及临时通道的设置等。船体辅助性作业设计主要是针对上述辅助性施工作业，绘制所需工艺图纸。

　　船体工程复杂，辅助性作业很多。本章讲述的重点是吊环设计、加强材设置、脚手架搭设、工艺孔以及临时通道等方面的设计。

第一节　吊环设计

　　吊环就是在部件制造结束后，把部件拼装成分段，再把分段送去涂装，或者进行总组，以及船坞搭载所要求设置的钢结构环。吊环的设计在船体辅助性作业设计中是一项非常重要的工作，其强度校核及布置的合理与否，将影响到分段的移动、翻身、合龙等工作的顺利推进，更重要的是还关系到分段、设备及人员的安全，因此，吊环的设计要安排有一定经验的人员来进行，特别是对强度的校核和翻身的过程，要做好周密的考虑。

一、吊环设置的基本原则

　　1. 船体分段在进行生产设计时按分段重量及重心及施工要领中对本分段的建造形式及搭载要求进行吊环设计。

　　2. 在开始设计吊环前，需要计算分段的重量及其重心位置，并标注在分段的工作图上，如图 8 - 1 所示。分段重量及重心应是分段重量加上舾装件的总重量及重心。

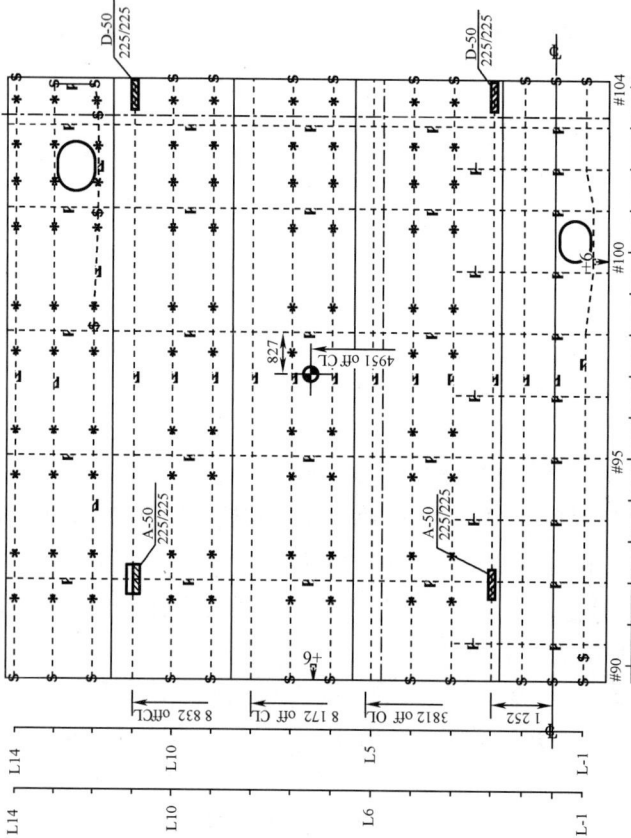

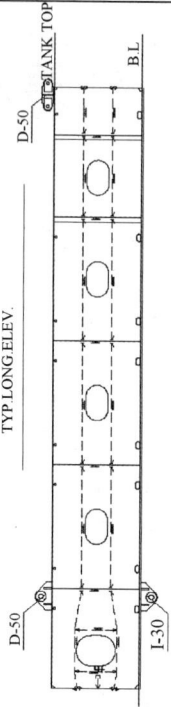

图 8 - 1 双层底分段吊环工作图

3. 吊环的设计负荷必须大于该吊点处所受的力,但是主吊环的设计负荷必须大于分段总的重量,通常两个主吊环受力负荷为分段重量的1.2倍;分段副吊环同一肋位处应尽量设置两副,以便换钩,副吊环只起平吊作用,可选小一点的吊环。如图8-2、图8-3所示,分别为货舱底边水舱分段及舷侧分段的吊环设置及翻身示意图。

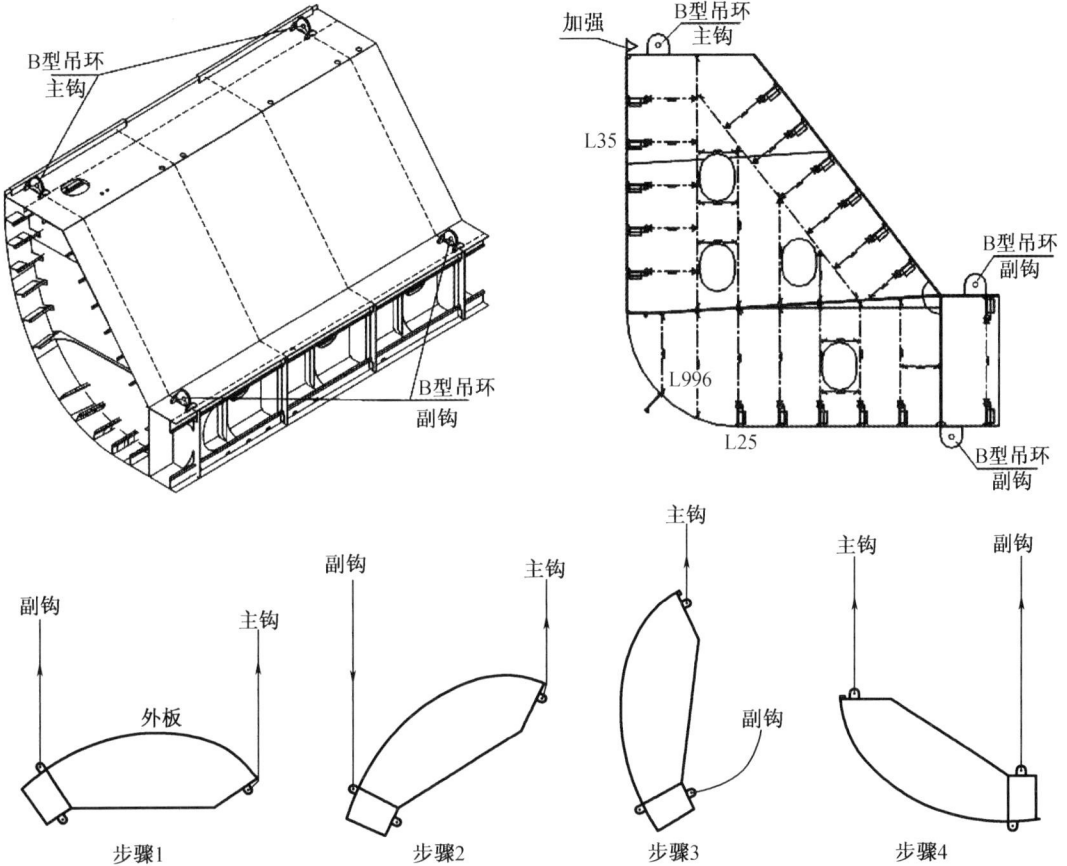

图8-2　货舱底边水舱分段吊环设置及翻身示意图

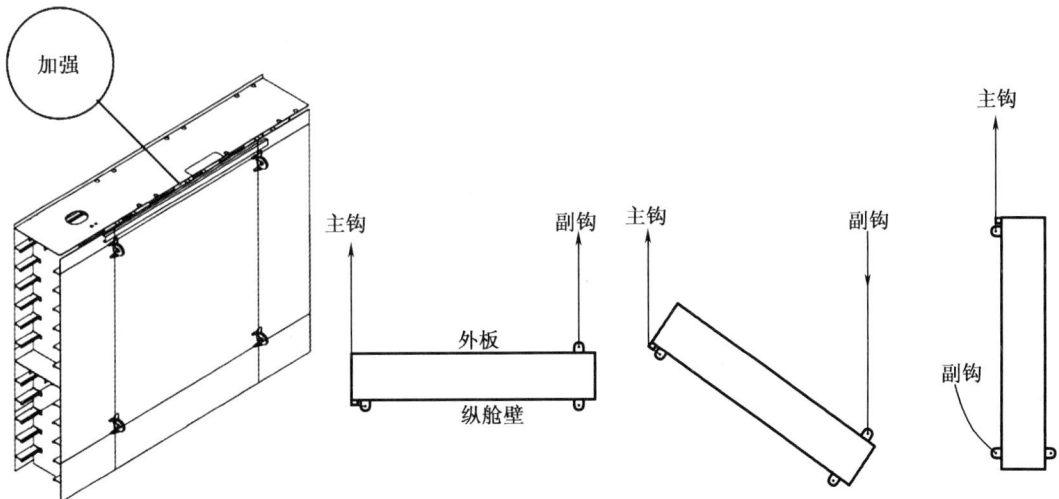

图8-3　舷侧分段吊环设置及翻身示意图

4. 吊环布置应与分段重心对称,以保证吊环负荷均衡、分段吊运平稳和安全。

5. 吊环安装位置应设在分段的纵横骨架交叉处或设在分段的强构件上,如图 8 - 1 所示。

6. 吊环的安装方向应与其受力方向一致,以免吊环产生扭矩。

7. 分段在设置吊环的同时必须设置一定的加强,以防止分段变形,如图 8 - 2 所示。吊环反面的纵横结构较弱,强度达不到要求的,设计时应采用局部加强,同时在图纸上标注清楚。

8. 分段吊环的设置应兼顾考虑能与总组吊环通用,尽量减少吊环的使用数量,如图 8 - 1 分段吊环工作图中吊环明细表所示。

二、吊环的选用

1. 吊环的形式与规格

船用吊环的选用很多船厂制定了企业标准,如上海外高桥造船有限公司制订了"船体吊环及安装要求"(Q/SWS 32 - 006 - 2003)的生产设计企业标准,该标准规定了船体吊环的分类、技术要求等。

吊环的形式有多种,现将常用的 A 型、B 型、C 型、D 型予以介绍。

A 型吊环设计载荷为 10 ~ 50 t,适用于所有船体分段,其结构和尺寸如图 8 - 4 和表 8 - 1 所示;B 型吊环设计载荷为 10 ~ 50 t,适用于甲板分段、机舱分段、艏部分段,其结构和尺寸如图 8 - 5 和表 8 - 2 所示;C 型吊环设计载荷为 10 ~ 30 t,适用于上层建筑分段、机舱分段及槽形舱壁分段,其结构和尺寸如图 8 - 6 和表 8 - 3 所示;D 型吊环设计载荷为 25 ~ 50 t,适用于机舱分段、艏部分段、甲板分段及底部分段。

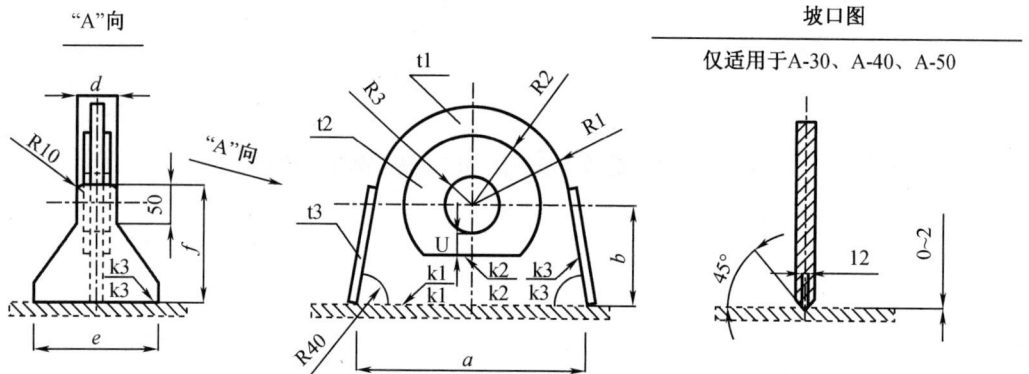

图 8 - 4　A 型吊环的形式

表8-1　A型吊环基本尺寸　　　　　　　　　　　　　　　　单位:mm

设计载荷/t	a	b	c	d	e	f	t1	t2	t3	R1	R2	R3	k1	k2	k3	质量/kg	要求
10	270	80	—	50	140	100	14	—	10	100	—	30	11.5	6	7	4.8	不安装腹板
15	310	122	27	50	180	145	14	10	10	1201	85	35	11.5	6	7	9.2	单面安装腹板
20	360	122	27	60	180	145	16	12	12	125	90	45	13	6	8.5	12.4	双面安装腹板
25	400	122	27	60	180	145	18	12	14	130	95	45	14	6	8.5	16.1	双面安装腹板
30	440	140	35	75	240	165	20	12	14	145	110	45	△	7	10	22.5	双面安装腹板
40	510	140	35	75	240	165	22	13	16	165	130	45	△	7	11.6	29.4	双面安装腹板
50	560	150	35	90	240	175	26	13	18	185	150	45	△	7	13	40.5	双面安装腹板

注:标有△符号的开焊接坡口。

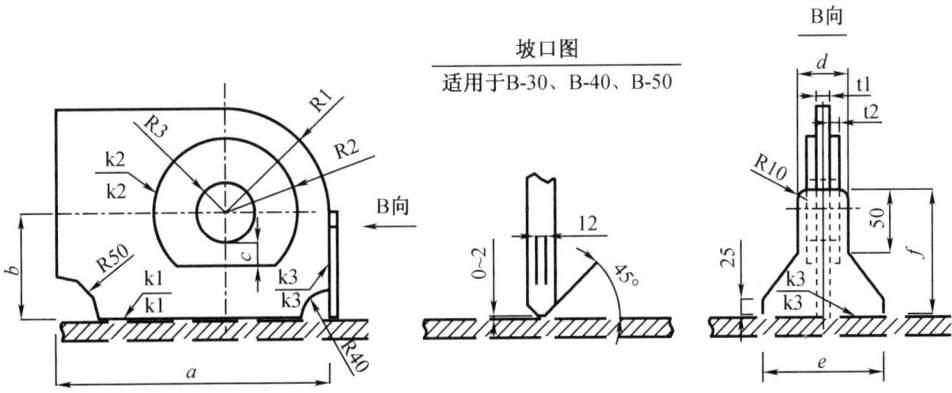

图8-5　B型吊环的形式

表 8-2 B 型吊环基本尺寸　　　　　　　　　　　　　　　　　　单位:mm

设计载荷/t	a	b	c	d	e	f	t1	t2	t3	R1	R2	R3	k1	k2	k3	吊环质量/kg	要求
10	240	80	—	50	140	95	—	—	—	105	—	30	—	—	—	4.4	不安装腹板
15	280	122	27	60	180	145	14	11	10	1201	85	35	11.5	6	7	8.8	单面安装腹板
20	340						16		12	125	90		13		8.5	13.4	双面安装腹板
25	380						18	13	14	130	95		14	7	10	16.6	
30	420	140	35	75		165+555	20			145	110	45				23	
40	600	155	40	80	240	185	22	15	16	165	130		△	8	12.5	57.2	
50	690	165	45	85		205	24	18	18	185	155					90.7	

注:标有△符号的开焊接坡口。

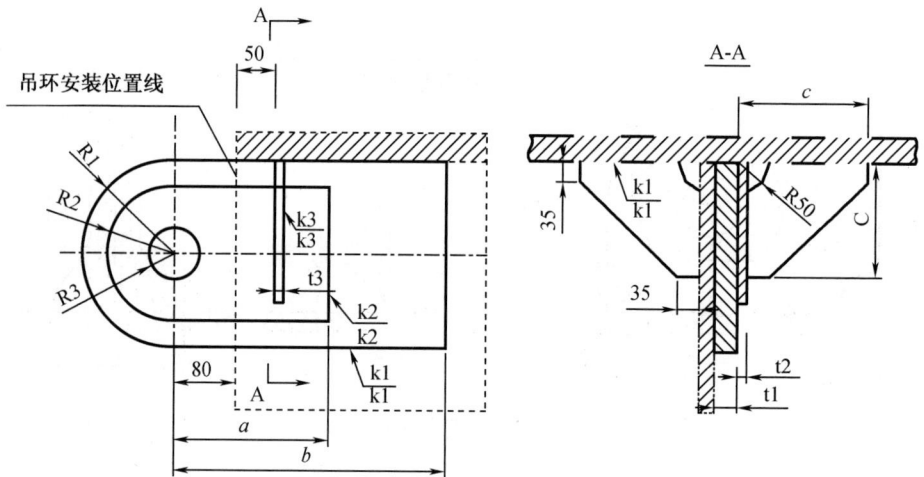

图 8-6 C 型吊环的形式

表8-3 C型吊环基本尺寸　　　　　　　　　　　　　　　　　　　单位:mm

设计载荷/t	a	b	t1	t2	t3	R1	R2	R3	k1	k2	k3	吊环质量/kg	要求
10	200	350	18	8	16			35	8.5	6	11.5	22.5	单面安装腹板
20	250	450	26	11		125	90		10	8.5		37.7	
25	250	500	30	13	20			45	11	11.5	14	46.5	
30	250	500	30	13		145	110		13	13		57.9	

2. 吊环的选用

目前已实现了吊环尺寸和形式的标准化,根据吊环的负荷及安装位置,可直接查阅相关手册或标准,来选用吊环的规格。

吊环的允许负荷可按下式计算:

$$P = CW/n$$

式中　P——吊环允许负荷;

　　　W——起重量;

　　　C——不均匀受力系数,取 $C = 1.5 \sim 2$;

　　　n——吊环数量。

正应力:$\sigma = P/F_{min} < [\sigma]$

$$[\sigma] = \sigma_s/k$$

切应力:$\tau = P/A_{min} < [\tau]$

$$[\tau] = 0.6[\sigma]$$

式中　F_{min}——垂直于 P 力方向的最小截面积;

　　　A_{min}——平行于 P 力方向的最小截面积;

　　　σ_s——材料屈服点;

　　　$[\sigma]$——许用正应力;

　　　$[\tau]$——许用切应力;

　　　k——安全系数,取2.5。

三、吊环的技术要求

1. 吊环的材料

吊环的材料不允许存在裂纹、夹层和凹痕等缺陷。一般选用 Q235 - A GB/T 700—2006《碳素结构钢》,也可以选用可焊接的普通低合金钢材料。特殊吊环的材料选用要根据母材及具体要求而定。

2. 吊环的制作

吊环的加工可选用数控切割或光电切割。吊环孔的加工还可选用钻床,要保证外形光顺,圆孔光洁度达到一定要求。

3. 吊环的焊接

(1)吊环的装配和焊接必须严格按照图纸施工,所有吊环的焊接都必须连续焊。

（2）吊环反面结构的焊接要求。吊环反面的纵横结构是双面连续焊的,应在距吊环中心约 1 m 范围内的所有纵、横向构架均需进行加强焊,其加强焊的焊脚高度应为在原焊脚高度的基础上再增加 2~3 mm;吊环反面的纵横结构是间断焊的,应在距吊环中心 1.5 m 范围内的所有纵、横结构进行双面连续加强焊,其加强焊的焊脚高度应为在图纸规定的焊脚高度的基础上,再增加 2~3 mm。

（3）吊环眼板、肘板的端头必须采用包角焊,其焊脚高度为其他部位的 1.2 倍。

（4）焊接吊环用的焊条一般采用碱性焊条,并对焊缝做严格检查。

4. 吊环的安装

（1）安装时必须根据吊环安装布置图施工,不得随意安装或改变吊环角度。

（2）分段纵向翻身,吊环安装时必须垂直于横剖面;分段横向翻身,吊环安装时必须垂直于纵剖面。

（3）吊环反面的纵横结构较弱,强度达不到要求的,采用局部加短横梁或肘板的方法进行加强,以防止吊环反面的纵横结构损坏。

5. 吊环的拆卸

对于一些不影响外观的部位,如封闭于绝缘内的部位或被船体结构隐藏起来的部位,吊环只需作留根割断;对于壳板、壁板、甲板及平台的外表面,吊环除了要割除外,还要求作刨、批、打磨等清根处理;对于一些难以拆除的部位,如甲板的下表面以及以后修船时用得着的吊环,把吊环设计成永久性的。

第二节　加强材设计

为了确保分段在吊运过程中具有足够的刚性,防止分段产生变形与损坏,应根据分段制造工艺和吊环布置图进行加强。加强材包括临时性加强材和永久性加强材两种。

一般考虑的原则是:在妨碍预舾装的位置,若需设加强材的,应尽量设计成永久性的。如上层建筑,由于结构比较单薄,通常需要设加强材作为临时加固,但这些加强材往往是妨碍上层建筑预舾装的,如天花板、绝缘材的预舾装等。因此,往往将临时性加强材设计成永久性的,如加大该部位的结构或加厚该部位的板材等。虽然多用了点钢材,但与上层建筑整体吊装所取得的效益相比,还是有利的。

一、临时性加强材的设计

船体分段为了吊运时加强分段的刚性或局部强度所装设的加强材,施工后要拆除的,这种加强材称为临时性加强材。

1. 临时加强材的作用

临时性加强材具有两方面的作用:一是加强分段本身的刚性,二是保持下一工序正常的安装状态或正常的放置状态。如处于卧装的舷侧分段,上船台装配则需正立状态,为此要考虑这一状态的依托和加强支撑,在上一工序就要为下一工序做好准备。舷侧分段安装临时性加强材的实例,如图 8-7 所示。

2. 分段的加强措施

分段的加强措施一般根据其形状、结构特点及翻身方向而定。

（1）近似正方形分段应选择分段的主向构件方向翻身。纵骨式分段宜采取纵向翻身，如果横向刚性较差，考虑横向加强；横骨式分段，宜采取横向翻身，要考虑纵向加强。如图 8 - 8 中所示，舷侧分段无舷侧纵桁或刚性较差时，必须作纵向加强。

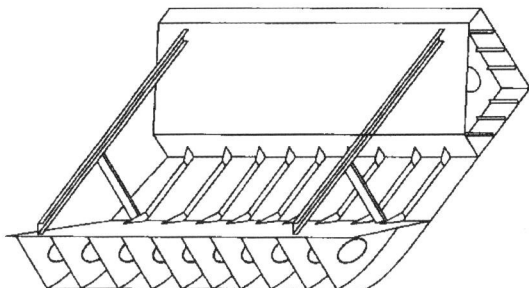

图 8 - 7 舷侧分段安装临时性加强材

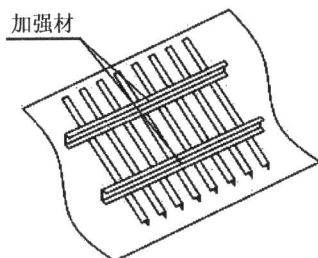

图 8 - 8 舷侧分段纵向加强

（2）凹形分段刚性不足，吊运时应采取加强措施。如甲板分段或机舱分段尺寸较大时，应在大开口或大舱口处加强，如图 8 - 9 所示。加强材应与大开口或大舱口的加强结构（如舱口纵桁）相连接，且其端部应超出舱口纵桁。

（3）大型分段有自由边时，必须进行临时加强，如图 8 - 10 所示。

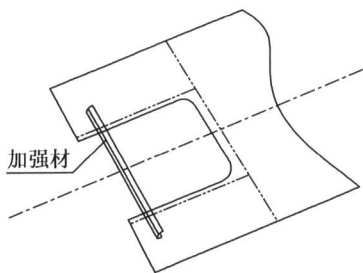

图 8 - 9 甲板分段开口加强

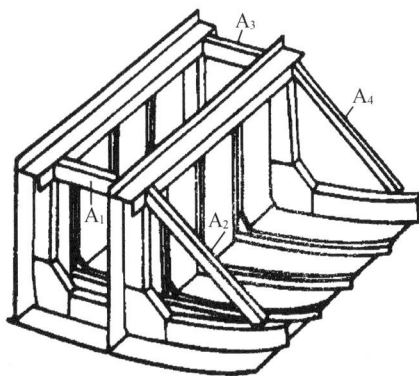

图 8 - 10 F 形分段的加强

（4）半立体分段在大接头附近无横隔舱时，需进行横向加强，如图 8 - 11 所示。加强材的位置应设在强肋骨或横舱壁处。

（5）上层建筑甲板、围壁较薄，尺寸又较大时，在甲板、围壁端口进行加强，如图 8 - 12 所示。

（6）两端宽度相差较大的分段翻身，由于宽端易失去稳定性，应采用纵向翻身且使较重端朝下。

（7）地面翻身时，若分段板材超出骨架，翻身支撑边是板材则需用型钢加强，让型钢成为翻身支撑点；若分段骨架超出板材可不考虑加强，但需在分段下垫好墩木，其高度应超出骨架的伸出长度，以免骨架翻身时受损。

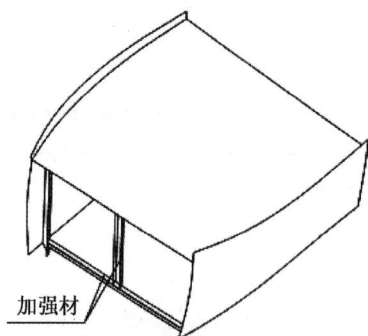

图 8-11 分段大接头处加强

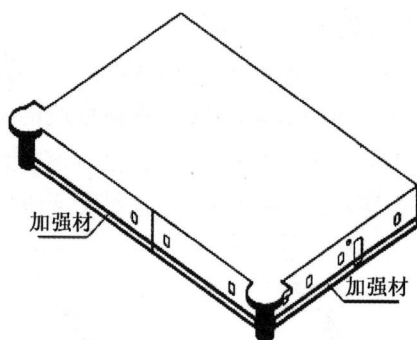

图 8-12 上层建筑围壁加强

二、永久性加强材的设计

为了减少加强材拆卸的二次作业,在结构设计过程中,把分段吊运时的刚性尽量考虑进去,从而减少装拆加强材作业,并且有利于预舾装。因此,从分段划分开始,就应考虑分段的刚性,如采用"L""F"形成"∏"形分段等,以增强分段自身的刚性。对一些比较单薄,而预舾装工作量较多的上层建筑,为保持预舾装的完整性,不致因加强材的拆装而影响到室内预舾装,对需加强的部位,则应采用加大结构尺度,增加肘板或加厚外板的办法来代替临时加强。

第三节 工艺孔、通道设计

一、工艺孔

工艺孔是指在船舶建造过程中对船体结构临时开孔,待工程完毕后再封合的各种孔洞的统称。工艺孔的位置、大小不仅要保证施工人员能顺利通行,还要兼顾考虑舱室内的换气、临时照明的配线、施工用具及结构材料的进出,特别是在狭小舱室进行焊接、涂装时的安全。工艺孔最终需要做封合处理,因此要尽量减少工艺孔的数量及大小。

工艺孔包括临时人孔、手孔、临时通风孔、临时吊装孔。

1. 工艺孔的类型

(1)临时人孔

对于狭窄部位,如艏、艉尖舱,作业时人进出不便,且不利于施工作业,可考虑开临时人孔。此类工艺孔待焊接完毕后,按设计要求将其封补,这种工艺孔必须保证施焊时烟雾能及时排出,确保工人安全和健康。对于非水密结构上的工艺孔,如果结构强度经局部强度计算足够的话,可不必封补。

(2)手孔

对于船体密闭、狭窄的部位无法施焊而临时开的圆孔,可让手伸进去作业,如舵叶、挂舵臂等,作业完毕后封合,封合时一般采用钢衬垫焊。

（3）临时通风孔

对于有些狭窄部位，只有人孔，但无法形成对流通风，不利于有毒有害和易燃易爆气体的及时排出，有必要在设计时考虑开临时通风孔，如图 8-13 所示，为内底板工艺孔实例。同时，为方便分段涂装出砂，还需考虑布置出砂孔，如双层底分段。

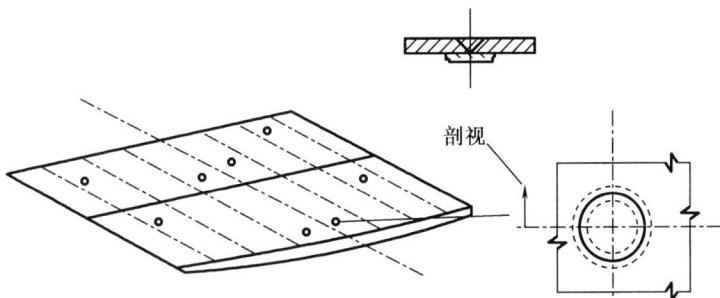

图 8-13　内底板工艺孔实例

（4）临时吊装孔

临时吊装孔，即设备进舱通道。由于设备进厂时间和生产进度不一致，某些封舱件因各种原因不能按时到位，需要在结构上增开比较大的临时性工艺孔，如主机及舵机，常在主甲板贯通后才能吊装，所以需要在主甲板上布置临时吊装孔。待施工结束后封妥。吊装孔的布置应尽量在原结构板材焊缝处，以减少切割封补工作量，同时应事先在生产设计图上注明"本段焊缝暂不焊"字样。

2. 工艺孔的设计

临时工艺孔、工艺孔补板、临时安全通道开口的设计，是以船体基本结构图和船体分段划分图为基础，参照船体总布置图和小舱口盖及人孔布置图，在生产设计阶段确定而完成。

（1）工艺孔的位置

①临时工艺孔的布置应避开应力集中区域，开孔位置、尺寸和补强方法必须满足有关船体强力构件开孔及补强的规定，并且一般应征得船东、船检人员的同意；

②工艺孔附近的甲板、平台上没有大的孔洞及障碍物，便于人员通行，防止人员跌倒或坠落；

③工艺孔的位置要尽可能让施工人员直线通行；

④工艺孔的位置要尽可能设置在施工量较多的分段接缝附近；

⑤原则上每个舱室要有两个以上的孔，以保证舱内彻底换气；

⑥较大舱室内，工艺孔的设置应方便施工人员在应急情况下的逃生；

⑦工艺孔的位置要尽可能避开各种舾装件，如人孔位置处不应由于管子的通过而妨碍通行；

⑧吊环的附近不能设置工艺孔，如必须设置，要在吊环割除后再开工艺孔。

（2）工艺孔的大小及形状

工艺孔的大小及形状与各个船厂的规定有关，同时还与工艺孔所在位置的具体结构形式有着密切的关系。

工艺孔的形状要根据用途、所处位置及结构情况决定，结合将来复位的工艺性等因素全面衡量决定。常见工艺孔形状为长方形、腰圆形和圆形,其大小按需要而定。通常长方形工艺孔四角应避免应力集中,如附近有原焊缝则应利用原焊缝,没有板缝的开孔四角应倒 R100 mm 圆角,且应 ≥5 倍板厚。

一般人员通行用工艺孔的大小为 500 mm × 800 mm 或 450 mm × 700 mm 的椭圆孔;通风用的工艺孔的大小为 φ500 mm 的圆孔;其他用途的工艺孔的大小按照实际需要而定。

(3)工艺孔的高度

施工人员通行用工艺孔的门槛高度一般在 400 ~ 500 mm 左右最为合适,但有时由于生产工艺的要求,或者结构的特殊性,门槛高度不一定能满足上述要求。当门槛高度超过 900 mm 时,可安装踏步、梯子,必要时安装扶手,以保证通行安全。

(4)工艺孔的开孔阶段

设计人员必须在工艺孔布置图上详细注明工艺孔开、封时间的特殊要求。

一般情况下,工艺孔在下料阶段实施开孔,但有时出于强度及弯曲加工的需要,工艺孔在后续的适当阶段开孔。

二、临时通道

临时通道的设计是为了减少高空攀登、方便作业而纳入生产设计的。对大吨位的船舶,临时通道的设计尤为必要。

根据通道开设的位置,临时通道分为舷侧临时通道、横隔壁临时通道、纵舱壁临时通道、边舱壁临时通道等。

1. 临时通道的设置原则

(1)便于施工人员登船作业。

(2)便于施工人员全船贯通行走。作为邻舱之间通道,节省上下来往时间,横舱壁上可开临时通道。

(3)有危险的舱室应设逃生通道,发生事故时,便于施工人员迅速撤离现场。

(4)减少电焊线、气割胶管、电缆等在舱内迂回曲折。当有电缆和软管通过横舱壁通道开口时,其开口不能留根,否则会将电缆、软管割破,造成漏电、漏气,发生事故。

(5)在拟定通道设计方案前,与各相关专业协调,使开孔部位避开相关机、电、舾装专业的设备或马脚、管路等。

2. 临时通道的设计

(1)舷侧临时通道

为了施工人员在船台施工期间可以迅速进出舱室,而不必先登甲板然后才能进入舱室,可在舷侧外板上留出通道口,这种通道口一般可设在靠船体中间,使两头的路程大致相等;但对于尾机型船舶,考虑到机舱工作量大,通道口可设在机舱区域,方便设备和人员的进出;而对于大型船舶,多在艏、舯、艉各开一个通道口。通道口的高度应在内底板之上的舷部。开口位置尽量在原板缝,为减少切割封补工作量和保证美观,高度一般为一列外板板宽,宽度控制在 1 ~ 2 档肋位内,如图 8 - 14 所示。

对于建造大吨位的船舶,考虑到下水后靠码头后的登船施工方便,还可在水线以上开舷侧通道,上述通道待工程完成后,应妥善封合。

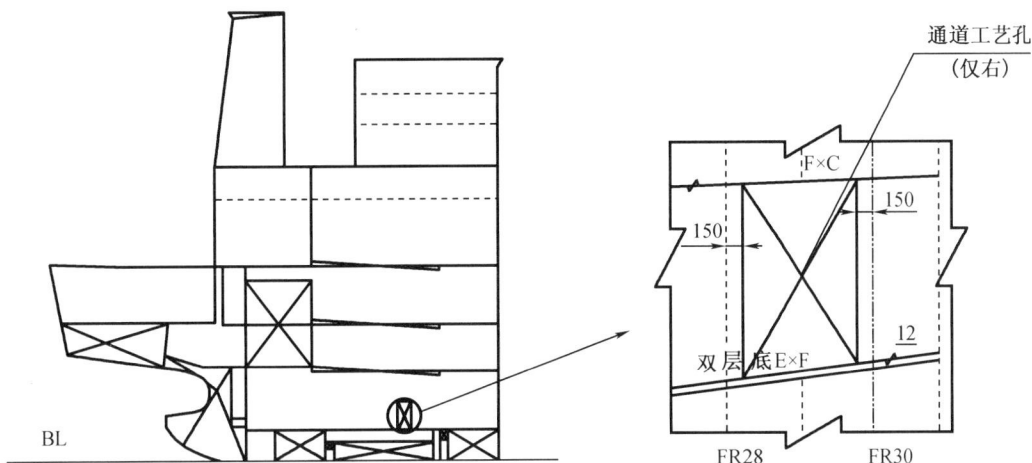

图 8 – 14　舷侧临时通道的开设

（2）横舱壁临时通道

当分段在船台搭载完成后，为了便于全船作业时的贯通行走，横舱壁上可考虑开设门形临时通道，通道的大小和位置视板缝的情况而定，以方便人员通行和搬运物体方便通行为主。一般从双层底向上开，通常高为 1 600 ~ 2 000 mm，其宽度尽量利用结构原板材拼缝，通常取 700 ~ 800 mm，以开落地口为好（即底部不留根），如图 8 – 15 所示，以保证电焊和气割用的电缆和软管等设备拖拉时不易被割破。横舱壁临时通道布置详图如图 8 – 16 所示。

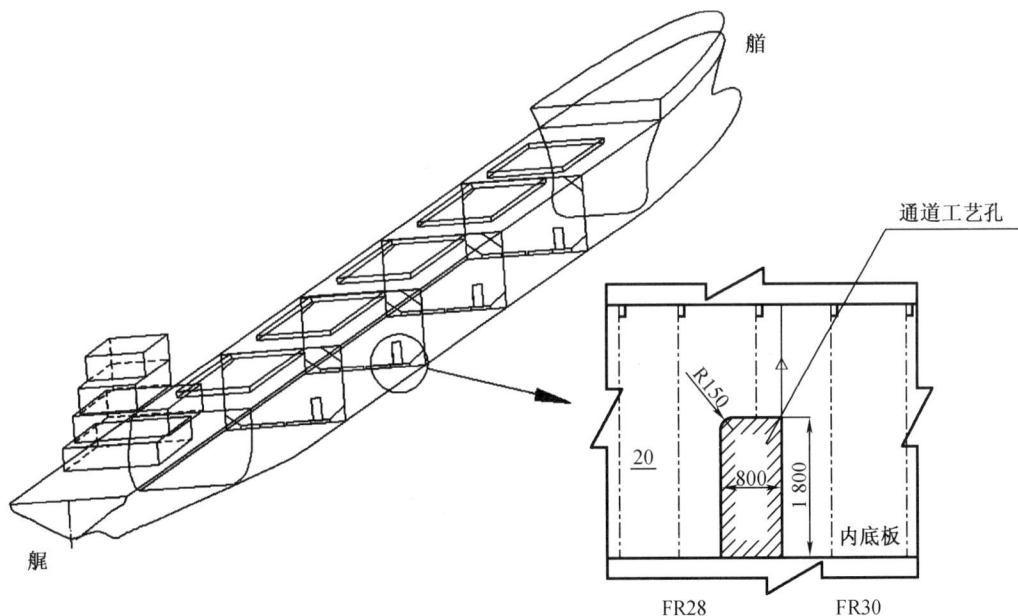

图 8 – 15　横舱壁临时通道的开设

三、临时工艺孔补板、临时通道开口封补要求

1. 开孔后，为保证结构材质的一致性，割下结构材料点焊贴在旁边，谨防丢失。

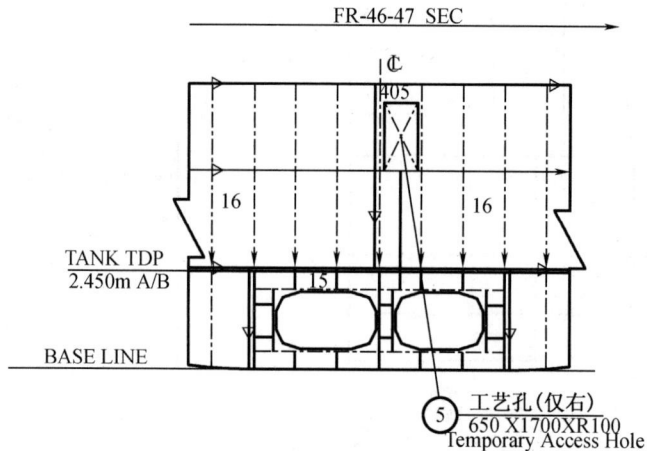

图 8 – 16　横舱壁临时通道布置详图

2. 工艺孔在许可的情况下可用人孔、人孔盖取代。

3. 所有工艺孔及通道必须在进行舱室密性试验以前封补,尽量采用 CO_2 陶瓷衬垫焊,施焊前必须由验船师及船东代表认可,密性焊缝应进行 100% 无损探伤。

4. 工艺孔及通道处的涂装工作应按该处舱室涂装要求进行。

第四节　脚手架及安全设施设置

在船舶建造过程中,存在着大量的高空作业,为了便于这些场所的施工,确保作业人员的安全,船厂必须要搭设施工所需的工作架子,即脚手架。

对于某些船厂而言,可通过高空作业车在一些开阔区划的高空场所施工,如外板外侧、货舱内侧等;而对于狭小空间的施工作业,或者对于缺少高空作业车的船厂,只能通过脚手架来完成。

船舶行业标准《船用脚手架安全要求》(CB 4204—2012),详细规定了脚手架的结构尺寸、脚手架的搭设与拆除规程、脚手架的材料及检验,以及对从事脚手架搭设人员的要求等。下面简要介绍脚手架的种类及设置要求。

一、脚手架设置

1. 脚手架的种类

根据脚手架的结构、使用方法及搭设位置的不同,脚手架分为三角架式、悬挂式、着地式、简易支架式、圆形钢管组合支架式、踏步式等。着地式脚手架如图 8 – 17 所示,适用于大型或定型制造的船舶,在固定的船台上建造,钢架不需经常移动;悬挂式脚手架如图 8 – 18 所示,适用于大、中型船舶,目前使用较普遍,但对形状变化剧烈的艏、艉部不适用;三角架式脚手架如图 8 – 19 所示,用于舱室内部的舾装作业;踏步式脚手架如图 8 – 20 所示,适用于狭小的空间架设脚手架;圆形钢管组合支架式脚手架如图 8 – 21 所示,资材设置均匀有安全性,容易调整高度而且任何部位都适用,组立后可以移动。

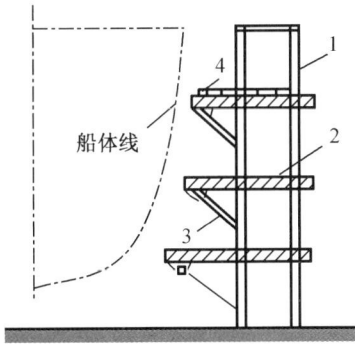

图 8 - 17　着地式脚手架

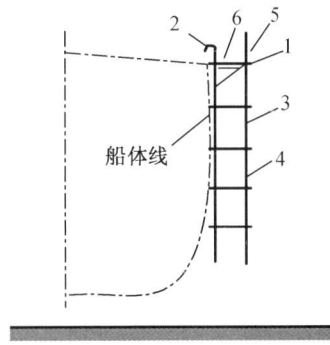

图 8 - 18　悬挂式脚手架

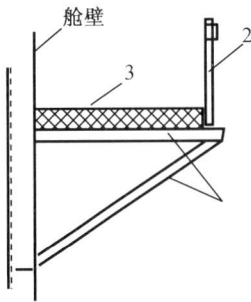

图 8 - 19　三角架式脚手架

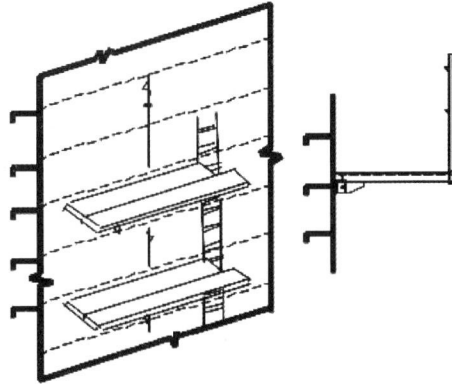

图 8 - 20　踏步式脚手架

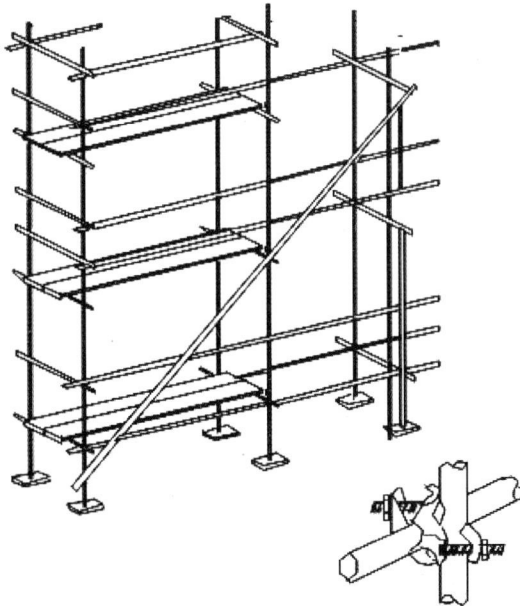

图 8 - 21　圆形钢管组合支架式脚手架

脚手架的架设是一项艰巨的工程,以前都是现场施工需要时临时架设的。开展船体生产设计,要求在设计图纸上,通过周密的考虑,使脚手架的作业处于最佳的位置,还要设计成拆卸工作量最少的形式。

2.脚手架设置

(1)脚手架设置原则

在脚手架设置过程中,需遵循以下几个方面原则:

①安全。脚手架本身要足够的强度,要确保施工人员在脚手架上的通行顺畅,跳板尽量水平布置,倾斜布置时,角度要控制在10°以内。

②脚手架各层之间的垂直距离应为 1.8 ~ 2 m。

③脚手架、脚手板与船体或物件之间的间距不应大于 300 mm,因船形变化无法达到要求时,应采取加设栏杆或安全网等有效的辅助措施和安全措施,防止发生坠落事故;安全护栏高度应为 1 050 ~ 1 200 mm,并牢固可靠。

④地面不平或有斜度的位置,应采取垫平等相应的安全措施。

⑤搭设脚手架时,不应使用不同管径的杆件混合搭设。

⑥脚手架用眼板要尽可能布置在骨材上,或背面有骨材处。

⑦脚手架的布置要兼顾壳装、舾装、涂装等专业在不同施工阶段的作业,减少重复搭设。

⑧要便于脚手架的拆卸。

对船厂而言,高空作业场所很多,高空作业量很大,并且脚手架的搭设和拆卸本身就是一项高空作业,因此脚手架相关的施工作业是一项繁重而且危险的工作,要求由具有一定资质、经过特殊培训的专门人员来完成。

(2)脚手架生产设计图面化

图面化的脚手架生产设计,国内船厂目前使用的较少。主要是因为缺乏统一的设计标准,设计过程烦琐,特别是在机舱内,脚手架与舾装件的干涉检查存在着一定的难度,因此脚手架的搭设,大部分是由工人现场确定位置,现场焊接临时件。这种方式虽然简单,但搭设的脚手架缺少合理性,安全性差,返工量大,有时需要重复搭设,很难保证分段及舱室区域壳舾涂一体化施工的完整性。

随着船舶建造技术的发展,船厂对脚手架的搭设要求越来越高,图面化的脚手架生产设计得到更多船厂的推广,其主要优点如下:

①脚手架用眼板的装配、焊接及部分脚手架的搭设,可以在小装配或者分段制作阶段完成,减少了脚手架搭设本身的高空作业量;

②规范了脚手架的搭设方式,增加了脚手架本身的安全性;

③通过脚手架的图面设计、现场施工、问题反馈、设计改善,可以大大降低脚手架搭设的难度,缩短脚手架的施工周期,对于系列船而言,可减少问题的重复出现。图 8 - 22 是某船厂设计的典型分段脚手架搭设图。

该船厂对分段脚手架的搭设已经实行了标准化。图 8 - 22 所示的典型分段最大外形尺寸是 10 700 mm × 6 000 mm × 3 456 mm,所用脚手管 1.2 m 长的 42 根、2.6 m 长的 106 根、3.6 m 长的 6 根,脚手板 30 块。脚手架钢管、脚手板的规格及其夹具等都是标准化的,只需要选用就可以。因此脚手架架设方便,拆卸简单,架设的材料能循环使用,且安全有保证。

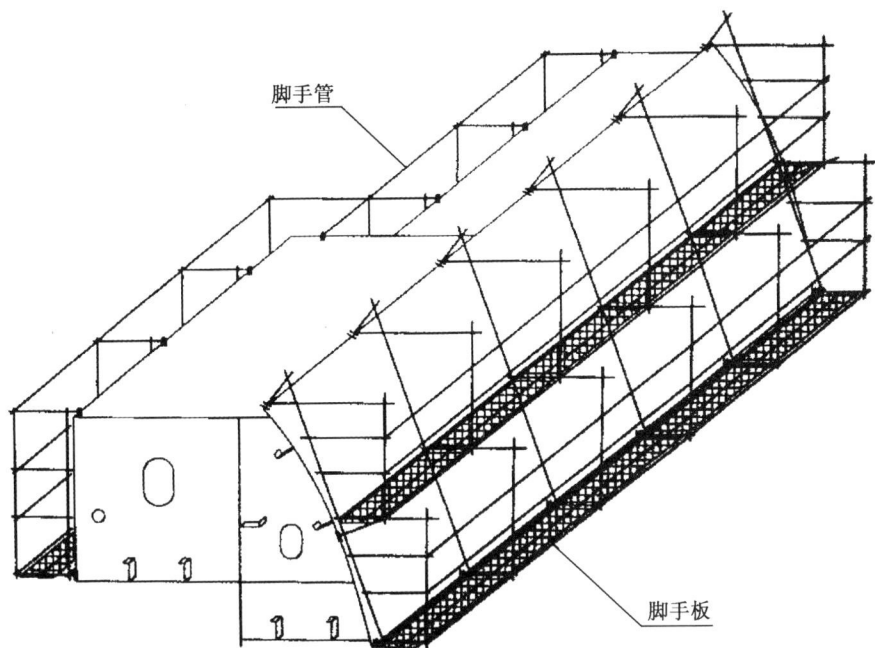

图 8 - 22 典型分段脚手架搭设图

二、安全设施

安全设施一般应考虑如下内容:船上大开口四周的临时栏杆、人孔的临时护盖、临时梯子、通风道进出口等。

如图 8 - 23 所示,在船台装配过程中,是一种既可作为船台大合龙的依托和支撑,又可作为临时梯子的辅助安全设施。

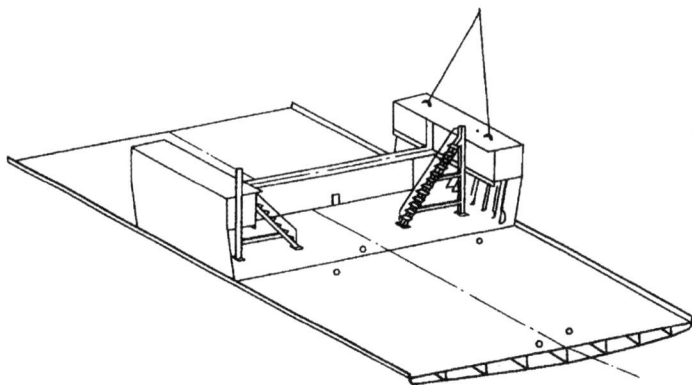

图 8 - 23 作为大合龙依托的梯子

图 8 - 24 介绍了一种既可作为通风,又可作为安全进出口的设施。图中,滑移门的启闭控制着风机的电源开关。

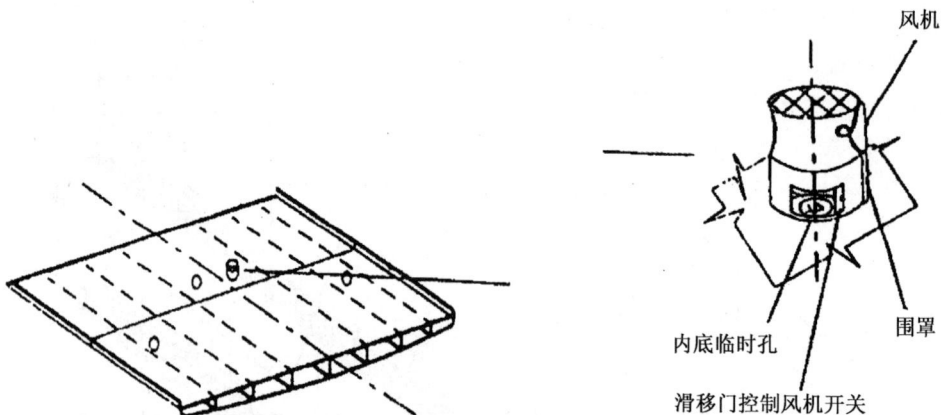

图 8-24 合二为一的通风、安全进出口

目前,各个造船企业都有着很多独特的辅助作业设施,有的还逐步实行了标准化,可以相互借鉴,这为生产设计的深入开展提供了有利的条件。

思考与练习

一、简答题

1. 船体生产设计中,有哪些辅助性作业的设计?

2. 吊环设置要遵循什么原则?

3. 吊环的技术要求有哪些? 如何选用吊环?

4. 临时加强材如何设置? 永久性加强材在设计时要考虑哪些内容?

5. 脚手架设置需遵循什么原则?

6. 有哪些种类的工艺孔? 工艺孔的设计要遵循什么原则?

7. 船舶舷侧临时通道如何开设?

8. 船舶舱室内横舱壁临时通道如何开设?

二、选择题

1. 下列施工中,_____不是船体辅助性作业。　　　　　　　　　　(　　)

A. 脚手架搭设　　　　　　　　　　　B. 安装吊环

C. 使用焊机　　　　　　　　　　　　D. 开设工艺孔

2. 甲板分段制造后,需吊装总组,需安装吊环数量　　　　　　　　　(　　)

A. 主吊环一个,副吊环一个　　　　　B. 主吊环两个,副吊环两个

C. 主吊环两个,副吊环四个　　　　　D. 主吊环四个,副吊环两个

3. 吊环布置应满足　　　　　　　　　　　　　　　　　　　　　　　(　　)

A. 与分段重心对称　　　　　　　　　B. 设在分段纵横骨架交叉处或强构件上

C. 吊环安装方向应与其受力方向一致　D. A、B、C

4. 在妨碍预舾装的位置,如需设加强材的,应尽量设计成　　　　　　(　　)

A. 永久性吊环　　　　　　　　　　　B. 临时性吊环

C. 永久性加强材　　　　　　　　　　D. 临时性加强材

5. 横舱壁分段吊运时需临时加强,应采用　　　　　　　　　　　　　　（　　）

A. 垂向加强　　　　　　　　　　　　B. 横向加强

C. 垂向、横向均加强　　　　　　　　D. 垂向或横向加强

6. 分段装焊时,为了便于施工,往往需要搭设脚手架。该船体辅助性作业的工作图名称是　　　　　　　　　　　　　　　　　　　　　　　　　　　　　　　（　　）

A. 船台墩木、支柱布置图　　　　　　B. 船台脚手架布置图

C. 分段脚手架搭设图　　　　　　　　D. 工艺孔开设图

7. 船舶舱室内横舱壁上开设的临时通道是　　　　　　　　　　　　　（　　）

A. 手孔　　　　　　　　　　　　　　B. 临时通风孔

C. 施工通道　　　　　　　　　　　　D. 安全设施

8. 工艺孔设置时应注意　　　　　　　　　　　　　　　　　　　　　（　　）

A. 避开应力集中区域　　　　　　　　B. 避开各种舾装件

C. 吊环附近不能设置工艺孔　　　　　D. A、B、C

三、判断题

1. 在吊环开始设计前,需要计算分段的质量及其重心位置。　　　　　　（　　）

2. 分段质量及重心应是分段质量加上舾装件的总质量及重心。　　　　　（　　）

3. 吊环安装处的船体内部构件不需要进行连续焊。　　　　　　　　　　（　　）

4. 吊运工作完成,吊环一律要拆除,并作刨、批、打磨等清根处理。　　　（　　）

5. 大型分段有自由边时,吊运时必须进行临时加强。　　　　　　　　　（　　）

6. 吊运船体分段所装设的加强材,施工结束后要一律拆除。　　　　　　（　　）

7. 双层底分段装焊时,既要开设人孔,又要开设通风孔。　　　　　　　（　　）

8. 对尾机型船,舷侧通道可设在中后靠机舱的区域。　　　　　　　　　（　　）

第九章　区域舾装和托盘管理

●学习目标

知识目标

1. 正确描述舾装的概念；
2. 熟悉舾装技术的四种类型；
3. 熟悉托盘管理的内容、作用；
4. 掌握舾装区域的划分方法。

能力目标

能进行舾装区域的编码。

第一节　船舶舾装

船舶舾装是指船体结构以外的船舶所有设备、装置和设施的安装工作。舾装工程具有作业面广、工作量大、工种多、安装交叉作业多、综合性较强、设计和制造周期长的特点。开展舾装生产设计的目的主要是在"船体为基础、舾装为中心、涂装为重点"的管理思想下，通过统筹协调船体和舾装两大主体工程，使之更有利于舾装工程的预制和预装，进而实现高质量、快捷、安全地造船。

船舶舾装的工作内容：

①船体铁舾件：门窗、梯、盖、扶手、栏杆、系缆桩等；

②动力装置：主机、轴系、柴油发电机、锅炉、热交换机、分油机及附属泵、箱柜等；

③甲板机械：起货机、锚机、舵机、绞车、舱口盖等；

④电气舾装件：电器、电缆、导架、接头等；

⑤舱室舾装件：家具、厨房设备、绝缘材料、冷藏空调等；

⑥管系：船舶系统、动力系统、冷藏空调系统、通风等。

一、船舶舾装技术的发展

船舶舾装内容十分广泛、复杂，但工作量最大、周期最长、范围最广的当属管舾装，其工作量约占全船工作量的30%，跨越船舶开工到交船的整个建造周期，范围遍及从船头到船尾，从层底到上层建筑的各个区域。船舶舾装技术的发展就是以管系的设计、制造、安装工作的变革为主线进行的。船舶舾装技术的发展经历了较长时间的变革，大体上可以划分为以下四个阶段。

1. 船内取样舾装

在20世纪60年代以前，几乎所有管系舾装件的制造和安装都是在船体成型后才能进行，其他舾装件的安装工作也基本上是在船体建造工作基本结束后才进行。并且设计、制造和安装都是按照装置和功能系统来分类的。特别是管系的敷设要经过"三上三下"的过程，劳动强度高，生产周期长、作业环境差。这种舾装方法，目前在我国的一些小型船厂还在使用。

2. 综合放样、系统预装

船体建造技术的发展，特别是焊接技术的提高，使船体的建造出现了以焊接技术为中心的分段建造法，给舾装工作的变革带来了新的希望。在20世纪60年代中期，船厂为了减轻工人的劳动强度，改变"三上三下"的现状，参照船体放样的原理，先后创造应用了"综合放样"技术。根据船体结构线型图、结构图，将施工设计图中的机械设备、电气设备、风管、部分船体舾装件及它们的系统——管路及附件、电缆等表达在一张图上，开始以统筹协调的方法在图纸上解决各系统之间的矛盾，根据综合放样图设绘各种安装图、零件图、开孔图，并编制内场制造清册等。但是在综合放样的初期，舾装件的安装工作仍是在船体建造基本完成后开始的，大量的管系安装工作还是向上作业。到了20世纪70年代初才开始进行有限的分段预舾装和单元组装，预舾装率还不高，但毕竟是向前跨了一大步，使造船周期有了明显的缩短。这个阶段的主要缺点在于综合放样的基本方法还是以系统进行的，因而协调工作还是很艰巨。由于没有对舾装件实施托盘管理，因而整个舾装件的生产情况还是非常混乱，作业计划无法编制得比较切合实际。

3. 推行生产设计、区域预制预装

20世纪80年代初，我国实行了改革开放政策，各大船厂纷纷承接出口船舶，造船工业有了很大的发展，但是都迫切需要解决造船质量不高、设计水平低、生产管理混乱、建造周期很长的问题。因此各大船厂采取与国外联合设计、与国外企业进行技术合作、向国外派出技术人员学习等各种方法，不断引进新技术、新的设计方法、新的管理技术等。舾装生产设计和托盘管理就是在这种背景下引进的。舾装生产设计包括管系、外舾装、内舾装、铁舾装件等，主要是管系的生产设计。舾装生产设计是将成组技术和统筹协调技术应用到船舶舾装设计之中，使原来的施工设计阶段的设计内容、方法、手段都有了极大的改变，并形成了生产设计这样一个全新的设计阶段。

生产设计与"综合放样"的根本区别在于它的设计方法从按系统发展到按区域进行舾装件的综合布置，从按功能、系统设绘图纸和编制技术文件转移到了按区域、分阶段编制托盘管理表和绘制图纸。因而生产设计从一开始就按区域绘制综合布置图、开孔图、安装图，按托盘绘制零件图、支架图及编制各种生产管理文件，使单元组装、分段预装和总段预装的舾装方法得到进一步的推广应用，并不断完善提高。管系分段预舾装率大大提高，达到了全船管系工作量的70%左右。同时舾装件的托盘管理系统也在这一时期逐步地建立起来，成立了专门的集配中心，基本上理顺了舾装件的生产流程和强化了舾装件的生产计划。

4. 深化生产设计，模块化造船

在第三阶段的基础上，深化生产设计，改变船舶建造中船体、舾装、涂装分离的现象，改变以往造船以船体为中心，舾装、涂装跟着转的状态，变成为以舾装为主体、船体追随式工艺为基础的壳舾涂一体化施工法,也就是以船体为基础、舾装为中心、涂装为重点的壳舾涂一体化施工法。当壳舾涂一体化造船法发展到高级阶段时就成为模块化造船了。

关于模块化造船模式的概念,这里需要强调的是,船舶的建造主要采用各种大大小小的模块,这些模块虽然可以是功能性舾装小模块,但更多的应是综合性的壳舾涂一体化的大模块,当然,大模块也可以由若干小模块组成,只有当全船的模块数达到一定的数量时,特别是机舱内的综合性模块形成标准化模块时,才能称得上是模块化造船。

二、预舾装技术

预舾装是将船台、码头的舾装作业提前到地面上进行的一种舾装方法。也就是在分段上船台前,尽可能在地面上将舾装件广泛采用单元组装、分段预装和总段预装,扩大地面并行作业,以减少码头、船台多工种的混合作业。预舾装也叫地面舾装。舾装技术可以分为单元组装、分段预装、总段预装和船上安装四大类,其中单元组装、分段预装、总段预装都属于预舾装。

1. 单元组装

单元组装也称单元舾装,是壳舾分离的施工过程,是舾装的关键部分。由于它使舾装作业与船体作业相互分离而独立完成,避开了舾装工作和船体工作的重叠。单元舾装一般是在车间内专门的舾装场地上进行,所以它是地面舾装的重要组成部分。就其单元本身而言,它是以某一舾装件为主体,其他舾装件依附于其上而形成的一个组合整体,或者说凡是以一定构架、基座或其他连接件为主体将若干舾装件连成一个整体的都称为单元舾装。

由于各船厂的生产条件、施工习惯和产品对象不同,单元舾装的单元形式也不一样,比较典型的舾装单元有设备单元、箱柜单元、管件单元、阀件单元、交通装置单元、盥洗室预制单元、雷达桅单元、烟囱单元、机舱区域单元十类,通过对这些单元的分析,可以概括为功能性单元、区域性单元及混合式单元三大类。根据船舶建造阶段又可以分为分段上安装的单元,总段上安装的单元和船内安装的单元。

2. 分段预装

分段预装是在分段结构装配过程中或分段结构装配完成后,在分段结构上进行的舾装过程。

由于船体采用了分段建造法,因此提供了船体分段在上船台装配前进行舾装工作的条件,为了使分段舾装能够在良好的环境和工作状态下安全、有效地进行,必须进行分段舾装图的设计。与单元舾装相比,分段舾装受船体结构建造进度影响较大。分段舾装要求在船体、舾装和涂装的设计和管理方面密切配合,以减少施工过程中不必要的工时浪费与舾装资材的损失。分段舾装与船台和码头舾装相比,改变了作业环境和作业姿势,变高空作业为地面作业,具有提高生产效率、安装质量和作业安全性,减少脚手架敷设量和缩短舾装周期等优点。舾装生产设计中,分段舾装必须在船体分段划分时充分考虑舾装件的区域性和划断的舾装件在船舶总装时连接的可行性和连接施工的方便性等,分段的质量必须计入舾装件的质量,还应仔细考虑船体作业和舾装作业的顺序,以形成一体化的工艺流程。分段舾装一般在船体装配平台上进行,也可以把分段移至舾装作业指定的内场或外场去安装。

分段预装分为三个阶段:船体分段在装配过程中及其在构件上的预装;结构面的预装,

一般分段采取反造形式;非结构面的预装,一般分段置于水平状态进行的预装。

(1)船体分段在装配过程中及其在构件上的预装。有些舾装件在分段形成以后无法进行安装,而必须在船体分段装配过程中或在其构件上进行预装。例如双层底内的加热管、舱底水管和压载水管等,必须在双层底部隔舱或某些肋板及外板未封以前进行安装。

(2)结构面预装,一般分段采取反造的形式,在这种状态下进行结构面的舾装件安装是最有利的。

(3)非结构面的预装,当结构面预装完成以后,由船体车间进行整个分段翻身,并按照安装设备的技术要求,保证分段置于水平状态,并给予适当的支撑,即可进行甲板正面舾装件的安装,这种状态下的舾装件安装,称为非结构面预装。为了有利于机舱双层底上面至机舱花钢板,舷部外板结构高出花钢板约 300 mm,形如盆状区域的舾装,该区域的舾装作业,一般多采取单元吊入的舾装方法,如果周期允许,也可以直接进行分段预装。这样不但预舾装率可以提高到90%以上,而且有利于先进行主机吊装,后进行轴系的照光镗孔,这种舾装方法亦称为机舱盆舾装,实际它是分段舾装的一种新方法。

3.总段预装

总段预装也称立体舾装。它是总段合龙后,上船台前完成的船舶舾装件的预装,是由两个或两个以上分段装配后进行的舾装过程。舾装完整性较好,预舾装率可以达到90%以上。

4.船上舾装

船上舾装是相对地面舾装而言,单元组装、分段预装、总段预装都是地面舾装。船上舾装分为两个阶段,敞开空间阶段和封闭空间阶段。

(1)敞开空间舾装是上面分段未吊装前在敞开空间的安装作业,也称为“青空舾装”。这是一种为了吊装和施工方便,在船舶总装形成敞开区域时,将内底板及平台甲板面上的大型设备等船内舾装件和船内舾装单元在敞开空间先行吊上就位的方式。例如,机舱区域的舾装工作量大,舾装周期长,所以,当船舶总装形成机舱敞开区域时,就开始进行柴油发电机组、辅锅炉等船内舾装作业,然后再进行遮盖分段的船台吊装。

(2)封闭空间舾装是上面分段吊装后在封闭空间内进行的安装作业。这是一种船舶总装时,上面分段装配完成,形成封闭空间后,进行船内舾装作业的方式。由于这种方式受到通风、采光等条件的限制,所以,不利于大型设备和舾装单元的进舱安装,只限于较小的散装件,例如管子、风管在分段之间的连接短管的安装和易受天气影响,在舱室遮蔽前安装可能损坏的易损舾装件的安装。

第二节　托盘管理

托盘的两重含义:一是生产设计、生产准备及生产过程中所共有的中间产品的一种单位;二是包含物料清单及其所列物料的容器。

一、托盘管理

在船舶工程中,托盘管理是对以托盘为单位的中间产品,进行生产设计、物资准备、进度安排和成本核算的一种科学的生产管理方法。

舾装托盘既是一个舾装作业单位,又是一个安装器材的集配单位。船舶建造将有大量舾装件要制作与安装。为了便于施工管理,把它们按作业阶段,作业场所进行工程分解,按照一定的工作量划分成一个个小的作业单位,该舾装作业单位就是所说的舾装托盘。只要明确了各个托盘的工程项目开工日期与完工日期,则整个工程便有了全船计划,在什么时候、什么地方需要什么样的器材,以及相应需要多少工时都能一目了然。这样管理人员就可以以托盘为作业单位安排落实工程进度,以托盘所需日期安排舾装件的制作和托盘配套,并按指定的时间运至作业现场,施工人员按每个托盘的先后顺序进行安装。

舾装托盘将船舶建造所需全部舾装件按照作业阶段、作业场所、人力资源、物质流动等因素划分成一个个小单位。这些小单位,也是供安装用的器材集配单位。所以,舾装托盘是为组织生产物资配套及工程进度安排等方面提供详细物态信息的最小基本单元,以便将实际工作量的分析,工程期的完成以及生产组织、配套的各个生产管理环节归入科学的管理轨道。

舾装托盘实际上是一种移动平台,其作用为:按托盘管理表安排生产计划;包括内场加工与外场安装的进度计划;按托盘管理表进行物资的采购工作;按托盘管理表的内容进行舾装件的集配工作;现场生产工人按托盘管理表进行施工;按托盘进行成本核算。

二、托盘管理流程

1. 制定托盘划分原则,由生产处制定。建造方针→施工要领→制定托盘划分原则。
2. 托盘设计,由设计所制定。综合布置图→零件图、开孔图、安装图→托盘管理表。
3. 托盘准备,由内场制造部门或物供处完成。零件、附件制造,外协外购→托盘准备。
4. 托盘形成,由集配中心完成。按托盘表将舾装件装托盘。
5. 托盘安装,船舶安装。

三、舾装托盘的划分

1. 托盘划分的依据

托盘划分的依据是船舶建造方针和施工要领。其中区域划分图和分段划分图是托盘划分最重要依据之一。

2. 托盘划分的"三不跨原则"

"三不跨原则":不跨阶段、不跨区域、不跨部门。

不跨阶段:设计安装托盘时,同一托盘的材料、设备等各类舾装件必须在同一安装阶段进行安装。也就是说,不允许不同安装阶段安装的材料、设备等各类舾装件划分在同一托盘内。

不跨区域:设计安装托盘时,同一托盘的材料、设备等各类舾装件必须在同一安装区域进行安装。也就是说,不允许不同安装区域位置安装的材料、设备等各类舾装件划分在同一托盘内。

不跨部门:设计的同一托盘,只能是由同一组施工人员完成安装任务,其安装任务不得要求跨小组人员承担。

3.托盘划分的一般要求

（1）按托盘的安装顺序划分托盘和编写托盘序号；

（2）按一定的工作量来划分托盘。每个安装托盘原则上以两个工人一组一周的工作量来确定；

（3）没有实物的工作内容，必须纳于虚托盘管理。

4.托盘划分要点

（1）总段舾装与分段舾装应各自独立编制托盘；

（2）每个分段都要有与之对应的舾装托盘；

（3）同一分段跨两个或两个以上区域时，应按区域编制托盘；

（4）每个单元或模块应有各自独立完整的托盘，包括该单元模块的所有舾装品。

四、舾装托盘管理表

托盘管理表是为了满足生产管理的需要，在生产设计过程中将托盘管理对象分品类集配，以便解决船舶舾装件设计、采购、制造、安装等问题的管理图表。实施托盘管理必须进行生产设计。因此，编制托盘管理表也是舾装生产设计的主要工作内容之一。

1.管子托盘表

管子零件托盘管理表：管子零件制造清册（即管子材料清册）、管系附件汇总清册（即管子焊接附件）、管系支架汇总清册、管系安装件汇总清册；管支架托盘管理表；管系开孔及附件安装托盘表（即管子通舱件及开孔表）；管路取样管托盘表。

2.船体构件托盘表

船体安装件托盘表；船体自制件托盘表；船体外购件托盘表。

3.电气舾装托盘管理表

电气设备托盘管理表；电气支架托盘管理表；电缆取样管托盘管理表；主干电缆拉敷册；区域电缆清册。

4.涂装托盘管理表

只包含涂装托盘管理表。

五、托盘表的内容

1.托盘编码

包括产品、分段或区域的名称；舾装托盘的安装阶段；舾装托盘所依附的安装图号及安装次序。

2.集配内容

制造托盘（包括单元制造和零件制造托盘）；舾装件的名称及代号；舾装件制造材料（含连接件、附件、设备）的名称、型号、规格、数量；制造工作量；制造托盘所依附的制造图号。

安装托盘：舾装件的名称、代号、数量；安装工作量；安装托盘所依附的安装图号。

虚托盘：工程内容描述与工作量。

第三节　舾装区域的划分

托盘就是舾装工作的"中间产品",一切工作都是以托盘为导向组织实施的。在托盘划分之前,首先要进行舾装区域的划分。每一个船厂都可以根据本厂实践制定出舾装区域划分的指导性标准,以此简化后续新建船的舾装区域划分和托盘划分的工作。

一、区域的划分方法

船舶舾装区域的划分是根据船体的基本结构形式、分段划分和总段组装的范围及综合考虑舾装件的密集程度、设计工作量、劳动力的分配、设计出图计划、程序等要素后制定出来的。既要符合区域舾装法的要求和实际生产的需要,又要有利于贯彻托盘划分的基本原则,使工厂能获得科学组织生产的准确依据。

1. 舾装区域的大区分

舾装区域的大区分可以有很多方法,不同种类的船舶其划分方法也有很大的区别。但是,任何货船按船上的位置和结构都可以分为甲板区域、机舱区域、居住区域三大区域。其中甲板区域包括艉部区域、艏部区域及货舱区域。这种区域的划分方法是最自然不过的了,这是由于它们各自的作用不同,结构形式也有较大的区别,所包含的舾装的内容也不一样,同时又与船体分段大区域的划分相吻合,容易为各部门所接受。机舱区域包括机舱前壁和后壁之间的空间及机舱棚、烟囱所围成的部分。对于油船来说不同的仅是多了一个油泵舱,可以将它划入机舱区域或单独列为一个大区域。主甲板以上的上层建筑全部划入居住区域。甲板区域的划分就比较容易,分别以机舱壁和主甲板为界划分即可。

2. 舾装区域的中区分和小区分

舾装区域的大区分由于区域范围太大,不能适应设计工作和生产管理的要求,还必须将其划分成小的中区分和更小的小区分。

(1)机舱区域。机舱区域的舾装件最密集,生产设计的工作量也最大,为了适应现代造船的节奏,必须分成较小的区域。同时机舱结构形式的特点是以甲板层次组成。所以,首先以每层甲板作为中区分的划分线划分中区分。每层甲板一般都有机舱开口,因而再以船体中心线和肋骨线前后、左右进行小区分的划分。

(2)居住区域。居住区域也称上层建筑区域,居住区域是先按竖向的层次划分中区分,同一层次再按左、右舷和前、中后划分小区分。由于上层建筑区域设有各种各样的房间,铁舾装件也不少,但大量的是木作舾装件,所以区域划分既按层次划分,同时也按房间进行划分,特别是木作舾装件应以房间划分。而管舾装件可按层次划分,当船舶较大时,每层次可按左右划分为两个区域。

(3)甲板区域。甲板区域包括货舱区域、艏部区域和艉部区域。货舱区域的特点是双层底以下和主甲板以上的舾装件较多,而货舱内就只有少量的舾装件,而且管路相对比较简单,直管子多,所以该区域可以划得更大一些。一般主甲板以上作为一个层次,双层底以下作为一个层次,货舱内作为一个层次,十万吨级以下的船舶前后再一分为二,就可适应设计工作量的分配了。艏、艉部区域也是以层次划分为特点的,但是舾装件的数量相对要少得多,所以一般一个层次就可以划分为一个区域。

必须指出,在对舾装区域进行中、小区域划分时,应充分考虑船体分段划分和船舶总装方案对区域划分的影响。同时,应把舾装单元作为相应区域的小区分,并尽可能扩大舾装单元的划分数量。

3.电装区域的划分

电气舾装有其自身的特点,一是电缆一般中间不能加接口,因而往往要跨越好几层甲板,给区域的划分带来困难;二是电气的焊接件在生产设计的深度还不够时,往往有较大部分没有参加综合布置,所以在安装时要等到其他舾装件安装结束后才能进行;三是电气设备也比较娇贵,很多设备不能进行预舾装,特别在生产管理不完善的情况下更是如此。因而相对来说,预舾装的工作量就少得多,生产设计的工作量也要少一些。区域的划分根据这些特点和工作量的大小可以划分得大一些。例如机舱内每一层次就只划分为一个区域。货舱区域就更是如此了,往往也只划分为一至二个区域。

二、区域编码及区域划分举例

小区域的编码可以根据各厂的具体情况、惯例来进行,可以用英文字母来编码,也可以用数字来编码,当然也可以混合使用英文字母和数字来进行编码。

1.数字编码法

(1)机舱区域

假设该船为7万吨级的散货船,机舱内设有三层甲板,即由主甲板、二甲板(上平台)、三甲板(下平台)组成。编码的方法如图9-1机舱区域划分图所示。

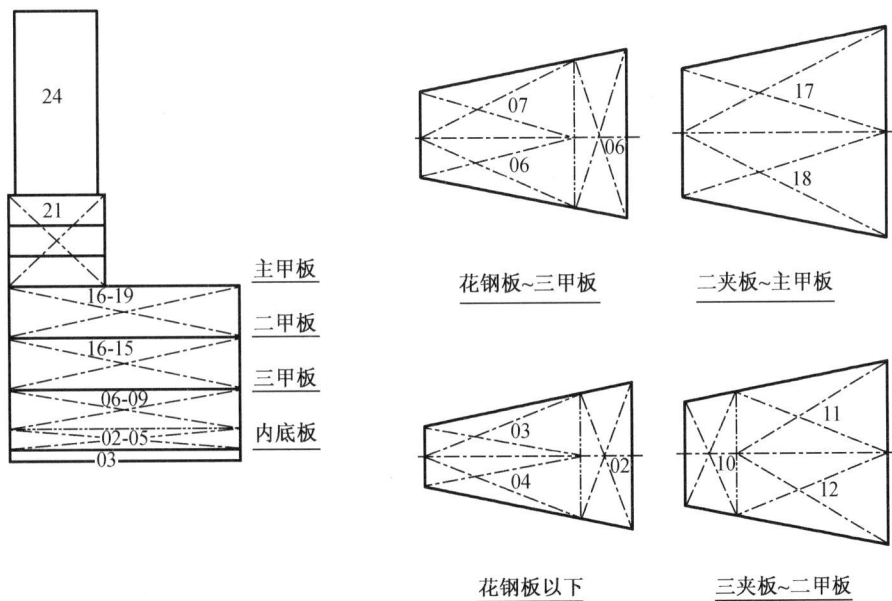

图9-1　机舱区域划分图

编码应注意以下几点:

①机舱双层底以下的区域号是固定不变的,为01区域。

②三甲板与双层底之间的区域号为 02～09 区域,由于机舱格栅以下的设备、舾装件,尤其是管子特别多,所以以格栅为界上下分开,格栅以下为 02～05 区域,格栅以上为 06～09 区域。再前后左右划分为 2～4 个小区域,图 9-1 中的例子是格栅以下,主机前部为 02 区域,左舷为 03 区域,右舷为 04 区域,05 区域作为备用。格栅以上与之相对应的是 06、07、08 区域,09 也作为备用。另一点要注意的是区域号应相对固定不变,如果分左右舷,则区域号最好是规定左舷用单数号,右舷用双数号,这样只要一说区域号就可以想到这个区域位于船上什么位置,后面的例子也同样处理。

③三甲板与二甲板之间一般来说布置的机械设备也相当多,主发电机、燃油分油机、空压机、为主机服务的滑油和淡水冷却器、淡水泵及锅炉给水系统的大部分设备都布置在三甲板的上方,所以区域的划分可以根据一般的布置方法(即发电机置于三甲板后部)将机舱后部的主发电机空间划分为独立区域,其他部位先左右、后前后划分为几个小区域。这个部分的区域号为 10～15 区域。柴油发电机平台区为 10 区域,左舷为 11 区域,右舷为 12 区域,13、14、15 区域为备用。

④二甲板与主甲板之间一般来说机械设备就少得多,这是由于在二甲板设有集控室、机修间、各种油水舱柜等,所以独立设备占的比重较大,对管系来说安装工作量就少。因此一般左右分为二个小区域,左舷为 17 区域,右舷为 18 区域。这个层次还有二个备用区域号 16、19 区域。

⑤机舱棚和烟囱各为独立区域,它们的区域号分别为 21 和 24 区域。

⑥机舱主机排气管系统和机械通风系统,由于各自的特点:即主机排气管管径大、根数少,分到各个区域反而会增加协调的工作量,同时对生产组织管理不利。而机械通风管的制造、安装工艺与一般的管系有较大的差别,一般船厂都设有独立的通风管系制造、安装车间或工段。另外还有两个管系在详细设计时都绘有专门的布置图,走向和位置都已相对固定,所以为它们设置专门的名义上的区域,主机排气管系的区域号为 27 区域,通风管系的区域号为 28 区域。

⑦从上面区域划分及区域号设置的情况,可以归纳以下几点:一是机舱区区域号总计有 29 个,从 01 到 29,这是固定不变的;二是每层甲板的区域号也是固定在某几个区域号上,但都设置有备用区域号,一旦需要,就可以使用这些区域号。除了区域号不同外其他区域的情况也是如此,以后不再说明。

(2)甲板区域

甲板区域包括货舱区域、艏部区域和艉部区域。货舱区域的编号应取在 60～89 范围之内,货舱区域的特点是范围很广,从机舱前壁一直到艏部的防撞舱壁都是属于货舱区域,可以先将该区域从上到下划成三个层次,双层底以下、货舱内、主甲板以上,然后再细划分,如图 9-2 所示。

①双层底以下区域的编号为 60～69,一般双层底以下除了管系及附件以外,其他舾装件也不多,所以实际使用的区域号可以只用 2～3 个。即以中间货舱壁为界前后划分为 60 区域和 62 区域。当船舶的吨位较大时,或其他情况时也可以划分为两个以上的区域。有些油船没有双层底,但底部的输油管却又大又多,此时可以将油舱的下半部作为一个层次,按上述原则划分区域。

②货舱内的区域号规定为 70～79 区域,前后划分的方法应与双层底一致,即后部为 70 区域,前部为 72 区域。其他为备用区域号。某厂在制造 2700 箱冷风型集装箱船时,货舱之间的隔壁跨越二档肋距,内部安装有大量的舾装件(管子、电气设备、铁舾件等),此时就要为每一个舱壁设置一个区域号。

③主甲板上部区域仍按上面的原则进行划分,它们的区域号规定为 80～89 区域,举例中只用了 80、81 两个区域号。

艏部区域号规定为 30～39 区域,艉部区域号规定为 40～49 区域。划分的原则是按层次划分,区域号的分配如图 9 - 2 所示,其余均为备用号。

(3)居住区域

居住区域号规定为 90～99 区域,由于上层建筑层次比较分明,大型船舶一般上层建筑有五到七层,所以区域号只能依次从下到上顺序取号,如图 9 - 2 所示。

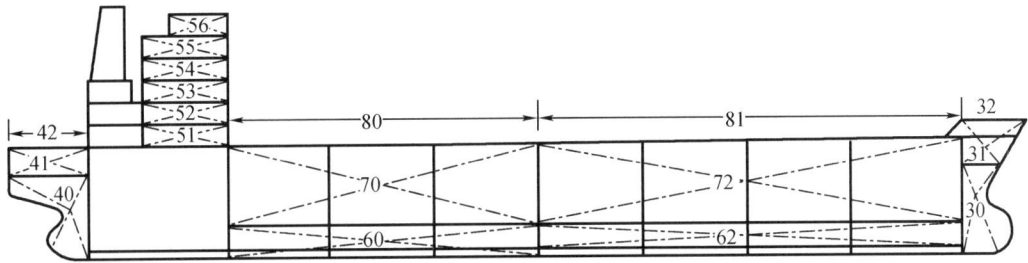

图 9 - 2　船装区域划分图

(4)油船的泵舱区域

货船中油船也比较多,为此在区域号中留出了 50～59 作为泵舱的区域号。划分原则也是从下到上按层次划分,每层设一个区域号。

(5)电装区域

电装区域的编码既要与机装、船装区域的编码方法保持一致,又要适应其小区域相对较大的特点,所以一般取同一层次内机装或船装区域号中较小的编码作为它的区域号。例如机舱内底板到三甲板之间机装区域号为 02～09,则电装的区域号为 02,如图 9 - 3 所示。

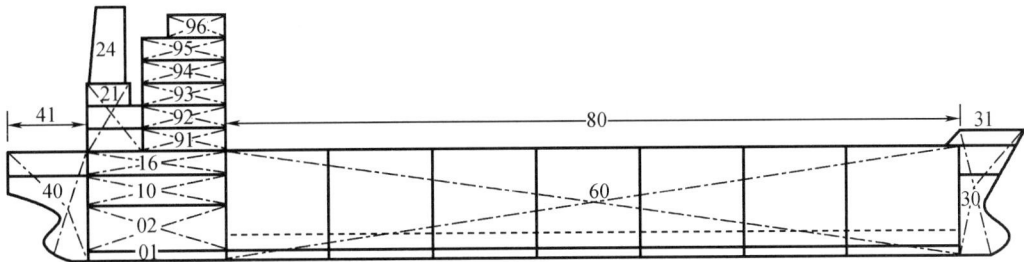

图 9 - 3　电装区域划分图

2.英文字母与数字组合编码方法

这种编码方法比较灵活,下面介绍的仅是其中的一个例子。

区域号由三位组成,第一位为大区域代码,用英文字母来表示,英文字母的取法应与船体的大区域号一致。即机舱区的代码为英文字母 E、货舱区为 C 或 H、艏部区域为 F、艉部区域为 A、居住区为 P。第二位为层次号,用数字表示。根据第一个大区域的划分习惯可以划分为三层或四层,数字从下到上、从小到大依次排列,例如机舱区双层底以下为 1、双层底至格栅平面为 2、格栅平面至三甲板为 3、三甲板至二甲板为 4、二甲板至主甲板为 5。第三位为同一层次上的再划分序号。例如机舱双层底至格栅再划分为左右两个区域,则它们的区域号为 E21 和 E22。数字与英文字母组合编码的区域划分如图 9-4 所示。

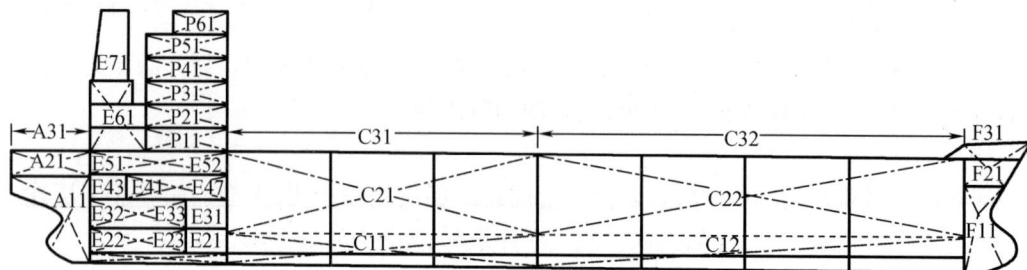

图 9-4　数字与英文字母组合编码的区域划分图

思考与练习

一、简答题

1. 船舶舾装的主要内容有哪些?

2. 托盘管理的概念是什么?

3. 简述预舾装的定义、预舾装的分类及各自的特点。

4. 舾装单元有几大类? 比较典型的舾装单元有哪些?

5. 舾装托盘划分的原则有哪些?

6. 舾装区域的划分方法有哪些?

7. 如何进行区域编码?

8. 托盘管理表的内容有哪些?

二、选择题

1. 船舶舾装技术的发展就是以_____的设计、制造、安装工作的变革为主线进行的。　　　　　　　　　　　　　　（　　）

A. 电气　　　　　　　　　　　B. 管系

C. 内装　　　　　　　　　　　D. 外装

2. 属于地面舾装的是　　　　　　　　　　　　　　　　　　（　　）

A. 单元组装、分段预装、总段预装　　B. 单元组装、分段预装、船上舾装

C. 船上舾装、分段预装、总段预装　　D. 单元组装、船上舾装、总段预装

3. 托盘的说法错误的是　　　　　　　　　　　　　　　　　（　　）

A. 托盘是生产设计、生产准备及生产过程中所共有的中间产品的一种单位。

B. 托盘是包含物料清单及其所列物料的容器。

C. 舾装托盘仅是一个舾装作业单位。

D. 舾装托盘是提供详细物态信息的最小基本单元。

4. _____区域的舾装件最密集,生产设计的工作量也最大。　（　　）

A. 甲板 B. 货舱

C. 机舱 D. 居住

5. _____区域的木作件和铁舾件较多。 （　　）

A. 甲板 B. 货舱

C. 机舱 D. 居住

6. 机舱区域的数字编号中 06～09 一般位于 （　　）

A. 花铁板以下 B. 二甲板以上

C. 花铁板和平台甲板之间 D. 主甲板以上

7. 船装区域的数字编号中 30～39 一般位于 （　　）

A. 艏部 B. 艉部

C. 居住 D. 货舱

8. 字母加数字编号法中 E21 的区域为 （　　）

A. 机舱的花铁板以下 B. 居住区域

C. 机舱的花铁板以上 D. 货舱区域

三、判断题

1. 舾装生产设计是按功能、系统设绘图纸和编制技术文件。 （　　）

2. 壳舾涂一体化施工法就是以船体为基础、舾装为中心、涂装为重点。 （　　）

3. 分段预装是在分段结构装配过程中或分段结构装配完成前进行。 （　　）

4. 总段预装是在总段合龙后上船台前完成的船舶舾装件的预装。 （　　）

5. 制定托盘划分原则,由设计处制定。 （　　）

6. 舾装托盘是为组织生产物资配套以及工程进度安排等方面提供详细物态信息的最小基本单元。 （　　）

7. 同一分段跨两个或两个以上区域时,应按区域编制托盘。 （　　）

8. 舾装区域的划分是托盘划分的前提。 （　　）

第十章　舾装生产设计

● 学习目标

知识目标

1. 正确描述舾装生产设计的分类；
2. 简述舾装生产设计的定义；
3. 掌握舾装各专业生产设计的主要内容及流程。

能力目标

1. 能看懂舾装生产设计的图表；
2. 能进行舾装生产设计图表的简单绘制。

第一节　舾装生产设计概述

现代舾装生产设计主要依靠专业造船软件系统来进行，主流专业造船软件系统一般将舾装生产设计划分为铁舾装生产设计、管舾装生产设计、风管舾装生产设计、电装生产设计这样几个模块。因此，本书舾装生产设计部分即按此思路编写。

一、舾装生产设计的定义

舾装生产设计是对造船施工的各种工程技术问题进行分析研究，对制造方法和有关技术措施做出决策，并用图、表和技术文件等方式表达出来，作为编制舾装生产设计计划和指导现场施工的依据。

舾装生产设计的主要任务是根据船厂的条件和特点，以详细设计技术文件为依据，将系统、功能转换成区域设计，按照区域、阶段、类型进行作业任务的分解与组合，将设计、生产、管理融为一体，结合施工条件开展设计，为物资部门采购和生产管理部门制定生产计划提供信息，为生产现场提供施工图纸和工艺文件。

二、舾装生产设计的内容

舾装生产设计的主要内容包括舾装区域的划分，舾装工作图表的设绘，舾装所需原材料的采购，舾装件的预制、配套等。

三、舾装生产设计的流程

舾装生产设计可分为两个阶段：

第一个阶段是舾装生产设计的准备阶段。舾装生产设计准备是在开展生产设计前,对所要建造的船舶从全厂性、全船性、综合性的角度,对设计、生产和管理等工作,进行技术和计划方面的前期沟通和协调。生产设计准备主要包括技术准备和计划准备。技术准备包括舾装生产设计前需要的相关图纸,具体包括:船舶建造方针、总布置图、舱容图、分段划分、总组图、船体结构图、舾装详细设计布置图、厂家资料、船东要求和船级社规范、工艺文件以及其他各个专业的相关图纸等的准备,以及舾装件的编码标准的制定。计划准备主要是制定舾装生产设计计划,它是以生产计划为中心制定,根据设计出图预定,以分段为单位,结合生产设计人员的出图能力,确定各制作图、安装图等的作业时间节点,同时考虑其他各个专业的衔接。

第二阶段是舾装生产设计的实施阶段,即在第一阶段工作的基础上,根据舾装生产设计按工艺阶段、施工区域和单元绘制工作图表和提供信息的要求,完成各项具体的设计任务。

四、舾装生产设计的管理

舾装生产设计技术管理是设计与工艺的结合。舾装生产设计的图表既反映设计的性能要求,又表达施工的工艺要求。两者在图面上达到合理的统一,作为直接提供给施工用的图纸与信息,指导现场生产,同时也提供质量检验的依据。托盘管理是实施舾装生产设计的一种有效的管理方法。

第二节 铁舾装生产设计

船舶铁舾装件的种类很多,按照用途可以划分为锚设备附件、舵设备附件、系泊设备附件、救生设备附件、桅樯信号类附件、通道铁舾装件、一般铁舾装件、生活类铁舾装件、固定铁舾装件等。铁舾装件涉及的专业和范围非常广泛,按照区域可以划分为机舱区域、居住区域、甲板区域。

一、铁舾装生产设计的概念

铁舾装生产设计是在详细设计的基础上,根据舾装计划、施工要领的规定,按照各个生产工艺阶段、施工区域确定的模块、单元的划分,绘制所有的铁舾装件生产施工图纸,编写相关的工艺文件、管理图表,以指导铁舾装件的现场施工。主要任务有设绘铁舾装件制作图、安装图及编制生产用表。

二、机舱区铁舾装生产设计

机舱区铁舾装生产设计的任务包括为主机舱、辅机舱区域,从双层底到上面的机舱棚顶及烟囱,所属范围内的全部设备的底座及紧固件、交通装置(门、人孔盖、扶手、梯子、格栅等)、舾装杂件提供制作图、安装图和管理用表。

为了保证在空间上分道、时间上有序,机舱区铁舾装生产设计通常可以划分成四个阶段:车间阶段(包括直梯、拉手、踏步、人孔圈等)、分段阶段(包括吊杆、吊杠、支架、一些通道平台、风管等)、总段阶段(包括设备基座、部分通道平台等)、区域阶段(前三个阶段不能制作的铁舾件)。

1. 箱柜工作图

机舱箱柜按其结构形式可分为两类。一类系船体箱柜,它们连接于船体结构中,作为船体结构的一部分,因此无单独的箱柜工作图,只有船体箱柜附体安装图。另一类系独立箱柜,它们不依附船体结构而独立存在,需要绘制箱柜工作图。

绘制箱柜工作图时,按安装阶段绘制箱柜工作图册,即单元组装箱柜工作图册,分段预装箱柜工作图册和船内舾装箱柜工作图册。绘制时,需用到详细设计或标准与文件中的箱柜附件详图和施工技术说明,详图中收集了各种箱柜附件的标准结构形式,施工说明中则包括了箱柜表面处理、涂装要求和典型结构等。

与箱柜工作图配套使用的则有液位指示装置及盛油盘工作图,由于它们数量众多,作用相同和形式相似,因此可以把多数箱柜所使用的液位指示装置和盛油盘编集成册。

2. 辅机安装和基座工作图

(1)辅机安装

根据各制造厂提供的设备认可图中所提出的安装技术要求,按单元组装、分段预装、总段预装和船内舾装编制各自托盘管理表、安装材料清册和安装说明,如图 10-1 所示。

(2)基座工作图

机舱区铁舾装生产设计主要设绘强度要求不高的基座,如泵基座和箱柜基座等,它们不属于船体结构而独立存在,需专门绘制基座工作图。在机舱综合布置时,对这类基座的结构形式和轮廓已有所考虑,有的还有工作草图或基座标准,在绘制基座工作图时,要视机舱综合布置图所给定的空间条件,进行补充、修正和完善工作草图。为了减轻质量和便于布置管路,基座一般为角钢框架结构,如图 10-2 所示。

3. 交通装置工作图

机舱内装有花钢板、格栅、扶梯、扶手等,一般称为交通装置,目的是为了主辅机、管系的操作和维修,以及确保船员的安全和工作上的方便。交通装置生产设计主要根据详细设计的各系统布置图和工厂习惯进行适度的深化,按区域和阶段绘制工作图。

4. 机修间工作图

机修间工作图是以详细设计阶段的机舱布置图中提供的机修间布置为基础,补充一些零件图和隔断图。

5. 备件布置工作图

备件布置工作图以机舱布置图和机舱内大件备品布置图为蓝本,增加一些备件安装支架的编号,并绘制支架的工作图。

6. 甲板拦水围板工作图

详细设计中有一甲板排水口及拦水围板工作图。综合布置时,其排水口及连接管已统一布置在机舱综合布置图中,然后由管系安装图表达出来,属管舾装工作内容。而拦水围板则需另外绘制工作图,通常委托船体专业把拦水围板绘在有关的船体结构图上。

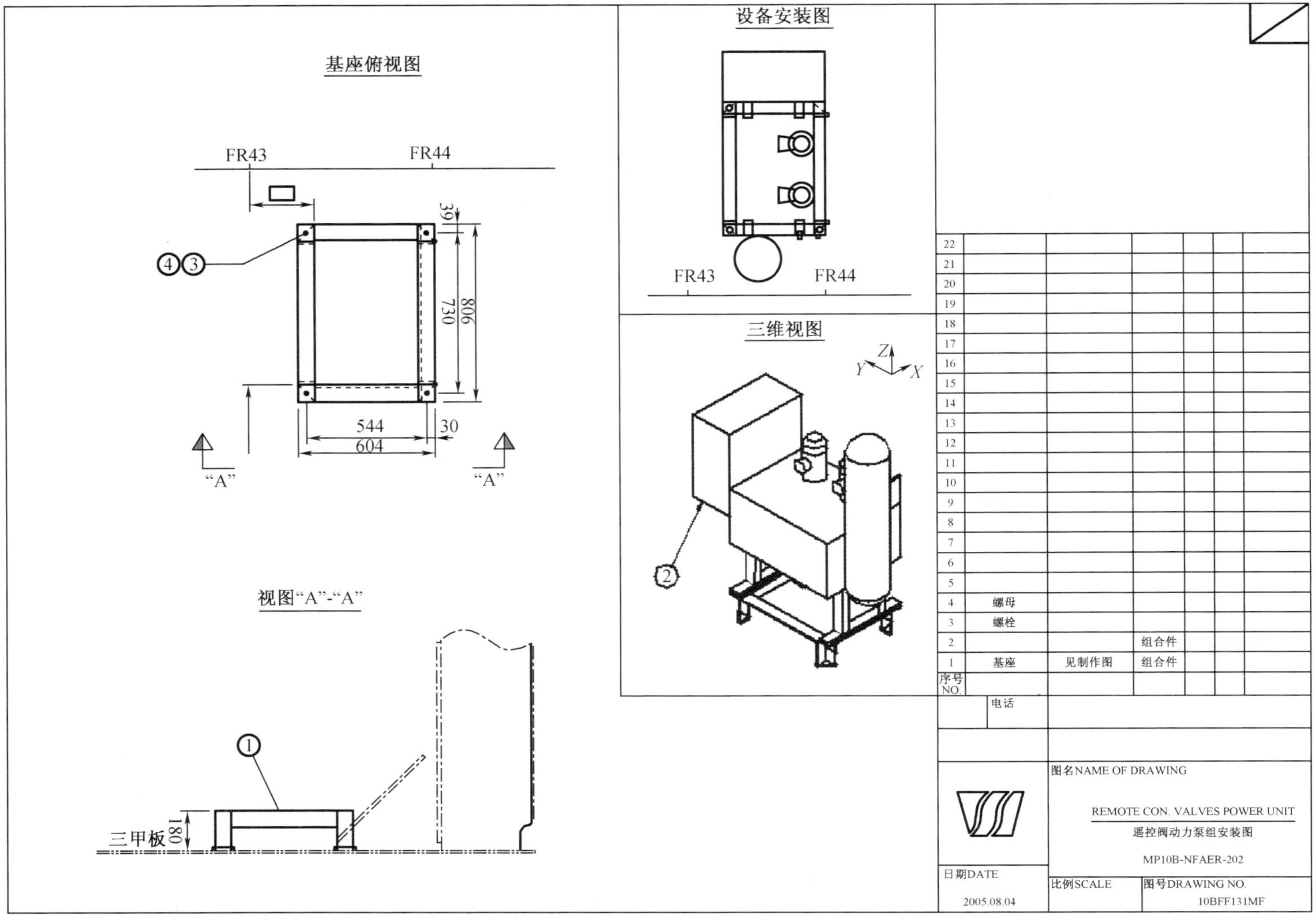

图10-1　机装铁舾装件安装图

序号 NO.	名称																					
22																						
21																						
20																						
19																						
18																						
17																						
16																						
15																						
14																						
13																						
12																						
11																						
10																						
9																						
8																						
7																						
6																						
5	螺母	组合件																				
4	螺栓	组合件																				
3	基座	见制作图																				
2																						
1																						

图名 NAME OF DRAWING
REMOTE CON. VALVES POWER UNIT
遥控阀动力泵组安装图
MP10B-NFAER-202
图号 DRAWING NO
10BFF131MF
比例 SCALE
日期 DATE　2005.08.04
电话

设备安装图
FR43　FR44

三维视图　Y Z X

基座俯视图
FR43　FR44
39　806　730　30
544　604
"A"　"A"

视图"A"-"A"
三甲板
180

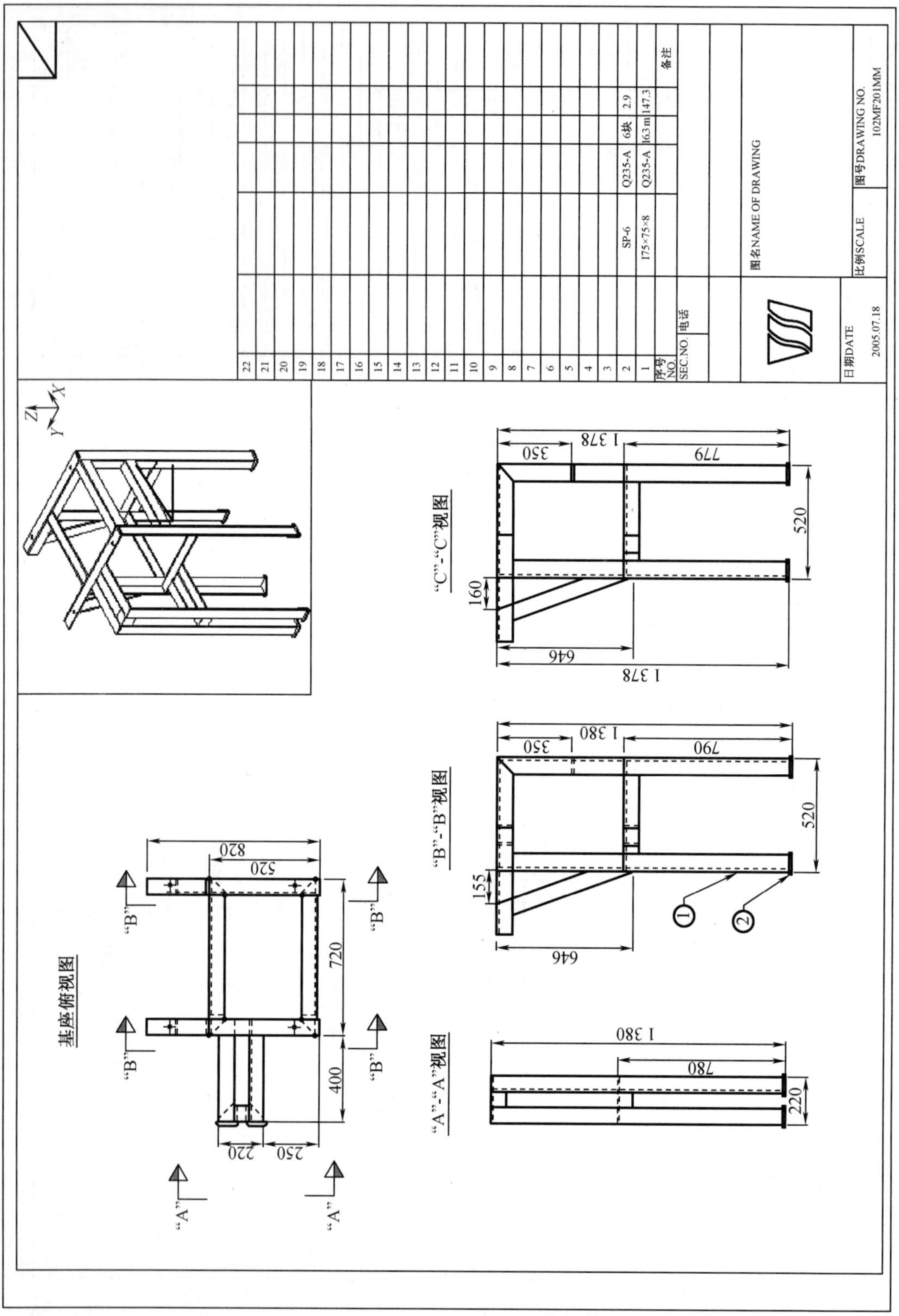

图10-2 机装铁艤装件制作图

7. 箱柜绝缘工作图

详细设计图中应有一份机舱绝缘图表,在生产设计时,对其中绝缘部分进一步具体化,绘出绝缘工作图。

8. 舾装杂件工作图

机舱铁舾装工作图的内容比较繁杂,除以上七大类工作图外,尚有一些零星杂件的工作图,如主机和副锅炉的防摇固定装置,安全阀的拉索传动装置,主机和柴油发电机组的飞轮防护罩壳,集控室顶部管子防漏护罩,机舱消防器材的固定装置等,值得注意的是:有些船厂将通风管系也放在铁舾装生产设计中。

三、甲板区域铁舾装生产设计

甲板区域铁舾装生产设计的特点是舾装区域的范围大,铁舾装件种类多且外购和外协设备多,专业之间的协调复杂。外铁舾装生产设计必须划分清楚铁舾装件的作业阶段,注意作业流程的合理性和施工的方便性。

1. 甲板区域铁舾装的阶段划分

(1)分段预舾装阶段

凡是需要电焊,安装位置容易固定,体积不大,不影响分段制造、翻身的设备和舾装件尽可能划分在此阶段安装。如货舱梯、直梯及部分平台、踏步、扶手,风暴扶手、插座、人孔盖、放水塞、牺牲阳极、分舱标志、管弄小车导轨等。

(2)总段铁舾装件安装阶段

凡是跨分段,在分段阶段不易安装的,影响分段制造、翻身的铁舾装件划分到此阶段安装。如跨分段的直梯、斜梯、备品吊基座,救生艇艇架、救生筏底座、部分救生消防杂件支架,风暴扶手等。

(3)区域(船内)铁舾装件安装阶段

凡是在分段、总段均不便安装,需总段合龙后在坞内安装的铁舾装件在此阶段安装。如大舱口盖及其附件、舱盖泵组、导轨架、小舱口盖、锚绞舵机及其基座、舵系统、系泊附件、艏艉泵组、备锚、备品吊、燃油软管吊、苏伊士运河灯吊、垃圾吊、消防救生杂件、艏艉斜梯及平台、舷梯、引水员梯、储藏室搁架、上甲板安全栏等。阶段划分完成,就可以按照阶段的顺序依次确定出图顺序,并进行综合布置。

在综合布置时,应参阅有关技术资料,满足如下技术要求:①技术规格书和详细设计中,对设备安装和设备间的接口要求;②符合入级的船级社的规范规则中,对设备安装和设备间的接口要求;③国际海事组织规定的对设备安装和设备间的接口要求以及挂旗国的特殊要求;④设备制造厂对设备的安装和设备间的接口要求;⑤应考虑满足船厂的船舶建造质量标准和工艺要求,船东其他的特殊要求。

2. 制作图的设绘

制作图的设绘依据:各铁舾件布置图;各设备布置图;各设备认可资料。

制作图的设绘内容:与机装铁舾装件制作图的设绘内容基本相同。需要注意的是根据作业阶段、作业区域划分,甲板区域铁舾件制作图一般分为:分段铁舾件制作图、总段铁舾件制作图、区域铁舾件制作图、设备铁舾件制作图。另外,比较大、比较独立的铁舾件如前桅、雷达桅、货舱梯等铁舾件可单独出一套制作图。

制作图的设绘方法，与机装铁舾装件安装图的设绘方法基本相同，如图 10－3 所示。

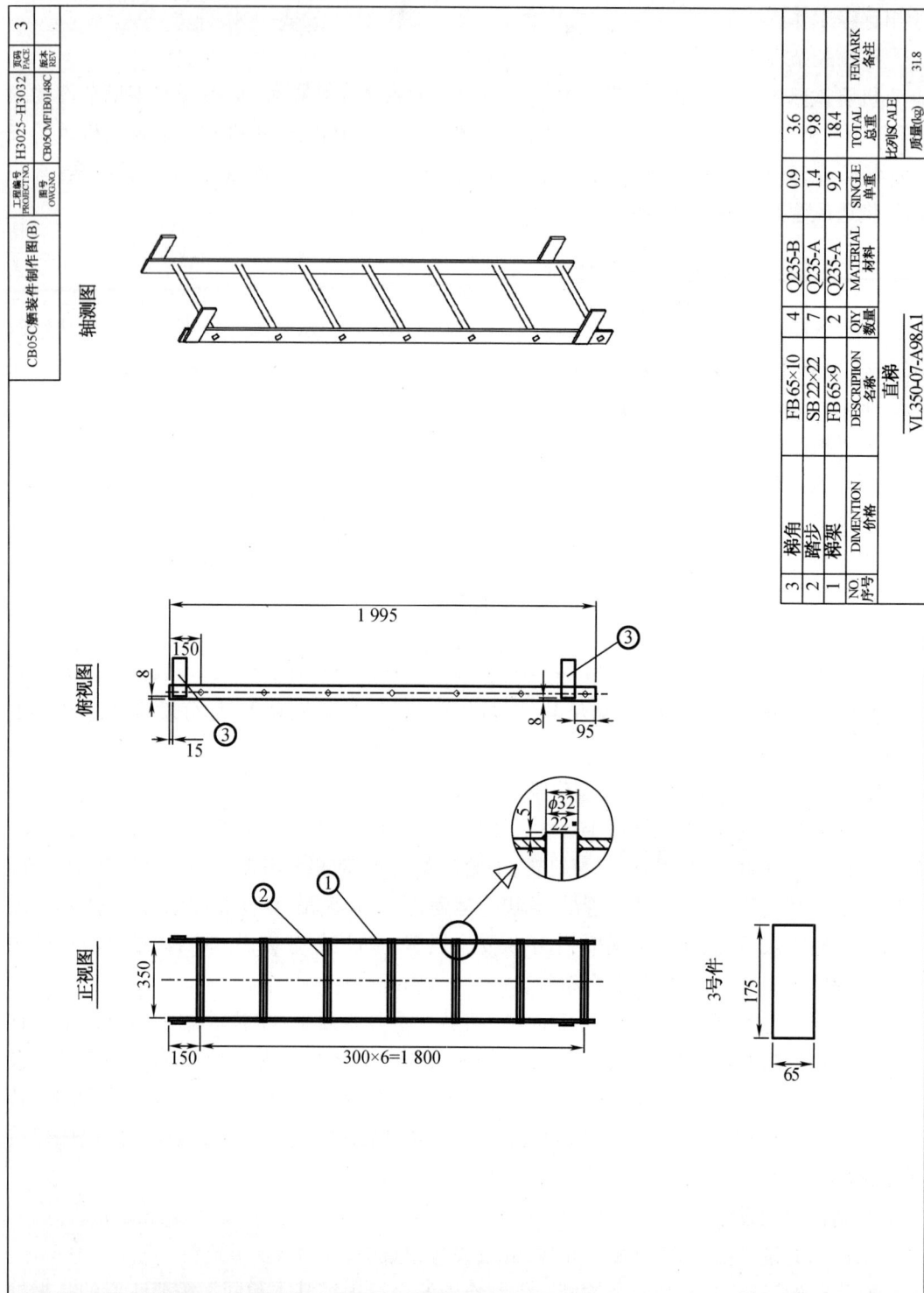

轴测图

俯视图

正视图

3号件

1 995　150　8　15　95　8　350　150　300×6=1 800　φ32　22　5　175　65

CB05C舾装件制作图(B)		

工程编号 PROJECT NO	H3025－H3032	版本 PAGE	3
图号 DWG NO	CB05CMFIB0148C	版本 REV	

序号 NO.	名称 DESCRIPTION	价格 DIMENTION	数量 QTY	材料 MATERIAL	单重 SINGLE	总重 TOTAL	备注 REMARK
3	梯角	FB65×10	4	Q235-B	0.9	3.6	
2	踏步	SB22×22	7	Q235-A	1.4	9.8	
1	梯架	FB65×9	2	Q235-A	9.2	18.4	

直梯　VL35047-A98A1

比例 SCALE

质量(kg): 31.8

(a)直梯制作图

轴测图

俯视图

正视图

50

25

80

2-φ16

80

160

150

25

2	角钢	L160×100×12	1	Q235-A	3.54	3.5	
1	槽钢	140×60×8	1	Q235-B	1.34	1.3	
NO 序号	DESCRIPTION 名称	DIMENTION 规格	QIY 数量	MATERIAL 材料	SINGLE 单重	TOTAL 总重	FEMARK 备注

管弄小车支架
TR-A1A1

比列/SCALE

质量(kg)　　48

| CB05C舾装件制作图(B) | 工程编号 PROJECT NO. | H3025-H3032 | 页码 PAGE | 6 |
| | 图号 DWG.NO. | CB05CMFIB0148C | 版本 REV | |

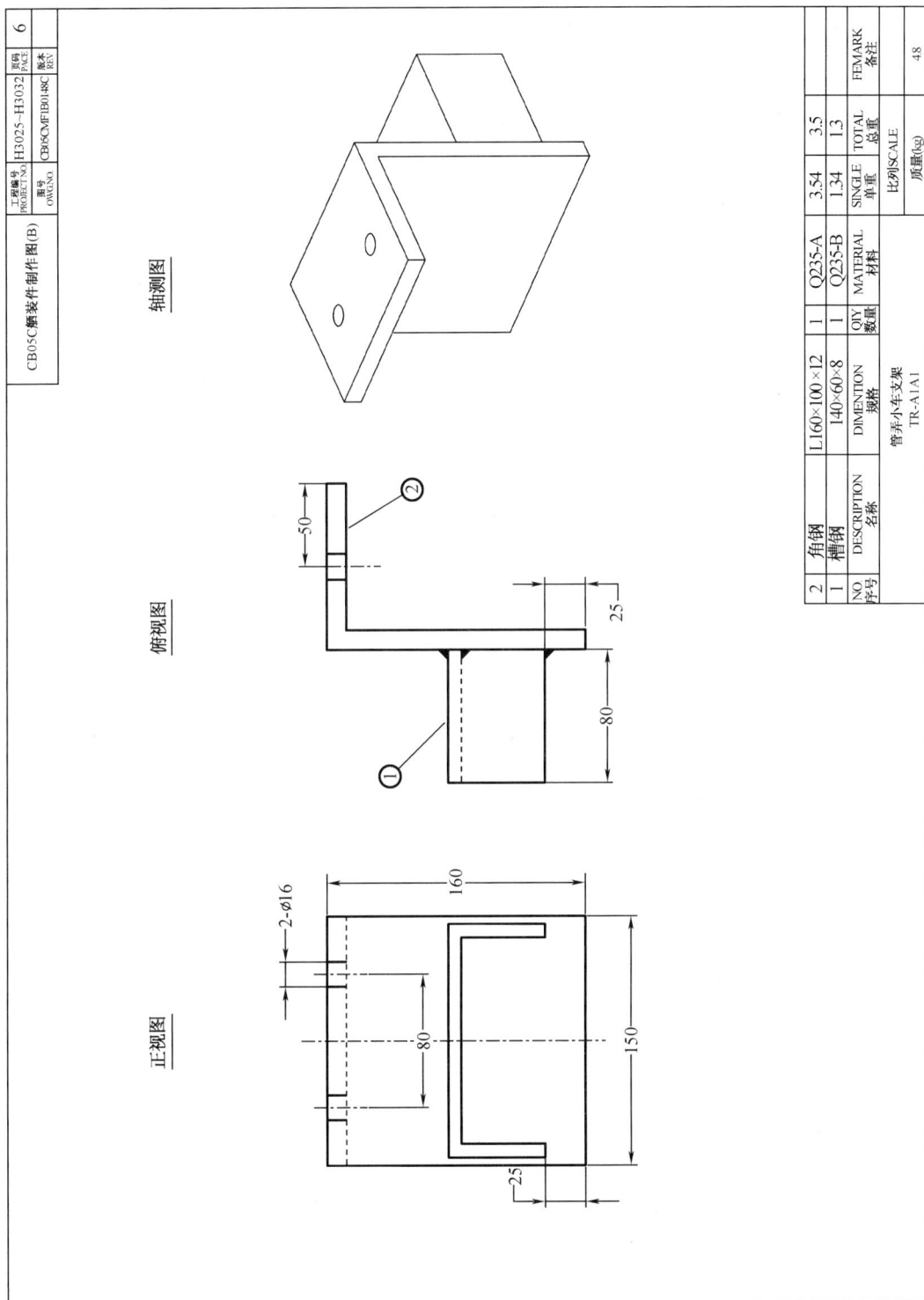

(b)管弄支架制作图

图 10 - 3　分段舾装件制作图

3. 安装图的设绘

安装图的设绘依据:各铁舾件布置图,各设备布置图,各设备认可资料,各系统的布置图,分段、总段和区域划分图,各分段结构图。

安装图的设绘内容,与机装铁舾装件安装图的设绘内容基本相同。一般分为按船体组立的预舾装图、按分段的预舾装图、按总段的预舾装图和按区域的铁舾件安装图。

安装图的设绘方法:仔细阅读消化系统布置图等相关的详细设计资料;调出要放置相关铁舾件的分段模型,检查并了解放置铁舾件处的结构情况;将建立的铁舾件模型逐一拷贝放置到船体分段模型中,并按布置图的要求放置到位;本分段的各类铁舾件模型放置完整后,在本专业内部进行平衡;各专业间进行综合平衡;根据综合平衡结果修改模型;按分段、总段或区域以及作业阶段出安装图。

四、居住区域铁舾装生产设计

居住区域的铁舾装包括舱室生活设备和各舱室系统。生活设备包括伙食加工、饮水处理、洗衣、干衣、卫生等设备,台架、固定件和座架等舾装件;舱室系统包括舱室家具、日用小五金及舱室木作等。生产设计就是提供这些物件的制作图、安装图和管理图表。

1. 制作图

制作图的设绘依据为居装详细设计图纸、相关专业详细设计图纸、厂商设备资料及认可图纸。

(1)制作图的设绘内容

绘制详图、标注尺寸、标明采用材质及规格、制作要求、表面处理方法等;编制材料清单;准确填写质量、规格、数量等基本信息。

(2)制作图的设绘方法

根据详细设计资料确定外形尺寸,建立模型;再根据物件大小及复杂程度确定制作图的比例及视图数量。

(3)注意事项

居住区域铁舾装件的制作应该考虑舾装件的安装、调试和维护;应该考虑甲板梁拱、甲板敷料对舾装件的高度影响;卫生单元等重型设备需要在下方增垫加强复板;根据场所不同,考虑舾装件的材质与表面处理要求;根据用途不同,考虑舾装件的强度与刚度。

2. 安装图

安装图的设绘依据为居装详细设计图纸,如舱室布置图,门、窗布置图,厨房、配餐间设备布置图,洗衣设备布置图,木作布置图,室内梯布置图,卫生单元布置图;其他专业相关图纸,如总布置图、船体结构图、分段划分图、区域划分图;厂商设备资料及图纸,如天花板、围壁板排板图,厨房、洗衣设备资料,卫生单元设备资料,刮水器、扫雪器资料及相关认可图,国内外有关规范、规则、公约及标准。

(1)安装图的设绘内容

①铁、管舾安装图

铁、管舾安装图是铁、管舾装件的现场作业依据,也是管子零件和风管零件图的设绘依据。它是在铁、管舾综合布置图的基础上或直接利用综合布置图的二底图进一步深化而成,图上标记现场安装所必需的各项指示。对应于综合布置图,其增加的主要内容有各系统铁舾装件的安装尺寸、安装要领(用节点图或选用标准的符号)、兼作安装用的制作图号、安装阶段等标记;设备的安装尺寸、要领、制造厂的确认图(也有用制作图)图号、安装阶段的标记;各种设备座架、围栏的安装尺寸、安装要领、兼作安装用的制作图号、安装阶段的标记。管系中各管子安装坐标、零件编码、安装要领、安装阶段的标记;空调风管的零件安装坐标、零件编码、安装要领、安装阶段的标记;各种管类的贯通件及其他附件的安装坐标、零件编码、安装要领、安装阶段的标记。

②木作安装图

木作安装图是木作及其固定件、家具固定件的现场施工依据,也是木作板类零件制作的依据。它是在木舾综合布置图的基础上或直接利用木舾综合布置图的二底图进一步深化,标记现场安装所必需的项目,删去家具设备布置等内容而成。对应于综合布置图,其增加的主要内容有:衬壁、隔板、天花板等板缝、序号和尺寸标注;衬壁、隔板、天花板的安装要领(有标准的,用符号标注,非标准的,可用节点图表示);木作可拆板的布置、尺寸、标准与非标准安装要领的标注;木作和家具固定铁件的安装尺寸、安装要领的标注;卫生组装板、隔壁及其固定铁件的安装尺寸、安装要领的标注;机电设备需要木作开口的尺寸标注,衬档加强要领;支柱、室内斜梯的封板尺寸、安装要领的标注。

③家具安装图

在木舾装的图纸中,家具安装图也是一份重要的图纸,它实际上就是舱室布置图。它是家具、舱室小五金、卫生器具及小五金、装饰品和部分供应品、备品的现场安装依据,也是家具、舱室小五金、卫生器具小五金、装饰品和部分供应品、备品的现场安装依据,也是家具和小五金的制作和订购依据之一。它同样是以木舾综合布置图为基础绘制的,相应增加的内容有:家具的安装尺寸、要领的标注;卫生器具的安装尺寸,要领的标注;舱室小五金和卫生小五金的布置及编码、安装尺寸、要领的标注;装饰品、供应品和备品的布置及编码、安装尺寸、要领的标注。

④厨房配餐间安装图

厨房、配餐间是一个专业的舱室,因此一般应专门出此区域的综合布置图,其内容应包括厨房设备、家具及其座架、各种管舾装件和其他的铁舾装件。在综合布置图的基础上,增加现场作业所必须的内容,绘制出厨房、配餐间安装图。其主要内容有:厨房、配餐间设备的布置、编码、安装尺寸、要领的标注;厨房、配餐间设备基座的布置、编码、安装尺寸、安装要领的标注;厨房、配餐间家具(一般是不锈钢制)的布置、编码、安装尺寸、安装要领的标注;厨房、配餐间家具基座的布置、编码、安装尺寸、安装要领的标注;管子、风管及附件的布置、编码、尺寸,与设备连接的现场管的布置、尺寸等;其他舾装件(如流水沟围栏、消防杂件、搁架类)的布置、编码、安装尺寸、安装要领的标注。

⑤防火门、木门布置图

虽然防火门、木门也是舱室系统的内容,但这些门的安装特性,而且本身比较复杂。从前面介绍的安装图中可以看到,把这些门的内容加入任何的安装图里都有不妥当的地方。因此有必要专门出一份防火门、木门布置图。

防火门、木门实际上也包括全船范围的防火门、木质门、玻璃钢门、不锈钢空心门、驾驶室移门、冷藏库门等。虽然在详细设计阶段已有布置图用作送审,但作为安装则信息太少,因此这些位于各个区域的门应分别在综合布置图上布置,表示出门的类型。开这些门一般都有标准图或向其他厂家订购,因此图上不仅标示安装方面的内容,而且还要标示出订货方面的内容,作为各种门及附件数量统计的依据。其主要内容有四部分:

a.图面说明,包括制作和安装要求说明、涂装要求、门的开向说明、使用符号说明、钥匙分类说明、壁与门框类型的说明等;

b.各种门的安装要领(用节点图表示),如用制造厂图纸更要特别说明;

c.门及附件的配套表,包括有门序号,所属甲板或区域、房间、门类型和级别、开向、门通孔尺寸、门框厚度、围壁开口尺寸、门附件(闭门器、定门器、门钩、通风栅、逃生口、窗等)的布置、门钥匙号、钥匙类别、锁型号等内容;

d.门布置图,通常以1:100的比例分甲板层布置,在图面上表示出钥匙编号和门序号以及衬壁、隔壁的厚度等。

根据详细设计资料,绘制舾装件安装位置平面布置图、具体的舾装件剖面图、安装节点图、材料明细表、必要事项说明、安装工艺要求等等。需要注意的是明确各舾装件的划分阶段、安装顺序。根据舱室布置图与电气、冷空通和管系专业协调平衡,减少因协调不周引起的差错。安装图设绘一般从大到小,从简单到复杂,先设备后底座,先总段后区域,并要从相关专业的实际要求以及船体吊装合龙的先后顺序等进行分类型、分阶段出图。

(2)安装图的设绘方法

根据设备详细资料及其样本确定设备的安装方式和底座形式及尺寸,设备底座及其他舾装件的完整性建模,确定具体的安装方法及安装节点。根据安装区域大小及复杂程度确定安装图的比例及视图数量,对于一些在一个视图上不能清楚表达的安装位置,应单独制作局部视图,标注出舾装件的安装尺寸与安装件号。编制材料清单,准确填写质量、规格、数量等基本信息。考虑到详细设计阶段绘制的绝缘、敷料布置图、冷藏库木作绝缘图、舱室铭牌清单等图纸,由于其内容单一,为送审的需要已有一定的深度,辅之以一些安装要领即可供施工用。因此,这些图纸在生产设计阶段可不再重绘,不过其内容是要在综合布置图上反映。

第三节 管舾装生产设计

一、船舶管路系统

船舶管路系统是泛指为专门用以输送流体(液体或气体)的成套辅助机械(如泵、风机、压气机、分油机等)、设备(如热交换器、箱柜、过滤器、空气瓶等)、检测仪表和管路(管子及其附件)的总称,简称管系。管系分为两大类。一类为船舶管系,这类管系的作用是保证船舶不沉性、防火安全、航行性能以及满足船员、旅客的生活需要。主要有舱底管、压载管、消防管、空气管、注入管、测量管、供水管、疏排水管和舱室通风管等。另一类为动力管系,这类管系的作用是确保机械设备的正常工作,是整个动力装置的一个重要组成部分。主要有燃油管、滑油管、海水管、淡水管、压缩空气管、排气管等。

二、管舾装生产设计

在船舶舾装件当中,管零件的数量最多,工作量最大。一艘远洋货轮,船上大小不同直径的管子有上万根,而且品种多、规格杂。管舾装生产设计的主要工作内容有:舾装计划的制定、管零件图的绘制(管子零件图是设计管路布置图的进一步细化,同时也是管加工车间进行管子零件加工的主要依据)、管路支架零件图的绘制、管路安装图的绘制、管系开孔图的绘制、通海阀布置图和管子护罩图的绘制、管理图表的绘制等。

三、舾装计划

舾装计划主要有舾装品使用预定的制定、舾装范围的划分、舾装阶段的设定、生产设计图纸目录的编写、物量估算及工时计划等内容。

1. 舾装品使用预定的制定

舾装品使用预定的制定即确定各类舾装品在船舶建造过程中,现场安装使用的日期并统一汇总成表,方便采购部门的采购管理跟踪和制造部门对舾装过程的安排控制。舾装品使用预定日期的提出,一般按以下原则进行:

(1)大型机器及主要设备一般以单个机器、设备为单位提出使用预定日,如主、辅机、独立箱柜等;

(2)小型机器设备及零件一般以整船为单位提出使用预定日,如阀门、管路附件、螺栓、垫片等;

(3)普通舾装品及铁舾件一般以舾装的范围为单位提出使用预定日,如风管、交通平台、护栏、管路支架等。

2. 舾装范围的划分

舾装范围划分的主要依据是各区域的综合布置图及船体分段划分图。区域舾装施工在各大船厂已得到普遍采用,合理的舾装范围划分,对在船体分段建造及搁置阶段,提高区域范围内的预舾装率就显得尤为重要。

舾装范围应遵循船体结构就近和机器设备就近的原则进行划分。船体结构附近舾装范围的划分应有利于舾装品在分段状态下的集中安装,机器设备舾装范围的划分应有利于舾装品单元的先行组装。

舾装范围的大小原则上不超过船体结构外形尺寸构成的空间范围。即在立体结构分段处划分的舾装范围一般限制在分段长、宽、高尺寸构成的三维立体空间内;在平面结构分段处的舾装范围一般限制在分段平面长、宽尺寸构成的空间范围内。分段划分处一般以分段划分线为基准线直接将舾装品、管路划分为不同船体分段的舾装范围。

3. 舾装阶段的设定

在船舶的建造过程中,工程计划的制定一般都是以船体的建造为主线,舾装的施工一般是围绕船体分段的不同阶段和搁置状态进行安排作业的。随着壳舾涂一体化施工工艺的发展,舾装工事与船体建造并行施工已经在船厂内得到普遍的采用。根据船体分段的建造过程,可以把舾装的施工划分为四个阶段:内场(车间内)舾装、外场(定盘)舾装、船坞(台)舾装、岸壁舾装。

在同一舾装范围内的舾装品,都可以按照以上四个阶段设定舾装施工的时间节点,但在考虑舾装阶段的设定时,以内场舾装优先考虑,其次为外场舾装、船坞舾装,最后考虑岸壁舾装。其中舾装量的多少,应充分考虑船厂内各场所起吊、运输设备的能力,各阶段船体分段的质量加上舾装品的总质量应小于起吊及运输设备的上限值。

4.生产设计图纸目录的编写、物量估算及工时计划

图纸目录的编写是生产设计的第一道工序,在图纸目录的编写过程中,需要参考船厂以往建造船舶的图纸目录进行。为了方便图纸文档的统一管理及现场施工人员的辨识,一般同一类机器、设备舾装品或者同一种施工工艺的图纸应不分船型,保证图纸名称的一致。同时,在编写图纸目录时,应按照图纸的接收、施工使用对象的不同进行合理的区分,不能把不同场所施工及不同现场施工人员使用的内容、物品编排到同一份图纸中去。图纸目录编写的同时,应根据连续建造船舶数量的多少、使用施工人员的多少,对图纸的配发对象、配发数量予以明确。图纸目录的编写,各船厂可根据船厂内部组织结构和工艺施工的安排制定相应的原则。

物量估算及工时计划即根据已建造船型的实际情况,对设计船舶的舾装品的总量、各舾装范围、各舾装阶段的舾装品数量进行估算,并按照估算的舾装品数量对设计工作所需的时间要求进行估算。因船舶建造设计的时间是以船舶的交船期、坞期的时间节点向前倒推得到并合理安排的,所以,合理并较准确的预估物量和工时计划对设计、制造工作的安排、展开起到非常关键的作用。

四、管子零件图的绘制

1.零件图绘制的基本原则

(1)成本原则

①管零件尺寸在各限制条件的基础上应取可加工安装前提下的尺寸最大值,尽可能利用管素材的长度,减少整船管零件的根数;

②管路布置及零件图的绘制中,应首先考虑机械弯曲的使用,减少弯头的使用场所以及其他弯曲加工方法的使用;

③管路附件的使用应首先考虑标准品和厂内贮品的使用,减少非标准品的使用;

④系统要求允许的前提下,管路连接首先考虑套筒、普通卡套接头等易加工、低成本附件的使用,减少法兰的使用个数。

(2)效率原则

①管路分切时应尽量降低管零件的复杂程度,尽可能减少管零件在车间加工过程中的加工环节,应有利于管加工的批量化和流水线生产,有利于管加工效率的提高;

②管路分切时应考虑尽可能将管路接头设置在同一区域空间范围内,以便现场安装时在同一区域空间内进行集中装配,有利于现场舾装效率的提高;

③管路分割及零件图绘制时应尽量减少现场调整管零件的数量,增加一次加工成型的管零件的数量,提高现场的预舾装率。

(3)安全原则

①管路系统布置后在分割管零件时,应尽可能减少现场安装时的高空作业,管路分割

应尽可能把接头分割在现场安装的低空作业区;

②对于管路安装时所必需的焊接作业,在管零件图绘制时应考虑减少现场的仰焊施工;

③应尽可能减少现场安装时在狭小空间内的作业量,增加敞开空间内的作业量;

④应尽可能减少现场安装时的水上作业量,增加陆上作业量的比例;陆上作业时应增加内场作业量的比例,减少外场安装的作业量。

2.零件图绘制

管子零件图通常有平面投影图、轴侧图和符号代码三种形式。目前各船厂采用的是平面投影图。它通常包括一张图形、一个或几个表格。虽然各厂的管子零件图有所不同,但大致分为管子手工零件图和电算零件图两种。

图中包括管子图形和管子数据信息。数据信息由一般图面信息、管加工信息、现场安装信息三部分组成,如图10-4所示。

(1)一般图面信息为船名、图纸名称编号、管零件的编号等。

①船名为管零件对应船的名称代号,为方便计算机处理的应用,一般船名由固定长度的字母和数字设定组成,和船舶实际的名称无任何联系;

②图纸名称编号一般有两种一种为计算机处理用,一般由固定长度的字母和数字设定组成,需要保证每条船下的图纸编号的唯一性,没有特定的含义。另一种为识图用,设定原则一般要求能够让船舶建造过程中的相关人员一目了然地知道管零件的安装状态和场所,所以图纸的名称编号中应包含有部分的现场安装信息。名称的设定可以由船舶全区域区分管理图中的编号或者船体分段划分图中的分段名称构成。

例:

3T-2E1S

机舱、船体、居住区区域的划分代码 —— 左右舷的区分,S为右舷,P为左舷
舾装状态的区分代码,T为分段翻身前 —— 船体分段的名称

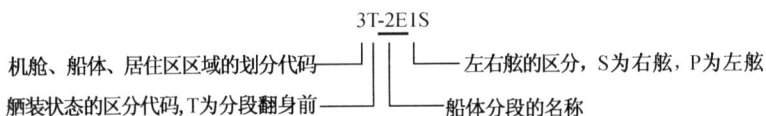

③管零件的编号一般由系统类别代号、系统编号、管零件编号组成。系统代号和系统编号应和管路系统图中的类别代号及编号保持一致,管零件编号一般由纯数字构成,需要保证在同一船体分段区域中的同一系统下不能重复。

例:

FA-1-1

系统类别代号管零件编号 —— 管零件编号
系统编号

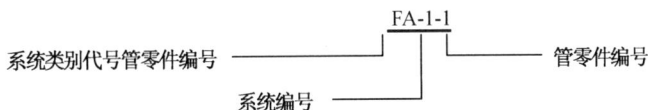

(2)加工信息又可以分为材料信息、加工装配尺寸信息、工序设定信息、表面处理及特殊处理信息、试验内容等。

①材料信息包含使用管材的信息:如管材的规格、使用长度、贮品代号或外协品管理代号,附件的使用信息:附件的使用规格、使用数量、贮品代号或外协品管理代号;

②加工装配尺寸信息包括管零件的外形尺寸、一次加工或二次加工的判定、弯曲的判定,弯曲角度、多次弯曲之间管零件的旋转角度、法兰装配时的转角、支管的安装角度等;

③工序设定信息主要指加工系列代码以及管路附件从仓库送达加工目的地的设定代码;

船名：900TEU	管件号名:YF-704-SH2007-3	安装图号：	VYF 411-704-P3-S
序号	下料长度	规格及材质	实用料长
1	3 762	60×5 Ⅱ	−3 744
2	1	DN50JNS34-004-93	10

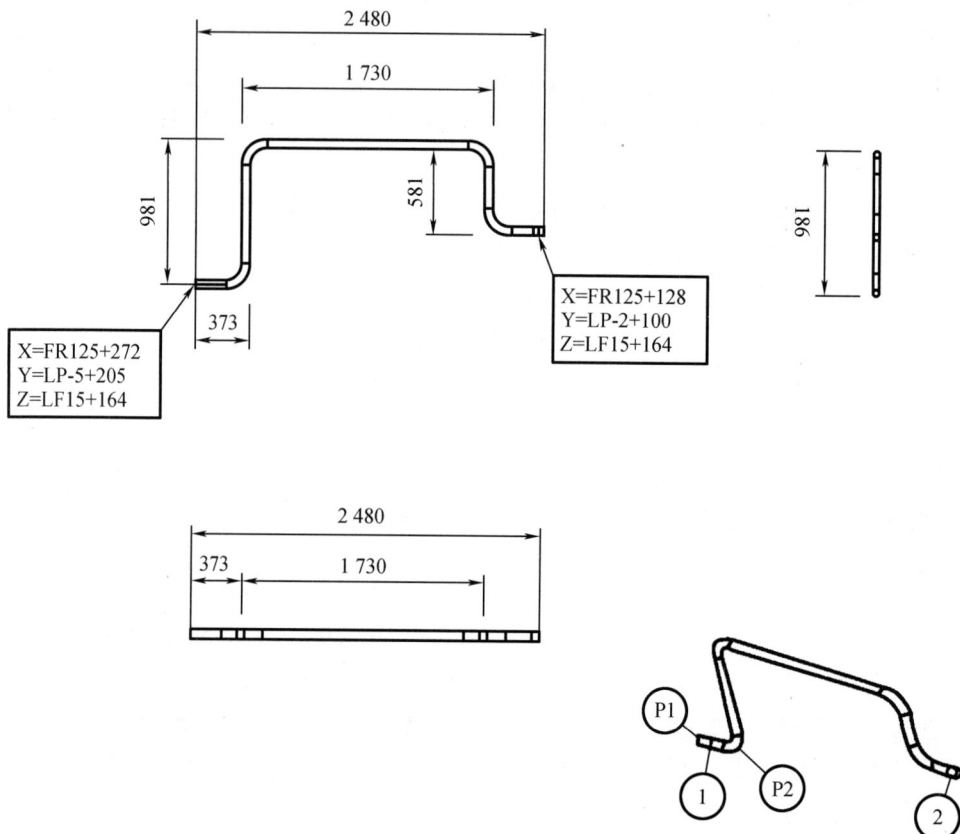

2 480

1 730

981

581

373

X=FR125+272
Y=LP-5+205
Z=LF15+164

X=FR125+128
Y=LP-2+100
Z=LF15+164

186

2 480

373　　1 730

P1

1　　P2

2

						−3 574	0.0	90.0
						281.0	−180.0	90.0
						1 430.0	0.0	90.0
1	CUT	P1		373	P2	681.0	180.0	90.0
序号	法兰转角	支管转角	支管夹角	注释	分段 704	超高点	转角	弯角
装配信息					系统 SH	弯曲半径	2.5	

首端坐标		末端坐标		管子重量：　5 kg	
				表面处理：磷化	
				试验压力：1.2 MPa	

图 10-4　管子零件图

④表面处理及特殊处理信息包括:电镀及酸洗适用的判定、涂装的类型、涂装代号、机械加工有无的判定等。

⑤试验内容包括:焊缝检查的有无及方式的判定、压力试验有无的判定。

(3)现场安装信息有区域划分信息、安装场所即船体分段信息、安装状态信息等。

①区域划分信息主要来源于船舶全区域区分管理图,即用特定的数字代号来代表船上特定的场所位置,区域划分信息用来确定管零件所处的区域,即船上的大致位置。

②安装场所信息主要指管零件所处位置的船体分段的名称及所处位置的肋位编号。主要用来在区域划分的基础上进一步明确管零件安装的具体位置。

③安装状态信息主要用来反映管零件在船体结构建造过程中的安装阶段,主要包括安装状态代码和安装日期。

④管零件及一般舾装品在船舶建造中的舾装状态可以分为小组部材装配阶段舾装、船体分段翻身前舾装、船体分段翻身后舾装、多个分段预合龙后翻身前舾装、多个分段预合龙后翻身后舾装、坞内搭载后舾装、码头舾装。

⑤现场安装信息的主要内容一般包含在图面内容当中,以便降低图面信息的繁复程度,方便施工作业人员快捷地获取相关内容。

五、管子支架图的绘制

管路支架的主要作用是固定管子,有时也可兼作通风管路、通道平台的支撑,以达到节省材料、安装工时和降低成本的目的。

管路支架的形式。最普遍的钢管支架由角钢支架和 U 形管夹组成,又分:标准型支架,多用于单根管子;非标准型(特殊型)支架,多用于两根及两根以上的管子;活络支架,多用于双层底加热管伸缩段。

1. 管路支架设置的原则

(1)管路贯穿船体部材为固定形式(与船体部材焊接)时,贯穿点可以等同于支架设定。

(2)弯曲管路支架的设置,应在弯曲的一侧靠近圆弧端部的地方设置支架进行固定。

(3)管路中有阀件或其他质量较大的舾装品时,应在舾装品一侧靠近舾装品的管路上设置支架进行固定。

(4)不同口径的管路并列布置时,支架的设置应以管路簇中最小口径的管路支架设置间距为基准考虑。

(5)如固定非铁材质的管路时,支架、U 形螺栓与管路表面接触的部位应加衬与管路材质相同材料的衬垫。

2. 管路支架零件图(图 10-5)的主要内容

(1)应通过不同的视图关系清楚地反映支架的具体形状,并正确标注每个视图的方向坐标,以及支架的外形尺寸。

(2)由于管子的固定采用了 U 形螺栓,所以在支架零件图中应正确的标注固定管路口径的名称大小,以及管路截面中心距离支架部材端部的尺寸。

(3)支架的编号、使用场所(如应用计算机辅助设计,使用场所可参照支架模块的名称)、支架使用的材料及数量清单。

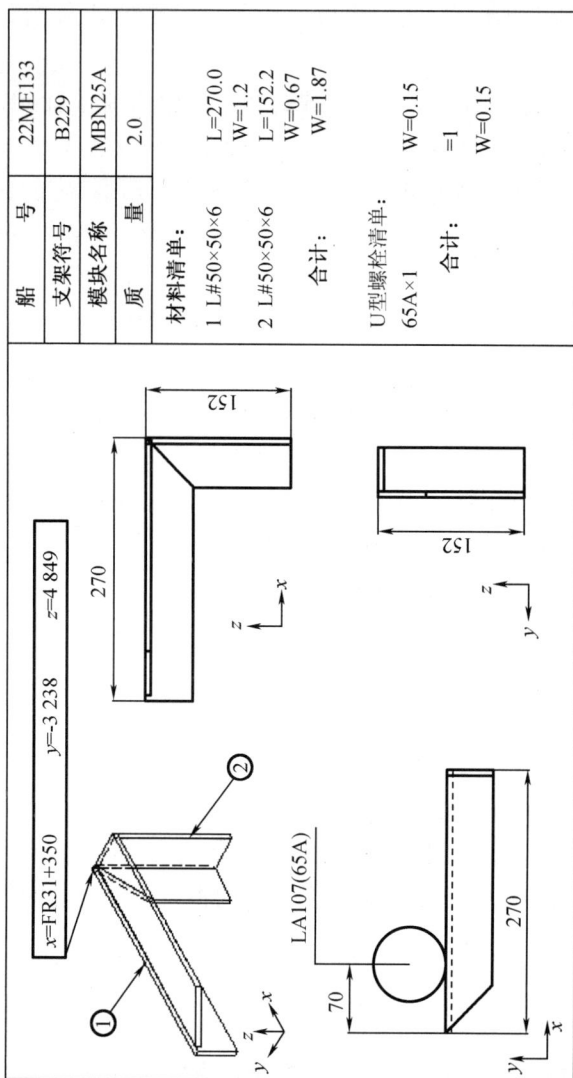

图 10-5　支架零件图

六、管系开孔图、通海阀布置图及管子护罩图

1. 管系开孔图

在管子综合布置完成后,还要将管子、风道、电缆穿过舱壁的位置坐标及穿越舱壁的开孔形状大小数据列成表格,供船体设计人员在舱壁上进行开孔设计,以便在船体套料加工时一次加工成形。

在综合布置图中,管子通过船体结构的开孔一般分为两个部分,一部分是向船体设计部门提供开孔坐标数据和开孔大小形状,配合船体生产设计进度的需要,并反映到船体分段工作图中去;另一部分是甲板平面上的开孔,用开孔图表示。还有一种简单的绘制开孔图方法,就是在管子安装图上用红色剖视线将平面开孔处涂红,并注上必要的尺寸,即成开孔图。有了开孔图,就可由熟练的工人专门承担开孔工作,保证了开孔质量和提高了劳动效率。

对开孔位置的选择应注意以下几点：

①贯通件腹板圆周焊缝与船体任何焊缝一般应保持 50 mm 间距；

②特殊情况下，内板缝正中允许开孔，但外板焊缝决不允许开孔；

③船体补强板厚薄过渡部位不允许开孔。

2. 通海阀布置及其附件详图

通海阀布置图沿用综合布置图提供的通海阀位置图及其附件详图，并视其详细设计程度而决定补充或完善其附件，使之成为生产设计的工作图。

把综合布置图提供的通海阀位置，用一定比例放在综合布置图子图上，并把它们与船体外板连接的附件、仪器进行编码列表，绘制附件详图和海水门格栅详图，由于它对船体的安全具有重要意义，因此它是送船检部门审查的详细设计图纸之一。

绘制本图前，首先要对综合布置图认真查对，对照有关的船体结构图，检查通海阀在船侧的开孔位置是否合理，然后根据船体模型布置并排出短管的走向及连接法兰的螺孔位置，生成工程图，编制附件加工尺寸图表，提高附件出图效率。

3. 管子护罩图

在船舶舾装管系中，管子护罩图是一项很重要的设计内容，管子护罩图绘制的依据是综合布置图和管系安装图。

（1）管子护罩的作用

①防止管子遭到碰撞而受损；

②保证通道的安全通行；

③保持舱室的美观；

④特殊舱室要求防漏防滴。

护罩的材料一般选用角钢、扁钢、花钢板、漏孔网板、管子或薄板制成，除特殊注明外，护罩应可拆卸，以便管子的维修和保养。

（2）舱室内甲板上的管子护罩

①通道处的护罩高度应尽可能小于 300 mm，否则需要设置踏步；

②特殊舱室内要求在管路下设置防漏、防滴的管子护罩。

（3）甲板露天部分管子护罩

①甲板护罩的宽度一般为 800 mm；

②护罩的高度超过 350 mm 时，在通道处要设置踏步，护罩高度超过 500 mm 时，应增加横档；

③测量管的护罩可用 Φ200 mm 管子一剖为二制成，高度一般以 200 mm 为宜；

④甲板注入管的护罩应考虑操作的方便。

（4）货舱舱口围板处的管子护罩

①货舱舱口围板处的管子护罩，通常采用数根平行角钢等距固定于围板的肘板上，角钢间距一般以 300～500 mm 为宜；

②围板处的管子护罩可直接焊在该围板的肘板上，考虑维修和保养的方便，可选择其中一根角钢采取可拆卸的形式。

（5）空气管头护罩

①空气管头和护罩的角钢应留有约 50 mm 的空隙；

②护罩高度超过 800 mm 时，中间应加横档。

（6）货舱内管子护罩

货舱内的舱壁上的管子护罩常利用船体结构，并根据不同舱壁形式加设纵向角钢和横档。对舷侧肋骨之间的管子，通常在两肋骨中间加设横档。

七、管系安装图

1. 管系安装图的类型

管系安装图的绘制可以根据管路在船舶不同区域的特点以不同类型的图面形式进行绘制，一般有以下几种类型的绘制方法。

（1）管路（含辅机器设备及其他管路舾装品）和管路支架在同一图面中表示。一般应用于管路布置不是很密集的区域范围。

（2）管路和管路支架分别在不同的图面中表示，一般应用于管路布置密集，管零件与管路支架数量多的区域范围。管路支架单独绘制安装图时，考虑到现场施工的方便性，一般以反转图的形式绘制。反转图指以现场安装时分段搁置的实际状态的方向为基准，保持安装图中绘制的位置方向同分段方向一致的一种图面表示方法。

（3）对划分成管路 UNIT 单元进行预先组装的部分，可以以 UNIT 单元的形式单独做成管系安装图，一般管路支架与管路在同一图面中予以表示。

2. 管系安装图的绘制

管系安装图（图 10—6）是用来指导现场进行管系安装的主要图纸，安装图的绘制需要注意以下几个方面的内容：

（1）管系安装图主要以平面视图为主，结合多个截面视图进行辅助，在视图比较密集，表示不清楚的时候，可以局部视图放大表示，一般绘制的比例为 1:25。

（2）管系安装图各视图中应标注有主要的坐标尺寸、辅机器设备的定位尺寸、管路的定位尺寸、管路支架的定位尺寸等；同时安装图所属区域中含有电路、大型铁舾件时，应标注其主要的安装位置尺寸和外形尺寸，供管系安装时参考用。

（3）管系安装图中，每一根管系统必须标注名称和口径大小，管路支架和每根管零件必须标注零件编号，含有辅机器设备及其他特殊舾装品的，需要标注辅机器和舾装品的名称，例如泵的名称、滤器编号、阀号、阀内介质的流向等。名称的标注必须保持和管路系统图中的名称一致。

（4）管系安装图中应标注有管路的安装场所，即船体分段的名称或管路 UNIT 单元的名称，同时应标注每个分段或 UNIT 单元中管路的舾装状态。

（5）管系安装图中，局部或一小部分管零件不同于图中标注的安装状态，需特殊处理的要做明确的标注说明进行区分。例如分段结合部位，需要其他位置绑缚，待分段合龙后安装的管子和机器接口需要现场调整进行二次加工的管子等。

图10-6 管系安装图

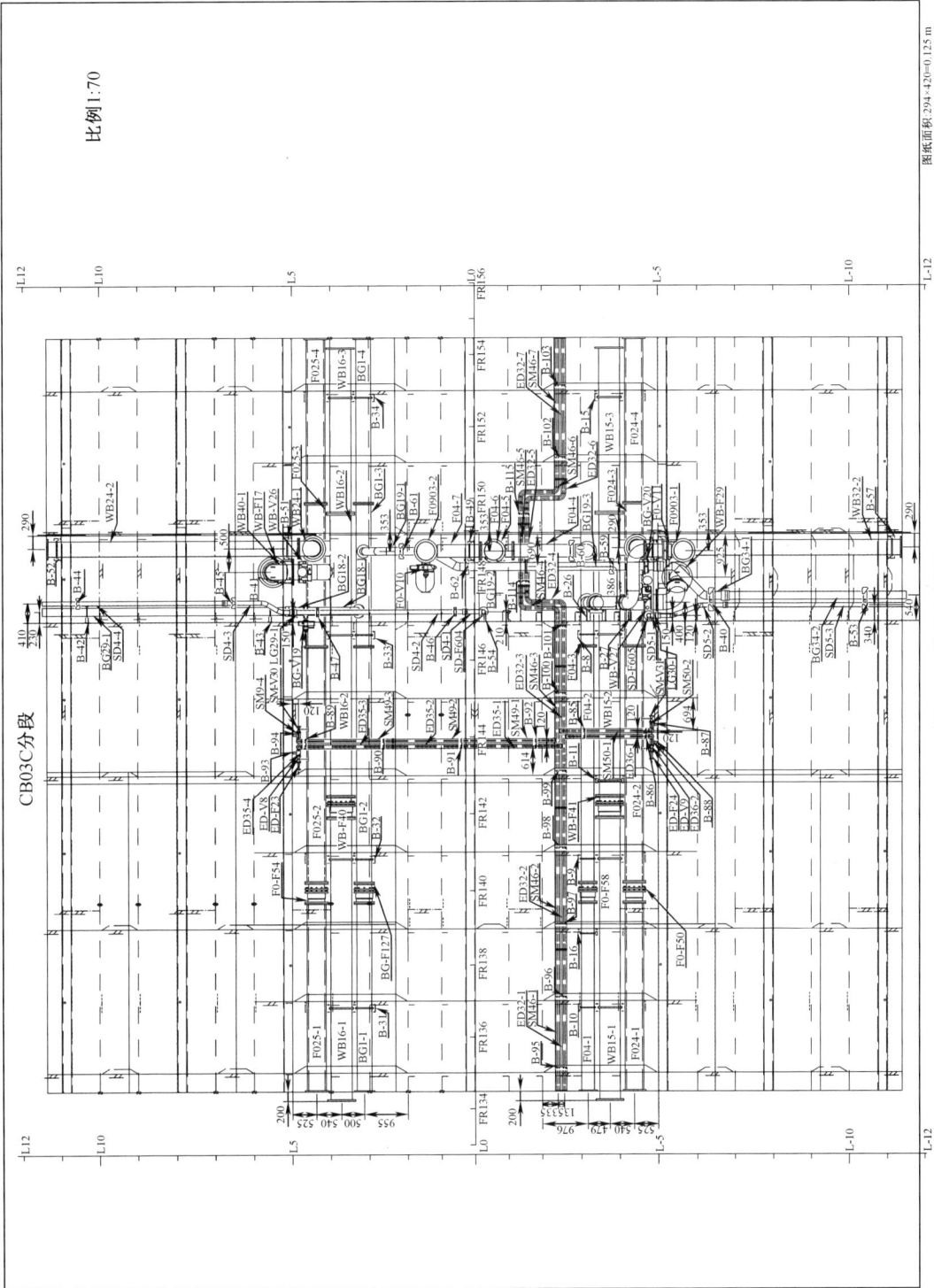

图10—6(续)

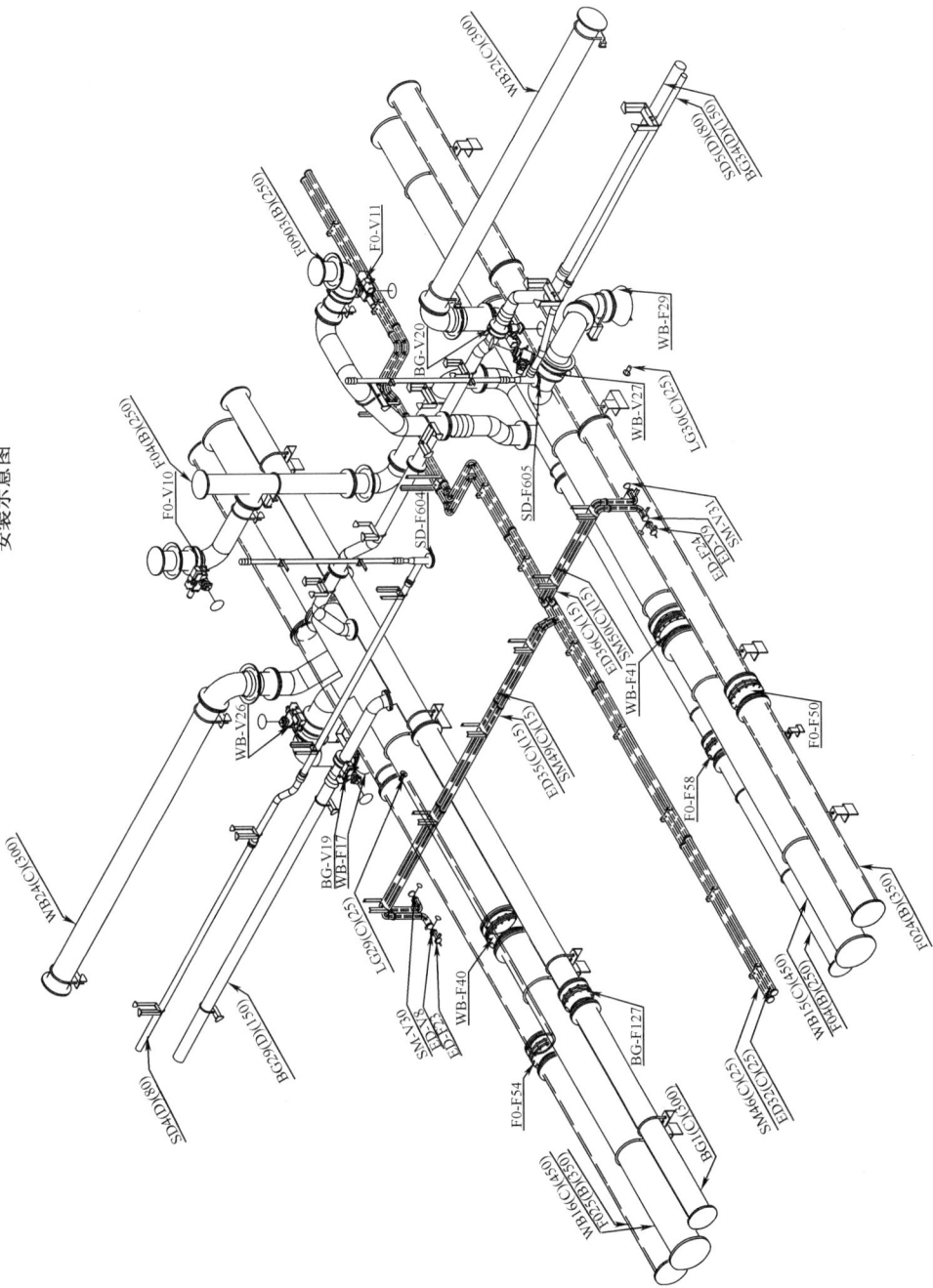

安装示意图

SD-F605

SD-F604

F0-V10 F04(B)(250)

F0-V11

F0-V26

WB-V26

WB-V19
WB-F17

LG29(C)(25)

SM-V30
ED
ED

WB-F40

F0-F54

BG1(C)(300)

WB19(C)(350)
WB19(B)(350)

BG-F127

F0-F58

F0-F54

SM46(C)(25)
SM49(C)(25)

WB15(C)(450)
WB15(C)(250)
F04(B)(250)
E024(B)(350)

F0-F50

WB-F41

F0-F58

SM50(C)(15)
ED30(C)(15)
ED35(C)(15)
SM49(C)(15)

WB-F41

WB-V27

LG30(C)(25)

WB-F29

BG-V20

LG303(B)(250)

WB32(C)(300)

SD50(D)(150)
BG34(D)(150)

SD(H)(D)(80)
BG20(D)(150)

WB-F324(C)(300)

图10-6(续)

· 263 ·

八、管理图表

管舾装管理图表是现场获取船舶各区域管零件相关舾装件物量的主要途径,同时也是现场进行工时估算、安装施工进度控制和人员配置的重要依据。管舾装相关的管理图表主要有以下几种形式:

1.托盘清单

管舾装托盘清单主要以船体分段为区域单位,按照不同的舾装状态做成。托盘清单中包含管零件、管路支架、风管零件,以及与管路相关的各类辅机器、阀门及其他小型舾装品的规格、名称、使用数量、采购管理编号等。

由于各船厂生产设计的深度和所用的设计软件不同,则托盘管理表分类的方法也不同,主要有两类托盘管理表的编制方法。其中,第二类托盘管理表比较简明,为大多数船厂所采用。这类托盘管理表由 A、B、C、D、T 五种表组成。

(1)管子零件明细表(A 表)

管子零件明细表由于其主要功能是供内场管子加工使用,故也称为内场加工明细表,简称为 A 表(表 10-1)。它可以用手工的方法来进行编制,也可以使用计算机来进行编制,但基本内容是相同的,为了便于理解,我们先介绍手工编制的管子零件明细表。其中各行表项的含义及编写方法如下:

①工程编号

工程编号是船厂对某一产品所编的程序号,一般由工厂代号、产品种类、顺序号组成。表 10-1 中工程编号为 H3025-32,其中 H 代表沪东厂,3025 为该厂建造的第 3025 条船。

②图号

图号是根据企业编码标准的规定进行编制。

③区域

区域即区域号,根据本船的区域划分和企业标准的编码方法填写。表中区域 N400Q,表示机舱双层底上方到花钢板之间左舷的区域。

④托盘名称

可分为单元组装托盘,分段预装、盆舾装、总段舾装托盘,船内安装托盘三类。托盘名称应根据本船的托盘划分和企业的编码标准规定进行编制。表 10-1 中 CB03CP1B99 为本船 N400Q 区域的单元组装托盘。

⑤管子编号

管子编号由系统代号、管路号和序号组成,其中系统代号有两种编制方法,一种是数字和英文字母结合的编制方法,另一种是全部英文字母表示的编制方法。系统代号应根据企业编码标准的规定编制。管路号是将同一系统中管路的通径、压力等级、壁厚、表面处理、绝缘、油漆、水压试验要求、验收要求等,都相同的同一连续管路编成同一管路号。管子编号也应根据各企业自己的标准进行编制。序号是为了区别同一管路号中包含的几根甚至几十根管子在管路号后面加的顺序号。表 10-1 中 BG1-1,BG 是系统号前面的,1 是管路号,后面的 1 是零件序号。

⑥材质

管子材质由材料种类和牌号组成,目前船用管子主要是钢管、铜管和不锈钢管,管子的材料代号及含义见表 10-2。

手工的管子零件明细表在填写材料一项时,可以只写牌号省略材料的符号。但使用计算机编制 A 表时就必须写完整。

表 10 - 1　管子托盘管理表

工程 Project	H3025 ~ 32			区域 Area			图号 DWGNo		CB03CFP1B0199L
船名 Shiping	13500 箱集装箱船		船管子托盘管理表	托盘名称 Palle	类别 King	预装			第 2 页　共　页
				船码 outfitting	N400Q	CB03CP1B99	输出日期 Date	2016/10/24	

序号 No	件号 palletNo	管零件 pipepiece	管种 kind	管子材料 material	管级	外径×壁厚 spece	处理 treat	内涂装 coatI	外涂装 coatO	检查 check	水压 mpapressure	船级 class	质量 weight	备注 remark
1	1	BG1 - 1	完成管	ST20	三极管	325 × 13	镀锌				0.53 MPa		419.6	3 976
2	2	BG1 - 2	完成管	ST20	三极管	325 × 13	镀锌				0.53 MPa		519.9	4 986
3	3	BG1 - 3	完成管	ST20	三极管	325 × 13	镀锌				0.53 MPa		347.3	3 006
4	4	BG1 - 4	完成管	ST20	三极管	325 × 13	镀锌				0.53 MPa		369.9	3 476
5	5	BG18 - 1	完成管	ST20	三极管	168 × 11	镀锌				0.53 MPa		63.6	1 017
6	6	BG18 - 2	完成管	ST20	三极管	168 × 11	镀锌				0.53 MPa		36.0	323
7	7	BG19 - 1	完成管	ST20	三极管	168 × 11	镀锌				0.53 MPa		82.2	1 274
8	8	BG19 - 2	完成管	ST20	三极管	168 × 11	镀锌				0.53 MPa		116.3	2 202
9	9	BG19 - 3	完成管	ST20	三极管	168 × 11	镀锌				0.53 MPa		122.5	2 425
10	10	BG19 - 4	完成管	ST20	三极管	168 × 11	镀锌				0.53 MPa		33.2	258
11	11	BG29 - 1	完成管	ST20	三极管	168 × 16	镀锌				0.53 MPa		320.9	5 388
12	12	BG34 - 1	完成管	ST20	三极管	168 × 16	镀锌				0.53 MPa		98.5	1 414
13	13	BG34 - 2	完成管	ST20	三极管	168 × 16	镀锌				0.53 MPa		251.0	3 990
14	14	FO24 - 1	完成管	ST20	三极管	351 × 10	酸洗/冲砂	BB	CC		0.9 MPa	LR/CCS	370.5	3 980
15	15	FO24 - 2	完成管	ST20	三极管	351 × 10	酸洗/冲砂	BB	CC		0.9 MPa	LR/CCS	454.0	4 980
16	16	FO24 - 3	完成管	ST20	三极管	351 × 10	酸洗/冲砂	BB	CC		0.9 MPa	LR/CCS	289.4	3 010

表 10 - 1（续）

船管子托盘管理表

工程 Project	H3025 ~ 32		区域 Area				图号 DWGNo		CB03CFP1B0199L
船名 Shiping	13500 箱集装箱船	托盘名称 Palle		N400Q	CB03CP1B99		类别 King	预装	第 2 页　共　页
		船码 outfitting		输出日期 Date	2016/10/24				

序号 No	件号 palletNo	管零件 pipepiece	管种 kind	管子材料 material	管级	外径×壁厚 spece	处理 treat	内涂装 coatI	外涂装 coatO	检查 check	水压 mpapressure	船级 class	质量 weight	备注 remark
17	17	FO24 - 4	完成管	ST20	三级管	351 × 10	酸洗/冲砂	BB	CC		0.9 MPa	LR/CCS	328.7	3 480
18	18	FO25 - 1	完成管	ST20	三级管	351 × 10	酸洗/冲砂	BB	CC		0.9 MPa	LR/CCS	370.5	3 980
19	19	FO25 - 2	完成管	ST20	三级管	351 × 10	酸洗/冲砂	BB	CC		0.9 MPa	LR/CCS	454.0	4 980
20	20	FO25 - 3	完成管	ST20	三级管	351 × 10	酸洗/冲砂	BB	CC		0.9 MPa	LR/CCS	289.4	3 010
21	21	FO25 - 4	完成管	ST20	三级管	351 × 10	酸洗/冲砂	BB	CC		0.9 MPa	LR/CCS	328.7	3 480
22	22	FO3 - 1	完成管	ST20	三级管	273 × 10	酸洗/冲砂	BB	CC		0.9 MPa	LR/CCS	139.3	965

表 10 - 2　材料符号表

种类	符号	牌号	
钢管	ST	10 或 20	15 或 410
铜管	CP	TUP 或 T3	T2 或 T4
铜合金管	CH	HPB	H62
不锈钢管	SL	1Cr18	

⑦通径、规格、长度和质量

通径即管子名义上的内径;规格栏填入管子的外径×壁厚;长度为管子的展开长度,即原材料的长度,写在备注里;质量为管子的质量,不包括两端的连接件。

⑧表面处理

根据管子内部输送的介质和外部环境的不同,管子内外表面要进行各种形式处理。按要求填入相应的代号,代号的含义见表 10 – 3。

表 10 – 3 管子表面处理代号表

代号	内容	处理名称	代号	内容	处理名称
M	内场完工后镀锌	镀锌	R	磷化处理	磷化
A	外场制造后镀锌	镀铬	K	镀铬	镀铬
N	内场完工后酸洗	酸洗	SB	喷沙喷丸	喷沙喷丸
I	外场制造后酸洗	酸洗	L	内外壁涂塑	涂塑
LN	内壁涂塑	涂塑			

⑨水压验收

这里的水压验收是指单根管子内场加工结束后的强度试验,填入强度试验的压力值,当需要船级社或船东参加水压试验时应填入相应的符号。

⑩形式

即管子类型,一般有完成管和调整管两种。完成管是内场加工完备,外场可以直接安装的管子。调整管是内场弯制完成,加放余量下料,连接件临时固定,待外场安装时经现场校管后再回到内场加工完成,然后上船安装的管子。

(2)支架托盘管理表(B 表)

支架托盘管理表也称 B 表。它由管子支架制造明细表和支架汇总表两种表格组成。表 10 – 4 为管子支架托盘管理表,表 10 – 5 为支架汇总表。

表 10 – 4 中:

①符号

即支架的件号,由支架代号、区域号和顺序号组成,如 B – 8,B 表示支架,8 为序号。

②支架形式

标准支架根据选用标准填入支架的标准号,非标准支架填入草图字样。非标准支架往往为组合支架,必须另外绘制相应的支架图供内场加工制造用。

③管夹型号

根据选用的管夹标准填入管夹标准号,如 H&Z524046 – 2010 DDC273 为某船厂管夹标准号。

④支架用角钢

角钢包括规格、长度、材料、备注四方面内容,在相应栏目中填写。

表 10 – 5 支架汇总表是本托盘所有支架所用的管夹、螺母、复板按类汇总的汇总表。

(3)阀件、附件托盘管理表(C 表)

C 表的作用是将外场安装本托盘所需要的阀件、管附件汇总,供生产管理人员和生产工人使用,见表 10 – 6。总的表头同 B 表,具体内容包括:

表 10－4　管子支架托盘管理表

工程 Project	H3025～32				沪东中华造船			区域 Area		图号 DWGNo		CB03CFP1B0199L
船名 Shiping	13500 箱集装箱船				支架托盘管理表			托盘名称 Pallet	N400Q		第 7 页　共　页	
								船装代码 outfitting	CB03CP1B99	输出日期 Date		2016/10/24

序号	符号	件号	支架形式	数量	规格	长度	管夹型号	管夹处理	数量	复板规格	数量	质量
1	B－8		支架制造图	1	L160×160×12	2554	H&Z524046－2010DDC273	镀锌	1			88.01
							H&Z524046－2010DDC457	镀锌	1			
							H&Z524046－2010DDC351	镀锌	1			
2	B－9		支架制造图	1	L160×160×12	2294	H&Z524046－2010DDC273	镀锌	1			80.46
							H&Z524046－2010DDC457	镀锌	1			
							H&Z524046－2010DDC351	镀锌	1			
3	B－10		支架制造图	1	L160×160×12	2294	H&Z524046－2010DDC273	镀锌	1			80.46
							H&Z524046－2010DDC457	镀锌	1			
							H&Z524046－2010DDC351	镀锌	1			
4	B－11		支架制造图	1	L100×100×10	1215	H&Z524046－2010DDC457	镀锌	1			25.92
5	B－12		支架制造图	1	L100×80×8	1056	H&Z524046－2010DDC351	镀锌	1			15.31
6	B－15		支架制造图	1	L160×160×12	1941	H&Z524046－2010DDC457	镀锌	1			68.06
							H&Z524046－2010DDC351	镀锌	1			
7	B－16		支架制造图	1	L75×75×8	908	H&Z524046－2010DDC273	镀锌	1			10.26
8	B－25		支架制造图	1	L75×75×8	507	H&Z524046－2010B273	镀锌	1	H&Z524012－2009	2	7.77
9	B－26		支架制造图	1	L75×75×8	892	H&Z524046－2010B273	镀锌	1	H&Z524012－2009	2	11.21
10	B－27		支架制造图	1	L75×75×8	562	H&Z524046－2010B273	镀锌	1	H&Z524012－2009	1	7.68
11	B－31		支架制造图	1	L160×160×12	2351	H&Z524046－2010DDC351	镀锌	1			83.61
							H&Z524046－2010DDC457	镀锌	1			
							H&Z524046－2010DDC325	镀锌	1			

表 10 - 5　支架汇总表

工程		H3025 ~ 32		XX 船厂			图号	CB03CFP1B0199L
				支架统计表			第 11 页　共　　页	
船名		13500 箱集装箱船					输出日期	2016/10/24
序号	名称	规格	数量	管夹处理		材料	质量	
1	型材	L100 * 100 * 10	1.22m	无		Q235A	18.14	
2	型材	L100 * 80 * 8	3.34m	无		Q235A	36.08	
3	型材	L100 * 80 * 8	4.24m	镀锌		Q235A	45.81	
4	型材	L160 * 160 * 12	18.75	无		Q235A	544.67	
11	管夹	H&Z524046 - 2010 B168	3	镀锌		Q235A	2.60	
12	管夹	H&Z524046 - 2010 B168	4	无		316	3.47	
26	螺母	M10	168			Q235A		
27	螺母	M12	16			316		
36	复板	H&Z524012 - 2009 S115 * 115	10	A3		5.78		
37	复板	H&Z524012 - 2009 S140 * 120	16			A3	11.49	

①符号

符号指阀件或管附件的代号,与管系原理图上的符号应一致。有时生产设计本身需要增加管附件,而原理图上没有相应件号,则此栏空白。但是此后各栏都要填入,否则会造成现场生产的混乱或效率降低。

②名称

名称指阀件或管附件的名称。例如直通截止止回阀、吸入口、通海阀、减压阀、视流器等。

③图号

图号指阀件或管附件的标准号,无标准号时填入专用图号。

④备注

备注可以填入需说明的内容。例如目前大多船厂的生产设计分为机装和船装两大区域,但实际操作时还有互相渗透的情况。如某机装托盘内的某阀件属于船装区域的管系原理图上的阀件,这样的情况下,备注栏内可注有"船装"字样。

(4)设备明细表(D 表)

D 表的作用与 C 表相同,但填入的内容不一样,它填入本托盘安装所需的各种设备,包括泵、箱柜、基座及其他各种设备。

因本表与 C 表大同小异,以下仅对不同点做介绍,其余栏目读者不难理解,见表 10 - 7。

表 10-6 阀件、附件托盘管理表

沪东中华造船　　管子阀件托盘管理表

工程 Project	H3025~32	区域 Area 托盘名称 Palle（船码 outfitting）	图号 DWGNo	CB03CFP1B0199L
船名 Shiping	13500 箱集装箱船	N400Q　CB03CP1B99	第 13 页 共 页	输出日期 Date 2016/10/24

序号 No	伐件号 Valve	名称 ValveName	标准号 Standard	材料 Mat	数量 QTV	质量 kg	类别 King	预装	备注 Remark
1	SD-F605	FLANGE 船用盲板钢法兰 AS10080GB/T 44	AS10080GB/T 4450-95	Q235-A	1	4.2	FR147+120	-3783	IB553
2	SD-F604	FLANGE 船用盲板钢法兰 AS10080GB/T 44	AS10080GB/T 4450-95	Q235-A	1	4.2	FR147+120	-192	IB-556
3	ED-F23	Y 型滤器 HDMV25-00-110015G	10015GHDMV25-00-1	CASTSTE	1		FR143+134	3846	IB-1031
4	ED-F24	Y 型滤器 HDMV25-00-110015G	10015GHDMV25-00-1	CASTSTE	1		FR143+134	-3846	IB-1031
5	WB-F29	吸入口 AS300SCB/T495-95-10K	AS300SCB/T 495-95-10K	Q235-A	1	32.1	FR148	-4399	BL+340
6	WB-F17	吸入口 AS300SCB/T495-95-10K	AS300SCB/T 495-95-10K	Q235-A	1	32.1	FR148+135	4399	BL+340
7	ED-V9	法兰青铜直通截止阀 AS25015GB/T 587-93	AS25015GB/T 587-93	ZQSN10-2	1	5.4	FR144+255	-3846	IB-1031
8	ED-V8	法兰青铜直通截止阀 AS25015GB/T 587-93	AS25015GB/T 587-93	ZQSN10-2	1	5.4	FR143+359	3846	IB-1031
9	SM-V31	法兰青铜直通截止阀 AS25015GB/T 587-93	AS25015GB/T 587-93	ZQSN10-2	1	5.4	FR144+375	-3846	IB-1031
10	SM-V30	法兰青铜直通截止阀 AS25015GB/T 587-93	AS25015GB/T 587-93	ZQSN10-2	1	5.4	FR144+175	3846	IB-1031
11	FO-V10	中心型对夹式遥控蝶阀	1F[XX]10250QTFS(B3)EHLTS-1		1	40.0	FR149+353	1064	4D-324
12	FO-V11	中心型对夹式遥控蝶阀	1F[XX]10250QTFS(B3)EHLTS-1		1	40.0	FR149+353	-4145	4D-324
13	BG-V19	中心型对夹式遥控蝶阀	1[XX]10150QTNS(W)B6	QT400	1	40.0	FR147+230	3685	IB-1014
14	BG-V20	中心型对夹式遥控蝶阀	1[XX]10150QTNS(W)B6	QT400	1	40.0	FR148+235	-3729	IB-454
15	WB-V27	双偏心型对夹式遥控蝶阀	2[XXX]10300QTNSS(W)EHLT-13	QT400	1	40.0	FR147+400	-3760	IB-980
16	WB-V26	双偏心型对夹式遥控蝶阀	2[XXX]10300QTNSS(W)EHLT-13	QT400	1	40.0	FR148+135	3760	IB-980
17	FO-F58	伸缩接头 DN250PEJ-100-450-00-10K	DN250PEJ-100-450-00-10K	Q235-B	1	5.2	FR140-254	-2441	BL+741

表 10-6（续）

工程 Project	H3025~32	沪东中华造船		区域 Area		N400Q		图号 DWGNo			CB03CFP1B0199L	
船名 Shiping	13500 箱集装箱船	管子阀件托盘管理表		托盘名称 Palle	outfitting	CB03CP1B99		类别 king	预装		第 13 页 共 页	
				船码 outfitting				输出日期 Date			2016/10/24	
序号 No	伐件号 Valve	名称 ValveName	标准号 Standard	材料 Mat	数量 QTV	质量 kg	安装位置			备注 Remark		
18	BG-F127	伸缩接头 DN300PEJ-100-450-00	DN300PEJ-100-450-00	SUS304	1	5.2	FR140-254	2420		BL+767		
19	FO-F50	伸缩接头 DN350PEJ-100-450-00	DN350PEJ-100-450-00	SUS304	1	5.2	FR140-254	-3460		BL+780		
20	FO-F54	伸缩接头 DN350PEJ-100-450-00	DN350PEJ-100-450-00	SUS304	1	5.2	FR140-254	3460		BL+780		
21	WB-F40	伸缩接头 DN450PEJ-100-450-00	DN450PEJ-100-450-00	SUS304	1	5.2	FR142-82	2920		BL+833		
22	WB-F41	伸缩接头 DN450PEJ-100-450-00	DN450PEJ-100-450-00	SUS304	1	5.2	FR142-82	-2920		BL+833		
	托盘累计				22	365.5						

表 10－7　设备明细表例（D 表）

工程编号	H1221A	托盘管理表（D）设备明细表		编号　5803180L	
				共 6 页	第 6 页

托盘名称　UM－02

序号	名称	图号或型号	数量	质量	来源	备注
1	滑油分油机	SJ16T	2	490 kg×2	进口	
2	滑油油渣柜	5060213G	1	1 455 kg	自制	

①名称

名称栏内填入设备的全称。如主机冷却海水泵、压载泵、化学清洗柜等。

②图号（型号）

对于外购的设备填入型号，对于外协或自制的设备填入图号。例如对于外购的柴油发电机填入型号 N200L－SN，压载泵填入 FEV－250－2D，对于自制的燃油分油机基座填入图号 5055302G，凝水观察柜填入图号 5060303G。

（5）托盘管理表汇总表（T 表）

T 表是一只托盘的汇总表，它的作用是将此托盘的所有舾装件按类进行汇总，使托盘的集配人员和外场施工人员能掌握本托盘的工作内容和大致的工作量，以便能对工作、生产计划做出准确的安排。T 表的内容比较丰富，主要由表头、汇总表、施工明细表、标题栏组成，见表 10－8。

表 10－8　托盘管理表汇总表例（T 表）

船号　H1221A		托盘管理表（T）				
交货期：96/08/14						
单元		托盘代码	托盘名称	安装日期	合计质量	舾装区域
分段		E110301	UM－02	96/08/18	3141.56	03
船内						

		名称	数量			完成日期	工时	质量/kg	备注
A	管子	一般管	完	调	合计	96/08/07	132	144.9	
			30	4	34				
		加热管	完	调	合计				
B		支架	23					92.26	
		管夹	38					3.6	
C		阀件	20					62.4	
		滤器	2					63.2	

表 10 – 8（续）

	名称	数量	完成日期	工时	质量/kg	备注
D	滑油分油机及供给泵	各2			1 096.0	
	滑油油渣柜	1			1 455.0	
	基座	3			225.1	
单元						

	名称	图号	名称	图号
施工明细表	机舱03区域管系安装图	5803010H		
	机舱03区单元管子零件图	5803130G		

①表头

表头由船号、交货期、舾装大阶段、托盘代码、托盘名称、安装日期、合计质量、舾装区域几栏组成。

②汇总表

汇总表按 A、B、C、D 单元分别汇总,汇总表的表头栏由名称、数量、完成日期、工时、质量、备注构成。

A 表的表头栏。包括管子的汇总,首先分为一般管和加热管两大类,然后再细分为完成管、调整管和合计三栏。按具体情况填入。

③施工明细表

此栏表格的作用是为外场施工人员提供安装本托盘所需准备的图纸名称和图号信息。故由名称与图号两栏组成。例如图纸名称为机舱04区域管安装图,图号为5804010H。

④标题栏

T 表的下部为每份图纸都设置的通用图纸的标题栏。可根据各厂的标准进行填写。

2. 管加工预定表

管加工预定表主要用来初步设定管零件的加工时间段,并且提供准确的管零件物量供管加工车间参考,作为管加工工时分配、人员配置及加工负荷量调整的依据。

3. 分段舾装管理表

分段舾装管理表同其他管理图表基本相同,主要是统计船舶各个分段内的管路、支架、通风管及其他主要舾装品的物量,供现场安装的相关部门参考,作为工时安排、人员配置及作业进度控制的依据。

第四节　风管生产设计

一、风管的概述

风管主要是船舶上用来对密闭船体空间进行通风换气的舾装件,如在船体区域的舵机舱、机舱、居住区等处设有通风管。特别是居住区域的空调系统是通过风管的通风来实现各个舱室温度的升降。

风管根据形状特征可分为方形风管和圆形风管两大类。一般情况,自然通风系统和普通机械通风系统都采用方形风管,对于密性要求较高的空调系统则采用圆形风管。

二、风管生产设计

风管生产设计的主要内容是通风零件图和安装图的绘制,以及管理图表的编制。管理图表的编制与管子管理图表的编制类似。

1. 风管零件图

风管零件图是用来指示风管制作的详细图,它是根据各区域的风管综合布置图,并参照相关的风管制作技术要求和图面绘制基准进行绘制的。

在绘制过程中,除了要符合船级、船东的要求,还要充分考虑到制作成本、生产效率及安全等因素。

风管零件图包含的要素有:船号、装置图号、风管零件名称、材质、质量、安装分段、使用日期及风管零件的具体形状尺寸等,如图 10 - 7 所示。下面对其中部分要点做一下简要介绍。

(1)风管口径:一般是指风管的内径尺寸。

(2)风管材质:一般为镀锌铁板,常用的厚度规格有 0.6 mm、1.6 mm、2.5 mm、3.2 mm、4.5 mm 等几种。其中与墙壁贯通时一般使用较厚的板材(如 4.5 mm 等)。

(3)风管零件长度:由于风管具有厚度较薄,容易变形的特点,而且为了便于现场进行制作安装,通常在进行风管零件图设计时,将风管零件长度设定为 2 m 左右,最长不超过 3 m,质量一般为几千克至几十千克,不超过 100 kg。

(4)弯曲半径:风管在弯曲时会有比较固定的弯曲半径,通常为 100 mm、150 mm 等。

(5)连接形式:一般有内接头连接、平法兰对接和平、角法兰对接等三种形式,通常情况下,厚度较薄的(如 0.6 mm)风管采用内接头连接,其他则多采用后两种连接形式。

(6)余量调整:一般采用平法兰与角钢法兰对接形式,其中角钢法兰采用点焊,以便现场安装时调整。

(7)油漆工艺孔:由于风管焊接处需要进行补充油漆工事,所以为了方便,通常在风管上开一定大小的工艺孔,并附有一块补板(面积较工事孔稍大),在补充油漆工事结束后,现场安装人员会将其与风管铆接起来。油漆工艺孔还可以用作以后检修用。

(8)导风板:在分支较多的风管拐角处通常要在风管里面设置导风板,用来引导风管内的气体流向,以提高通风效率。

(9)加强板:为了防止风管变形,增大风管强度,方便现场运输及安装,通常在大口径风管上每隔约 600 mm 间距添加加强板,一般使用角钢作为加强板。

2. 风管安装图

风管安装图是用来指示现场进行风管安装工事的图纸,它是在设计的风管综合布置图的基础上,参照相关风管安装技术要求和图面绘制基准进行绘制的,如图 10 - 8 所示。

沪东中华造船	风管零件图		图号	BD11PMP4B0189G
			共　　页　第　　2　页	

工程编号 H3025~32	区域　　P100Q	壁厚	1	舾装代号		日期	2017/1/24
	管子件号　　VFU5-6	处理	镀锌	涂装无	/无	质量	13.57 kg

托盘件号　BD11PP4B89	零件说明		管种 完成管	材料 镀锌钢板	余量	
件号	图号	说明			长度	备注
1, 5		角铁方法兰 25×25×3×3				
2		方风管 200×300 壁厚1			50	
3		方风管弯头 200×300/30 内R200 壁厚1			1 190	
4		方风管200×300 壁厚1				
6	TC-125	支管(TC)				

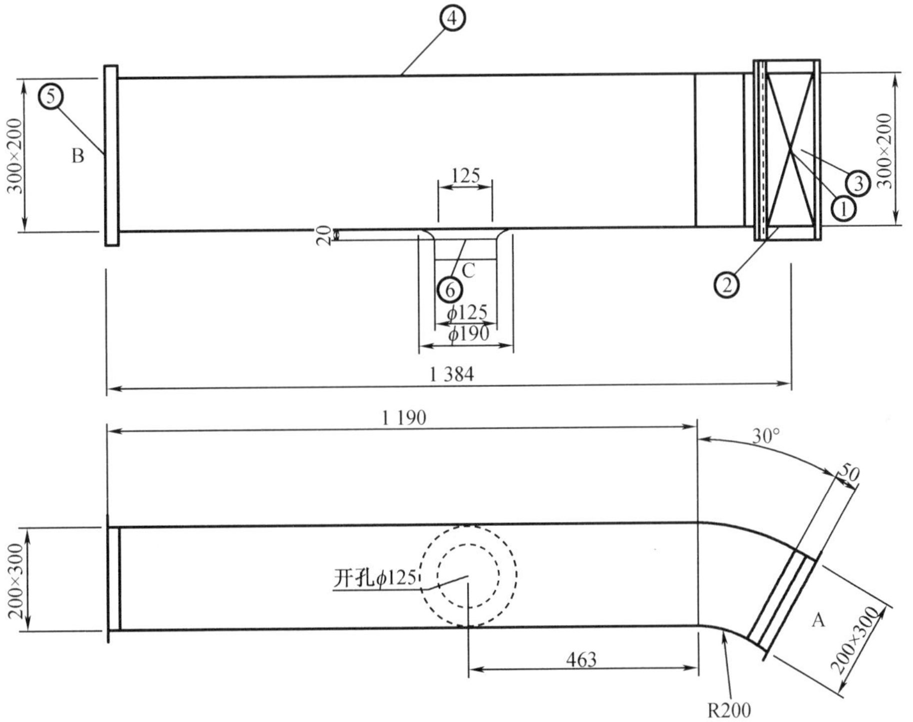

A	FR262-114,-13,AD-879	VFU5-5	
B	FR262-114,1218,AD-1514	VFU5-7	
C	FR262+56,588,AD-1151		
端点	船体坐标	连接对象	备注

图 10 – 7　风管零件图

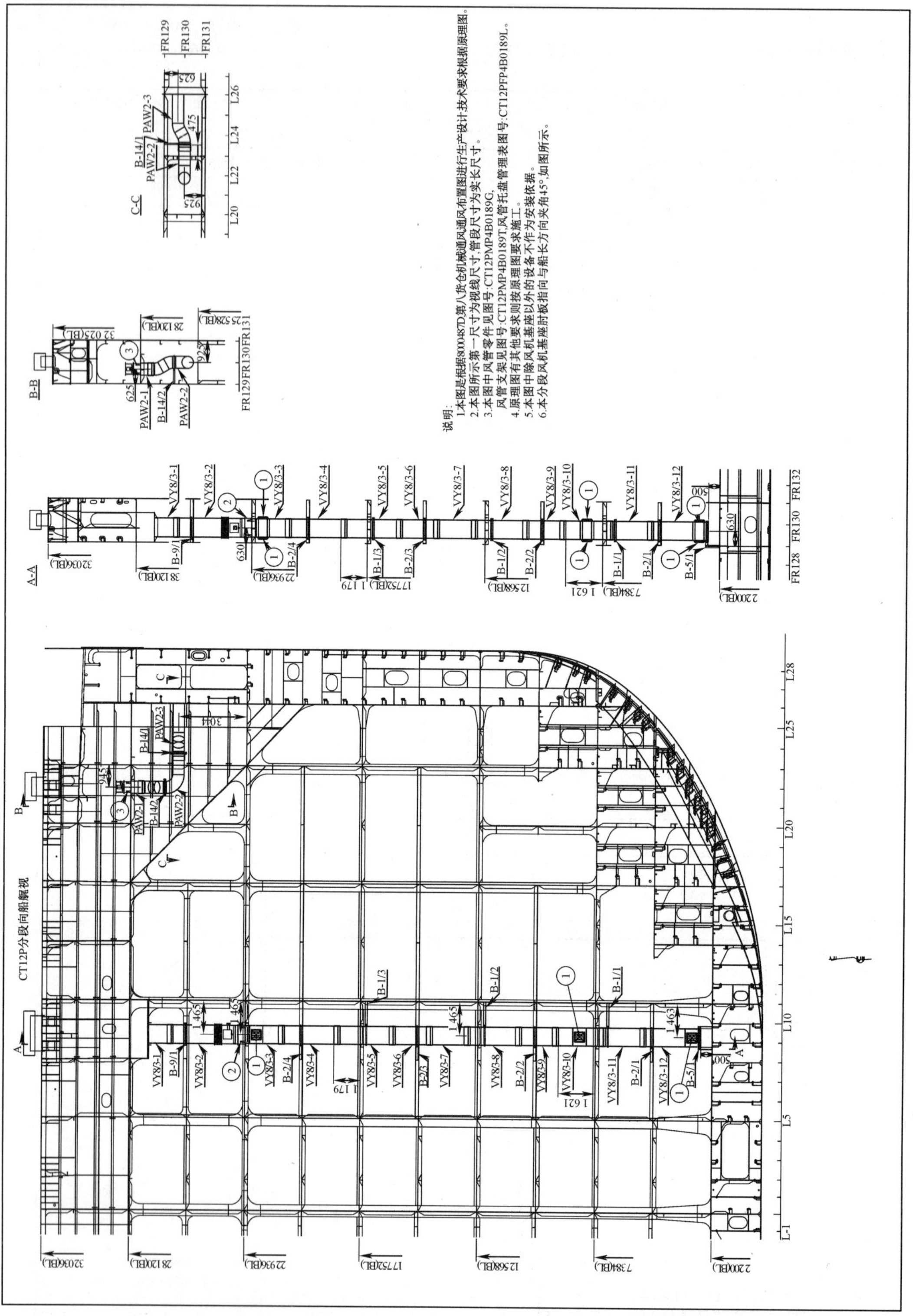
CT12P分段向船艉视
A-A
B-B
C-C
说明：
1.本图是根据800487D第八货仓机械通风通风布置图进行生产设计技术要求根据原理图。
2.本图所示第一尺寸为视线尺寸,管段尺寸为实长尺寸。
3.本图中风管零件见图号:CT12PMP4B0189G,
风管支架见图号:CT12PMP4B0189T,风管托盘管理表图号:CT12PFP4B0189L。
4.原理图有其他要求则按原理图要求施工。
5.本图中除风机基座以外的设备不作为安装依据。
6.本分段风机基座肘板指向与船长方向夹角45°,如图所示。

图10-8　风管安装图

进行风管安装图绘制时需要注意以下几方面。

(1)视图:主要以平面图表示为主,辅以其他视图。

(2)安装尺寸:各风管连接处的安装定位尺寸,包括支管、风口、风门等的定位尺寸、距离甲板高度等。

(3)安装分段:指风管被安装的分段及在此分段的何种状态时安装方便。

(4)绑缚标记:在分段连接的地方通常要设定一段短风管($L=400$ mm 左右),暂时绑缚在其他风管上,在分段合龙时进行调整连接,所以此时要标记"绑缚"字样。

(5)风门:风管上的风门是进行风量调节的装置,设置在出风口处。

(6)支架:风管支架是用来支撑风管的,其间距通常 1 000 ~ 1 500 mm,在弯管、接头附近均需要添加支架,但固定的贯通件可视为一个支架。另外,为了拆卸方便,风管支架距离法兰端部至少 100 mm,其支撑点也应尽量选择在甲板的龙筋上。

目前有些船厂将风管安装图和零件图合二为一,做成风管工作图。在绘制风管工作图时,图面上风管的尺寸应标注得很详细,风管复杂的地方用局部详细图在旁侧单独表示出来,这样就无须再画风管零件图。

第五节 电装生产设计

一、电装生产设计的概述

电装生产设计是在电气详细设计的基础上,按电装工艺阶段、施工区域和单元,绘制记入电装工艺技术要领和生产管理数据的工作图表的设计过程。它将设计、工艺、计划、质量、生产管理数据全面反映到电气安装的工作图和管理图表中,作为指导电气施工的唯一依据,使工人能真正按图施工,管理人员能按照它来编制具体生产作业计划。

电装生产设计主要任务是解决电气设备的安装技术问题,绘制工艺技术指令(安装位置,尺寸,材料等);为现场生产提供管理资料(如配套、管理表等)。

二、电装生产设计的主要内容

电装生产设计主要图纸有综合导电系统图、电缆架、照明灯架安装图、电缆开孔图、电气设备基座安装图、主干电缆拉放表册,如图 10-9 所示。

1.电装生产设计图纸的设绘

(1)电气设备、电缆通道布置工作图(即综合布置图)的绘制

根据基本依据图,首先把电气设备在相对应的工作布置图上初定位并注上参考尺寸,暂时可不设坐标尺寸。按照设备的位置画出电缆走向,在电缆走向的线条上根据需要设置电缆节点。然后根据所有电气系统图上的电缆编号及规格在电缆走向线条上模拟敷设电缆,把所经过电缆节点的电缆编号及电缆规格按节点归类。最后计算各个电缆节点电缆束的宽度及高度,以便计算电缆支撑件和电缆贯通件,设置电缆通道,并与机装、船装协调、放样。

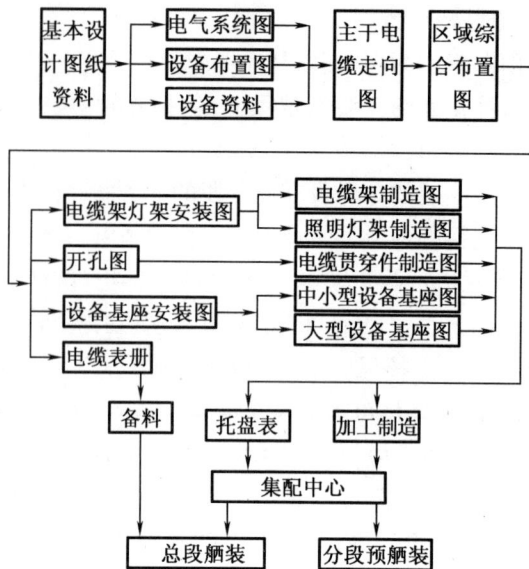

图 10-9　生产设计主要图纸的流程

电气设备、电缆通道布置工作图是电装生产设计的工作用图,是电装在图面上模拟造船的全过程。该图为设计人员所用,俗称"母图"。所有电装生产设计的图纸、清册、托盘表都依据该母图制定。该图经过相关专业与部门进行横向有效的统筹和协调,通过绘制综合布置图的各专业人员对布置、建造方法各种工艺细节等认真考虑。使之最大限度地把施工现场可能出现的矛盾、问题预先妥善地解决在协调之中。作业中会产生的问题大部分在协调时发现。经过协调,然后定出各专业设备位置的坐标尺寸。对电装生产设计来讲,有了较为准确的电气设备和电缆走向的坐标位置,电装生产设计可以进行到下一步,即各区域电装图、贯穿件开孔图等。

(2)电装图的绘制

电装图是电装生产设计的主要图纸,包括贯穿件开孔图、基座定位图、电气设备综合定位图等。根据各区域设备与通道的复杂程度,可将该图分解绘细,如可分解为电装图、贯穿件开孔图、基座定位图等。简单的区域也可合并成一张电装图,关键是图上能表达清楚。电装图所包括的信息为:电缆支撑件、电缆管、电缆贯穿件、隔堵等施工参数;小型电气设备基座(包括灯、开关、按钮、电铃等);中型电气设备基座(包括电力、照明分配电箱、电动机启动箱等);大型电气设备基座(包括主配电板、应急配电板、监控台、驾控台、组合启动屏等)。电装图实际上是各种电缆支架、电缆贯穿件和电气设备基座定位的模拟安装图。为了施工方便,图中的所有电缆支撑件、电缆贯通件、大小基座均需编上标准代号。电装图是电装的依据,其信息都是从工作母图而来的,电装图的尺寸一定要齐全、准确。

①电气设备与电缆紧固件等在电装图上的表示方法

外形表示法:是将电气设备的最大外形及可转动部件的转动范围画在图纸上,这可避免在设备、管路、机械等集中的舱壁或部位发生设备相互碰撞的现象,并保证转动部位达到所要求的转角。在电装图上,一般要画三向视图才能表示出设备外形与邻近设备的相对位置,设备是否画出三个视图,按设备的型式、安装位置而定。

符号表示法:用简单的符号来代表某一电气设备或安装件的方法,称为符号表示法。电气设备的图形符号按船舶标准指导性技术文件"生产设计用电气安装件图形符号"的规定。安装件、电缆紧固件、贯通件及设备固定件常采用象形符号表示,应用符号表示时,同时要标明其编号或注明其型号、规格及数量。

例如 ⊠ ——表示浇注式电缆盒

▷◁ ——表示椭圆形贯通件

—┼— ——表示电缆紧构

├──┤ ——表示单层可调整组合电缆托架

▭ ——表示单层不可调整组合电缆托架

数字、字母表示法:在电装图中电气设备、电缆线路的安装坐标尺寸和规格常使用数字与字母来表示,如"H"代表高度,"L"代表长度,"φ"或"D"表示直径,"t"代表厚度等。以数字来表示安装件的编号、规格及至基准点的距离。数字与字母表示法必须和外形表示法及符号表示法配合使用。

图纸的线条绘制规定,为了减少绘图的工作量及使图面清晰,对线条做某些规定,例如电气设备、电缆线路及安装件用粗线条表示;船体线型及构件用细线条表示;与电气设备有直接联系或与电气设备布置有关的机械设备用细线条表示,其余无关设备或船体构件的线条可不画出来。

②绘制电装图的步骤

a.划分设计区域。所谓区域就是以船体划分的安装区域为电装生产设计区域。区域划分要考虑电气预舾装和单元舾装,出的图要便于车间施工和组织生产。

例如,居住区域以每层甲板为一区域;甲板区域以艏楼,前起货平台,后起货平台,上甲板,前后起货桅,雷达桅等为一区域;机舱区域分为若干区段或以各层甲板为一区段。

b.决定图面比例。决定图面比例的原则是既清楚地表达区段的内容,又要使图面不宜过大。一般采用1:25尺度较为合适。

c.确定图面中的编号。图面中主电路、支电路、扁钢、电气设备基座、照明灯具底座、水密填料函、隔舱壁用电缆筒、带水密填料函电缆管、甲板用电缆筒等等,每一层、每一区域都必须有统一的编号,这样便于看图和生产管理。现在各厂的编号规定都不相同。

d.确定电气设备和固定件安装尺寸的标注方法。标注安装尺寸时必须选择基准点,如图10-10所示。

设备和紧固件的定位尺寸标注方法如下。

电气设备:矩形电气设备以互相垂直相邻的边缘来标注高定位尺寸,非矩形及小型设备以中心线标注定位尺寸。

电缆托架:以托架的最低边线和两侧来标注定位尺寸。

扁钢:以最低边线和两侧来标注定位尺寸。

电缆筒和贯通件:以中心线和电缆筒或贯通件的大小来标注定位尺寸。

电缆管:水密填料函等坐标尺寸的标注,标注方法与电缆筒相同。水平尺寸标注与相邻舱壁等船体结构的距离、中心距顶甲板距离标注h,但组合填料函可以用其相邻的边线来标注定位尺寸。

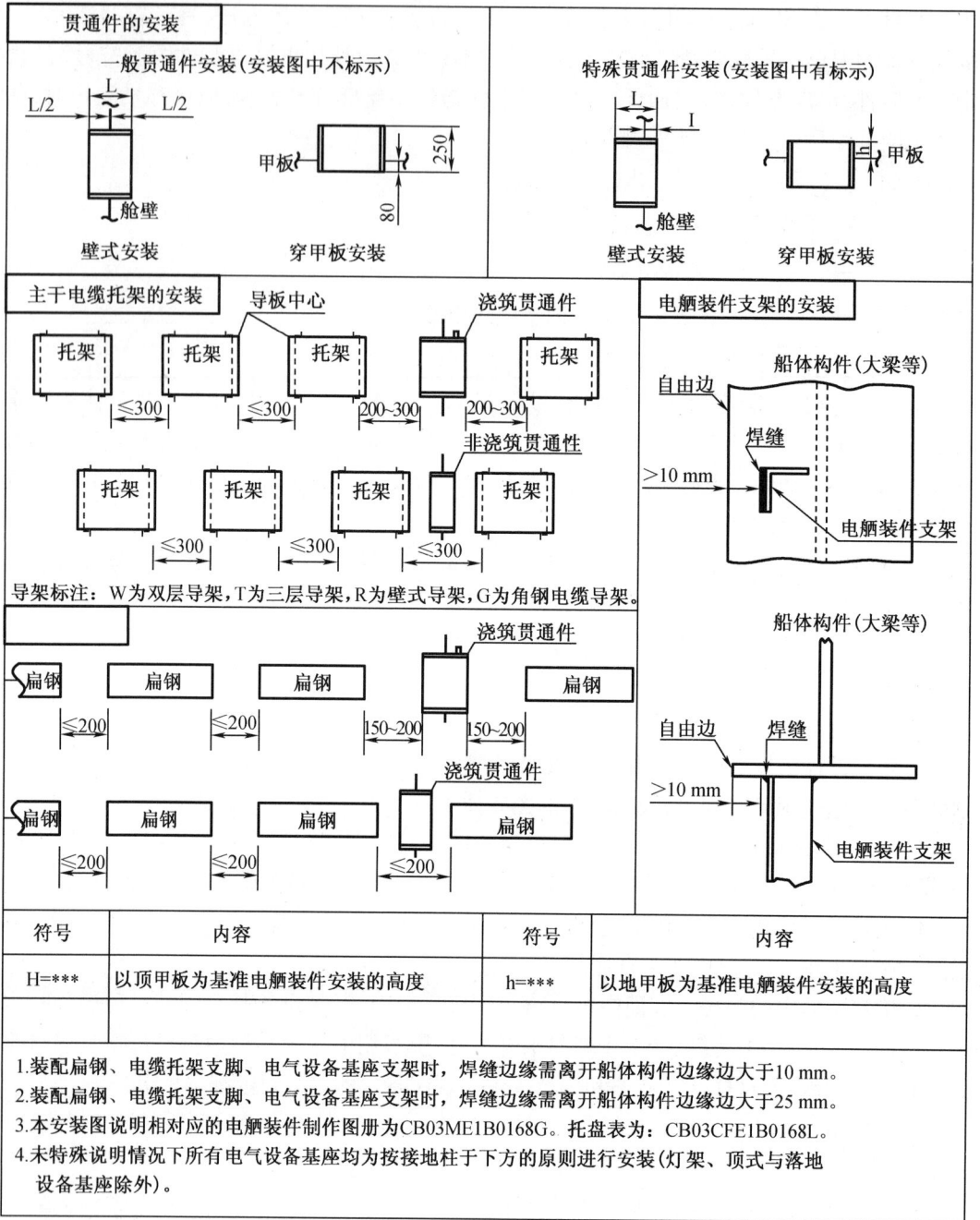

图 10 – 10　电装安装图

（3）电气零件制作图

它包括电气有关的焊接件。其中有：座架、箱柜、护罩等，还有贯通件、导板、马脚以及各类电气舾装件，如图 10 – 11 和图 10 – 12 所示。

（4）船体结构上的电缆贯通开孔图

由电装生产设计提供电路部分的电缆筒、贯通件的详细坐标和规格，标明开孔的规格和尺度。

沪东中华造船 13500箱集装箱船 工程编号 H3025~32	电缆贯穿制作图册					图号	CB03CME1B0168G

						托盘	CB03CE1B68
						共　9　页	第　6　页

序号	代号	A	B/φB	L	t	数量	质量/kg	简　　图
	SEC-φ73		73	100	8	1	1.6	

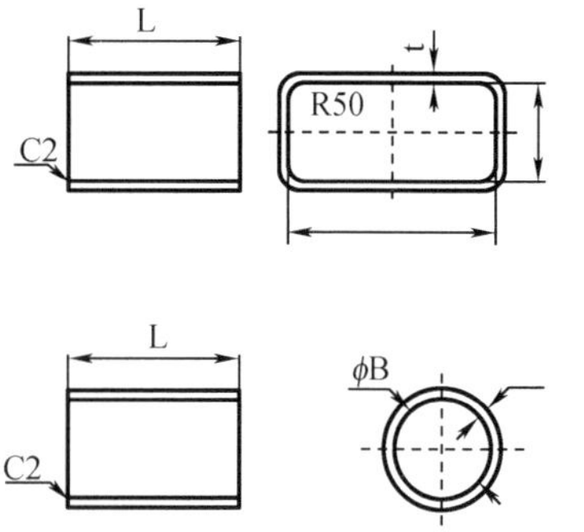

图 10－11　电缆图贯穿件制作图

沪东中华造船 工程编号　H3025~32	照明及小型设备基座制作图册							图　　号	CB03CME1B0168G

基座型号			DFP-D			托盘	CB03CE1B68	区域	G109Q	简　　图

设备名称	基座代号	A	B	C	D	H	D1 T1	φ T	单重/kg	总质量/kg	数量/kg	DFP-D
液位压力传感器接线盒	CB03CE1B68-G5-12	73	121	45	98	150	21.3 2.75	4.5 4	0.52	1.04	2	

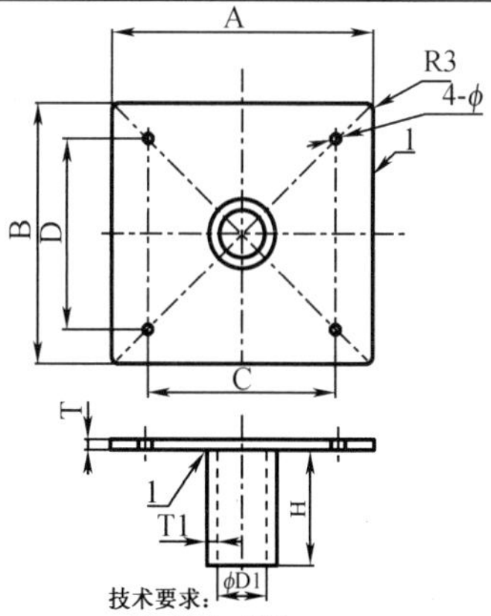

技术要求：

1.制作材料：钢板Q235-A

2.基座完工后需去毛刺。

3.基座完工后需热镀锌。

图 10－12　照明及小型设备基座制作

2.管理图表的编制

电装生产设计需要编制的管理图表有:电缆敷设表、主干电缆切割表、电气设备清册、电缆清册、电气零件清册、电缆紧固件制作表及托盘表等。

(1)电缆敷设表

船舶电缆敷设和紧固是项比较繁重的工序。目前我国造船仍然使用人力来拉放电缆。为了减轻劳动强度,提高电缆敷设速度,尽量减少电缆的交叉,保证电缆束整齐,使电缆紧固工作顺利进行,在电缆生产设计中正确编制电缆敷设表及敷设紧固程序就很重要。

船上电缆可分主干电缆、分支电缆和居住舱室电缆。凡属穿甲板、穿舱的电缆称主干电缆。全船电缆中除去主干电缆,余下的均视之为分支电缆。

(2)主干电缆切割表

电缆切割表是电缆工艺备料的依据,特别是对主干电缆切割尤为重要,虽然主干电根数只占全船电缆根数的10%~20%,但其总长度却占全船电缆总长度的40%~50%。

主干电缆切割表是根据电装图用比例方法对主、支电路电缆的长度进行测量,在表中填入电缆代号、型号、长度、停止标记、尾标长度等数据。

(3)电气设备清册

在电装生产设计中,应编制电气设备清册,它是车间电气设备配套的依据。施工车间向物资管理部门领取安装所需的电气设备,检查设备的质量及零件的完整性。

设备清册,包括国产设备、进口设备和自制设备。根据设备清单,可以编制设备的交纳流程。

(4)电缆清册

电缆清册是在完成电装图放线表后,进行电缆规格、长度统计后做出的,因此它是电装生产设计图纸不可分割的一部分,它是电缆订货和车间电缆备料的依据。电缆清册列有型号、规格、数量和生产厂家等项目。

(5)电气零件清册

当某些电气设备是非标设备或在电路上是单件小型器件,而制造厂又不生产时,船厂就必须自制。自制设备所需用的零件和电路上小型元器件必须编制成册,即电气零件清册。它是物资供应部门采购和车间自制设备备料的依据,电气零件清册一般列有名称、型号、规格、数量、生产厂家等,见表10-9。

表10-9　电气零件清册

序号	名称	型号	规格	数量	生产厂	图号	备注

对电气设备的采购、入库、出库和安装,可根据设备购买图的图号进行管理,这样的信息比较简单、直观,便于管理和流通。故在设备清册和托盘表上必须记录相关的信息。

(6)电缆紧固件制作表

电缆紧固件是将电缆固定到船体上的一种安件,它是电装生产设计中一项比较重要的内容。

电缆紧固件形式有好几种,如桥形板、电缆导线板(导板)、电缆紧钩、电缆托架、电缆槽等。

各种电缆紧固件制作(组装或单件)均选自各标准和工厂标准。

各区域或局部电缆紧固件的装焊位置表示在电缆图上,其规格和数量均列在电缆紧固件的制作表上。

(7)托盘表

托盘表是生产设计的重要内容。它把所需部件的配套信息集中起来,将生产管理的主要环节有机地联系在一起进行相互协调,以达到提高生产效率的目的。托盘实际上是一种移动式平台。电气托盘表是附属于电装图、电气设备布置图及管理表册的。在电装生产设备中,它按船体的分段、安装区域统计所用的材料,如安装件、固定件、基座、焊装件、配套件的数量和规格等。

根据各区域的电装图设计汇制生成电缆支撑件制造图册、电缆贯通件制造图册、照明灯具座及小型设备基座制造图册、中大型设备基座制造图册,并将每个区域中电气设备、电缆、电缆支撑件、电缆贯通件、各大小设备基座集中配制成托盘管理表。

思考与练习

一、简答题

1. 舾装生产设计分为几大类?

2. 管舾装生产设计的要求有哪些?

3. 管零件图的主要内容有哪些?

4. 风管零件图的主要内容有哪些?

5. 机舱区铁舾装生产设计划分成哪几个阶段?

6. 铁舾件制作图设绘内容有哪些?

7. 电装生产设计的主要任务是什么?

8. 电装图的主要内容有哪些?

二、选择题

1. 为了减小质量和便于布置管路,基座一般为_____框架结构。　　　　　(　　)

A. 角钢　　　　　　　　　　　　B. 扁钢

C. T 型材　　　　　　　　　　　D. 球扁钢

2. 甲板排水口及连接管的布置属于　　　　　　　　　　　　　　　　　(　　)

A. 铁舾装　　　　　　　　　　　B. 管舾装

C. 内舾装　　　　　　　　　　　D. 甲板

3. 船舶动力管系有　　　　　　　　　　　　　　　　　　　　　　　(　　)

A. 舱底　　　　　　　　　　　　B. 压载

C. 压缩空气　　　　　　　　　　D. 疏排水

4. 管子托盘管理表的 C 表是指　　　　　　　　　　　　　　　　　(　　)

A. 管子零件明细表　　　　　　　B. 支架托盘管理表

C. 阀、附件托盘管理表　　　　　　　D. 设备明细表

5. 管子托盘管理表的 T 表是指　　　　　　　　　　　　　　（　　）

A. 管子零件明细表　　　　　　　　B. 支架托盘管理表

C. 阀、附件托盘管理表　　　　　　D. 托盘管理表汇总

6. 风管支架是用来支撑风管的,其间距通常是　　　　　　　（　　）

A. 500～1 000 mm　　　　　　　　B. 1 000～1 500 mm

C. 500～1 500 mm　　　　　　　　D. 1 500～2 000 mm

7. ——▷◁——在电装图中表示的是　　　　　　　　　　　（　　）

A. 电缆托架　　　　　　　　　　　B. 电缆紧钩

C. 椭圆形贯穿件　　　　　　　　　D. 电缆盒

8. 主干电缆长度为总电缆长度的　　　　　　　　　　　　　（　　）

A. 10%～20%　　　　　　　　　　B. 30%～40%

C. 40%～50%　　　　　　　　　　D. 60%～70%

三、判断题

1. 舾装生产设计为生产现场提供施工图纸和工艺文件。　　　　（　　）

2. 托盘管理是实施舾装生产设计的一种有效的管理方法。　　　（　　）

3. 图纸目录的编写是生产设计的第一道工序。　　　　　　　　（　　）

4. 舾装生产设计是在船体模型的基础上进行的。　　　　　　　（　　）

5. 一般同一类机器、设备舾装品或者同一种施工工艺的图纸应分船型。（　　）

6. 图纸目录编写时,能把不同场所施工及不同现场施工人员使用的内容、物品编排到同一份图纸中去。　　　　　　　　　　　　　　　　　　　　　（　　）

7. 管路分割应尽可能把接头分割在现场安装的低空作业区。　　（　　）

8. 对于密性要求较高的空调系统则采用矩形风管。　　　　　　（　　）

第十一章 涂装生产设计

● 学习目标

知识目标

1. 正确描述涂装生产设计的定义；
2. 掌握船体涂装生产设计的主要内容及流程；
3. 掌握舾装涂装生产设计的主要内容及流程。

能力目标

1. 能看涂装生产设计的图表；
2. 能进行涂装生产设计图表的简单绘制。

第一节 涂装生产设计概述

船舶的防护主要采用涂层保护和电化学保护两种方式。涂层保护就是采用合适的船舶涂料，以正确的工艺使其覆盖船舶的各个部位，形成完整致密的涂层防止船舶腐蚀的措施。电化学保护则是利用电化学原理对船舶进行保护的一种方法，其基本原理是使腐蚀原电池的电位差减小或消失，可分为阴极保护和阳极保护两大类。船舶的阴极保护又有牺牲阳极保护和外加电流保护两种方法。阳极保护是一项较新的防腐技术，在船舶的防护中应用较少。由于涂层保护是一种应用最为广泛，最为经济、方便、有效的防护方法，船舶涂层保护的合理性、科学性、有效性、经济性极为重要，因此船舶涂装设计越来越受到船东和修造船企业的重视。

船舶涂装涉及的面非常广泛，且贯穿于整个船舶建造周期。船舶涂装设计就是要科学合理地确定船舶各部位在涂装配套涂层前的表面处理要求、涂层配套方案和工艺路线方法。涂装设计对提高船舶涂装质量、缩短造船周期和降低生产成本有着十分重要的意义。

一、涂装生产设计概述

涂装生产设计系统是在处理涂装标准的基础上，调入船体模型，按照各个不同涂装阶段和要求，进行涂装舱室的划分，自动计算涂装的面积，并根据涂装的面积和涂装工艺信息生成涂装施工图纸和生产表册供现场施工和生产管理使用。涂装生产设计系统具有涂装标准处理、涂装舱室模型的生成、涂装面积的自动计算、图纸生成和统计输出等功能。涂装生产设计的主要内容有以下几个方面。

（1）涂装生产设计图纸与技术文件编制计划；

（2）材料订购清单；

（3）涂装工具、器具订购清单；

（4）钢结构件和舾装件除锈与底漆涂装要求及分类清单；

（5）管系内场除锈与底漆涂装要求；

（6）箱柜除锈与涂装要求；

（7）主船体涂装程序表；

（8）分段除锈涂装图册；

（9）全船涂装手册；

（10）除锈涂装验收文件（包括验收标准、验收项目表、验收原则和验收程序等）；

（11）涂装施工注意事项表（应包括涂料名称、规定干膜厚度、相应湿膜厚度、单位面积理论涂敷量、密度、闪点、黏度、颜色、干燥时间、涂装间隔、混合比例、喷涂压力、喷嘴型号、稀释剂、稀释量等）。

二、船舶的特殊涂装

船舶的特殊涂装指成品油船和散装化学品船液货舱的涂装、船舶饮水舱和淡水舱的涂装，船舶专用海水压载舱和散货船双舷侧处所的涂装。这些部位涂装的特殊性主要体现在以下四个方面的特殊要求：船舶结构设计的特殊要求、表面处理的特殊要求、施工条件的特殊要求、对涂料和涂层的特殊要求。

我国船舶行业标准《成品油船和化学品船的液货舱涂装工艺技术要求》（CB/T 3367—2013），国际海事（IMO）《所有类型船舶专用海水压载舱和散货船双舷侧处所保护涂层性能标准》（PSPC）对上述特殊要求做出了明确的规定。

三、船舶涂装技术标准

为了提高船舶涂装的质量，延长船舶的使用寿命，保证航运安全，各国船级社对船舶涂装和防腐蚀措施都做出了规定，国际海事组织（IMO）、国际船级社协会（IACS）亦为此制订了相关标准。

1. 国际组织要求与船级社的规范要求

国际海事组织（IMO）的《国际海上人命安全公约（SOLAS）》，国际船级社协会（IACS）的要求和解释，以及各船级社的船舶建造与入级规范对船舶涂装和防腐蚀都有明确的规定。主要内容：对材料表面处理的要求；关于车间底漆的要求；油漆和其他涂料的安全性；船舶涂装和防腐蚀的关系；关于牺牲阳极保护的要求；关于外加电流阴极保护的要求等。

2. 我国船舶涂装和防腐蚀的标准

我国船舶涂装和防腐蚀的标准主要包括国家标准（GB）、中国船级社标准（CCS）、船舶行业标准（CB）三类。中国船级社标准（CCS），请参阅中国船级社的相关规范、规则、通函和指南。国家标准（GB）和船舶行业标准（CB）主要有以下七个方面：船舶涂料专用技术标准、涂料性能检验方法标准、涂装前表面状态和表面处理的标准、阴极保护标准、热喷涂标准、热浸镀技术标准、涂装设备标准、环境保护和环境要求标准。

3. 压载舱涂层标准(PSPC)

国际海事组织(IMO)为了防止船舶因结构腐蚀导致损坏,经多年研究于 2006 年 12 月在海上安全委员会(MSC)第 82 届会议上通过了关于《所有类型船舶专用海水压载舱和散货船双舷侧处所保护涂层性能标准》(以下简称"压载舱涂层标准")的决议。该决议对于 2008 年 7 月 1 日以后的船舶强制执行。而国际船级社协会(IACS)则于 2006 年 12 月 8 日提前对共同规范的散货船和油船实施了该标准。压载舱涂层标准对涂装工艺和生产设计提出了新的要求,该标准的实施不但会使船舶涂装质量上一个新台阶,而且将对造船工艺和程序的改进产生积极的影响。

第二节　船体涂装生产设计

现代造船模式下的船舶涂装作业方式应与船体建造的分段建造法和船舶舾装的区域舾装法相协调。目前国内船厂多用专门的生产设计软件的涂装模块进行涂装生产设计。根据某大型船厂的模式将船舶涂装生产设计分为船体涂装生产设计和舾装品涂装生产设计两部分。船体涂装有钢材预处理、分段涂装和现场涂装等制造级,因此与船体涂装相关的生产设计包括预处理指示、分段涂装指示图的编制及现场涂装指示图的编制等内容。

一、预处理指示

1. 预处理指示的范围

钢材预处理是对钢材进行矫平、除锈(含氧化皮)和涂防护漆等作业。作为船体涂装生产设计,预处理指示的范围主要包括三个方面。

(1)预处理区域指示。一般而言,船上所有铁制件都需要预处理和涂装,但对于一些特殊船型的特殊区域,如油船的货油舱内,表面为裸皮,不需要预处理和涂装。因此,在相关图纸中要对各区域预处理给予指示。

(2)预处理场所指示。由于船厂预处理设备能力的限制,部分板材的预处理需要委托外协厂家,因此要对预处理的场所进行指示。

(3)车间底漆的品牌指示。不同的船东或者不同的区域,对车间底漆的品牌有不同的要求,在相关图纸中,对底漆的品牌要予以说明。

2. 预处理指示涉及的图纸

预处理指示涉及的图纸主要有装配图、钢材订购清单、加工指示票、零件图等。

(1)装配图主要指示车间底漆的品牌以及各区划预处理的有无,往往以共通性的文字说明方式进行指示。如:除特记以外全部预处理施工,底漆为"×××"特殊的预处理方式和底漆品牌在各详细图中指示。

(2)钢材订购清单和加工指示表主要对预处理的有无施工场所及底漆品牌进行指示,往往以代码的方式进行指示。

(3)零件图仅对预处理的有无及底漆品牌做出指示,同样采用代码的方式进行指示。

二、分段涂装指示图

预处理后的钢材经过构件加工和结构预装焊制成分段后,钢结构表面不可避免地会产生锌盐、铁锈以及沾染油污和水分等,所以要进行二次除锈,然后再根据分段的不同要求进行底漆喷涂。对分段的二次除锈和底漆喷涂作业称为分段涂装。分段涂装指示图(图11 - 1)的编制步骤如下所述。

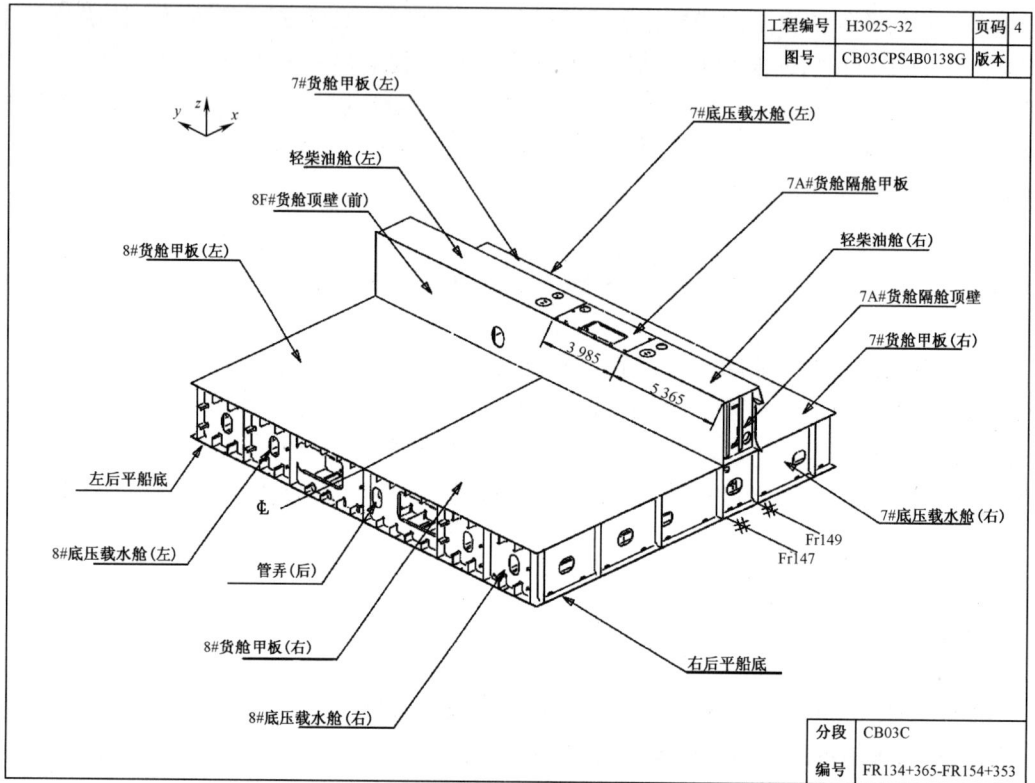

图11 -1　分段涂装指示图

1.确定分段所包含的相关区域

根据船壳构造图、总布置图、分段涂装预定、涂装规格书等技术资料详细列出分段中各相关区域。

2.按区域计算涂装面积

根据装配图,逐个计算各个区划的涂装面积。传统的方法是采用手工计算,主要构件用一般的几何图形的面积计算公式计算。随着计算机技术的发展,运用船舶生产设计软件,通过计算机建立三维模型可以自动计算面积,计算速度和精度都得到了大幅度的提高。值得注意的是,相邻两区划间的部材的面积要一分为二,包含在各自区划里。

3.编制分段涂装示意图

分段涂装示意图也可称为分段涂装工作图,能直观地反映分段的大致构造及各个区划的位置,有助于让现场作业者更清晰地了解各个作业区域。绘制分段涂装工作图有两种方式:一种方式是首先选取一个平面视图(此视图能尽量多地反映各分段所包含的相关区划,一般为分段装配或涂装时的 BASE 面),在该平面图中标注区划的位置及名称,若某区划在此视图上不能反映出来,则需要添加一些侧视图辅助表示。另外,对于分段涂装完成以后需要有火气施工(如焊接、切割等)的场所(分段接合处除外),在示意图中要予以指明,以便在涂装过程中避开这些位置。另一种方式是利用生产设计软件的涂装设计系统直接提取已经建立的船体分段的三维立体模型,但这样的图形还不能直接用于指导施工,还必须进行必要的修剪和细化,布置诸如轨道线等一些必要的线条,标注出该分段上各部位的名称,最后形成指导涂装现场施工的分段立体图。

4.确定涂装规格

根据涂装规格书及生产部门提供的涂料参数,记入涂料品牌、使用涂料名(包括色别)、涂层数、膜厚。

5.物量计算

物量计算包括涂料预定使用罐数、预定除锈工时及预定涂装工时的计算。其计算公式:

$$预定使用罐数 = 全面积 × 理论涂布率 × 涂布率转换系数/标准包装容积$$
$$预定除锈工数 = 全面积 × 除锈基本工时$$
$$预定涂装工数 = 全面积 × 涂装基本工时$$

注:涂布率转换系数、除锈基本工时、涂装基本工时由生产部门提供,理论涂布率为排除任何损耗因素的情况下,在单位面积获得一定厚度的漆膜所需的漆量,以"g/m^2"来表示,有标准可查。

6.分段多用涂料的统计

按涂料规格分类,分别对该分段中使用的各类涂料用量进行汇总见表11-1;并根据涂料的用量计算出稀释剂的使用量,见表11-2。

三、现场涂装指示图

分段涂装全部结束后,整船的涂装就完成了大部分工作,残余的涂装工作将在现场阶段完成。现场涂装包括船上涂装和完工涂装。

1.船上涂装

船舶下水前在船台上(船坞内)和下水后在码头边的涂装称为船上涂装。船上涂装工作主要包含三方面内容:分阶段剩余的涂层进行涂装施工,例如船体大接缝处的除锈、清理、补漆和船体外表面各部位内层漆及面漆的喷涂;船体内无后期舾装作业的油舱、水舱等部位的涂装作业;对现场火气施工过的地方和磨损及遭破坏的地方进行补涂施工。

2.完工涂装

交船前的涂装作业称为完工涂装。完工涂装一般在试航结束到交船之前这一段期间内完成,以便把船舶面目一新地交给船东。当然,只要船东同意完工涂装作业也可以提前进行。完工涂装作业主要包括两方面内容:上层建筑外围壁、甲板、甲板机械等表面的清理和补漆;主船体外表面各部位的最后一道面漆的喷涂。

现场涂装指示图的目的就是为了指导涂装作业人员进行现场涂装工作,从而保证现场涂装工作的合理、有序及安全。现场涂装指示图的主要指示内容有以下几个方面:

(1)涂装的一般注意事项。涉及施工状态、施工方法、施工顺序及施工工具等各个方面。

表 11-1　分段多用涂料统计表

××船厂　H3025～-32　PAGE:第2页　版本:　CB03C 分段涂装管理图

分段	部位名称	除锈等级	面积/m²	度数	油漆名称	SVR/%	干膜	湿膜	涂布率/(m²·L⁻¹)	油漆用量/L	备注
	7#底部压载水舱（左）	B1	289	1	Jotaprime5100WM-ART 铝红	75	160	213	2.4	112.0	
				2	Jotaprime5100WM-ALU 铝灰	75	160	213	2.4	112.0	
	7#底部压载水舱（右）	B1	289	1	Jotaprime5100WM-ART 铝红	75	160	213	2.4	112.0	
				2	Jotaprime5100WM-ALU 铝灰	75	160	213	2.4	112.0	
	8#底部压载水舱（左）	B1	435	1	Jotaprime5100WM-ART 铝红	75	160	213	2.4	169.0	
				2	Jotaprime5100WM-ALU 铝灰	75	160	213	2.4	169.0	
	8#底部压载水舱（右）	B1	435	1	Jotaprime5100WM-ART 铝红	75	160	213	2.4	169.0	
				2	Jotaprime5100WM-ALU 铝灰	75	160	213	2.4	169.0	
CB03C	7A#货舱甲板（左）	B1	57	1	Jotaprime5100WM-ART 铝红	75	125	167	3.1	18	
				2	Jotaprime5100WM-ALU 铝灰	75	125	167	0.0	0.0	
	7A#货舱甲板（右）	B1	57	1	Jotaprime5100WM-ART 铝红	75	125	167	3.1	18	
				2	Jotaprime5100WM-ALU 铝灰	75	125	167	0.0	0.0	
	8F#货舱甲板（左）	B1	93	1	Jotaprime5100WM-ART 铝红	75	125	167	3.1	18	
				2	Jotaprime5100WM-ALU 铝灰	75	125	167	0.0	0.0	
	8F#货舱甲板（右）	B1	93	1	Jotaprime5100WM-ART 铝红	75	125	167	3.1	18	
				2	Jotaprime5100WM-ALU 铝灰	75	125	167	0.0	0.0	
	8F#货舱顶壁（前）	B1	50	1	Jotaprime5100WM-ART 铝红	75	100	133	3.9	12.0	
				2	Jotaprime5100WM-ALU 灰色	75	100	133	3.9	12.0	

表 11 - 1(续)

CB03C 分段涂装管理图

| | | | | | | | | | H3025 ~ 32 | PAGE:第 2 页 | |
| | ××船厂 | | | | | | | | | | 版本: |
分段	部位名称	除锈等级	面积/m²	度数	油漆名称	SVR/%	干膜	湿膜	涂布率/(m²·L⁻¹)	油漆用量/L	备注
	7A#货舱隔舱顶壁	B1	228	1	Jotaprime5100WM - ART 铝红	75	100	133	3.9	55.0	55.0
				2	Jotaprime5100WM - ALU	灰色	75	100	133	3.9	55.0
	7A#货舱隔舱甲板	B1	6	1	Jotaprime5100WM - ART 铝红	75	125	167	3.1	2.0	
				2	Jotaprime5100WM - ALU 铝灰	75	125	167	0.0	0.0	
	管弄(后)	B1	858	1	Jotaprime5100WM - ART 铝红	75	125	167	3.1	258.0	
				2	Jotaprime5100WM - ALU 铝灰	75	125	167	3.1	258.0	
				1	Jotaprime5100WM - ART 铝红	75	100	133	3.9	37.0	
				2	Jotaprime5100WM - ALU 铝灰	75	100	133	3.9	37.0	
CB03C	左后平船底	B1	151	3	SAFEGUARDPLUS5BP - YEL 黄色	56	100	179	2.9	49.0	
				4	SeaQuantumProUOWJ - LRD 浅红	58	100	172	3.6	40.0	
				5	SeaQuantumProUOWJ - DRD 深红	58	100	172	3.6	40.0	
	右后平船底	B1	151	1	Jotaprime5100WM - ART 铝红	75	100	133	3.9	37.0	
				2	Jotaprime5100WM - ALU 铝灰	75	100	133	3.9	37.0	
				3	SAFEGUARDPLUS5BP - YEL 黄色	56	100	179	2.9	49.0	
				4	SeaQuantumProUOWJ - LRD 浅红	58	100	172	3.6	40.0	
				5	SeaQuantumProUOWJ - DRD 深红	58	100	172	3.6	40.0	
	轻柴油舱(左)	B1	18	1	JOTUNINIBITIVEOIL2L9 - CLR 无色	50	20	40	0.0	0	

表 11 - 2　分段多用涂料用量及稀释剂用量汇总表

			H3025 ~ 32		PAGE:第 4 页
××船厂					版本:
	分段涂装物量总和				
行	油漆名称	油漆编号	稀释剂编号	油漆用量/L	备注
1	Jotaprime5100WM - ART 铝红	8001050150	80010500C9	1 055	
2	Jotaprime5100WM - ALU 铝灰	8001050151	80010500C9	894	
3	Jotaprime5100WM - GRE 灰色	8001050152	80010500C9	67	
4	SAFEGUARDPLUS5BP - YEL 黄红	8001050102	80010500C9	98	
5	SeaQuantumProUOWJ - LRD 浅红	8001050153	80010500CF	80	
6	SeaQuantumProUOWJ - DRD 深红	8001050154	80010500CF	80	
7	JTOTUNINHITIVEOIL2L9 - CLR 无色	8001050126	80010500CA	0	
			油漆合计	2 274	
1	THINNERN0.17 稀释剂	80010500C9	212		
2	THINNERN0.7 稀释剂	80010500CF	16		
3	THINNERN0.2 稀释剂	80010500CA	0		
			稀释剂合计	228	
1	船装件(油漆合计)	227			
2	船装件(稀释剂合计)	23			

（2）涂装作业责任者的确认内容。对于现场涂装作业前、作业中、作业后及完工后四个阶段，分别规定作业责任者在各作业阶段应确认的内容。例如作业责任者在作业中的阶段须对换气状态、照明灯具设置、脚手架状态、周边火气禁止等方面进行仔细确认。

（3）风扇的种类及使用要领。现场涂装施工中换气的设置是相当重要的，它能有效地防止气体中毒及爆炸事故。使用较为普遍的有纵型轴流风扇、横型轴流风扇、涡轮风扇等，分别适用于大容量舱室、中小容量舱室及局部区域的换气用。

（4）照明器具的种类及用途。现场涂装施工中使用的照明器具主要有防爆型水银灯（或防爆型白炽灯）、小型防爆灯、电池式防爆手电等，分别用于全体照明、局部照明及手边照明。

（5）现场区划及舱室的涂装指示。包括各区划及舱室现场涂装面积、涂装规格、涂装范围、目标罐数等详细数据。

（6）全船舱室布置图。一般包含全船的纵中剖面图、甲板平面图、内底板平面图等，从而能清晰地了解各舱室所在的位置及其名称。

（7）舱室交通、换气要领图。通过绘制舱室的立体图、标注舱室名称、添加交通及换气指示。

第三节　舾装涂装生产设计

舾装品的种类很多，其涂装的规格和方式各不相同，因此必须根据舾装品所处的不同环境的要求进行涂装处理。

舾装品的涂装流程和要求基本同船壳的涂装，都需要分阶段地进行材料表面处理和后续油漆的涂装。在船体建造过程中，必须结合船体结构的建造节点，按各种舾装状态编制相应的涂装计划，进行分段涂装、搭载后的二次涂装及最后的完工涂装。

一、舾装品涂装计划的制定

船舶舾装品生产设计需要船体、舾装和涂装之间的密切配合。特别是舾装品的涂装必须根据不同舾装件的不同安装状态和时期制定不同的涂装计划，以密切配合整个船舶建造过程中船体建造、机电等舾装设备的安装调试，在工作流程上既不能发生冲突也不能互相干扰。

1. 舾装品涂装计划的制定

舾装品涂装计划的制定当以船体建造生产节点主线为依据，舾装和涂装工作围绕此主线展开，根据船体建造的各个状态将舾装品的涂装施工分成对应的几个状态。一般说，在分段状态以及之前的舾装品涂装称为先行涂装，而在分段搭载以后所做的涂装，一般称为一般涂装，最后一道油漆的涂装称为完工涂装。划分涂装状态时，不仅需要考虑涂装工程与船体建造流程的配合，还要考虑涂装施工前后与周围舾装设备安装之间的相互影响，特别是设备、结构装配时需要动用火工的地方。原则上，火工与涂装施工不能同时进行，而在完工油漆施工前，一般要求结束所在区域的所有火工作业。

二、舾装品涂装方案

船舶上安装的舾装品,不但种类繁多,结构形状复杂,而且材质也是不同的。因此,对于不同材质、不同种类的舾装品,必须制定不同的涂装方案。

1. 舾装品的一般涂装方案

一般来说舾装品采用与其周围船体构造相同规格的涂装,但因舾装品的材料不同,需要根据不同材质采用不同的涂装方式和规格。

(1)钢制类舾装品

钢制类舾装品一般采用与周围环境相同的涂装规格,用于船上最常见的室内普通空间,如居住区和机舱的一般房间,故不需要做任何的特殊处理。

(2)铸铁、铸钢制舾装品

铸铁、铸钢制舾装品的耐海水性、耐原油性优于普通钢,而且在很多场合都需加厚安装,如甲板上的系船装置,故一般无须做特殊涂装处理。若有完工涂装要求,则同周围船体的要求相一致。

(3)电镀舾装品

电镀舾装品具有良好的机械耐磨性和耐海水性,一般应用于不便涂装、形状复杂和有一定防腐要求的艇装品。如口径较小、内含腐蚀液体的管系和一些结构复杂但比较轻薄的舾装品架。其涂装一般仅需做必要的表面保护。

(4)耐腐蚀金属、非铁金属制舾装品

此类舾装品一般应用于有特殊要求的系统或装置中,原则上不需要做涂装处理。

(5)非金属制舾装品(除木制品)

此类舾装品一般是用于一些装饰或保护的场所,由于其材料的特殊性,原则上不需要做特殊的涂装处理,只对有表面要求的做必要的完工涂装处理。

2. 舾装品的特殊涂装方案

由于船舶舾装品所安装场所的特殊性和其所处作用的不同,因此为了既满足详细设计的要求,又达到必要的防腐和美观的需要,对此类舾装品的涂装需做特殊处理。

(1)舱口盖、水密门

由于舱口盖和水密门属于密闭空间的密闭装备,其内外的环境条件有所不同,故内外面的涂装规格一般不一样。为了发挥其应有的密闭效果,保证其结合部位的良好接触,在结合部一般不做涂装要求。

(2)蒸汽式甲板机械

蒸汽式甲板机械设备由于具有特殊的热源,故需要做耐热涂装。

(3)桅杆及柱类装置

由于此类装置位于船舶驾驶员的视野范围内,为了消除其在船舶操纵中的光反射干扰,一般需要采用黑色(亚光)的涂装。

(4)压载管、海水管

压载管系和海水管系一般采用镀锌钢管、铸铁或铸钢的材质,但使用最多的还是钢管。使用镀锌钢管时,一般是内面做 T. E. (Tar－epoxy)涂装,外面做与周围相同规格的涂装。

（5）电池间内的舾装品

电池间内存放着蓄电池,因而空气中会含有较高浓度的挥发气体,故此房间内的舾装品涂装必须用耐碱、耐酸性的油漆。

三、涂装生产信息的指示

船舶舾装品的涂装要求,在船舶规格书上有明确的说明。设计人员应根据规格书的要求编制详细的涂装要领书,再结合船舶制造厂的实际生产条件生成合适的生产信息,作为指导现场施工的依据。

1. 舾装品涂装信息指示的依据

船舶舾装件的涂装规格系根据船东的要求,结合船厂的实际,由设计人员进行专业协调决定的,并在规格书上做出明确的说明,以此作为涂装生产设计和施工的基本依据。

2. 舾装品涂装信息的指示

（1）舾装品涂装指示信息的编码

船舶建造时,由于船体构件和舾装件的种类、数量繁多,其对应的涂装规格也多,因此相关的涂装生产信息非常广泛。如此繁多的作业信息量,给现场涂装施工人员的正确获取带来了一定的不便,不利于有效地进行施工,甚至会导致误做。为此,舾装件的涂装信息指示的传递很重要。

目前舾装品涂装生产设计与现场施工之间的信息传递通常采用编码的方法实现,即按具体的涂装规格进行分类编码,编码由 3~4 位字母或数字组成,将原来复杂冗长的信息指示编码化,使得现场施工人员看到图纸上的编码,即可获得该涂装工程的做法和要求,从而简化了信息传递的途径,降低了信息的出错率,减轻了施工人员的读图压力,使生产信息指示得到了顺利的传递和展开。不同数字开头的舾装品指示编码含义如下。

2＊＊＊:表示用喷砂作为表面处理。

3＊＊＊:表示用喷砂或酸洗作为表面处理。

4＊＊＊:表示用酸洗或是动力工具作为表面处理。

5＊＊＊:表示用手工工具作为表面处理。

6＊＊＊:表示基材为木材,基本上不需要做特殊的表面处理。

7＊＊＊:表示基材表面除锈后需电镀处理,而且上涂非环氧类底漆,一般为树脂类底漆。

8＊＊＊:表示基材表面除锈后需电镀处理,而且底漆为环氧类的。

（2）舾装品涂装信息在图纸上的体现

现在的造船企业中,船舶舾装品的制作多依赖外协加工,所以舾装品的涂装客观上分成了厂外涂装、内场涂装和外场涂装,其中厂外涂装指的是舾装品在外协厂家进行的涂装,内场涂装指的是在车间内的涂装,外场涂装则是在车间外的涂装。

外协加工舾装品的涂装指示,主要通过外协加工图体现,包括相关舾装品的表面处理方式和等级要求,以及后道油漆的规格、层数和厚度。部分舾装品的涂装要求较高,需要船厂自己涂装的,则要求外协厂家做简单的表面处理和适当的保护即可。船厂不再进行涂装的舾装品则需外协厂家做完工漆。为此,涂装要求中必须明确提供表面处理和涂装的技术要求,对涂料品种、膜厚、颜色等做出详细的规定。舾装品出厂时要检查验收,并做好涂层保护。

内场涂装的舾装品,一般是对外加工舾装品的二次涂装,涂装要求相对较高或是比较特殊的情况,其涂装信息也必须通过加工图纸的标注来体现。

对于外场涂装的舾装品,一般是对舾装品做最后的完工涂装,以及对部分损伤部位涂层进行修补,亦须做相应的指示。

思考与练习

一、简答题

1. 涂装生产设计分为几大类?

2. 涂装标准有哪些? 标准包括的主要内容有哪些?

3. 在船体涂装生产设计中,预处理指示的范围包含哪些方面?

4. 分段涂装指示图的主要内容有哪些?

5. 现场涂装指示图的主要指示内容有哪些?

6. 舾装涂装生产设计分为哪几类?

7. 舾装品涂装计划制定时的注意事项有哪些?

8. 外协加工图上的涂装信息包括哪些?

二、选择题

1. 对分段的二次除锈和底漆喷涂作业称为　　　　　　　　　　　　　　　　（　　）

A. 分段涂装　　　　　　　　　　　　　B. 先行涂装

C. 船上涂装　　　　　　　　　　　　　D. 完工涂装

2. 在分段状态以及之前的舾装品涂装称为　　　　　　　　　　　　　　　　（　　）

A. 分段涂装　　　　　　　　　　　　　B. 先行涂装

C. 船上涂装　　　　　　　　　　　　　D. 完工涂装

3. _____舾装品不需要做涂装处理。　　　　　　　　　　　　　　　　（　　）

A. 木制品　　　　　　　　　　　　　　B. 耐腐蚀金属制

C. 电镀　　　　　　　　　　　　　　　D. 非金属制(除木制品)

4. _____舾装品只对有表面要求的做必要的完工涂装处理。　　　　　　（　　）

A. 木制品　　　　　　　　　　　　　　B. 耐腐蚀金属制

C. 非铁金属制　　　　　　　　　　　　D. 非金属制(除木制品)

5. _____设备由于具有特殊的热源,故需要做耐热涂装。　　　　　　　（　　）

A. 蒸汽式甲板　　　　　　　　　　　　B. 液压式甲板

C. 电动式甲板　　　　　　　　　　　　D. 机舱

6. _____舱室内的舾装品涂装必须用耐碱、耐酸性的油漆。　　　　　　（　　）

A. 电池间　　　　　　　　　　　　　　B. 居住

C. 火工间　　　　　　　　　　　　　　D. 油漆间

7. 舾装品指示编号4＊＊＊表示的是　　　　　　　　　　　　　　　　　　（　　）

A. 用喷砂作为表面处理　　　　　　　　B. 用酸洗或是动力工具作为表面处理

C. 用手工工具作为表面处理　　　　　D. 不做表面处理

8. _____不属于物量计算的内容。　　　　　　　　　　　　　　（　　）

A. 涂料预定使用罐数　　　　　　　B. 预定除锈工时

C. 预定涂装工时　　　　　　　　　D. 预定涂装规格

三、判断题

1. 船上所有铁制件都需要预处理和涂装。　　　　　　　　　　　（　　）

2. 零件图仅对预处理的有无以及底漆品牌做出指示。　　　　　　（　　）

3. 完工涂装一般在试航之前完成。　　　　　　　　　　　　　　（　　）

4. 舾装品涂装计划的制定当以舾装生产节点主线为依据。　　　　（　　）

5. 涂装区域的所有火工作业结束后才能进行完工涂装。　　　　　（　　）

6. 舾装品采用与其周围船体构造相同规格的涂装。　　　　　　　（　　）

7. 非金属制舾装品只对有表面要求的做必要的完工涂装处理。　　（　　）

8. 内场涂装的舾装品是指对舾装品做最后的完工涂装。　　　　　（　　）

第十二章 计算机辅助生产设计

● 学习目标

知识目标

1. 了解船舶行业主流三维生产设计软件;
2. 了解我国船厂使用的 SPD 系统、TRIBON 系统、CADDS5 系统。

能力目标

熟悉我国船厂使用的 SPD、TRIBON、CADDS5 船体生产设计系统。

第一节 船舶主流三维生产设计软件介绍

目前造船领域主要使用的船舶三维设计软件包括国内沪东中华造船公司开发的 SPD、上海船舶工艺研究所开发的 SB3DS、国外公司开发的 TRIBON、CADDS5、FORAN、CATIA 等。下面简要介绍我国一些船厂使用各软件的情况。

一、SPD 系统

船舶产品设计系统(Ship Product Design,SPD)由沪东中华造船(集团)有限公司研究开发,系统能满足船体结构、机装、电装、居装、甲装等专业设计的三维全数字化舰船产品模型软硬平台。通过三维模型对舰船产品进行性能、结构强度分析、工艺合理性和制造可行性分析。船舶产品三维数字化图形平台是为船舶设计系统提供具有三维建模技术的二维、三维图形和数据处理的技术基础。

SPD 系统在沪东中华造船(集团)有限公司、中船重工武昌造船厂、中国长江航运集团金陵船厂、青岛北海船舶重工有限责任公司、武汉理工大学、哈尔滨工程大学、浙江欣海船舶设计研究院等国内 70 余家船厂、8 所船舶院校、6 家船舶设计公司得到了应用。

二、SB3DS 系统

船舶制造三维设计系统 SB3DS 是由中国船舶工业第十一研究所(即中国船舶工业上海船舶工艺研究所)和上船澄西船舶有限公司联合开发,是基于 AUTOCAD 平台以三维建模技术为核心,面向船舶设计和制造的计算机集成系统。其开发目标是为船舶设计和制造单位提供一套完整的,数据自上而下传递的,符合当今国内船舶制造先进生产模式,内容覆盖壳、舾、涂设计各阶段,具有 PDM 功能的计算机辅助系统。该系统通过建立产品电子数字模型来实现虚拟建造和仿真检验,为加快建立现代造船模式创造了条件。

目前 SB3DS 系统的船体建造生产设计模块(含线型光顺、外板展开、结构线定义、零件生成、零件套料、样板数据计算、胎架数据计算等功能)、舾装生产设计模块(含船体结构快速背景生成、管系、螺旋风管、方风管、电缆、支架、设备、铁舾装三维综合放样和数据后处理等功能)和涂装生产设计模块已大量应用,特别是三维综合放样功能在实用性、易用性、开放性、灵活性、快速高效方面达到或超过国外同类软件水平。

SB3DS 系统的主要用户有江苏新世纪造船股份有限公司、广州中船黄埔造船有限公司、上船澄西船舶有限公司、福建省东南造船厂、山东省黄海造船有限公司、大连船舶重工集团、渤海船舶重工有限责任公司、大连中远船务工程有限公司、上海佳豪船舶工程设计有限公司等40多家单位。

三、TRIBON 系统

TRIBON 系统是由瑞典 KCS(Kockums Computer System)公司(后更名为 Tribon Solution)设计开发的一套用于辅助船舶设计与建造计算机软件集成系统,TRIBON 集 CAD/CAM(计算机辅助设计/ 制造)与 MIS(信息管理系统)于一体,覆盖了船体、管子、电缆、舱室、涂装等各专业的一个集成造船专家系统,在 2004 年 Tribon Solution 公司被 AVEVA 集团收购,TRIBON M3 是 TRIBON 的最新版本,也是最终版本。总体上 TRIBON 系统可分为船体设计、舾装设计、系统管理及维护三大部分,包括初步设计模块、基本设计、船体建模、船舶配件模块、装配计划和工件准备模块等。

AVEVA 公司已经决定不再出 TRIBON 软件新版本,目前的 TRIBON 用户后续只能一直使用 TRIBON M3 或者升级到该公司最新推出的 AVEVA MARINE(简称 AM)软件。AM 软件是 PDMS(工厂设计管理系统)配件模块和 TRIBON M3 船体基本应用程序结合的新产品,可广泛应用于船舶设计、海洋工程装备设计、核电装备设计等领域。

TRIBON 船舶三维设计软件在国内应用较为广泛,广船国际股份有限公司、江南造船(集团)有限公司、CSSC 集团的骨干船厂及研究院所、中远集团下属主要船企及部分地方船企及大型民营船企均有应用。国际上使用 TRIBON 的用户包括法国大西洋船厂、现代重工尾浦(MIPO)船厂、韩国大宇造船和轮机工程有限公司、川崎造船有限公司等。

四、FORAN 系统

FORAN 是一个综合性船舶设计系统。由西班牙最大的私营独资工程公司 SENER 开发,是世界上应用最为广泛的大型造船专业软件之一,全球150 家以上的设计公司和造船厂都在应用(国内用户相对稀少),FORAN 涵盖了船、机、电、涂、舾装各个专业的功能,为造船的全过程提供了集成化的解决方案,包括船型尺寸、船型系数计算、船体结构、机械设备、舾装、电气设施、舱室设计等。所有功能可在分布式环境下,应用并行工程的概念完成。可应用于船舶设计和建造,从最初的方案设计、初步设计和送审设计阶段,直到详细的施工设计阶段。

FORAN 具有以下特点:

①FORAN 由船舶设计师开发,符合船舶设计师、船厂的工作模式和生产特点,可用于各种船型的设计建造,包括常规客轮、货船、非对称船、双体船等,各种军用舰船包括航空母

舰、巡洋舰、驱逐舰、潜艇等,也可用于 FPSO、海洋平台等。

②FORAN 于 2000 年重新编写代码,基于 Windows、C++ 语言开发、Open GL 图形语言、NURBS 数据表达、Oracle 数据库等,形成了一整套先进的软件体系和友好的用户界面。用户可在 FORAN 环境中无障碍地使用中文,其二次开发环境非常便于掌握。

③FORAN 覆盖了造船领域所有的专业,包括总体设计、船体结构、管路及 HVAC、舾装、设备、电气、住舱设计等,同时,FORAN 可以满足初始设计、送审设计和生产设计的全部需求。

④全 3D 的船舶产品模型建立在 Oracle 数据库基础上,数据管理自始至终由 Oracle 完成,确保了数据模型的统一,同时也为与其他应用系统交换数据提供了方便的条件;同时,FORAN 可以支持分布式数据存储和管理,支持并行工程,可以满足异地协同设计的要求,不同专业的设计人员可以随时了解其他专业的设计进程、协调设计。

⑤全船的 3D 产品模型保证了设计的一致性和数据的精确度,同时可随时进行干涉检查,可在极大程度上避免设计错误,提高下料精度,减少切割和焊接的余量。这样可以大量节约设计和生产的时间,节约原材料,为模块化生产、分段制造、壳舾涂一体化等提供了坚实的技术基础。

⑥在全船的设计中应用了拓扑化技术,实现了船体结构、舾装、管路、HVAC、电气、住舱等各种组件及其相互关系的相对位置定义,在某一组件修改时,系统可以根据约束条件对相关组件自动修改,解除了设计师修改设计时的顾虑,极大地提高了设计质量和设计效率。

⑦FORAN 的"实时漫游检查"功能可以允许设计师随时通过漫游方式检查全船外观、各个零部件,对船上人员的活动、维修维护、烟雾流向、灯光效果等进行仿真,并随时修改。

⑧FORAN 软件将设计和生产紧密联系在一起,所有的设计可以随时根据需要进行套料、管段制造和安装,并直接生成小票图、材料清单(BOM)、自动产生数控路径和程序,每一分段或模块可计算出重量和重心,为指导生产提供依据。

⑨FORAN 提供了完整的、可定制的生产策略(建造方针)功能,针对一个项目可以制定出若干种不同的生产策略,生产组织和管理人员可根据船厂特点方便地定义分段、模块、中间产品及其生产流程,进行生产规划和准备。

⑩FORAN 软件提供了一系列接口,用于与各种软件系统实现数据交换,其中包括常用的 IGES、DXF、DWG、STEP、XML 等,其 Oracle 数据库完全向用户开放,可以根据需要提取数据,实现与其他应用系统(PDM、ERP、物流管理等)的集成。

国际上西班牙 IZAR 造船公司利用 FORAN 完成了众多舰船的设计建造,包括航空母舰在内的各种水面和水下舰艇,以及 138 000 m³ 的液化天然气船等,俄罗斯 Severnoya 造船厂利用 FORAN 为其他国家建造了驱逐舰等。2007 年 9 月至 2010 年 10 月,SENER 集团先后向国内几所船舶院校赠送了 FORAN 造船软件,为数不多的某些设计院所也引入了 FORAN 应用。

五、CADDS5 系统

CADDS5 系统是美国 PTC(Parameter Technology Cooperation)公司的产品。它是一种通用的机械三维设计系统,具有功能齐全、真三维造型、数据库开放等一系列优点。该软件造型手段丰富,尤其是曲线、曲面功能齐全。使用面非常广泛,几乎涉及了机械设计和分析的各个领域,能够满足用户的多种需求,其广泛应用于飞机、汽车、化工、电力、船舶及大型水轮机组等行业的三维数字化建模、生产设计和加工工程,特别在韩国和法国的一些造船企业,该软件应用较为普及。由于该软件最初开发的目的不是针对造船设计,因此相对于TRIBON 造船专用软件而言,CADDS5 在造船这个领域的专业化功能相对较弱。但由于它本身具有 CVMAC 开发平台,以及其底层的数据库是基于 Oracle 数据库的特点,因此给用户留有很大的开发余地。

CADDS5 三维设计软件在国内主要应用于军船的设计,有部分船厂及设计院在应用此软件系统。

六、CATIA

CATIA 是法国 Dassault System 公司的 CAD/CAE/CAM 一体化软件,居世界 CAD/CAE/CAM 领域的领导地位,广泛应用于航空航天、汽车制造、造船、机械制造、电子、电器、消费品行业,它的集成解决方案覆盖所有的产品设计与制造领域,其特有的 DMU 电子样机模块功能及混合建模技术推动着企业竞争力和生产力的提高。CATIA 提供方便的解决方案,迎合所有工业领域的大、中、小型企业需要。从大型的波音 747 飞机、火箭发动机到化妆品的包装盒,几乎涵盖了所有的制造业产品。在世界上有超过 13 000 的用户选择了 CATIA,CATIA源于航空航天业,但其强大的功能已得到各行业的认可,已成为欧洲汽车业事实上的标准。

CATIA 的著名用户包括"波音""克莱斯勒""宝马""奔驰"等一大批知名企业。其用户群体在世界制造业中具有举足轻重的地位。波音飞机公司使用 CATIA 完成了整个波音 777的电子装配,创造了业界的一个奇迹,从而也确定了 CATIA 在 CAD/CAE/CAM 行业内的领先地位。

国内少数船厂正在使用 CATIA 从事造船。

第二节　SPD 系统

Ship Product Design(SPD)是东欣软件为造船以及海洋工程提供的新一代以数据为中心、规则驱动的解决方案,SPD 系统是基于 Open GL 图形库进行开发的造船 CAD 设计软件,能满足船体结构、管系、风管、电气、铁舾件、涂装等专业三维全数字化设计的需求,如图12-1 所示为 SPD 船舶产品设计系统图。通过三维模型对船舶产品进行性能、结构强度、工艺合理性和制造可行性分析。SPD 全面地关注船舶产品全生命周期,在统一平台下,SPD 可以提供船舶设计、生产和管理的整个生命周期的信息,可以帮助做出决策,更容易地进行异地协同设计、生产,使厂及工程公司更具有竞争力。SPD 可以通过生成多种数据格式的方式很好地和其他船舶设计软件产品集成,各用户单位均可提取相关设计管理信息,实现设计软件与管理软件的数据共享。

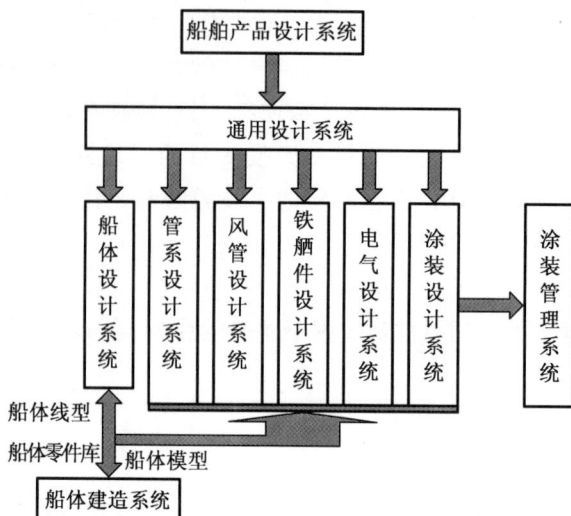

图 12 - 1   SPD 船舶产品设计系统图

一、通用设计系统

1. 工程及模型管理

主要是针对不同的船舶产品,建立应用环境、数据目录及信息进行管理。如船体产品的型线及接口、定位面(甲板、肋号等)、二维背景、各种模型管理、图册管理等。

2. 船体背景模型

主要是对舾装设计船体背景模型的建立。最好的方法是直接利用"船体设计系统"的船体模型,方便、快捷、准确率高。其次是利用 TRIBON、CADDS5、CATIA 及"船体建造系统"的结构零件库,零件的修改较方便。最后可利用船体背景快速建模的功能建立船体背景模型,如图 12 -2 所示。

3. 设备交互建模

主要用于设备建模和补充标准附件和较复杂附件的建模,如图 12 - 3 所示。具有完善的三维实体创建和编辑功能。

4. 点输入操作

采用几何作图法结合已有的模型、背景以及坐标定位面可获得用户输入的绝对坐标点或相对坐标点,大大提高布置管子、部件的速度。

5. 消隐及干涉检查

可将选择的三维图形相互消隐(可设置间隙、包含结构板架、可将隐藏部分按线型显示)。干涉检查可进行模型(背景、管子、风管、电气、铁舾件、涂装等专业)的干涉检查,如图 12 -4 所示;可设置干涉检查的间隙、包含外板、考虑保温材料的厚度,并可将结果输入文件或三维漫游中。

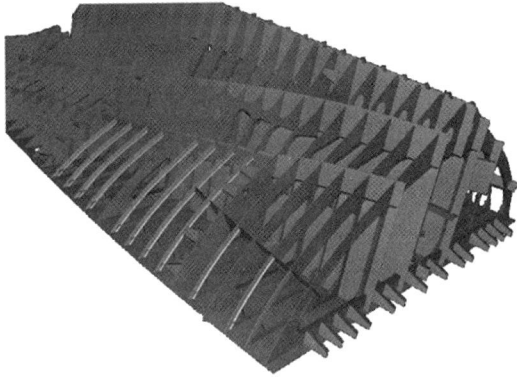

图 12 - 2　船体模型图例

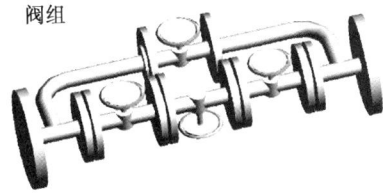

图 12 - 3　设备建模图例

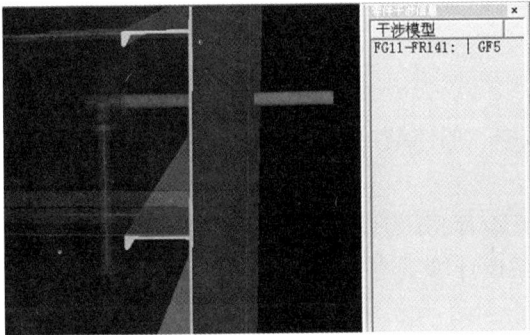

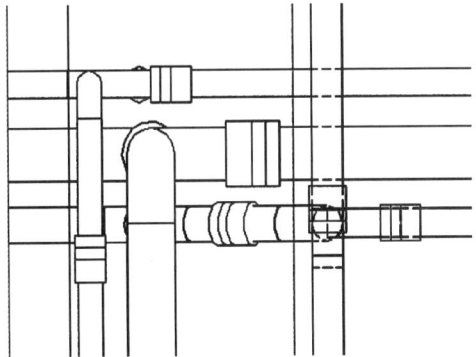

图 12 - 4　模型干涉检查

6. 图纸处理

图纸处理包括各种尺寸和名称标注(实现在各种安装图管子、阀附件等名称的自动标注)、查询和图形转换接口。

二、船体设计系统

"SPD - H 船体结构设计系统"是 SPD 系统的分系统,其工作原理如图 12 - 5 所示。

SPD - H 船体设计系统根据船体设计要求(包括船体总布置图、基本设计图、分段划分图、技术规格书、有关规范规则、建造方针、施工要领,以及由 HDSHM 船体线型三向光顺系统生成的船体型线等),采用图形交互的方式,进行三维的船体结构产品数据模型的建模,在计算机中先造出这艘船来。

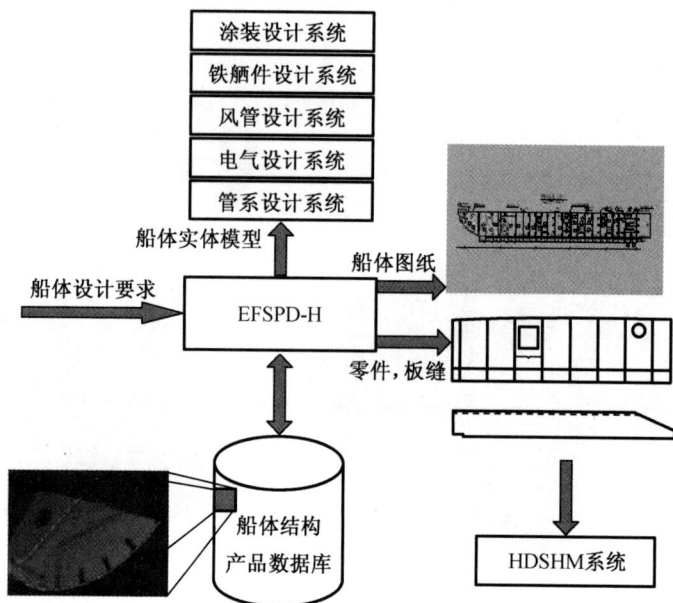

图 12 - 5　SPD - H 船体结构设计系统工作原理

1. SPO - H 船体设计系统主要组成

（1）船体结构产品数据库

存放平面板架、曲面板架等船体结构的数据。船体结构产品数据带有拓扑关系数据。

（2）船体三维实体模型

屏幕显示的船体三维实体模型实现了交互设计,并为设计者提供了观察船体结构产品数据的窗口。船体三维实体模型也可作为管系设计等系统的船体背景。

（3）船体图纸

包括船体分段图等各种船体图纸。船体图纸符合船体制图标准。

（4）文件

提供给 HDSHM 船体建造系统的零件文件及必要的数据文件。使船体设计与船体计算机辅助建造系统无缝连接。

2. SPD - H 船体设计系统的主要功能

（1）船体项目设置功能

包括坐标定位面设置、船体标准设置、模型设置、基本船体曲线设置、大段拆分等功能。

（2）平面板架建模功能

船体结构由平面板架和曲面板架组成。大量的是平面板架。平面板架建模模块建立平面板架模型,存放到船体结构模型数据库,如图 12 - 6 所示。平面板架建模功能包括分段定义、板架属性定义、边界定义、板缝定义、板零件定义、内孔定义、边界孔定义、扶强材定义、面板定义、折边定义、切口定义、补板定义、肘板定义、辅助划线等功能。

（3）曲面板架建模功能

曲面板架功能包括船体曲线定义、曲面板缝定义、曲面板定义、曲面型材定义、曲面板架定义等功能。

（4）船体图纸生成功能

生成满足船体制图标准的截面图,提供标注添加和图形处理,得到船体图纸,可以生成分段结构图、工作图、外板展开图。

（5）船体零件生成功能

本系统为 HDSHM 船体建造系统提供展开的零件和必要的数据文件,使船体设计和制造一体化。

（6）与舾装设计系统的接口功能

本船体设计系统与舾装设计系统是完全融合的,船体设计系统生成的实体和图形,随时可被舾装设计系统调用,作为船体背景模型。

（7）利用 AUTOCAD 图纸的快速建模功能

把船体图纸电子文件（AUTOCAD 的 DWG 文件）中的二维视图处理成三维的视图对象,通过拾取视图中的板架、扶强材、肋骨、纵骨等的图形,快速建模,如图 12 – 7 所示为船体模型图例。

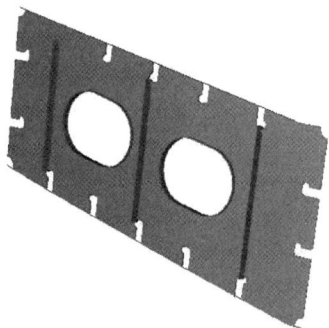

图 12 – 6　平面板架建模　　　　　图 12 – 7　船体模型图

（8）通用功能

本船体设计系统包含有各种通用功能。如工程管理、图册和模型的管理、模型的查询、消隐的功能、模型的三维浏览等功能。

3. SPD – H 船体设计系统的主要特点

（1）船体结构模型数据具有拓扑关系

SPD – H 船体设计系统建立船体结构产品数据库。船体结构产品数据带有拓扑关系数据。这些拓扑关系数据描述了船体结构相互间的关系。

拓扑关系的建立,使得某一结构修改了,其他相关联的船体结构不用重新定义就会自动随之得到修改。例如,肋板板架引用底纵桁、内底和船体曲面为边界,如果底纵桁、内底、或船体曲面有修改,肋板无须改动肋板建模数据就能自动得到修改。再例如,肋板上的贯通切口引用纵骨而开设,如果纵骨的位置或规格有修改,肋板上的贯通切口将自动得到修改。

拓扑关系的建立,也使得船体建模可大量采用结构对象复制的方式进行,复制出的结构对象通常不需要做其他修改,这样可加快设计建模进度。

（2）全交互的建模方式，使能以最直观简便的方式建模

无论是平面板架还是曲面板架建模，都采用全交互的方式建模，是最直观简便的建模方式。所涉及的结构数据都可以通过鼠标在图面上获取。建模的每一个新进展都立即可以在图形上反映出来。

（3）能产生满足船体制图标准的船体图纸

一个船体设计系统是否成功，最重要的一点就是看是否能生成满足船体制图标准的船体图纸。SPD－H系统能生成满足船体制图标准的各种船体图纸，包括分段结构图。图面中的结构图形是系统自动剖切生成的。图中正面可见和背面被遮盖的板架、扶强材都以船体制图标准规定的线条种类表示。

（4）船体图纸与船体结构产品数据库密切相关

SPD－H系统生成的船体图纸不是单纯的图形，而是与船体结构产品数据库密切相关，互联互动的。船体结构产品数据库中船体结构修改了，相关的船体图纸一刷新就会自动修改。而选择船体图纸中的船体结构的图形，实际上也选中了船体结构产品数据库中的船体结构，于是可通过图纸修改船体结构产品数据库中的船体结构，也可在图面上标注零件名、材质、坡口，而无须键盘输入字符串。这就保证了船体图纸与船体结构产品数据库的一致性。

（5）船体设计系统与舾装设计系统协同

SPD－H船体设计系统与舾装设计系统同属一个总的设计系统，可以协同进行工程设计。船体设计系统可为舾装提供船体背景。舾装设计时的船体舾装开孔可经船体人员审核后自动进行开孔。

（6）船体设计标准向用户开放

SPD－H船体设计系统的船体设计标准是向用户开放的。用户完全可以根据自己的工艺和产品的情况，建立自己的贯通切口标准、补板标准、型材端部切割标准、焊接坡口标准和其他的标准。

（7）船体设计系统与HDSHM船体建造系统连成一体

SPD－H系统着眼于船体的设计建模，满足设计的要求。但SPD－H系统与船体建造系统HDSHM是连成一体的，SPD－H系统可作为HDSHM系统的前导系统，为HDSHM系统提供结构零件的数据和其他曲面板架的数据，使在HDSHM系统中不再需要花费时间精力来生成结构零件，或准备外板板缝和外板零件数据，这就大大减少了放样工作量，加快了放样进度。

（8）SPD－H系统既适用于船体设计部门也适用于船厂放样

虽然SPD－H船体设计系统是为船体设计而开发的，它满足了船体设计的要求，适用于有船体设计能力的船厂和设计院所，但对于没有船体设计能力只按船体图纸放样造船的船厂也是适用的。使用SPD－H系统建模，可取代船体零件的生成，系统熟练后，周期会更短，更重要的是，差错会大大减少。

三、管系设计系统

1. 管系标准件处理

将标准分类管理,提供用户输入标准数据(属性数据、几何数据、连接数据)的功能;并提供将数据转换成实体的自动转换工具。已有的标准数据库中的各种标准实体数据,可免费提供给各用户使用。

2. 管系原理图处理

原理图辅助设计功能和原理数据输入工具;其中原理图辅助设计功能是利用 AutoCAD 二次开发的一系列功能。包括图符库集成、图符库调用、原理图绘制辅助功能、数据定义和名称标注等功能。原理数据输入工具则包括管子数据定义、设备数据定义和附件数据定义,并可自动生成原理统计表。

3. 设备布置

根据原理数据库中所定义的设备数据选择设备名称放置设备,并提供设备移动、旋转、水平、垂直和移动旋转的功能。特别是可以利用本系统提供的船体坐标系及坐标定位面,根据已有的机舱布置图非常方便地进行设备定位。

4. 管路布置

管路布置主要是从管路原理列表中选择原理所定义的管路,用"点操作"功能进行布管。并提供下列编辑功能:修改节点(弯管处理和节点位置移动)、修改相同管路、移动和拉伸管路、管路旋转、管路复制、管路镜像、更改管路号等。并新增了管壁对齐、自动判断管夹长度是否足够的功能,如图 12 - 8 所示。

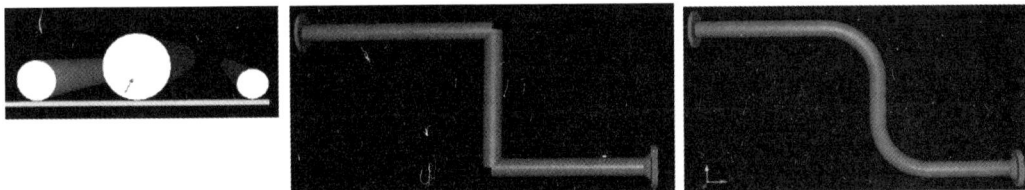

图 12 - 8　管路模型图例

5. 模型查询与检查

模型查询检查是用来查询、检查、自动修改模型的数据,确保模型数据的正确。

6. 部件布置

部件布置包括增加部件、移动部件、二点移动部件、替换部件、翻转部件、旋转部件、阀件/附件安装、删除部件等功能。

7. 支架处理

支架处理包括用参数化的方式安装支架、管夹和垫板;删除支架、复制支架、移动支架、旋转支架、翻转支架、伸缩支撑面、修改支架脚、修改参数、替换管夹、替换管夹类型、安装复板等功能;另外还有自动生成支架图、支架托盘管理表和材料统计的功能。

8. 复板处理

可选择板架和管子(多个),自动生成复板、挡水圈、加强圈或仅表示开孔,并具有编辑功能,自动出图。

9. 管子生产信息

主要功能有零件生成、零件修改、零件删除、零件显示等,以及托盘处理、工艺检查、数据接口等相关功能。

10. 图纸输出

可自动生成复板图、零件图(多种方式)、安装图、支架图;图号管理:可以将生成的图纸分类,并按图号进行管理,自动加封面和目录并输出。

11. 生产用表

可生成托盘管理表、BOM 表(管子材料、法兰、套管、弯头、异径接头、管座、三通、其他附件汇总表)、工厂管子试验水压表、管子涂装面积统计表、管子结构开孔表、垫片、螺栓统计表。

四、风管设计系统

1. 风管标准件参数化设计

将标准分类管理,提供用户输入标准数据(属性数据、几何数据、连接数据)的工具;提供对标准件进行参数化设计的工具。这一功能主要是将标准部件用参数化进行设计。

2. 风管设备布置

设备放置、移动、旋转、设备删除,其功能的具体内容同管子设备布置。

3. 风管布置

风管布置其基本方式和管路布置相同,不同的是管路由原理定义;而风管则根据用户的需要随时设置和定义。其菜单如图 12 - 9 所示,首先定义风管规格,用"点操作"进行布管。编辑功能有修改节点、移动和拉伸风管、管路旋转、管路复制、管路镜像、更改管路号、删除管路、修改管路尺寸等。

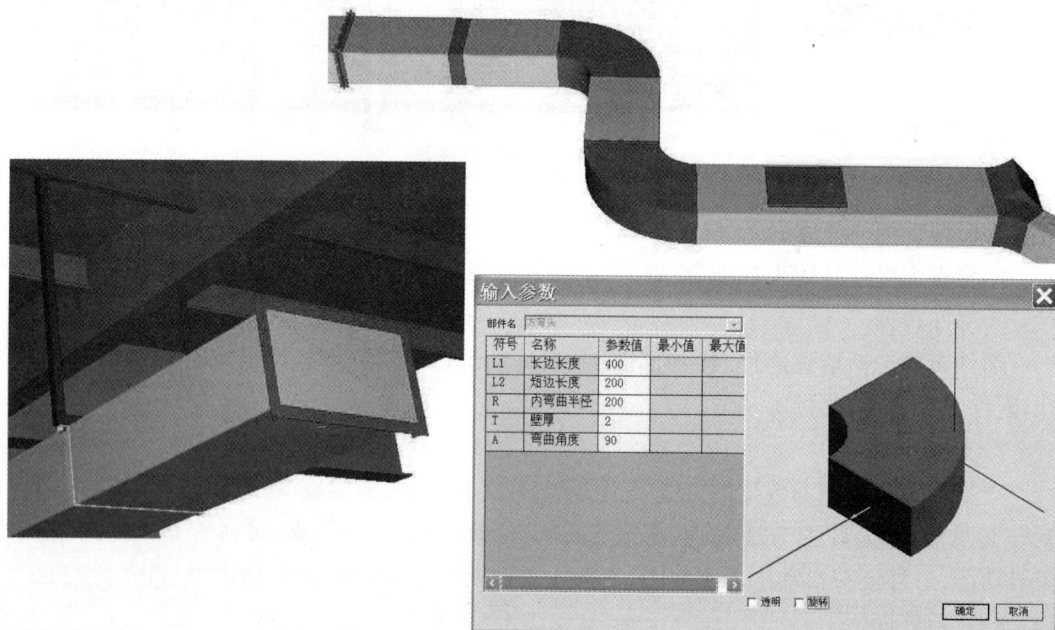

图 12 - 9 风管布置图例

4.部件布置

可用单点选择和多点选择来进行部件布置。并有移动部件、复制部件、翻转部件、旋转部件、删除部件、修改部件(参数化)以及划分截面等功能。

5.支架处理

风管支架处理功能的具体内容同管路支架处理。

6.模型查询检查

风管模型查询检查功能的具体内容同管路查询与检查处理。

7.风管生产信息

风管生产信息功能的具体内容同管子生产信息。

8.图纸输出

图纸输出功能的具体内容同管子图纸输出。

9.风管管理表

有螺旋风管及附件统计表、风管法兰统计表、风管复板统计表、风管支架统计表等。

五、电气设计系统

1.电气基础数据

功能包括电缆标准数据、电气部件数据、其他数据表(如甲板、舱室等数据)、实体小样。

2.系统图定义

在设计所提供电气系统图中,对电气系统图中的电缆或设备进行定义,包括自动识别定义和交互编辑定义。

3.设备布置

利用设计所提供的设备布置图,进行设备布置,包括自动识别布置和交互编辑布置。

4.电缆通道布置

通过交互操作的方式建立电缆通道的模型,并可进行和电缆、导架联动修改。

5.电缆布置

根据电气系统图定义的设备和电缆信息,在电缆通道上布置电缆,并可以成束或单根布置。

6.电缆导架布置

在电缆通道上布置导架,包括自动放置、交互放置、修改等功能。

7.设备基座布置

布置设备可以同时布置设备基座,也可以单独交互布置基座,并关联设备移动等功能。

8.贯通件布置

采用交互布置,含有开孔信息,并且自动产生与贯通件相关的通道节点。

9.电缆施工表册处理

通过人工给定的通道节点路径,自动列出满足此节点路径的所有电缆,经过人工的编辑、调整,使得列出的电缆有序地排列,并且输出电缆施工表册(Excel)。

10.生产用表

可以生成电缆导架及照明灯架托盘表、小型设备基座托盘表、电缆导架制造表、电缆贯穿件制造表、电缆施工表册、电缆切割表册、各种材料定额表以及电缆开孔表等。

11. 生产图纸

生产图纸包括电缆导架及照明灯架安装图、电气设备基座安装图等。

电气设计系统特点：

(1)利用电气系统图自动获取电缆和设备的相关数据；

(2)利用电气设备布置图自动获取电气设备布置的空间位置；

(3)采用多种方式布置电缆,使用灵活、方便；

(4)在建立电气模型中,电缆、设备、通道、导架具有拓扑关系,修改关联；

(5)提供操作简便的半自动电缆施工表册生成功能,满足生产需求。

六、铁舾件设计系统

用于处理支架、扶梯、设备基座、栏杆等。其中支架放在管子和风管中分别说明。

1. 铁舾件处理

(1)可根据用户需要调用基本型材拼装设备基座、梯子等外舾件；

(2)可根据用户需要制作各种形状的钢板,并可进行拼装；

(3)可根据用户需要拉伸或缩短铁舾件的长度；

(4)将拼装好的部件可以组合成一个整体,并存入模型库；

(5)可以从模型库中调出拼装好的部件,进行分解；

(6)可修改铁舾件的参数,从而改变其外型尺寸；

(7)可移动、复制、旋转。

2. 铁舾件设备布置

(1)可以布置舾装设备,布置方法同管路设备布置；

(2)输出舾装设备的相关统计表。

3. 零件处理

(1)托盘管理；

(2)零件图处理；

(3)材料统计表生成。

七、涂装设计系统

1. 涂装标准处理

(1)涂装的原则工艺信息；

(2)涂料的相关属性信息；

(3)涂装的工时定额标准等。

2. 建立涂装舱室模型

使用其他系统生成的背景模型(经过相应的转换)生成涂装舱室模型。

3. 涂装面积计算

(1)通过六个方向的定位面来决定区域的范围,如图 12 − 10 所示；

(2)输入定位面坐标、选择定位面坐标、在图形上选择板架结构作为定位面；

（3）计算的区域有三种方式：计算板架、计算外板、计算板架和外板；

（4）显示相关的板架结构，对涂装面积进行交互修改。

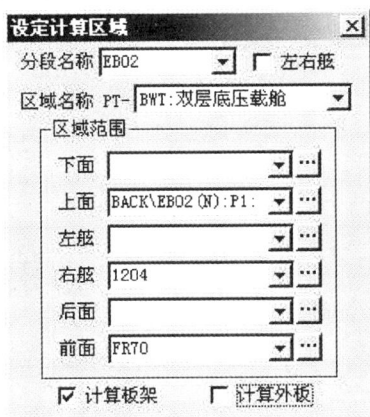

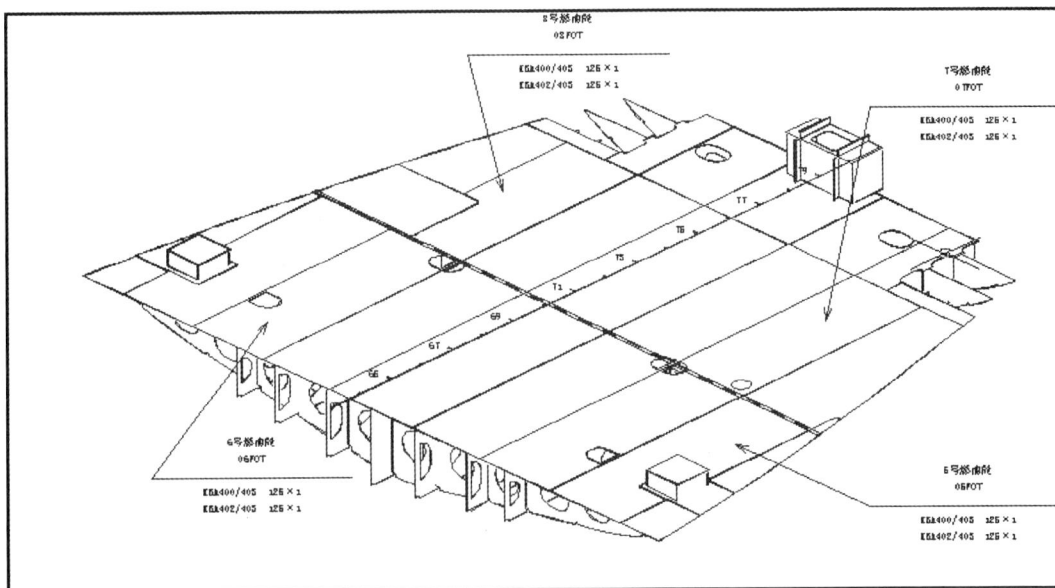

图 12 - 10　涂装面积计算区域图例

4. 图纸生成

（1）生成模型的三维轴侧图；

（2）进行结构消隐；

（3）自动生成坐标定位线等基本信息；

（4）在生成的三维轴侧图图上布置轨道线；

（5）在数据库中读取涂装信息并进行标注。

5. 统计输出

（1）生成各阶段的分段涂装统计、区域涂装统计、涂装项目表；

（2）对各个阶段的工时进行统计，生成报表；

（3）计算出各种涂料的使用量以及稀释剂的使用量；

（4）生成涂装管理系统接口数据。如图 12 - 11 所示为涂装工作表见表 12 - 1。

表 12-1 涂装工作表示例

分段编号	EB02	施工阶段	B								编号	1001		第__页
分段图号	2020102G										工程编号	9000		共__页
涂装部位名称	面积/m²	除锈等级	工艺项目	工时(H)	涂料牌号与名称	颜色	干膜厚度/μm	理论用量/(m²·L⁻¹)	消耗系数	道数	涂料定额/L	稀释剂 牌号	稀释剂 定额/L
05FOT	241.481	St3		114.2	KBA400/403	黄色	125	5.44	1.75	1	77.7	—	0
					KBA402/403	灰色	125	5.44	1.75	1	77.7	—	0
06FOT	236.185	St3		111.7	KBA400/403	黄色	125	5.44	1.75	1	76	—	0
					KBA402/403	灰色	125	5.44	1.75	1	76	—	0
07FOT	104.573	St3		49.5	KBA400/403	黄色	125	5.44	1.75	1	33.6	—	0
					KBA402/403	灰色	125	5.44	1.75	1	33.6	—	0
08FOT	103.265	St3		48.8	KBA400/403	黄色	125	5.44	1.75	1	33.2	—	0
					KBA400/403	黄色	125	5.44	1.75	1	33.2	—	0
EBD	92.635	St2		44.7	475602	红色	150	3.8	1.8	1	43.9	EPO＊＊＊	4.388
					475603	灰色	150	3.83	1.8	1	43.5	EPO＊＊＊	4.354
FBS	121.947	St3		66.2	475602	红色	150	3.8	1.7	1	54.6	EPO＊＊＊	5.456
					475603	灰色	150	3.83	1.7	1	54.1	EPO＊＊＊	5.413
					412251	浅红	125	4	1.6	1	48.8	RABA＊＊＊	4.878

八、涂装生产管理集成系统

1. 劳动力负荷的预测

(1) 计算所需要的劳动力负荷；

(2) 预测所需要的劳动力负荷；

(3) 进行对比分析；

(4) 提供最新的预测数据给用户；

(5) 对生产计划完成情况进行跟踪统计，可随时调整生产计划。

2. 材料需求的预测

(1) 计算所需要的材料；

(2) 预测所需要的材料；

(3) 与库存进行对比分析；

(4) 对原则工艺和耗料定额标准进行维护；

(5) 处理、产生料单数据，并进行维护、查询、统计、打印。

3. 派工单的开制和管理

(1) 完成生产计划的工时预测；

(2) 系统自动决定检索定额标准，一次计算生成派工单；

(3) 对派工单进行维护、查询、统计、打印。

4. 领料单及辅料单开制和管理

(1) 根据原则工艺和工时定额标准进行计算；

(2) 生成领料单及辅料单；

(3) 对领料单及辅料单进行维护、查询、统计、打印。

5. 工时及材料的定额和实耗情况统计分析

(1) 提供用户对工时定额标准维护的功能；

(2) 根据工时和材料统计结果进行跟踪分析。

6. 材料库存管理

(1) 提供用户输入涂料的现有库存；

(2) 对实发数量和退料数量进行维护；

(3) 提供库存的查询、统计、报表打印等功能。

7. 质量监控数据的采集和统计

对质量监控数据的保存和快速检索功能。以图表形式将质量情况反馈给用户。提供用户输入、维护、查询、统计产品质量跟踪数据的功能。

九、船体建造系统

1. 系统构成

SPD 船体建造系统构成如图 12 – 11 所示。

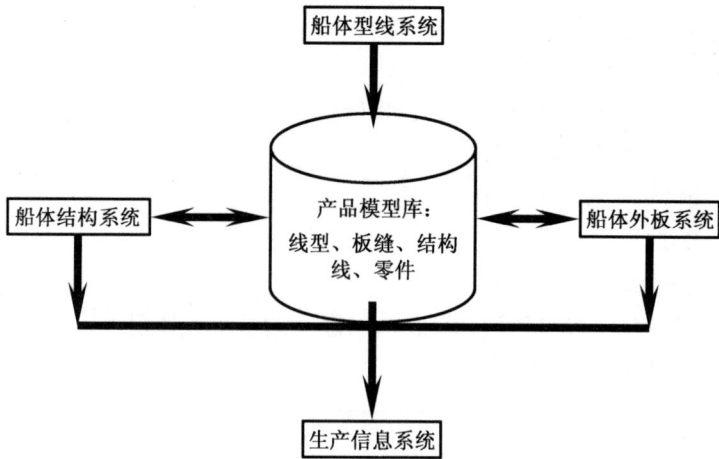

图 12 – 11　船体建造系统构成

2. 线型系统

具体包括交互三向光顺、生成全船型线、绘线型图、生成外板肋位文件、生成甲板抛势表、生成肋骨型值表、样条转换、与外系统接口。主要功能如下。

（1）能光顺任何船型；

（2）图形化的交互操作界面；

（3）丰富的自动处理功能；

（4）丰富的交互处理功能；

（5）可单独对肋骨线进行处理；

（6）完善的联机帮助功能；

（7）任意斜剖线检验。

如图 12 – 12 所示，为线型系统生成的型线图图例。

3. 外板系统

具有完备的板缝线、外板展开（展开率 99%）、艏艉柱板展开、活络样板、样箱制作、胎架处理、外板展开图、肋骨线型图、简便的数据准备等功能。

图 12 – 13 为外板系统生成的活络样板图例；图 12 – 14 为外板系统生成的外板展开图图例。

4. 结构系统

结构零件和生产信息系统生成船体结构零件，进行零件套料，钢材定额管理，向车间提供下料切割图、数控切割程序文件、型材零件下料表、型材零件弯曲加工数据表、零件加工工艺管理表、分段质量重心表等生产信息，是一个功能十分完善的系统。

其中结构零件库可以由三种方式得到：一是直接由"船体设计系统"自动转换得到（速度最快，出错率极小，也最为方便）；二是用几何语言根据详细设计分段图来编制零件（易于修改，对设计人员需要培训）；三是利用 AUTOCAD 图形转换生成结构零件（直观，不方便修改）。

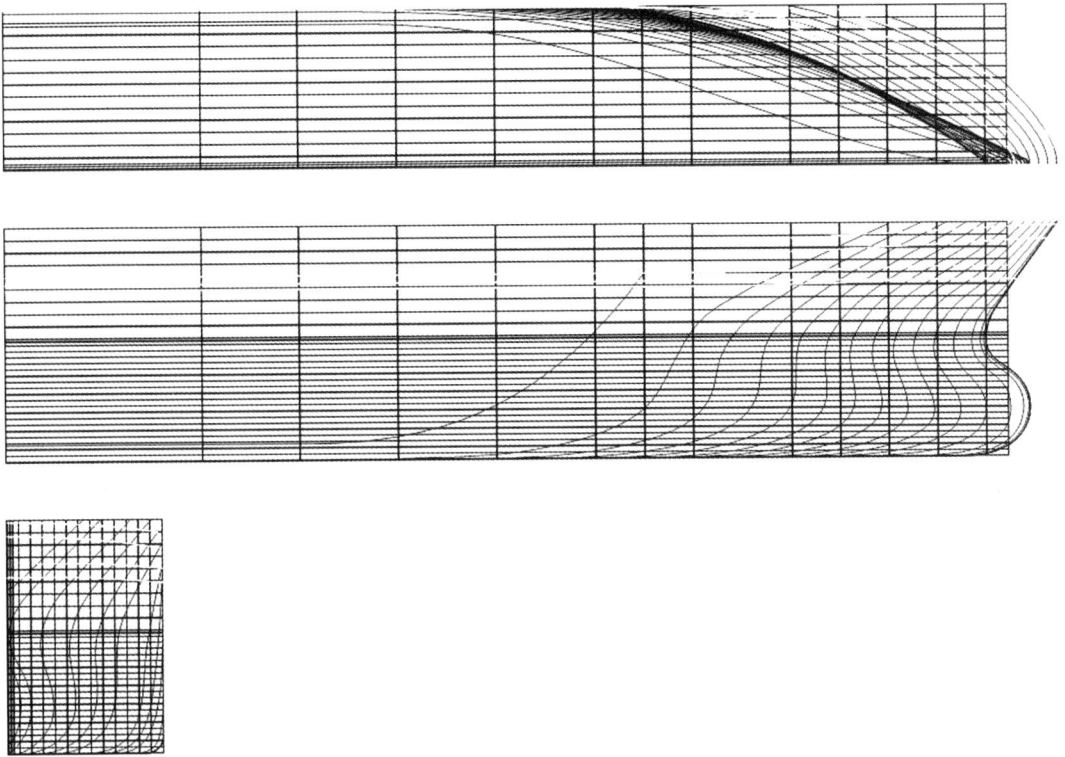

图 12-12　型线图图例

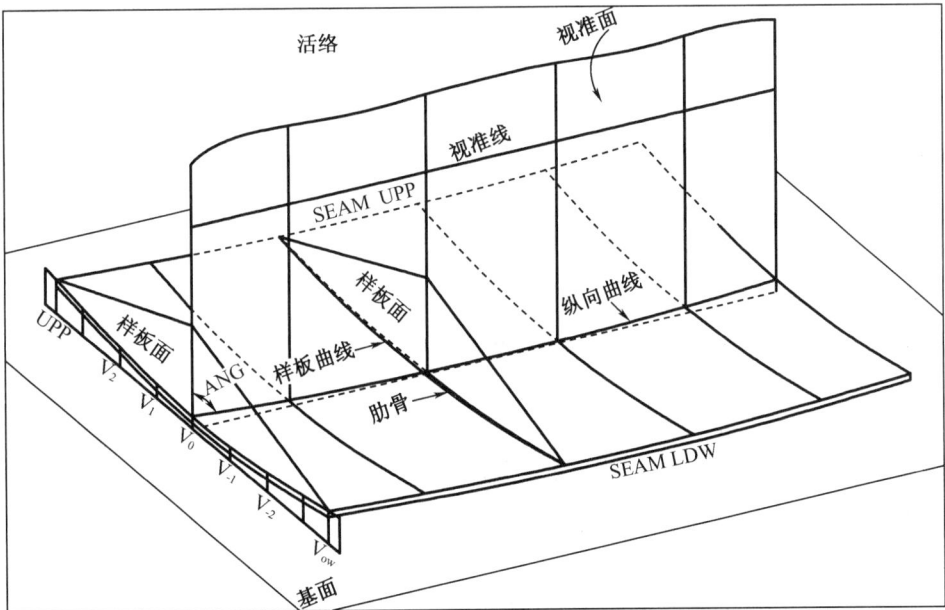

图 12-13　活络样板图例

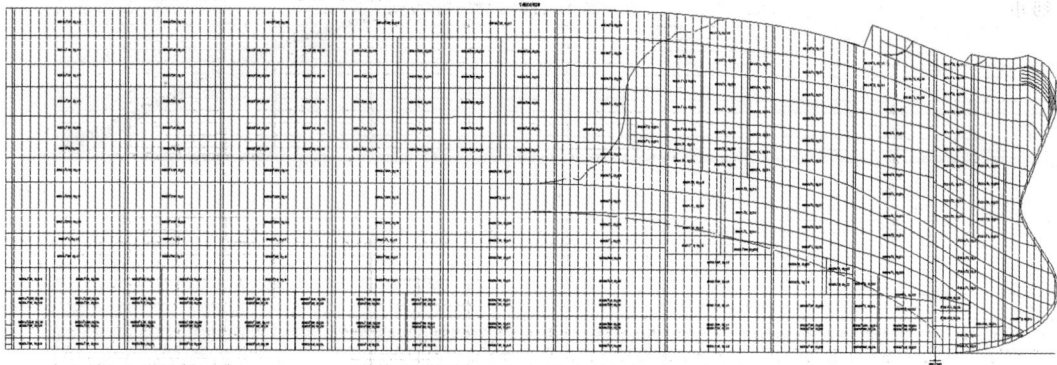

图 12 –14　外板展开图图例

板材零件的套料采用图形显示、自动碰靠等先进技术,操作人员在计算机屏幕上进行套料,操作方便效率高。

能自动检查套料零件的厚度、材质,检查零件是否多套或漏套,检查零件是否重叠,是否出界。

能按用户数控切割机的配置,制作相应的数控切割文件。提供近 33 种的切割文件格式供用户选用、并可根据用户提供的切割机信息随时定义。

数控切割文件中对数控划线和内孔切割的顺序进行了优化,达到最佳路径。

对 ESSI 格式的数控切割文件进行屏幕显示,以检验切割文件的内容。

材料管理是一个功能完备的船体钢材定额管理系统,具有如下功能:

①钢材预估单管理;

②套料板的交互式余料定义;

③型材零件的计算机自动套料;

④扁钢零件的计算机自动套料;

⑤板材和型材材料指派;

⑥钢材材料定额表的自动生成和打印。

船体建造系统特点如下:

①集沪东造船集团 25 年造船 CAM 技术精华;

②融合前计算机技术的最新成果;

③取代 1:1 实尺地板样台放样;

④提高建造精度、提高装焊效率、缩短船体建造周期;

⑤实现钢材定额的科学管理;

⑥节约大量木材、钢材;

⑦提供大量的加工制造信息和生产管理信息;

⑧提高工厂生产能力和市场竞争能力;

⑨提供船厂造船 CAM 的最佳解决方案。

十、SPD 可输出的生产制造信息

1.船体生产制造信息

船体生产制造信息见表12-2。

表 12-2　船体生产制造信息

序号	图表名称	内容	作用
1	线型图	站线图、水线图、纵剖线图、型值表	提供经光顺的船体线型,为船体设计提供设计依据
2	肋骨线型图	包含有肋骨线、格子线、结构线、外板板缝线,用不同颜色显示,可查询和标注线名	用于船体设计时检查协调、结构和板缝布置、外板定义等
3	外板展开图	包含有肋骨线、结构线、外板板缝线,标注已展开的外板零件	用于外板的板缝布置、外板定义、检查协调等
4	详细设计分段图	采用各视图表达船体分段的船体结构,标注船体结构的属性和位置尺寸	表达船体分段的船体结构
5	分段施工图	在详细设计分段图的基础上增加零件编码,加工制造工艺 BOM 表、拼板图、吊装设计图、完工测量图等内容	用于船体分段的施工
6	部件装配图	对船体分段中的每个部件都提供相应的装配图,给出部件的平面视图和立体视图,给出部件的零件表	用于船体分段部件的装配
7	钢材材料 BOM	给出船体分段建造时的钢材定额,包括整料和余料	船体分段钢材定额领发料
8	分段零件加工工艺 BOM	给出船体分段包含的全部零件的零件名、件数、材料、尺寸、质量、下料方式和加工工艺编码	用于船体分段零件的加工和工艺管理
9	板材零件套料图	给出套料板的图形、属性和必须在零件切割后标注在零件上的零件名、加工码、余量、坡口等信息	用于套料板的切割和零件加工
10	板材零件切割文件	与板材零件套料图配套的数控切割机的数控切割指令文件	用于套料板的数控切割
11	型材零件套料表	给出型材零件的套料,包含型材的规格尺寸、所套的各零件的零件名和下料长度、余料、利用率	用于型材零件的下料和材料管理
12	型材零件下料表	给出每个型材零件的名称、型材规格、长度、正反下料的数量、端部切割类型和参数	用于型材零件的下料

表 12－2（续）

序号	图表名称	内容	作用
13	型材零件切割文件	与型材零件套料表配套的型材数控切割流水线的数控切割指令文件	用于型材零件的数控切割
14	分段重量、重心表	各零件的质量、重心、静矩，以及汇总后得到的船体分段的质量、重心、静矩	用于分段的制造，吊装工艺设计，性能校核，计划管理
15	舵叶型线图表	舵叶线型的输入、显示、修改和光顺；各剖面型线的插值生成和显示；舵叶的三维动态显示	用于舵叶线型光顺和剖面型线生成，为舵叶制造提供数据
16	拼板零件数控铣边文件	对拼板零件制作的数控铣边信息，包括坡口信息	用于在数控铣边机上加工拼板零件
17	型材零件数控弯曲加工文件	对需弯曲加工的型材零件制作的数控肋骨冷弯机所需的加工信息	用于型材零件的下料和数控弯曲加工
18	逆直线弯曲加工表	需弯曲加工的型材零件的属性和逆直线数据	用于型材零件的下料和弯曲加工
19	活络样板调节表	外板零件曲面加工用活络样板的调节数据	用于外板零件曲面加工，成形检查
20	样箱制作图	外板零件曲面加工用样箱的模板实尺图形和装配图	用于样箱的制作，作为曲面零件加工成形依据
21	分段零件装配 BOM	给出分段装配的树结构，部件装配、中组装、大组装和船台散装等明细表	与分段施工图配套，用于分段零件的配套和装配
22	分段胎架图	给出分段装配时所需的支柱式胎架的胎架图、外板定位表、肋骨定位表、结构划线表、板缝表	用于分段胎架的支柱调节制作、外板定位、肋骨和结构划线、分段装配
23	外板零件展开图	显示展开后的外板零件、提供外板零件的展开数据、坡口和余量	用于外板零件的下料、加工和检查
24	分段零件面积表	提供分段零件的面积和汇总的面积	用于分段涂装面积的计算，生产管理
25	板材零件切割生产管理表	给出套料板的名称、板材规格、切割数量，切割长度、划线长度和材料利用率	用于套料板的工时计算和生产管理
26	刨边零件生产管理表	分段零件加工工艺 BOM 的分表，给出需刨边的零件的信息	用于需刨边的零件的物量统计，加工工艺管理和计划管理
27	弯曲型材生产管理表	分段零件加工工艺 BOM 的分表，给出需弯曲加工的型材零件的信息	用于需弯曲加工的型材零件的物量统计和加工工艺管理
28	平直型材生产管理表	分段零件加工工艺 BOM 的分表，给出无须弯曲加工的型材零件的信息	用于无须弯曲加工的型材零件的物量统计和加工工艺管理

表 12-2(续)

序号	图表名称	内容	作用
29	扁钢零件生产管理表	分段零件加工工艺 BOM 的分表,给出扁钢零件的信息	用于扁钢零件的物量统计和加工工艺管理
30	样板零件生产管理表	分段零件加工工艺 BOM 的分表,给出提供有加工样板的零件的信息	用于提供有加工样板的零件管理
31	数控切割型材零件生产管理表	分段零件加工工艺 BOM 的分表,给出在型材数控切割流水线上切割的零件信息	用于在型材数控切割流水线上切割的零件的物量统计和加工工艺管理
32	水尺文字展开及定位图表	展开水尺文字,生成水尺文字,提供水尺文字在船体上定位数据	用于水尺文字的制造和安装

2. 管子生产制造信息

管子生产制造信息见表 12-3。

表 12-3　管子生产制造信息

序号	图表名称	内容	作用
1	管子零件图	管子零件的属性数据、管附件清单、管子制作顺序及装配数据、安装位置等	管子零件加工,安装,生产管理
2	管子支架零件图	支架材料规格、制作尺寸及安装位置等	管子支架零件制作,安装,生产管理
3	复板制造图	复板材料规格、制作尺寸及管子零件名等	复板制作、与管子零件组合安装
4	管子安装图	除其他专业模型图形之外,管子安装图还包括管子模型图形、管子零件号、规格以及安装尺寸等	安装管子零件
5	管子托盘管理表	一个托盘名称产生一份托盘管理表,主要汇总管子零件,列出管子零件属性数据及质量	托盘配套,生产管理
6	附件托盘管理表	除管子托盘管理表之外的管附件,在附件托盘管理表中汇总,列出附件属性数据及质量	托盘配套,生产管理
7	管子开孔表	开孔位置、大小以及构件名、开孔类别、管子零件号等	为船体专业提供开孔数据
8	支架汇总表	列出支架材料规格、长度、数量以及管夹型号、数量等	定额汇总、采购与领料

表 12 - 3（续）

序号	图表名称	内容	作用
9	管子及管附件材料表	管子材料规格、领料长度、质量以及管附件（法兰、弯头、套管、异径等）规格、标准号、数量等	定额汇总、采购与领料
10	水压试验验收表	托盘件号、管子零件号、管种、管子规格、压力等	管子水压试验依据，生产管理
11	完成管船级验收表	托盘件号、管子零件号、管种、管子规格、压力、船级社等	船级社或船东验收水压试验管子的依据，生产管理
12	调整管船级验收表	托盘件号、管子零件号、管种、管子规格、压力、船级社等	船级社或船东验收水压试验管子的依据，生产管理
13	管子涂装面积统计表	托盘内管子各种涂装面积的统计	定额汇总、采购与领料
14	螺栓螺母汇总表	螺栓规格、螺母规格及数量等	定额汇总、采购与领料
15	垫片汇总表	垫片规格、垫片材质及数量等	定额汇总、采购与领料
16	材料预估比较表	管子材料规格、领料长度、质量以及管附件规格、标准号、比较量等	实际定额与预估定额的比较
17	全船区域管子汇总	管子材料规格、领料长度、质量以及管附件规格、标准号、数量等	根据管子区域和系统汇总

3. 风管生产制造信息

风管生产制造信息见表 12 - 4。

表 12 - 4 风管生产制造信息

序号	图表名称	内容	作用
1	风管材料汇总表	以托盘或区域为单位，统计风管的规格、材料、代号、名称、涂装、质量和数量	采购、材料统计，组织托盘，生产管理
2	风管阀件统计表	以托盘或区域为单位，统计风管阀件的阀件件号、名称、规格、标准号、质量和数量	采购、材料统计，组织托盘，生产管理
3	风管法兰汇总表	以托盘或区域为单位，统计风管法兰规格、法兰名称、施工图号、材料规格和数量	采购、材料统计，组织托盘，生产管理
4	风管方复板汇总表	以托盘或区域为单位，统计风管方复板的数量和风管规格	采购、材料统计，组织托盘，生产管理
5	风管圆复板汇总表	以托盘或区域为单位，统计风管圆复板的数量和风管规格	采购、材料统计，组织托盘，生产管理

表 12 - 4(续)

序号	图表名称	内容	作用
6	风管螺栓螺母汇总表	以托盘或区域为单位,统计风管螺栓螺母的型号和个数	采购、材料统计,组织托盘,生产管理
7	螺旋风管及附件表	以托盘或区域为单位,统计法兰的螺栓规格、螺母规格和数量	采购、材料统计,组织托盘,生产管理
8	风管开孔表	以托盘或区域为单位,统计风管通舱件穿过结构板架的开孔信息	提供给船体设计人员开孔依据
9	风管支架统计表	以托盘或区域为单位,统计风管支架名称、规格、长度和材料	采购、材料统计,组织托盘,生产管理
10	圆风管支架汇总表	以托盘或区域为单位,统计圆风管支架的名称、代号、规格、材料和数量	采购、材料统计,组织托盘,生产管理

4. 电气生产制造信息

电气生产制造信息见表 12 - 5。

表 12 - 5　电气生产制造信息

序号	图表名称	内容	作用
1	小型设备基座托盘表	小型设备基座的名称、记号及标准号等	生产管理、组织托盘和安装
2	电缆导架制造表	电缆导架的名称代号、标准号、数量及质量等	组织生产、制造
3	电缆贯穿件制造表	电缆贯穿件的名称代号、标准号、数量及质量等	采购、组织生产、制造
4	电缆导架及照明灯架托盘表	电缆导架及照明灯架的名称、记号及标准号等	生产管理、组织托盘和安装
5	电缆施工表册	电缆敷设的次序、拉放点;电缆的起点和终点以及电缆长度等	电缆施工
6	各种材料定额表	电缆导架、照明灯架及贯穿件等部件的汇总	定额汇总、采购与领料
7	电缆长度统计表	统计每种型号和规格的电缆总长	电缆采购
8	电气设备施工用防护罩清册	统计电气设备防护罩规格和数量	防护罩采购
9	电气设备热缩套管配套明细表	统计电气设备热缩套管规格和数量	热缩套管采购

5.涂装生产制造信息

涂装生产制造信息见表 12 – 6。

表 12 – 6　涂装生产制造信息

序号	图表名称	内容	作用
1	涂装工艺表	包含分段、区域信息、涂装工艺信息、涂料属性信息、各区域涂装面积、所耗涂料量和稀释剂量、对应的工时消耗信息等	明确涂装的工艺,供现场施工使用,以及提供领料参考
2	涂装工艺项目表	包含分段名称、区域名称、分段涂装总面积信息、工时比值以及对应的工艺项目	排定工艺项目指导生产
3	涂装工作图	包含有船体三维轴侧图,标注已定义的涂装区域工艺、肋骨标尺线、轨道线等信息	用于涂装施工中参考
4	涂料汇总表	涂料和稀释剂的理论消耗量统计	供材料采购、材料管理参考

6.铁舾件生产制造信息

铁舾件生产制造信息见表 12 – 7。

表 12 – 7　铁舾件生产制造信息

序号	图表名称	内容	作用
1	铁舾件制造图	铁舾件制造图和加工信息	提供加工制造依据
2	铁舾件安装图	铁舾件安装信息	提供舾装安装依据
3	外舾托盘管理表	以托盘或区域为单位,统计铁舾件的型号和个数	区域舾装件配套以及安装物量的依据

第三节　TRIBON 系统

TRIBON 系统是集 CAD/CAM 于一体,并覆盖了船体、管系、电缆、舱室、涂装等各个专业的一个专家系统。由于该系统采用了较好的硬件平台和网络环境,加之 TRIBON 系统又将船舶初步设计、详细设计和生产设计融为一体,各设计阶段和各专业之间的数据具有良好的共享性和兼容性,所以,它在世界造船 CAD/CAM 市场中占有相当大的份额。到目前为止,全球已有 200 多家厂商采用该系统进行产品设计与制造。例如,在欧洲有挪威、德国、丹麦、芬兰、英国等国家,在亚洲有中国、日本、韩国、新加坡等国家的多家船厂安装了该系统。

一、TRIBON 系统的构成及功能

TRIBON 系统可分为三大部分:船体设计、舾装设计和系统管理及维护。

1. 船体设计

船体设计部分可分为四个子系统：

（1）型线光顺；

（2）船体建模；

（3）船体放样；

（4）船体性能计算。

TRIBON 系统中的船体设计部分实现了船体 CAD/CAM 的集成,包括从线型光顺开始到船体结构建模,零件生成,套料,最后到生成切割指令。从详细设计阶段所产生的图形和信息可直接被生产设计阶段采用,不需要放样阶段的零件描述,自动生成零件图形。这些零件经过工艺处理后,可以在系统上进行自动套料,并能自动生成切割信息。各种对象的质量、重心及面积计算是非常方便的,并可以进行干涉检查,能准确地检查零件之间是否有碰撞。

2. 舾装设计

舾装设计部分可划分为舾装基础数据准备及管理、管子设计、电缆设计、舱室布置、舾装件设计五大子系统。

（1）舾装基础数据准备及管理

舾装基础数据包括部件库、符号库、设备库及其他需定义的数据。本模块的主要功能就是建立、修改、维护这些基础数据库。部件数据库用以存储部件如阀件、法兰、管子等图形及其相关属性数据,每个部件的图形与信息将以记录的形式存入部件数据库中。部件是 TRIBON 系统的核心概念之一,舾装系统中各专业子系统都用到它,例如管子系统的阀件、法兰、管材;舱室布置系统的门、窗、家具;电装系统中的电器设备等。这些信息都是以部件为单位存储在部件库中,可供 TRIBON 系统的各个子模块调用。部件不仅包括图形信息（如三维和二维图形）,而且包含大量的数据信息,例如部件的规格、材料、来源、制造厂家、重量、重心等。管子系统和舱室布置系统都有上千个部件信息,而且往往因所建造的产品不同,采用的部件也不同,可根据需要随意追加。开始应用时这方面的工作量相当大,但一旦部件数据库建立好了,以后每条船舶产品都可以共享这些数据,随着应用的产品越来越多,部件数据库数据越全面,这方面的工作量也越来越少。可以说,建立部件数据库是一劳永逸的事。符号库和设备库类似部件库,也可以为各专业共享,只是其数据量相对部件库少些。正因为 TRIBON 系统有这些基础数据库,各个子系统的数据才得以高度的共享,并具有高度的一致性。

（2）管子设计子系统

管子设计系统包括管子原理图设计与绘制、管子建模、生产信息生成与输出等主要模块。管子原理图设计与绘制模块主要通过人机交互方式来绘制管子原理图,该模块提供了许多专业绘图工具,能大大地提高绘图的效率。运用该模块不但能输出管子原理图,而且能提供数据清单,如阀件清单、管子材料清单等。

管子建模模块是整个管子系统较关键的模块之一。管子综合布置工作主要通过此模块来完成。该模块既能够通过人机交互方式来完成,也能够以文件输入方式来生成。交互方式主要由设计人员通过屏幕上的各个视图,将管子和设备按实际位置布置。系统提供了许多图形处理工具,帮助操作人员提高管子布置效率。文件输入方式也称批处理方式,文件内容使用管子建模语言(Pipe Modeling Language,PML)来编写,一个分段的建模工作可以输入一个 PML 文件,也可以通过多个 PML 文件来完成。一般布置一个或几个分段的管子时,先将大量布置数据写成 PML 文件,接着可以在人机交互式建模系统中检查,如发现错误可及时修改,这样既直观又方便。通过建模后的某个分段管子可以以主体模型来显示和绘图,也可以生成任意视图方向的视图,并可切割出任意一区域图,所以设绘的图纸既美观又直观。

生产信息生成与输出模块主要完成管子制作图(小票)和大量信息的输出工作。一旦管子建模完成后,TRIBON 系统能实现自动放样,自动生成各条加工管子的制作加工图,并且还可以在屏幕上直接编辑修改这些管子制作图。各种生产信息的图表格式也可以由使用者定义,生成后可供编辑修改。

(3)电缆设计子系统

电缆设计子系统可分为电缆原理图设计和电缆放样两大模块。原理图设计类似管子原理图设计,通过人机交互的方式来设计,系统能输出电缆原理图及有关清单。

电缆放样是在三维图形环境下进行的,放样图包括正视图、俯视图、侧视图三个视图,和一个 ISO 立体图。本模块提供了相关的船体分段、管子以及其他专业设备的调入、电气设备及其支架布置、构成电缆路径、托架和贯通检查电缆路径的连接情况、电缆敷设、检查电缆路径等功能。

(4)舱室布置子系统

舱室布置子系统主要是以计算机为工具辅助专业人员进行舱室布置设计,实现计算机出图和输出清单。该系统提供以下功能:

①可直接调用 TRIBON 船体结构来作为舱室布置的甲板;

②可以输出任意区域的局部视图,单独输出某些特殊图纸(如卫生间布置图);

③可以以房间为单位实行任意拷贝、删除、修改;

④提供门、窗、家具、设备、壁板、天花板、甲板敷料等的布置功能;

⑤计算质量、重心;

⑥提取有关属性数据;

⑦能方便地为其他系统提供背景图形。

(5)舾装件设计子系统

本系统主要提供铁、木舾装件如支架、扶梯等制作图的绘制,所绘制的图形亦可以供其他系统所调用。

3.系统管理及维护部分

系统管理及维护部分可划分为:新船数据准备、数据库维护及管理、报表生成器、数据提取子语言、通用设计和其他工具集六个子模块。

(1)新船数据准备

TRIBON 系统上每应用一条船舶产品,都要进行一系列的数据准备工作,包括系统初始化、船号定义、基础数据库设立与拷贝、缺省值文件设置、各用户权限设置等。

（2）数据库维护及管理

TRIBON 系统中各子系统都带有多个数据库。其中，有多个系统共享库，如 GCDB、PPIDB，也有某个系统专用的库，如 PLDB、PPDB、PSDB 等。这些数据库往往需要进行追加、复制、查询、删除、修改等操作。本模块提供这些数据库的管理和维护功能。

（3）报表生成器

本模块提供一种句法语言，允许用户修改其输出清单或文件格式。

（4）数据提取子语言（Macro）

数据提取子语言为用户提供提取属性数据功能，用户通过 Macro（一种解释性语言，相当于 AutoCAD 中的 LISP 语言）编程，可提取有关数据库中的信息，并可生成文件或清单输出。

（5）通用设计（General Design）

本模块提供一个通用的绘图环境。

（6）其他工具集

提供绘图机、打印机驱动程序以及其他工具程序。

二、TRIBON 系统的特点

TRIBON 是船舶 CAD/CAM 软件中较出色的集成系统之一，也是一个庞大的系统（系统程序约 500 MB）。它具有许多其他系统不具备的优点，以下仅列出其主要特点：

（1）TRIBON 系统有一套可供共享的数据库体系。TRIBON 系统之所以能称得上是一个一体化的集成软件系统，关键是它的各个子系统、各个子模块都可以互相共享和调用该数据库体系中的任何信息（数据和图形）。例如，舾装各子系统可轻易调用船体的图形信息，检查船体与管子是否碰撞，从而从根本上解决了船体与舾装之间脱节的问题。

（2）TRIBON 系统应用拓扑相关技术，极大地方便了设计的修改。在 TRIBON 系统中，利用拓扑原理，改动模型的一部分，相关部分会自动修改，这个功能保证了缩短修改设计时间，并消除了由于修改而产生的错误。

（3）自动生成零件加工和装配信息。本系统可实现按指定区域输出图纸和托盘表，此外，还提供大量的加工和装配信息，为零件加工、装配、焊接自动化提供数据。

（4）数据库及网络管理，信息共享，消除重复性工作，保证信息的唯一性。TRIBON 系统由统一的数据库进行管理，从基础设计开始，每完成一项工作，后续工作及不同专业都可使用它，不会做任何重复工作，真正实现数据共享。

（5）该软件产生的数据可以直接驱动船厂中使用的自动化加工和装配设备。例如，软件可以驱动平面分段装配流水线、数控切割机、数控弯管机、焊接机器人，这些可以极大地提高生产效率。

三、TRIBON M3 模块功能简介

TRIBON M3 是 TRIBON 的最新版本，TRIBON M3 模块功能见表 12－8。

表 12 - 8　TRIBON M3 模块功能

模块名称	功能介绍
Basic System	TRIBON 运行的各种基本配置和管理功能,此外还包括 Symbol 处理功能、工程项目复制功能、Component 创建和维护功能、Equipment 创建和维护功能,以及数据管理的基本功能
Lines	通过多种型线光顺方法生成精确的船型,并输出放样型值表和各种图面布置的型线图;利用该模块可以完成各种复杂船型的线型光顺工作,同时还可以通过多种母型船变换方法,生成满足要求的新船型
Surface	生成船上各种附体,如首侧推、锚台等,该模块还可以用来快速生成某些特殊船型,如半潜式平台等
Compartmennt	快速定义船体内部表面(纵向和横向舱壁、甲板等)和舱室,用于进行船舶性能评估;根据分舱模型,系统还可以自动生成横剖面面积曲线
Calc	用于进行各种与船型相关的性能计算和评估,计算内容包括各种静水力学特征如:舱容计算、可浸长度计算、总纵强度计算、完整稳性和破舱稳性评估、轻载和重载装载状况计算等;根据用户要求,以标准微软办公软件格式灵活输出各种计算报告
Probabilistic	通过概率论方法进行破舱稳性计算
Grain	用于进行谷物稳性计算
Loading Sequences	用于进行装载和货载次序表计算
Launching	下水计算
Inclining	用于进行倾斜试验计算并生成倾斜实验表
Continuous Flooding	模拟船舶在受到外力破坏时持续进水时船舶的性能
Powering	快速性计算利用各种经验公式进行螺旋桨优化计算
Sea Keeping	耐波性计算采用与其他应用程序相同格式的船形数据,根据成熟的二维切片理论进行短期不规则波响应和长期耐波性性能预报
Manoeuvring	操纵性计算采用半经验公式,在船舶设计初期计算深水和浅水中的船舶操纵性能,如急停计算、回转圈计算、Z 形操舵计算等
Dynamics Positioning	动力定位模块通过计算水流、风、波浪而引起的力和力矩,来设计海上供应船、钻井船、油轮等需要由至少三个推进单元进行海上定位的船舶的推进系统
Surface Server	该模块是一个应用接口(API),其功能使非 TRIBON 系统生成的基本船型、曲面数据可以被 Tribon Hull 和 Basic Design 访问;三种数据格式被支持(DML,DM,SAT)
Drafting	该模块基于 TRIBON 产品信息模型,能创建三维实体,如各种设备、管路阀件、滤器、各种船用装置等,能完成各种几何图形的处理、尺寸和信息的标注、视图的处理、消隐处理、干涉检查处理等,并生成造船所需图纸信息的完整的二维和三维图形处理系统;绘图模块是 TRIBON 所有其他功能模块的基础

表 12 – 8(续)

模块名称	功能介绍
Basic Design	基本设计模块专门根据送审设计的要求而开发,可以用于船舶主要钢结构的初步定义和主要设备的初始布置,并提供送审所需各种图纸和质量重心计算、材料预估清单等报表,所创建的模型可直接进行详细设计。该模块还提供了接口程序可以直接将模型传送给船级社软件系统和有限元分析系统
Hull	利用船体结构模块可以完成各种船体结构件的设计,如板缝布置、外板展开、定义纵骨和肋骨,进行板、加强筋、肘板、面板、各种开孔、余量、收缩量以及补偿量的定义;输出设计所需各种图纸,如外板展开图、肋骨线型图、曲面板架图、分段结构图等。利用创建的精确立体三维结构模型,可以自动提取零件加工制造及船舶装配所必需的各种生产信息,如零件表、材料订货清单、型材加工图表、质量重心计算、外板画线信息、样板计算、胎架计算等。还可以进行板材套料工作,输出套料切割草图
Stiffener Nesting	进行型材自动套料并生成套料中间描述文件
Extended Clip Handling	进行用户化补板添加并使用补板存储于板材数据库,可以进行套料处理
Splitting of Built Profiles	将组合 T 型材或扁铁转化为普通板材,可以进行套料处理
Painting Areas	通过舱室和表面计算方法进行涂装面积计算
Customized Postprocessor, Plate Cutting	将板材套料描述文件转化为指定标准号切割机的切割指令
Diagram	利用该模块可以完成管子和电气原理图的绘制,并可以驱动后续生产设计,完成原理图设计后,系统能够自动生成满足设计需要的管路材料明细表、阀件材料明细表、电气设备明细表及电缆材料明细表
Pipe	利用管子生产设计功能可以在船舶模型为背景的空间内进行管路三维精确布置设计。设计时可以考虑加工所需信息如法兰和管子连接的端切量、法兰的转角、管端的连接形式等,并能自动生成管子小票图和各种安装图等。该模块还可以自动生成生产加工所需的各种统计报表,如管路材料汇总表、管路安装托盘表、质量和重心计算表等
Ventilation	利用风管设计模块可以完成风管和空调管的详细设计、生产设计及生产信息的提取工作;风管模块也能完成风管制造及生产信息的处理,并能生成风管零件加工图
Cable	通过电气生产设计功能可以建立精确地电缆托架模型,完成托架走向、电缆框、电缆节点和电气设备的布置,并通过电缆托架和设备,完成电缆的敷设,最终生成电缆托架零件加工制造、电缆材料数量及安装所必需的生产信息,如电气焊接件汇总表、电缆材料清册和电缆节点表等。系统能自动从创建的模型中提取各种电气布置图,如电气设备布置图、电缆托架布置图、电缆敷设布置图和电舾装件综合布置图等

表 12 - 8(续)

模块名称	功能介绍
Structure	利用铁舾件模块可以完成舾装各专业所需的各种铁舾件的设计,如机装专业所需机座、箱柜、扶梯、支架等,电装专业所需机座、支架、托架、电气控制箱等,外舾装专业所需机座、扶梯、栏杆、人孔盖等。通过信息模型数据库,可以自动生成铁舾件的零件表和铁舾件数量汇总表
Pipe Support	管子支架模块采用全自动化的设计方法,能够基于船体和管子三维模型背景,建立精确管子支架模型。该模块的主要功能包括:管子支架模型的设计和布置,自动生成管子支架制造和安装图和管子支架布置图,以及管支架安装托盘表和管支架材料明细表等
Design Manager	设计管理模块用于协调和监控设计进程,其主要功能:通过直接访问设计模型和集成的图纸目录监控设计进程;通过三维手段,结合二维图纸目录和属性检查、数量检查进行设计结构校核;利用船机电集成的模型环境进行专业间综合平衡;进行图纸和文档管理功能

第四节　CADDS5 系统

CADDS5 系统是美国 PTC 公司的产品。它是一种通用的机械三维设计系统,具有功能齐全、真三维造型、数据库开放等一系列优点。该软件造型手段丰富,尤其是曲线、曲面功能齐全,能够完成船体设计中的曲面制作、板缝布置、外板展开及分段划分等重要工作;另外还有船体结构专业设计包,能准确、完整地建立全船分段结构数字模型,并运用 CVHULL 完成工作图、后处理下料、胎架图及加工数据信息的自动化输出工作。

一、CADDS5 系统的基本功能

CADDS5 的三维设计方案符合船舶建造的特点,满足生产设计需要并引入最先进的设计模式,其设计过程如图 12 - 15 所示。

CADDS5 系统的基本功能包括:

(1)参数化/非参数化混合基本建模

(2)CAMU 并行装配

(3)曲面设计

(4)船体设计

(5)管路设计

(6)供暖通风设计

(7)电气设计

(8)支架基座设计

(9)EPD 电子化产品的高级可视化和干涉检查

(10)数据仓库管理

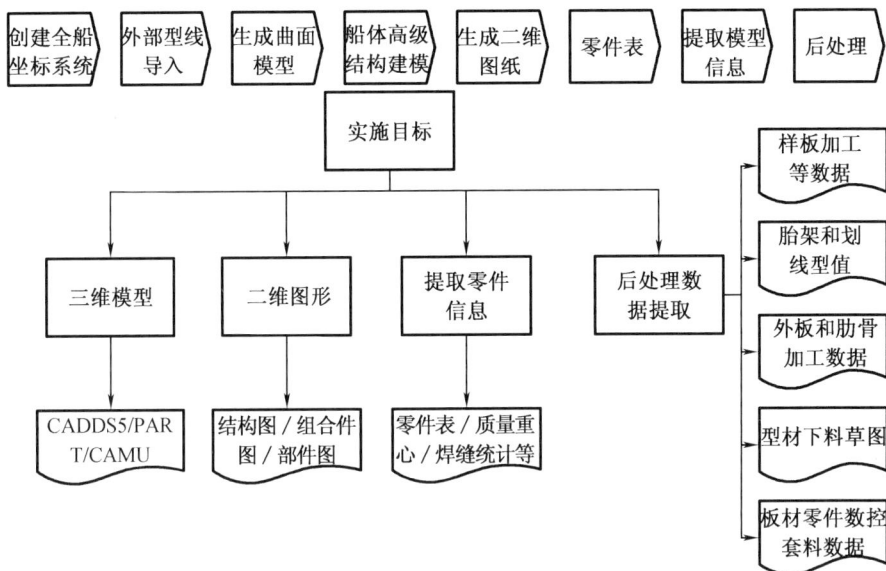

图 12－15　用 CADDS5 系统进行船舶三维设计的过程

1. 曲面建模(Interactive Surface Design,ISD)

它提供了一个独特的设计环境,可以交互式地创建和修改成型的和自由形状的曲线和曲面。其中组合了基于 NURBS 曲面设计的强大功能、交互式对象/操作用户模型、拓扑相关的曲线和曲面以及持续数据库。

NURBS 曲面设计(NURBS Surface Design)是实施了用于交互式成型曲面建模和自由形状曲面建模的非均匀有理 B 样条(NURBS)技术的世界领先软件。软件具有许多功能,包括强大的曲线和曲面平滑算法、曲面编辑以及图形化曲面和曲线分析。NURBS 几何与 CADDS 5 分析、细化和数字控制应用程序集成在一起。NURBS 曲面可以合并到参数化和显式实体模型中,以满足复杂的曲面要求。它还与 Advanced Surface Design 的 Bezier 几何向上兼容。

NURBS 曲面设计主要功能包括:能完成船体设计的曲面制作、板缝布置、外板展开、分段划分等重要工作;强大的 NURBS 高级曲面设计功能除了完成一般船体曲面的设计任务之外,还能高质量、高效率地完成异常复杂的任意曲面模型的设计任务。

CADDS5 的 NURBS 模块提供了创建面的很多方法,而使用各种方法生成的面也各不同,存在着或大或小的相对差异。在技术设计应用中针对不同的项目、不同的技术需求和现有的技术准备条件,选择一个或者几个适宜的、快捷的面的生成方法,而且生成的面既要满足设计的精度,也要满足曲面光滑度的技术要求。下面就船体外壳 3D 曲面设计过程进行简要的介绍,如图 12－16 所示。

(1)全船 CPL(坐标系)的建立

运用 UltraEdit 工具对 CPL 数据进行编辑,转入系统中通过 UtiLity 中 Run Command File 选项导入模型。

建立全船CPL

↓

线型导入

↓

为导入的型线定义坐标系

↓

曲线的检查

↓

曲线的修整

↓

生成曲面

↓

检查曲面的数据质量

↓

渲染曲面

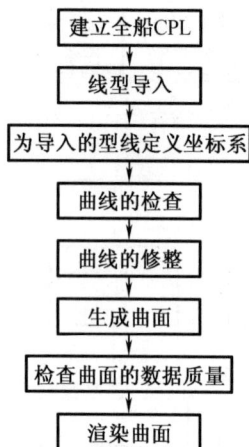

图12-16　船体外壳3D曲面设计过程图

（2）线型导入

①船体型线在第三方软件中进行光顺,通过 IGES 中间格式转换导入到 CADDS5 系统中。操作:将光顺好的型线导入 3DMAX 转换成 IGES 格式,转入工作站,运用 getiges 命令或 datashop_gui 工具菜单导入 CADDS5 系统;

②线型的光顺质量要尽量提高,因为这也影响到 CADDS5 中的 NURBS 曲面生成操作的效率;

③在 CADDS5 中对曲线、曲面进行修整和光顺,需要对型值的前后精度进行评估,以保证型值的设计公差在合理的范围。

（3）将导入的型线定义在全船坐标系统

①操作:新建 part,指定单位和 Draw - View;

②选择 cpl 为 right,并 insert part 将导入的型线 part 插入进来,原点保持一致,并检查肋位等坐标的正确性。

（4）曲线的检查

①使用查询工具菜单;

②检查曲线的质量和数据量。

（5）曲线的修整

①如果导入的曲线数据不理想,则应使用 curve 模块的 appro 菜单对曲线进行优化处理,定义修整参数;

②注意:拟合精度设置在 1~5mm 之间,阶数在 3 效果较好。要注意检查拟合曲线的偏差,执行过程中 CADDS5 的提示窗口有显示,注意 MAX DEV 的值要在设计允许的公差范围之内。

（6）曲面生成的重要方法

主要使用的方法,应用曲面生成工具菜单。注意:生成的曲面网格有时会出现扭曲。一般是因为导入的线型的三向光顺度不够,或者是由于此区域的线型曲率变化较复杂,生成曲面时又选择了过多的型线的缘故。对于这种情况,建议采用上面的曲面生成工具菜单的选项设置,如 optimaze tolerance(优化公差)和 u、v - degree 设置,优化生成曲面。

(7)检查生成的曲面的数据质量

(8)曲面建立完成之后,渲染曲面,对曲面的整体光滑度进行目测检验。

2. 船体结构专业设计

(1)CADDS5 三维模型设计(ASM)

①建立准确、完整的全船分段结构数字模型,其中结构包含板、型材、纵梁、腹板、端切、贯穿孔、补板、通焊孔及肘板、折边肘板、支架等;具有拓扑几何关系,标准的完整的截面库包括了型材到板材的所有内容和形式;

②快速创建、修改和更新的建模工具,使烦琐的结构模型设计变得更加快捷方便。

③清晰的模型实时渲染效果。

④复杂的铁舾件设计和真实的三维仿真布置。

⑤在多曲面上生成单双曲型板、型材(如扭曲纵骨)。

(2)CVHULL 完成工作图、后处理下料小票、胎架图并自动化输出加工数据信息。包括分段结构图册结构图、组件图、部件图和装配流程图。

(3)二维工作图与三维模型具有属性关联特性,便于技术管理和质量控制。

(4)从三维模型中自由提取需要的信息并生成输出报告,包括:

①计算构件的长度、面积、质量、体积和惯量等;

②生成零件清单;

③计算总段质量重心;

④焊接质量、长度计算。

3. 管路设计

CADDS5 系统的 Piping 模块可用于船舶管路设计及大型工厂设计系统,它的主要功能包括:

(1)具有开放性的二维、三维设备建库及管件库;

(2)支持预定义的设计标准及规范、自动检测设计规程;

(3)管线设计过程的自动级配;

(4)自动地管线修改,管件更新功能;

(5)提供分系统材料统计、分区域材料统计功能及托盘表。

管路设计能为管系加工提供各种信息,包括自动生成管路系统安装布置图、自动管路加工小票图、自动管系托盘表以及提供三维模型与外部数据库 ORACLE 的接口等。

4. 电气设计

电气设计模块主要功能有:

(1)进行二维电器原理图布置;

(2)具有开放性二维、三维电器零件库;

(3)进行三维电缆通道布置和电缆支架布置;

(4)可供选择的自动布线系统和人工交互布线,布线效率极高;

(5)自动搜索最小路径,检测通道填满度,提供优选通道;

(6)自动生成电缆通道剖面图;

（7）自动计算电缆长度以及电器零配件统计；

（8）提供与外部数据库 ORACLE。

5. 风管设计

（1）自动计算风管截面，自动级配管件；

（2）参数化的管件库；

（3）提供风管设计过程的压力平衡计算；

（4）方便的风管修改及管件自动更新功能；

（5）自动化全线等截面换算；

（6）自动生成风管加工小票图；

（7）自动展开风管管件，生成零件加工图；

（8）分系统、分区域材料统计；

（9）提供 3D 模型与外部数据库 ORACLE。

CADDS5 软件为船舶数字化设计提供了有效的平台，使得船舶的设计可以在统一的数字平台上进行。缩短了造船周期，提高了产品质量，从而增强了船舶企业的竞争力。但由于该软件最初开发的目的不是针对造船设计，因此相对于 TRIBON 等造船专用软件而言，CADDS5 在造船这个领域的专业化功能相对较弱。但由于它本身具有 CVMAC 等二次开发平台，以及其底层的数据库是基于 Oracle 数据库的特点，因此给用户留有很大的开发余地。

思考与练习

一、简答题

1. 目前船舶行业有哪些主流三维生产设计软件？我国船厂常用的生产设计软件有哪几种？

2. SPD 船舶产品设计系统由哪些子系统组成？

3. 简述 SPD 船体建造系统的系统构成。

4. SPD 可输出哪些内容的船体生产制造信息？

5. 简述 TRIBON 系统的构成，重点介绍其船体设计部分的构成。

6. TRIBON 系统有何特点？

7. CADDS5 系统有何特点？

二、选择题

1. 沪东中华造船（集团）有限公司研究开发了_____造船设计软件系统。 （   ）

A. SB3DS   B. SPD

C. CADDS5   D. FORAN

2. SPD 系统具有的功能可开展 （   ）

A. 船体生产设计   B. 舾装生产设计

C. 船舶生产设计   D. 船厂管理

3. 造船设计软件 TRIBON 系统是从_____引进的。 （   ）

A. 日本   B. 瑞典

C. 挪威   D. 丹麦

4.船体生产设计程序系统是根据船体生产设计的范围和模式进行设计的。它的主要任务是根据初步设计、详细设计的基本图表和数据,利用计算机辅助手段,进行船体放样展开,绘制   （   ）

A.船体工作图和管理表   B.舾装工作图和管理表

C.机装工作图和管理表   D.涂装工作图和管理表

5.既能适用于船舶领域,又能适用于航空航天、汽车制造、化工、机械制造等领域的软件系统有   （   ）

A. SPD、SB3DS   B. TRIBON、FORAN

C. CATIA、CADDS5   D. TRIBON、CADDS5、FORAN、CATIA

6.使用计算机辅助船体生产设计系统工作,需要技术人员具有   （   ）

A.高深的计算机专业知识,不一定懂造船专业

B.一般的计算机应用知识,一定要懂造船专业

C.懂船舶设计知识,不一定懂造船生产工艺

D.懂船舶设计知识,懂造船生产工艺,不一定懂造船组织管理

三、判断题

1. SPD 系统能满足船体结构、管系、风管、电气、铁舾件、涂装等专业三维全数字化设计的需求。   （   ）

2. TRIBON 系统将船舶初步设计、详细设计和生产设计融为一体,各设计阶段和各专业之间的数据具有良好的共享性和兼容性。   （   ）

3. TRIBON 系统只有船体设计部分,没有舾装设计部分。   （   ）

4. TRIBON M3 系统是 TRIBON 的最新版本。   （   ）

5.一般来说,船体建造系统软件至少应具有型线光顺、构件展开、零件生成等功能。   （   ）

6. CADDS5 三维设计软件只能应用于军船的设计。   （   ）

参 考 文 献

[1] 应长春.船舶工艺技术[M].上海:上海交通大学出版社,2013.

[2] 王沈霞.船舶生产设计[M].北京:人民交通出版社,2013.

[3] 黄广茂.造船生产设计[M].哈尔滨:哈尔滨工程大学出版社,2008.

[4] 周启学.船舶生产设计[M].北京:人民交通出版社,2007.

[5] 刁玉峰.船体生产设计[M].北京:人民交通出版社,2002.

[6] 徐兆康.船舶建造工艺学[M].北京:人民交通出版社,2005.

[7] 王云梯.船体装配工艺[M].哈尔滨:哈尔滨工程大学出版社,2004.

[8] 刘雪梅.船舶识图与制图[M].北京:北京理工大学出版社,2014.

[9] 肖子熙,霍润炽.船体放样[M].哈尔滨:哈尔滨工程大学出版社,1994.

[10] 刘桂香.计算机辅助船体三维结构设计[M].北京:人民交通出版社,2010.

[11] 彭辉.船体CAD/CAM[M].北京:人民交通出版社,2007.

[12] 顾敏童.船舶设计原理[M].上海:上海交通大学出版社,2001.

[13] 陈宁,姚寿广.船舶舾装生产设计[M].北京:国防工业出版社,2006.

[14] 付锦云.船舶管路系统[M].哈尔滨:哈尔滨工程大学出版社,2009.

[15] 徐兆康.船体外板板缝排列的研究[J].武汉船舶职业技术学院学报,2006(2):13-16.

[16] 袁红莉,陈章兰.民用船舶工艺孔和临时通道的设计[J].造船技术,2009(5):22-24,27.

[17] 余敏,李彩霞.基于CADDS5.0系统的船体外壳建模[J].机械,2009,36(6):30-31,35.

[18] 黄黎慧,刘聪.浅谈CADDS5在船舶专业教学中的应用[J].教育界,2013(9):105-175.

[19] 中国船舶工业总公司第十一研究所.船体建造工艺符号:CB/T 3194—1997[S].北京:中国标准出版社,1997.

[20] 全国海洋船标准化技术委员会船舶基础分技术委员会.金属船体制图(第三部分):GB/T 4476.3—2008[S].北京:中国标准出版社,2008.

[21] 中国船舶工业总公司造船工艺研究所.船体结构焊接坡口型式及尺寸:CB/T 3190—1997[S].北京:中国标准出版社,1997.

[22] 全国海洋船标准化技术委员会.船体结构　型材端部形状:CB/T 3183—2013[S].北京:中国标准出版社,2013.

[23] 中国船舶工业综合技术经济研究院.船体结构　流水孔、透气孔、通焊孔和密性焊段孔:CB/T 3184—2008[S].北京:中国标准出版社,2008.

[24] 全国海洋船标准化技术委员会船舶基础分技术委员会.船舶建造方针编制要求:CB/T 3801—2013[S].北京:中国标准出版社,2013.

[25] 全国海洋船标准化技术委员会船舶基础分技术委员会.船体分段工作图设绘要领:CB/T 3717—2013[S].北京:中国标准出版社,2013.